TESI GREGORIANA
Serie Filosofia
———— 11 ————

LUIS BYOUNG JUN PARK SJ

Anthropologie und Ontologie
Ontologische Grundlegung
der transzendental-anthropologischen
Philosophie bei Emerich Coreth

EDITRICE PONTIFICIA UNIVERSITÀ GREGORIANA
Roma 1999

Vidimus et approbamus ad normam Statutorum Universitatis

Romae, ex Pontificia Universitate Gregoriana
die 27 mensis martii anni 1999

R.P. Prof. Nico Sprokel, S.J.
R.P. Prof. Carlo Huber, S.J.

ISBN 88-7652-821-0
© Iura editionis et versionis reservantur
PRINTED IN ITALY

GREGORIAN UNIVERSITY PRESS
Piazza della Pilotta, 35 - 00187 Rome, Italy

*Meinem verehrten Lehrer
P. Emerich Coreth SJ
zum 80. Geburtstag gewidmet.*

VORWORT

Zu einer Arbeit, die meine eigene Philosophie behandelt, etwas schreiben zu sollen, wäre fast peinlich, wenn ich nicht voll anerkennen könnte, daß der Verfasser, mein Mitbruder aus Korea, darin eine beachtliche Leistung erbracht hat. Er hat sich gründlich und verständnisvoll in mein philosophisches Denken eingearbeitet und es zusammenfassend klar dargestellt. Er schildert zutreffend meine geistige Herkunft und wendet sich erst der philosophischen Anthropologie zu, bevor er auf deren transzendentalmetaphysische Grundlagen zurückgeht. Das ist sachlich berechtigt, obwohl der Weg meines Denkens fast umgekehrt war. Ich habe zuerst die Metaphysik entwickelt, die mich wie von selbst zur Anthropologie führte. Wenn man Metaphysik so versteht, daß sie im ursprünglichen Vollzugswissen des Geistes begründet ist, das in vermittelndem Denken thematisch auszulegen und zu entfalten ist, dann erschließt sich darin das Subjekt der Metaphysik, sie betrifft den Menschen und wird ihm lebendig bedeutsam, sie wird zu metaphysischer Anthropologie. Man kann daher zurecht bei der Reflexion auf den Menschen ansetzen und von daher auf eine Philosophie des Seins ausgreifen, wie es sich menschlichem Denken erschließt, aber Sein und Sinn begründend als ersten Seinsgrund das absolute «Sein selbst» voraussetzt. Man kann nicht vom Sein reden, ohne vom Menschen auszugehen. Man kann aber nicht vom Menschen in seinem geistigen Selbst- und Seinsverständnis sprechen, ohne seinen bedingten Geltungshorizont, somit die wesenhaft konstitutive Transzendenz auf das absolute Sein Gottes aufzuweisen. Vom einem derart metaphysischen Ansatz kommen Ontologie, philosophische Anthropologie und Theologie zu einer sich gegenseitig bedingenden Einheit.

Ich kann es nur sehr begrüßen, daß in angeblich «un-metaphysischer» Zeit ein metaphysisches Seinsdenken aufgenommen und zur Geltung gebracht wird, daß es auch in Korea, der Heimat des Verfassers, wo ich viel Offenheit für solches Denken erfahren durfte, zu weiterer Wirkung und Entfaltung kommt. Dazu meine besten Wünsche!

Jesuitenkolleg in Innsbruck, den 21. April 1999

EMERICH CORETH SJ

EINLEITUNG

Die philosophische Anthropologie in der christlichen Tradition will sich immer schon mit metaphysischen Themen, vor allem der Ontologie, auseinandersetzen. Der Grund liegt darin, daß die Bestimmung des Wesens des Menschen in der christlichen Tradition notwendigerweise mit der Bestimmung des Wesens Gottes verknüpft ist. Worauf gründet diese Verknüpfung philosophisch? Das Ziel dieser Arbeit besteht darin, dieser Fragestellung in der transzendental-anthropologischen Philosophie von E. Coreth, einem Scholastiker der Gegenwart und Denker der deutschsprachigen Maréchal-Schule, nachzugehen. Diese Arbeit wird deshalb ein Versuch sein, wie philosophische Anthropologie methodisch anzusetzen und durchzuführen ist. Weiters wollen wir in dieser Arbeit zeigen, daß das Denken der «Christlichen Philosophie» über den Menschen in der Gegenwart immer noch notwendig und sinnvoll ist. Anhand des Werkes von E. Coreth soll verdeutlicht werden, daß die philosophische Anthropologie, die den Menschen als Menschen untersucht, notwendig zum Bereich der Ontologie, die das Sein als Sein untersucht, vordringen muß. Das Anliegen dieser Arbeit ist also, zu zeigen, wie in Coreths Denken ein Gesamtbild des Menschen basierend auf einer metaphysischen und ontologischen Grundlegung erstellt wird.

Emerich Coreth, geboren am 10. August 1919 in Raabs a.d. Thaya und aufgewachsen in Wien, trat 1937 in die Gesellschaft Jesu ein. Das Studium der Philosophie am Berchmanskolleg in Pullach bei München (1939/1941-1944) nach dem Noviziat (1937-1939) ist für sein philosophisches Denken von entscheidender Bedeutung. Dort kam Coreth sowohl mit dem Gedankengut von J. Maréchal (1878-1944) — in seiner Lizentiatsarbeit «Das dynamische Apriori bei J. Maréchal» —, als auch mit dem Denken von J. de Vries (1898-1989) und J.B. Lotz (1903-1992) als seinen Lehrern in Kontakt. Dort begegnete er besonders K. Rahner (1904-1984), der nach 1950 lange Zeit als Kollege in Innsbruck geistig-philosophisch wichtige

Einflüsse auf ihm ausübte. Coreth war damals schon mit Rahner geistig so eng verbunden, daß er während des zweiten Weltkriegs ab 21. Juni 1941 zu Fuß mit dessen Buch «Hörer des Wortes» im Tornister in Rußland einmarschierte. Das alles wurde zum entscheidenden Hintergrund, auf dem er sich später mit dem Deutschen Idealismus — Hegel, bzw. Fichte und Schelling —, und mit Kant und Heidegger auseinandersetzte. Nachdem er das Theologiestudium zum Dr. theol. (1944-1948: Diss. «Zu Anfängen der Aufklärungstheologie in Innsbruck 1773-1783») an der Theologischen Fakultät der Universität Innsbruck und das weitere Doktoratsstudium der Philosophie (1948-1950: Diss. «Das dialektische Sein in Hegels Logik») an der Universität Gregoriana in Rom vollendet hatte, begann er 1955 als ordentlicher Professor seine philosophische Lehrtätigkeit an der Universität Innsbruck. Dort wirkte er bis zur Emeritierung 1989 als Professor der Philosophie, als Präses des kirchlich errichteten Institutum Philosophicum Oenipontanum und als langjähriger Vorstand des Instituts für Christliche Philosophie an der Theologischen Fakultät; daneben auch als Dekan der Theologischen Fakultät (1957/58; 1968/69), als Rektor der Universität Innsbruck (1969/71) und als Provinzial der Österreichischen Provinz der Gesellschaft Jesu (1972/77)[1].

Coreth dozierte im Rahmen seiner Lehrtätigkeit an der Universität Innsbruck schon seit 1954 Metaphysik, verfaßte zwischen 1958-1960 seine «Metaphysik» und publizierte sie 1961 unter dem Titel «Metaphysik. Eine methodisch-systematische Grundlegung». Dieser Titel war als solcher schon damals in metaphysikkritischer Zeit provokativ, um zu zeigen, daß eine methodische Grundlegung und systematische Entfaltung der Seinsmetaphysik in transzendentaler Methode möglich, sinnvoll und notwendig ist. Darin werden einerseits inhaltlich die wichtigsten Lehren der klassischen und scholastischen Metaphysik bewahrt, aber in der Problematik neuerer Philosophie vermittelt, begründet und lebendig gemacht; anderseits wird methodisch der transzendentale Ansatz von Maréchal, Lotz und Rahner nach historischen Studien bei Kant, Hegel und Heidegger weiterentwickelt. Viel später wurde seine Metaphysik knapp zusammengefaßt und neu bearbeitet unter dem Titel «Grundriß der Metaphysik» (Innsbruck 1994) publiziert. Aus Vorlesungen in Pullach und Innsbruck entstand sein anderes Hauptwerk «Grundfragen der Hermeneutik. Ein philosophischer Beitrag» (Freiburg 1969). Coreths Denken ist, wie sich bereits in seiner Metaphysik zeigt, immer schon anthropologisches Anliegen. Aus Vorträgen, Artikeln und vor allem Vorlesungen, die er seit 1966 an der Universität Innsbruck

---

[1] Vgl. *DMS* 610f.

gehalten hatte, entstand sein anthropologisches Hauptwerk «Was ist der Mensch?» (Innsbruck 1973). Darin versucht er durch die Vermittlung von Hermeneutik und Metaphysik die gesamte, wesentliche Selbstauslegung des Menschen. In diesen und allen anderen Arbeiten ging es um die zentrale Frage nach Mensch und Gott. Sie wurde in den problemgeschichtlichen Untersuchungen zur Entwicklung der Gottesfrage bei Fichte, Schelling, Hegel und Heidegger entfaltet.

Aus diesem «Denkweg» Coreths erschließt sich die Vorgehensweise: Unter dem Titel «Anthropologie und Ontologie. Ontologische Grundlegung der transzendental-anthropologischen Philosophie bei E. Coreth» wird diese Arbeit in vier Kapiteln entwickelt. Im *ersten* Kapitel werden wir eine Einführung in Coreths philosophische Anthropologie anhand seines Buchs «Was ist der Mensch?» geben. Dadurch werden die Hauptgedanken und Grundzüge seines anthropologischen Denkens aufscheinen, die als transzendental, metaphysisch-ontologisch zu kennzeichnen sind. Im *zweiten* Kapitel werden wir die Quellen des transzendental-anthropologischen Denkens Coreths in der Hauptlinie von Kant über Maréchal zu Lotz und Rahner, daneben auch in der problemgeschichtlichen Auseinandersetzung mit dem Deutschen Idealismus — Fichte, Schelling Hegel — und mit Heidegger untersuchen. Das ist der Ausgangspunkt, um in das zentrale Thema der ontologischen Grundlegung der transzendental-anthropologischen Philosophie Coreths, die sich in der transzendentalen Methode vollzieht, einzuführen. Im *dritten* Kapitel werden wir Coreths methodische Grundlegung und systematische Entfaltung der Seinsmetaphysik in transzendentaler Methode betrachten, wobei sich die metaphysischen Konsequenzen (Folgerungen), welche den wichtigsten Lehren der klassischen und scholastischen Metaphysik entsprechen, als die Bedingungen erweisen, ohne die das *Fragen* — auf das Coreth seine Methode gründet — nicht möglich ist. Zum Schluß werden wir im *vierten* Kapitel anhand der Grundeinsichten, die aus Coreths Metaphysik als anthropologisch besonders relevant herausgegriffen werden, die Ontologie in ihrer Bedeutung für seine Anthropologie vor allem im wesentlich engen Bezug der beiden thematisch und konkret ergründen. Damit wird die *Anthropologie als Ontologie* bei Coreth aufgewiesen werden.

KAPITEL I

Die transzendental-philosophische Anthropologie E. Coreths

Zum Einstieg in Coreths transzendental-anthropologische Philosophie ist es naheliegend, sich zuerst an das Buch «Was ist der Mensch?» (1973), in dem er sein anthropologisches Denken entfaltet, zu halten. Es ist eine Niederschrift und Ausarbeitung seiner Vorlesungen über «Philosophische Anthropologie», die er an der Universität Innsbruck mehrmals gehalten hat. Darin entwickelt er nicht eine neue und originelle Konzeption des Menschen, sondern versucht vielmehr die wichtigsten Inhalte der klassischen und scholastischen Tradition (der bisherigen «*Psychologia rationalis*») zu bewahren, indem er sie auf dem Hintergrund neuerer Philosophie neu vermittelt. Er versucht darin konsequent in transzendental-ontologischer Hinsicht eine Untersuchung über das Wesen des Menschen im Anschluß an seinen Bezug zur Welt, seinen Selbstvollzug, seine Selbstentfaltung und das Leib-Seele-Problem. Dabei werden vor allem diejenigen Inhalte herausgearbeitet und unterstrichen, die über die traditionelle Lehre hinausgehen: z.B. 1) der phänomenologisch-hermeneutische Ansatz: Welt und Weltverhalten des Menschen und von dort zur «Grundfreiheit» des Menschen; 2) dann erst von dort ausgehend die Reflexion auf die konstitutiven Elemente des Selbstvollzugs des Menschen: weiterführend über die intellektuelle Erkenntnis (Wissen) und Willensfreiheit (Wollen); 3) die neue Auslegung der «*anima forma corporis*» als klassischer Lehre des Wesens des Menschen im Verhältnis von Leib und Seele, Seele und Geist, und als Person. Noch wichtiger ist zur Hinführung in Coreths zentrales Denken die Besinnung auf die methodische Grundlegung der Metaphysik, etwas das, wenn es auch nicht thematisch behandelt wird, doch schon in seiner philosophischen Anthropologie vorausgesetzt ist. Dies finden wir schon in seiner Anthropologie z.B. im Ansatz in der «Frage» des Menschen, in der «Transzendenz» des Menschen usw. Um dies ausführlicher darzulegen, müssen wir freilich auf seine «Metaphysik» eingehen, die im dritten Kapitel dieser Arbeit behandelt wird. In diesem Kapitel nehmen wir zunächst die Grundgedanken von Coreths Buch «Was ist der Mensch?» als Anhaltspunkt, um in das zentrale Thema dieser Arbeit einzuführen. Wir werden hier in unseren Ausführungen dem Gedankengang Coreths und seiner Systematik folgen.

1. Metaphysische Anthropologie

Was ist der Mensch und auf welcher Basis kann ein Gesamtbild des Menschen erstellt werden? Diese Untersuchung zur Grundlegung der anthropologischen Philosophie und der Frage nach dem Wesen des Menschen ist die Hauptfrage und das zentrale Anliegen der transzendental-anthropologischen Philosophie Coreths. Seitdem die philosophische Anthropologie in der ersten Hälfte des 20. Jahrhunderts durch einige Philosophen — z.B. Max Scheler, Helmut Plessner, Arnold Gehlen — zu einem zentralen Anliegen der Philosophie wurde, hat sich die Untersuchung des Wesens des Menschen in einer reichen Fülle verschiedenartiger Ansätze und Entwürfe entfaltet. Aber trotz dieser zahlreichen Untersuchungen steht immer noch die Frage nach dem Wesen des Menschen zur Debatte. Coreth sieht den Grund in der «Unklarheit darüber, was philosophische Anthropologie methodisch und thematisch eigentlich ist oder sein soll»[1].

Nach Coreth ist es die Aufgabe der philosophischen Anthropologie vor allem, «die Ganzheit des Menschen zu erfassen und zu ergründen»[2]. Aber wie können wir ein solches ganzheitliches Verständnis des Menschen erlangen? Die Antwort auf diese Frage ist im metaphysischen und ontologischen Denken zu suchen: «Der Mensch kann sich selbst nur verstehen aus seinem Bezug auf das Sein, im ersten Ausgriff auf das Sein.»[3] Coreths wichtigstes zentrales Anliegen ist in dieser kurzen Aussage enthalten. Wenn der Mensch nur im Horizont des Seins sich vollziehend sich selbst versteht, kann philosophische Anthropologie notwendig nicht von der metaphysischen Aufgabe, die das Sein überhaupt befragt und damit — im letzten — das absolute Sein erreicht, absehen. Der Mensch muß grundsätzlich im Bezug auf das absolute Sein als das Sein selbst, nämlich Gott, erfaßt werden. Darin liegt der Grund, daß Coreth, basierend auf einer metaphysischen und ontologischen Grundlegung, ein Gesamtbild des Menschen erstellen will:

---

[1] Vgl. *WM* 9.
[2] *WM* 13.
[3] *WM* 20.

«Philosophische Anthropologie ist [...] notwendig metaphysische Anthropologie.»[4] Es muß dargelegt werden, warum und wie philosophische Anthropologie notwendig zum Bereich der Ontologie, die das Sein als Sein untersucht, vordringt und worauf diese Grundlage philosophisch gegründet ist. Das wird in einem späteren Kapitel in Bezug auf die Ontologie Coreths thematisch ausführlicher dargelegt. Hier wird dieser Aspekt nur knapp in Bezug auf den methodischen Ausgangspunkt der philosophischen Anthropologie behandelt.

2. Coreths Methode

Zu Beginn stellt sich vor allem, wie in allen Wissenschaften, eine Methodenfrage. Coreth sagt, daß sich jede wissenschaftliche Methode «an der Sache selbst» bewähren und bestimmen muß[5]. Er will damit philosophische Anthropologie von jeder empirisch-anthropologischen Untersuchung, den «Humanwissenschaften»[6], unterscheiden. Der Grund ist einfach: Alle Humanwissenschaften sind in ihrem Gegenstand und ihrer Methode begrenzt. Diese Wissenschaften können zwar «bedeutsame Teilaspekte des Menschen beibringen», aber nicht «in die Ganzheit integriert werden, um für das Gesamtverständnis des Menschen fruchtbar zu werden»[7]. Die anthropologische Untersuchung als die Selbstauslegung des Menschen, die hier durchzuführen sein wird, ist so nur und immer schon «philosophisch»[8]. Sie versucht, insofern ein Teil im Ganzen verstanden werden muß, ein grundsätzliches Prinzip der Einheit und Ordnung als Bedingung der Möglichkeit der Synthese heterogener Elemente zu finden. «Diese vorausgesetzte Ganzheit thematisch zu machen, ist eine philosophische Aufgabe.»[9] Diese Aussage Coreths deutet an, daß es schon ein vorausgehendes Wissen um den Menschen gibt. Die entwicklungsgeschichtliche Erforschung oder eine aus Biologie, Tierpsychologie und vergleichender Verhaltensforschung usw. beizubringende einzelwissenschaftliche Erforschung kann nach ihm «nur

---

[4] *WM* 20.

[5] Vgl. *WM* 13.

[6] Vgl. *WM* 13. Darunter versteht Coreth alle empirisch-anthropologischen Forschungen, z.B. Biologie, Physiologie, Entwicklungs- und Verhaltensforschung, empirische Psychologie und Soziologie, Völkerkunde, Kultur- und Religionswissenschaft usw.

[7] Vgl. *WM* 13.

[8] Vgl. *WM* 13.

[9] *WM* 13. Coreth weiter: «Bloße Sammlung einzelwissenschaftlicher Ergebnisse, welche die vorgängige, als Bedingung vorausgesetzte Einheit und Ganzheit nicht einholt, ist noch keine philosophische Anthropologie.»

unter Voraussetzung eines vorgängigen Wissens um den Menschen anthropologisch verstanden und gedeutet werden»[10]. Was meint hier ein «vorgängiges Wissen»? Worin besteht es? Folgen wir für die Antwort darauf dem Denken Coreths.

Der methodische Ansatz der philosophischen Anthropologie hat seine Wurzel im Phänomen des Fragens des Menschen. Der Vollzug dieses Fragens ist nicht nur der methodische Ausgangspunkt für eine Grundlegung der Metaphysik[11], sondern auch für seine transzendental-anthropologische Philosophie. Der Mensch ist der Fragende, und nur der Mensch kann fragen. «Nur der Mensch ist in die Möglichkeit und Notwendigkeit des Fragens gestellt.»[12] Jede Frage setzt aber «Bedingungen ihrer Möglichkeit»[13] voraus, nämlich «Vorwissen» oder «Vorverständnis» in hermeneutischer Hinsicht. Die Frage nach dem Wesen des Menschen kann nicht von dieser Hinsicht absehen:

> Die Frage nach dem Wesen des Menschen verlangt, daß die Voraussetzung eingeholt, das ursprünglich menschliche Wissen und Verstehen seiner selbst thematisch gemacht und ausgelegt wird. Dieses Wissen ist jedoch ein «Vorwissen», dieses Verständnis ein «Vorverständnis». Damit soll gesagt sein, daß es jedem ausdrücklichen, inhaltlich bestimmten Wissen und Verstehen einzelhafter Gegebenheiten vorausliegt. Es bildet ein Ganzes, das dem Einzelnen vorgeordnet ist. Es ist eine Gesamtschau, welche die Einzelinhalte umgreift und in der Sinnganzheit ihres Zusammenhangs erfaßt.[14]

Dieses Vorwissen oder Vorverständnis ist ein «Gesamthorizont» des menschlichen Erkennens. Deshalb bleibt es unthematisch und kann auch nicht gegenständlich erfaßt werden. Aber es ist die Bedingung der Möglichkeit aller thematischen Einzelerkenntnisse[15]. Dieses Vorwissen oder Vorverständnis ist ein «konkretes» Apriori: Es ist zusammengewachsen aus der gesamten Erfahrung, die wir in der Welt lebend mit uns selbst gemacht haben, und damit unterscheidet es sich von einem «reinen» Apriori, das allein schon mit dem Wesen des Menschen gegeben ist[16]. Das bedeutet, daß ein Vorverständnis über den Menschen schon mit unseren Erfahrungen vorgegeben ist. Es ist ein Resultat der Selbsterfahrung des Menschen. Unsere

---

[10] Vgl. *WM* 15.
[11] Siehe in dieser Arbeit Kap. III.
[12] *WM* 11.
[13] Vgl. *WM* 11.
[14] *WM* 16.
[15] Vgl. *WM* 16
[16] Vgl. *WM* 16.

neuen Einzelerfahrungen werden durch die menschliche Reflexion in das Ganze integriert, das so wieder ein erweitertes Vorverständnis bildet. Darin besteht die hermeneutische Zirkelstruktur des Vorverständnisses und der Auslegung: für den Ansatz der Selbstauslegung des Menschen muß ein Vorverständnis vorausgesetzt werden. Es ist «die Norm der Bewertung und das Kriterium der Auswahl»[17]. Damit stellt sich aber die Frage, ob wir das Vorverständnis als das Ganze, sogar als den Gesamthorizont des Verständnisses ergreifen können. Denn unser Verstehen setzt immer schon ein vorausgehendes gesamtes, aber unthematisches Wissen voraus. Coreth schreibt: «Ein Vorverständnis des Menschen ist als Bedingung jeder verstehenden Auslegung des Menschseins schon vorausgesetzt. Das Problem kehrt immer wieder. Wie immer man das Vorverständnis in den Griff zu bringen sucht, scheint es von neuem zu entgleiten. Es liegt dem Zugriff schon voraus als dasjenige, in dessen Licht jede reflexive Selbstauslegung geschieht.»[18]

Hier geht es um einen hermeneutischen Zirkel. Coreth weist ihn als Methode der philosophischen Anthropologie auf und nennt ihn «anthropologischen Zirkel»: «Er bedeutet jedoch nicht ein Problem, das die Möglichkeit einer philosophischen Anthropologie verbaut, vielmehr einen Ansatz, der selbst als deren methodisches Prinzip aufgenommen werden muß. Es ist immer schon der ganze und konkrete, sich selbst erfahrende und verstehende Mensch, der nach seinem Wesen fragt.»[19] Diese Aussage deutet an, daß der Ansatz der philosophischen Anthropologie grundsätzlich der Mensch selbst mit seinem Vorverständnis ist. In der wesentlichen Struktur des Vorverständnisses des Menschen zeigt sich die Methode der philosophischen Anthropologie. Coreth findet darin drei methodische Aspekte: den phänomenologischen, den transzendentalen und den ontologischen Methodenansatz[20]. Diese Aspekte geben die konkrete Richtung

---

[17] Vgl. *WM* 17.
[18] *WM* 17.
[19] *WA* 263. Dazu: *WM* 17f.
[20] Vgl. *WM* 18. Coreth äußert sich zur Methode folgendermaßen: «Das konkrete Vorverständnis kann gar nicht ausgeschaltet werden. Wir können uns selbst nicht überspringen. Wir können uns aus unserem konkreten Dasein nicht herausreflektieren in ein reines "Ich denke". Wir bringen immer schon uns selbst mit; unseren geschichtlichen Standort, unsere konkrete Selbst- und Welterfahrung, unseren Horizont des Verstehens. Das konkrete Vorverständnis, das daraus erwächst, soll aber auch nicht — selbst wenn es möglich wäre — ausgeschaltet werden. Es ist die notwendige Bedingung unseres Fragens nach dem Menschen. Es eröffnet uns den Verständniszugang zu dem, wonach wir fragen. Aber es muß — als Vorverständnis — offengehalten werden für ein tieferes und volleres

der philosophisch-anthropologischen Untersuchung Coreths vor; er führt jedoch grundsätzlich den ersten und zweiten auf den letzten Aspekt, nämlich den ontologischen, zurück.

Das Selbstverständnis des Menschen beginnt konkret bei den Erscheinungen oder Gegebenheiten der Erfahrungswelt, den Phänomenen. Darin erfährt und versteht der Mensch sich selbst. Der Mensch findet sich so immer schon als bestimmter in der Welt vor. In der Welt, durch das Wirken des Selbstvollzugs und der Selbstverwirklichung entfaltet der Mensch sein Wesen. Diese Tatsache liegt dem phänomenologischen Methodenansatz zugrunde[21]. Deshalb versucht Coreth mit seinem Ansatz, den Menschen im Zusammenhang der Welt auszulegen[22]. Der Mensch kann jedoch mit diesem phänomenologischen Methodenansatz allein nicht genügend erfaßt werden. Denn er ist schon ein geistiges Wesen, was sich besonders im Vollzug des Erkennens (Wissens) und Strebens (Wollens) zeigt. Die anthropologische Untersuchung verlangt daher eine neue Methode. Genau genommen gibt es in der Welt «nie ein rein und voraussetzungslos Gegebenes oder Erscheinendes», weil das Phänomen als «das, was sich zeigt», immer schon «als etwas» verstanden wird[23]. Wir verstehen also immer schon das Einzelne durch die Reflexion auf das Ganze. Von daher stellt sich die Frage nach der Bedingung der Möglichkeit der Erkenntnis. Im Anschluß an Kant greift Coreth die «transzendentale Reflexion» auf: eine sogenannte «transzendentale Methode», aber nicht im streng kantischen Sinne. Im Rahmen dieser methodischen Untersuchung legt er den Selbstvollzug des Menschen — z.B. Erkennen, Wollen und Handeln — aus. Die transzendentale Reflexion meint hier nicht einfach die «Reduktion auf reine Subjektivität» wie bei Kant. Denn bei Coreth geht es — wie bereits erwähnt — um das «konkrete, empirisch-geschichtliche Apriori»[24]. Coreth versucht hier eine «Dialektik zwischen Phänomen und

---

Verstehen. Und es muß reflektiert, auf den Grund seiner Möglichkeit zurückgeführt werden. Erst dadurch kann sich erschließen, was wir — als Menschen — eigentlich sind. Dies verlangt ein methodisches Vorgehen, in dem sich phänomenologische, transzendentale und ontologische Elemente verbinden.»

[21] Vgl. *WM* 18.
[22] Vgl. *WM* 42-62.
[23] Vgl. *WM* 18.
[24] *WM* 19. Coreth äußert sich darüber so: «Wenn wir eine transzendentale Reflexion aufnehmen, sind Klarstellungen verlangt, um Mißverständnissen vorzubeugen. Hier, in einer philosophischen Anthropologie, geht es nicht allein um rein apriorische Bedingungen, [...] sondern es geht auch um das konkrete, empirisch-geschichtliche Apriori, das jedem von uns aus seiner Erfahrung- und Verständniswelt gegeben ist [...] Soweit es dennoch

KAP. I: TRANSZENDENTAL-PHILOSOPHISCHE ANTHROPOLOGIE 19

Reflexion, Vollzug und Begriff»[25]. Er versucht in der transzendentalen Reflexion eine Integration «zwischen dem in unserem Selbstvollzug mitgegebenen, aber unthematischen Vorverständnis der Ganzheit, in dessen Licht alle Auslegung geschieht, und der begrifflich ausdrücklichen Explikation, die immer nur von Einzelphänomenen her, darum nur in Teilaspekten der Ganzheit möglich ist»[26]. Wenn wir bei Coreth die dialektische Relation zwischen Phänomen und Reflexion richtig verstanden haben, so können wir sehen, daß sich die transzendentale Reflexion eigentlich auf einen phänomenologischen Ansatz gründet. Diese zwei Methodenansätze sind aber, wie sich weiter zeigt, nur «zwei Aspekte oder Momente, die aufeinander bezogen sind und einander ergänzen in einem einzigen methodischen Vorgang»[27]; dabei hat «die transzendentale Reflexion eine integrative und zugleich — gerade dadurch — eine hermeneutische Funktion»[28].

Die Dialektik von Phänomen und Reflexion führt zur Synthese im Sein selbst. Für die Selbstauslegung des Menschen geht Coreth über das Phänomen hinaus zur Reflexion über. Hier geht es immer schon um einen Horizont, von dem her jede Einzelerfahrung und im weiteren der Mensch selbst verstanden und ausgelegt werden. Wir haben diesen Horizont hermeneutisch als ein Vorverständnis, reflexiv als transzendentale Bedingung verstanden. Das ist aber weder ein transzendentales noch ein reines Subjekt, schon gar nicht ein einfaches reines Phänomen. Das Phänomen selbst ist nur sinnvoll, wenn es in unserem Bewußtsein ergriffen wird. Daher kann es nicht zum Horizont werden, der uns schon — auf welche Weise immer — einen Sinn liefert. Das kantische transzendentale Subjekt ist ontologisch nicht klärbar, das reine Subjekt nur leer. In Coreths philosophischer Anthropologie geht es um den «Gesamthorizont», «in dem der

---

um transzendentale Reflexion auf rein apriorische, mit dem Wesen des Menschen gegebene Bedingungen geht, die vor allem aus den grundlegenden Vollzugsweisen des Erkennens (Wissens) und Strebens (Wollens) aufzuweisen sind, so ist damit nicht das rein formal bedingende und bestimmende Apriori eines transzendentalen Subjekts gemeint, also die Reduktion auf reine Subjektivität.» Dazu vgl. *GM* 33f.

[25] Vgl. *WA* 263.

[26] Vgl. *WA* 263f. Zur Dialektik von Vollzug und Begriff vgl. *MP* 69ff.88f.96f.

[27] Vgl. *WA* 265. Dazu: *WM* 18: «Wenn wir die Rückfrage nach den Bedingungen der Möglichkeit des sich verstehenden Selbstvollzugs — in bewußten Akten des Erkennens und Wissens, des Streben und Wollens — im Anschluß an Kant als transzendentale Reflexion bezeichnen, so ist diese nicht ein vom phänomenologischen Ansatz völlig verschiedenes, sondern ein von ihm her erfordertes Methodenelement.»

[28] Vgl. *WA* 265.

Mensch sich selbst erfährt und versteht»[29]. Dieser Gesamthorizont umgreift jedes Phänomen und den Menschen, der sich selbst und seine ganze Erfahrungswelt reflektiert. Dieser Horizont kann nur im Sein ausgelegt werden, weil das Sein selbst immer schon den Gesamthorizont alles dessen bildet, was überhaupt ist. Darin besteht der ontologische Methodenansatz, worauf die anderen zwei methodischen Ansätze zurückzuführen sind.

> Der Mensch kann sich selbst nur verstehen aus seinem Bezug auf das Sein, im steten Ausgriff auf das Sein. Er erfährt jeden Inhalt seiner Welterfahrung als Seiendes im Ganzen des Seins. Er versteht die Ganzheit seiner Welt als eine Weltwirklichkeit, in der sich die Unbedingtheit des Seins offenbart. Daher der unbedingte Anspruch der Wahrheit, dem jede Aussage als Seinsaussage unterworfen ist. Daher der unbedingte Anspruch des Wertes, den jede freie Entscheidung und Handlung als verbindliches Sollen erfährt. Daher die Unbedingtheit des personalen Wertes, der uns in jedem Mitmenschen anspricht und unbedingte Anerkennung, Achtung und Ehrfurcht verlangt. Daher auch die Frage nach dem letzten, unbedingten Sinn des Ganzen unserer Welt und des menschlichen Daseins in der Welt. Weil sich der Mensch im Horizont des Seins vollzieht, erfährt er sich unter dem Anspruch des Unbedingten. Er kann sich selbst — im letzten — nur verstehen aus dem transzendenten Bezug auf unbedingtes, unendliches Sein, konkreter ausgelegt im religiösen Bezug auf den absoluten und personalen, göttlichen Seinsgrund.[30]

Damit treten auch die anthropologischen Hauptanliegen deutlich in den Vordergrund: z.B. Welt, Geist, Freiheit, Person, Sittlichkeit und Gott auf der Grundlage der Seinslehre (Ontologie). Besonders die Gottesfrage nimmt bei Coreth eine zentrale Stellung für das Leben des Menschen ein[31].

3. Das Fragen als das Wesen des Menschen

Coreth sagt, daß nur der Mensch in die Möglichkeit und Notwendigkeit des Fragens gestellt ist: «Das ist die seltsame Auszeichnung seines Wesens.»[32] Der Mensch ist durch das «Fragen-Können» und «Fragen-Müssen» schon in eine besondere Stellung in der Welt gesetzt. Dadurch unterscheidet er sich wesentlich von jedem anderen Ding oder Lebewesen, das in der Welt nur in bewußtloser, fragloser Vorhandenheit steht. Der Mensch befragt alles, sogar sich selbst, auf sein Wesen und übersteigt damit «die Unmittelbarkeit

---

[29] Vgl. *WM* 19f.
[30] *WM* 20.
[31] Vgl. *DMS* 615.
[32] Vgl. *WM* 11.

des Gegebenen auf seinen Grund hin»[33]. Der Mensch ist wesentlich der Fragende. Dieser Fragende befragt auch sich selbst als Menschen. Daraus ergibt sich auch die anthropologisch-philosophische Frage: «Was ist der Mensch?» Worin bestehen nun Möglichkeit und Notwendigkeit des Fragens?

Fragen ist hier nicht nur eine bloße Eigenschaft des Menschen, sondern auch ein methodischer Ansatzpunkt der philosophischen Anthropologie und der Metaphysik, die Coreth durch den Vollzug des Fragens wiederherstellen will. Dabei interessiert er sich nicht für das Fragen nur als abstrakten Begriff, sondern für das Fragen als Vollzug. Dieses Fragen als reales Geschehen ist zwar ein «Grundphänomen des Menschseins»[34]. Der Mensch fragt, weil er nicht weiß. Aber im Fragen ist die Tatsache schon enthalten, daß er weiß, was er nicht weiß. Coreth übernimmt von Sokrates die Vorstellung über das «Wissen um das Nichtwissen» — «*docta ignorantia*» bei Augustinus und Cusanus — als die «*conditio humana*». Doch meint das nicht einfach diejenige methodische Annahme, wodurch Sokrates oder Cusanus nur wahres Erkennen gesucht haben. Im Wissen um das Nichtwissen finden sich vielmehr die Bedingungen der Möglichkeit des Fragens, in denen sich auch anthropologische Grundstrukturen zeigen.

> Im Wissen um das Nichtwissen öffnen sich weitere Bereiche und Dimensionen dessen, was ich nicht oder noch nicht weiß, wonach ich daher fragen kann. Dies zeigt: Bedingung der Möglichkeit des Fragens ist nicht nur, daß ich das, wonach ich frage, noch nicht weiß; sonst wäre die Frage durch das Wissen überholt und — als Frage — nicht mehr möglich. Bedingung der Möglichkeit des Fragens ist auch, daß ich das, wonach ich frage, doch schon weiß; sonst hätte die Frage noch keinen Sinn und keine Richtung, sie wäre — als Frage — noch nicht möglich. Die Bewegung des Fragens ist nur möglich, weil unser Wissen begrenzt ist und wir um die Begrenztheit wissen; zugleich aber, weil wir über die Grenzen hinausgehen in einem vorgreifenden, vorausentwerfenden Wissen, das sicher noch unbestimmt und bestimmungsbedürftig, aber doch schon ein antizipierendes Vorwissen um das ist, was ich nicht weiß, aber wissen will; deshalb frage ich.[35]

Die Struktur des Wissens und Nichtwissens zeigt sich vor allem darin, daß der Mensch sich selbst schon im Horizont eines allgemeinen Vorwissens versteht. Wenn wir fragen, was der Mensch ist, setzt diese Frage voraus, daß wir uns selbst schon als Menschen verstehen. Das bedeutet, daß eine Selbstauslegung des Menschen gleichzeitig mit dem Fragen vorgegeben

---

[33] Vgl. *WM* 11.
[34] Vgl. *WM(1983)* 44.
[35] *WM(1983)* 45. Zu Bedingungen des Fragens vgl. *WM* 11f.; *GM* 45f.; *MP* 96ff.

ist. Der Vollzug des Fragens nach der Wirklichkeit macht nämlich den Menschen zum Menschen. Das Fragen ist daher nicht nur der Ansatzpunkt des Selbstverständnisses und der Selbstauslegung des Menschen, sondern auch als solches eine Wesensbestimmung des Menschen. Die Frage nach dem Wesen des Menschen bestimmt nämlich als solche sein Menschwerden[36]. Die weitere Auslegung des Menschseins entwickelt sich mit dem Vollzug des Fragens, in weiteren Fragen, nämlich nur und immer schon in dessen Horizont. Hier müssen wir uns wieder fragen, von welchem Grund her wir fragen[37]. Also muß sich die Frage nach den konkreten Bedingungen der Möglichkeit des Fragens stellen. Das ist auch die Frage nach den anthropologischen Grundstrukturen, insofern der Fragende eben der Mensch selbst ist.

4. Der Weltbezug des Menschen

Die Aufmerksamkeit ist zunächst auf das allgemeine Vorwissen um den Menschen zu richten. Das Vorwissen ist uns schon durch unsere Frage selbst, was der Mensch überhaupt ist, gegeben[38]. Wir verstehen mit dieser

---

[36] Vgl. *WM(1983)* 47. Coreth sagt, «daß der Mensch wesentlich unfertig ist, ein werdendes Wesen, das sich erst selbst zu verwirklichen hat, um zu werden, was er eigentlich ist» (*ibid.*). In dieser Hinsicht untersucht Coreth in *WM* systematisch den Selbstvollzug und die Selbstentfaltung des Menschen, besonders die Transzendenz als eine Bedingung der Möglichkeit des gesamten Selbstvollzugs des Menschen.

[37] Coreth weist in bezug auf seine anthropologische Untersuchung zwei zentrale Fragerichtungen auf, nämlich das «Woher der Frage» und das «Wohin oder Wonach der Frage». Er wirft also die Frage auf, was der Mensch eigentlich ist (Mensch-Sein) und sein soll (Mensch-Werden): «Was ist der Mensch? Sie ist eine Frage besonderer Art, weil ich nicht mehr nach anderem frage, das ich nicht bin, sondern nach dem, was ich selbst bin: als Mensch unter Menschen. Der Mensch fragt nach dem eigenen Wesen. Insofern fallen Subjekt und Objekt des Fragens zusammen, aber in einer Identität, die zugleich eine Differenz in sich birgt, nämlich zwischen dem, was ich aus bisheriger Selbst- und Welterfahrung darum weiß, und dem, was ich nicht weiß, was mir dunkel ist, wovon ich aber weiß, daß ich es nicht weiß und deshalb erfragen und erfahren möchte: was ich eigentlich bin und sein soll. Die Frage ist ein antizipierender Vorgriff auf das eigentliche Wesen des Menschen. Wir wollen diesen beiden Aspekten nachgehen: woher die Frage kommt, d.h. welche menschlichen Erfahrungen, welches Wissen um uns selbst die Frage bedingt und erweckt, und wohin die Frage geht, wonach sie fragt, was sie eigentlich erfragen will.» *WM(1983)* 46.

[38] Vgl. *WM* 42f. Coreth behauptet, daß die richtige Fragerichtung der Untersuchung des Wesens des Menschen nicht die «Wer-Frage» sei, sondern nur die «Was-Frage». Denn der Mensch sei nicht ein jeweils einzelnes und einmaliges Dasein — so die Meinung der Existentialisten —, sondern stehe schon im Horizont eines allgemeinen Vorwissens um

Frage uns selbst schon als Menschen. Was heißt nun «Mensch» im vorausgesetzten Sinne? Woher kommt dieses Vorverständnis? Die Antwort darauf ist zunächst im Weltbezug des Menschen zu suchen, genauer gesagt im dialektischen Bezug von Welt und Mensch.

4.1 *Die dialektische Struktur des Selbstverständnisses des Menschen*

Nach Coreth ist der Mensch grundsätzlich sowohl auf die «dinghaft-gegenständliche Welt» als auch auf die «menschlich-personale Welt» angewiesen[39]. Vom Grundphänomen unserer Selbsterfahrung her erfahren wir, daß wir uns schon inmitten von Dingen und Menschen vorfinden und dadurch bedingt und bestimmt sind. Unser leibliches Leben braucht notwendig die Welt als Lebensraum, und wir gebrauchen die Dinge der Welt, um als Menschen leben und bestehen zu können. Der Mensch ist erst recht auf die «menschliche Mitwelt» angewiesen[40]. In diese gemeinsame menschliche Mitwelt wächst der Mensch menschlich hinein. In der Gemeinschaft ist der Mensch schon auf eigene Weise bestimmt und bedingt. Er übernimmt ihre Sprache, ihre Sitten, ihren Geist, ihre Kultur usw. Unser inneres oder geistiges Leben wird durch dieses vielfältige sozial-kulturelle Beziehungsgefüge mitbestimmt[41]. Der Mensch vollzieht und erfährt in der Immanenz des eigenen Bewußtseins sich selbst nicht als reines, von allem anderen isoliertes Subjekt[42]. Coreth bestreitet die Möglichkeit eines Selbstverständnisses des Menschen als «reines Ich» oder «reines Bewußtsein».

Geistiges Werden und Wachsen, innere Reifung und Entfaltung des Menschen sind angewiesen auf die Welt, die ihn umgibt. Was ich selbst bin, als was ich mich selbst erfahre und verstehe, ist das Ergebnis einer beständigen Wechselwirkung zwischen mir und meiner Welt. Das heißt fürs erste, daß wir aus unserer Welt die Inhalte unseres Erkennens gewinnen. Wir sind hinausbezogen in die Welt, wir gehen gleichsam aus uns hinaus — oder sind immer schon hinausgegangen — in die Welt, um sie hineinzunehmen in das Innere unseres Bewußtseins. Wir leben in dieser bewegten Vermittlung und Auseinandersetzung zwischen «Innen» und «Außen». Nur im Bezug zu anderem, im Hinausgehen zu anderem und im Hineinnehmen des anderen in uns selbst, also durch

---

sein Wesen. Nur dadurch könne die Frage «Was ist der Mensch?» als die Frage nach dem Wesen des Menschen möglich sein.

[39] Vgl. *WM* 44.
[40] Vgl. *WM* 44.
[41] Vgl. *WM* 44.
[42] Vgl. *WM* 43.

Aufhebung der Andersheit des anderen, insofern es zum Inhalt unserer eigenen Erkenntniswelt wird, gelangen wir zur Verwirklichung und Bereicherung unseres eigenen Selbstseins. Man könnte demnach das Gesetz unseres geistigen Lebens eine Dialektik zwischen Innen und Außen nennen, [...] nur in dem Sinn, daß wir immer schon «draußen» sind, aber gerade insofern, als wir uns selbst im anderen vollziehen und vom anderen her unsere eigene geistige Welt gewinnen und gestalten.[43]

Der Mensch ist jedoch auch «Subjekt der Welt»[44]. Denn der Mensch bildet durch aktives Urteil seine eigene Erkenntniswelt. Erst recht ist der Mensch nicht nur erkennend, sondern wesentlich wollend und handelnd auf die Welt bezogen; vor allem durch freie Tat. Dadurch wird das «Innen» des Geistes des Menschen im «Außen» der Welt verwirklicht und vergegenständlicht. Daraus ergibt sich eine Vermittlung der dinghaften Welt zur menschlichen Welt, der Natur zur Kultur. Coreth sieht in dieser Vermittlung des Geistes des Menschen grundsätzlich das Wesen des Menschen. «Der Mensch ist von Natur aus Kulturwesen. Er selbst muß seine Welt zur Kulturwelt gestalten. Erst dadurch wird sie zum menschlichen Lebensraum.»[45] Diese Kulturwelt, die eigentlich vom Menschen gestaltet wird, wirkt wieder zurück nicht nur auf den Einzelmenschen selbst, sondern die Ganzheit des menschlichen Selbstverständnisses[46]. Somit wird schließlich die Idee des dialektischen Beziehungsgefüges von Mensch und Welt deutlich. Der Mensch kann nur in dieser Struktur verstanden werden: Wir «finden [...] uns selbst im anderen vor: in der dialektischen Einheit von Selbstvollzug und Weltvollzug, Selbsterfahrung und Welterfahrung, Selbstverständnis und Weltverständnis. Diese Ganzheit ist ein bewegtes Beziehungs- und Bedingungsverhältnis zwischen mir und meinem anderen, zwischen dem Menschen und seiner Welt.»[47] Wir müssen hier nun ausführlicher darlegen, was Coreths Weltbegriff anthropologisch meint.

---

[43] *WM* 44f.

[44] Vgl. *WM* 45.

[45] Vgl. *WM* 45. Hier ist das Wort Kultur im weitesten Sinn gemeint: «[...] angefangen von den einfachsten Lebensformen, Sitten und Gebräuchen, die es in jeder, auch noch so primitiven menschlichen Gemeinschaft gibt, bis zur wissenschaftlichen Welterkenntnis, künstlerischen Weltgestaltung, technischen Weltbeherrschung, philosophischen Weltauslegung und religiösen Weltanschauung. Hierher gehört auch der ganze Bereich des sozialen, wirtschaftlichen und politischen Lebens, alle Formen menschlichen Zusammenlebens und -wirkens.»

[46] Vgl. *WM* 45.

[47] *WM* 44.

4.2 *Die Welt des Menschen*

Wenn Coreth in seiner philosophischen Anthropologie die Welt zur Sprache bringt, ist damit vor allem die Welt des Menschen gemeint, seine «anthropologische Welt», die ihm zur Erfahrung wird. So meint «Welt» in diesem Zusammenhang nicht einen kosmologischen Weltbegriff, der nach Coreth als die Gesamtheit von Seienden und als rein objektive Wirklichkeit, wie sie an sich besteht, verstanden wird[48]. Vielmehr ist die anthropologische Welt immer schon eine durch subjektives Erkennen und Verstehen des Menschen vermittelte Welt. Sie hat transzendentalen Charakter, unter dem auch Kant schon die Welt betrachtet hat. Kant versteht die Welt als «Inbegriff aller Erscheinungen»[49], aber das bleibt immer als eine «Idee der reinen Vernunft» außerhalb der Kategorien des Verstandes. Coreth vermeidet diesen kantischen Weltbegriff. Denn der kantische transzendentale Weltbegriff ist im Hinblick auf das Erkennen begrenzt. Diese kantische Welt kann als eine reine Idee in der Erfahrung nicht durch entsprechende Anschauung realisiert werden; sie ist nämlich kein möglicher Gegenstand der Erfahrung. Sie ist nur «ein formales Apriori, das allein als "Inbegriff der Erfahrung" bestimmt ist», nicht ein konkretes Apriori[50]. Das grundsätzliche Problem des kantischen Weltbegriffs ist es, daß darin ein starrer Gegensatz von Subjekt und Objekt, Mensch und Welt zum Ausdruck kommt[51]. Coreth vertritt einen phänomenologischen Weltbegriff, worin «die konkrete Verschränkung und wechselseitige Fortbestimmung von Subjekt und Objekt, Mensch und Welt» zur Geltung kommt und damit einen, der «das konkrete Gesamtphänomen der "Welt des Menschen" in den Blick bringt»[52]. In Weiterführung dieser Idee, die vor allem von Husserl und Heidegger tiefer entfaltet wurde[53], meint Coreth: «Im Sinne dieses phänomenologisch-

---

[48] Vgl. *WM* 46.
[49] Vgl. *KrV* B 391. Dazu vgl. *KrV* B 434: «Ich nenne alle tranzendentale Ideen, so fern sie die absolute Totalität in der Synthesis der Erscheinungen betreffen, Weltbegriffe [...].»
[50] Vgl. *WM* 46.
[51] Vgl. *WM* 46.
[52] Vgl. *WM* 46f. Zur metaphysischen Auslegung der Welt vgl. *MP* 425-490.
[53] Vgl. *WM* 47: «In diesem Sinn spricht der spätere Husserl von der "Lebenswelt", in welcher Subjekt und Objekt sich derart verschränken, daß es weder ein reines und objektloses, also auch welt- und geschichtsloses Subjekt, noch eine reine, nämlich subjektfrei vorfindbare Objektivität — das Idol neuzeitlicher Wissenschaft — gibt, sondern nur deren gegenseitige Bedingung die Ganzheit unserer konkreten Verständniswelt bildet. Heidegger fundiert das Weltphänomen noch tiefer im apriorischen Weltentwurf des Daseins,

anthropologischen Weltbegriffs können wir vorläufig die Welt bestimmen als die Ganzheit unseres konkreten Lebensraums und Verständnishorizonts.»[54]

Die Welt ist nämlich ein Horizont des Selbstverständnisses des Menschen. Das Gesamtphänomen der Welt erschließt daher einen Zugang zur Wesensuntersuchung des Menschen. Hier kann sich natürlich die Frage stellen, wie das umfassende Begreifen der vielfältig entfalteten Weltphänomene des Menschen überhaupt möglich ist, also die Frage, ob wir das Gesamtphänomen als Ganzes in den Blick bekommen können. Es ist nicht möglich, die Inhaltsfülle des Weltphänomens einzuholen, denn hierfür müßten wir die eigene Welt jedes Einzelmenschen, die sich mit der Welt eines anderen nie vollkommen decken kann, berücksichtigen. Wir können hier nur die konstitutiven Elemente aufweisen, die allgemein zur Welt des Menschen gehören[55]. Aus ihnen bestimmen sich auch die Grundstrukturen der Welt des Menschen. Diese werden schon in unserer Welt vorgefunden; es sind sogenannte «anthropologische Konstanten», die «wenigstens formal mit dem Wesen des Menschen in der Welt gegeben sind»[56]. Aber damit ist nicht gemeint, daß die konstitutiven Elemente schon durch die Wesensverfassung des Menschen bestimmt wären, und daß damit die Welt im rein potentiellen Wesen des Menschen konstituiert würde. Denn die Welt des Menschen ist mit der Wesensverfassung des Menschen nur als Möglichkeit entworfen. Coreth legt vielmehr den Akzent auf den aktuellen Vollzug:

> Dadurch ist zwar die Welt des einzelnen schon in Grundstrukturen vorgezeichnet, aber nur als Möglichkeit entworfen. Die Welt als Horizont konstituiert sich erst im aktuellen Vollzug. Er ist die aktuelle, wenn auch unthematisch erfaßte Ganzheit, innerhalb deren Einzelinhalte erfahren und verstanden werden. Die Wesenskonstitution des Menschen geht also nur insofern bestimmend in seine Welt ein, als sie sich im aktuellen Selbstvollzug auswirkt und offenbart. Daher kann nicht die Welt aus einer vorgängig potentiellen Verfassung des Menschen aufgewiesen werden, vielmehr muß diese erst aus dem aktuellen Weltvollzug und Weltverständnis erschlossen werden.[57]

Der Mensch muß im aktuellen Vollzug sich selbst verwirklichen. Darin besteht die wesentliche Bedeutung des Weltvollzugs des Menschen. Im

---

das als "In-der-Welt-Sein" bestimmt ist. Es entwirft sich seine Welt als die Ganzheit seiner Seinsmöglichkeiten, die es als Zukunft auf sich zukommen läßt.»

[54] *WM* 47.
[55] Vgl. *WM* 47.
[56] Vgl. *WM* 47.
[57] *WM* 47f.

Weltvollzug zeigt sich auch das Verhalten des Menschen, in dem das Besondere des In-der-Welt-Seins des Menschen deutlich wird. Coreth findet darin die anthropologischen Grundgesetze, nämlich die «vermittelte Unmittelbarkeit» und «Grundfreiheit»[58]. Betrachten wir die konstitutiven Elemente der Welt des Menschen, die sich von Phänomenen der Welt her zeigen, und dann die Grundstrukturen des Verhaltens des Menschen.

4.3 *Die konstitutiven Elemente der Welt des Menschen*

Die konstitutiven Elemente der Welt des Menschen sind zunächst in einem ersten Schritt für die Wesensauslegung des Menschen wichtig. In ihnen findet Coreth nicht nur wesentliche Eigenarten des Selbstvollzugs des Menschen — d.h. Erkennen, Wollen und Handeln —, sondern auch das Beziehungsgefüge eines gesamtmenschlichen Wirkens — d.h. personalen Bezug, Gemeinschaftlichkeit und Geschichtlichkeit des Menschen. Der Mensch entfaltet und verwirklicht sich in diesen Beziehungsgefügen. Coreth faßt diese konstitutiven Elemente folgendermaßen zusammen:

4.3.1 Die Welt als Erfahrungswelt

Erfahrung ist ein grundlegendes Element, das die Welt ausmacht. Sie meint nicht bloß sinnliche Erfahrung im empiristisch eingeengten Sinn, sondern die gesamtmenschliche Erfahrung, die nicht nur sinnliche Wahrnehmung, sondern deren geistige Durchdringung im Denken und Verstehen, im Sinn- oder Werterleben enthält. Das ist anthropologisch bedeutsam. Denn damit zeichnet sich «ein aktives Verhalten des Menschen, das schon in der erkennenden Aneignung, in der eigenen Auseinandersetzung, Stellungnahme und Bewertung, erst recht in der freien Entscheidung des Wollens und Handelns zum Einsatz kommt»[59], ab. In unserer Erfahrungswelt zeigen sich die theoretisch-praktischen wesentlichen Eigenarten als Selbstvollzug (oder Wirkweisen) des Menschen: Erkennen, Wollen und Handeln. «So bildet sich unsere Erfahrungswelt auch nicht nur aus theoretischen Erkenntnissen, sondern nicht minder aus praktischen Erfahrungen. Im tätigen Umgang mit Dingen und Menschen erfassen wir Sinn- und Zweckbezüge, verstehen wir Werte, setzen uns Ziele und treffen Entscheidungen. Dies alles geht in unsere Erfahrungswelt ein und bildet den Horizont weiteren Verstehens.»[60]

---

[58] Vgl. *WM* 60ff.
[59] Vgl. *WM* 48.
[60] Vgl. *WM* 48.

4.3.2 Die Welt als raum-zeitliche Wirklichkeit

Der Mensch existiert vor allem in einer raum-zeitlichen Welt. Dabei werden Raum und Zeit als eine einheitliche Ganzheit erfaßt. Alles hat sein «Hier und Jetzt» im Ganzen von Raum und Zeit, und die menschliche Weltvorstellung ist durch ihren universalen Raum-Zeit-Charakter geprägt[61]. Der Mensch überblickt also eine raum-zeitliche Ganzheit und nimmt jedes Einzelding und -ereignis in seiner räumlichen Anordnung und zeitlichen Abfolge in dieser Ganzheit wahr. Trotzdem erfahren wir schon in unserer Erfahrungswelt, daß es etwas gibt, was selbst nicht in Raum und Zeit einzuordnen ist, nämlich «Sinn- und Wertgehalte, Inhalte einer Einsicht, Normen des Handelns»[62] usw. Diese Erfahrungen haben eine besondere Bedeutung für den Menschen: Die raum-zeitliche Weltstruktur weist schon weiter über sich hinaus. Der Mensch fragt in der Welt nach dem Sinn seines Daseins und geht dadurch über zum Sinngrund[63]. Das eröffnet ihm einen breiten Verständnishorizont. Gerade dadurch vermittelt unsere raum-zeitliche Erfahrungswelt sich selbst zu einem tieferen und reicheren Verstehen der Wirklichkeit. «Erst dadurch wird die Welt zu einer sinnerfüllten Ganzheit, erst dadurch wird sie zu einem Horizont, in dem der Mensch sich — menschlich — vollziehen, entfalten und verstehen kann.»[64]

4.3.3 Die Welt als personale Welt der menschlichen Gemeinschaft

Der Mensch findet sich in seiner Erfahrungswelt vor allem als «Mensch unter Menschen» vor[65]. Das verweist auf den personalen und sozialen Charakter des Menschen. Wenn der Mensch «sich selbst» grundsätzlich im Vollzug «seines anderen» vollzieht[66], meint das andere — hier nur in Hinblick auf das Andere des Menschen — vor allem den Mitmenschen. Der Mensch hat mit seinem Mitmenschen personale Begegnungen und Beziehungen: d.h. Sprechen und Vertrauen, Bejahung und Achtung, Verbundenheit und Freundschaft, Liebe und Fürsorge usw.[67] Diese Interpersonalität ist besonders für das Menschwerden des Menschen

---

[61] Vgl. *WM* 49.
[62] Vgl. *WM* 49.
[63] Vgl. *WM* 156ff.
[64] *WM* 49.
[65] Vgl. *WM* 49.
[66] Vgl. *WM* 43ff.137. Diese Einsicht ist zentral im Denken Coreths; sie wird ontologisch ausgelegt. Vgl. *GM* 71ff.; *MP* 145ff.
[67] Vgl. *WM* 49.137.143.

bedeutsam⁶⁸, denn damit zeigt sich die eigentliche Wesensdimension menschlichen Daseins. Der Mensch gewinnt nur durch diesen personalen Bezug auf den anderen eine menschliche Welt⁶⁹, er kommt nur im personalen Bezug zur vollen Selbstentfaltung⁷⁰.

Auf dem Grund dieses personalen Bezugs ist die Gemeinschaft (oder Gesellschaft), in der wir zusammenleben und -wirken, gebildet. Darin besteht die «Wir-Beziehung», die durch die «Du-Beziehung» vermittelt wird⁷¹. Durch diese Beziehung nimmt der Mensch an Erfahrungen, Einsichten und Auffassungen anderer Menschen teil; so bildet sich eine gemeinsame Erfahrungswelt, in die er hineinwächst und in der er ausgebildet wird. Gerade dadurch erweitert und bereichert der einzelne Mensch sein eigenes Weltverständnis, weit über das hinaus, was er unmittelbar selbst erfahren hat oder jemals erfahren könnte. In dieser Erfahrungsgemeinschaft, einem steten Austausch von Meinungen, Einsichten und Bewertungen formt sich eine gemeinsame Erkenntnis- und Verständniswelt. Coreth bemerkt, daß ohne sie «keine menschliche Bildung, keine Kultur, auch keine Wissenschaft, überhaupt kein menschliches Leben in der Welt möglich wären»⁷². Hier ist eine Untersuchung des Sinns und der Bedeutung von «Person» und «personaler Ich-Du-Wir Beziehung» notwendig, die wir weiter unten durchführen⁷³.

4.3.4 Die Welt als sprachlich vermittelte und ausgelegte Welt

Coreth behauptet, daß es unrichtig ist, so die Welt auf Sprache zu reduzieren, wie in der Aussage «die Welt *ist* Sprache»⁷⁴. Damit will er nicht von der Bedeutung der Sprache in der Welt absehen. Die Sprache ist selbst schon ein wichtiges konstitutives Element der Welt des Menschen. Denn Sinngehalte werden durch die Sprache überhaupt erst vermittelt und erschlossen und nur dadurch wird die menschliche Verständniswelt eröffnet. Die Sprache wurzelt in der menschlichen Gemeinschaft und Geschichte.

---

⁶⁸ Coreth kritisiert, daß die Eigenart personaler Erkenntnis und ihre fundamentale Bedeutung für die menschliche Erkenntniswelt bis vor Fichte kaum ausdrücklich gesehen wurde, inklusive der biblisch-christlichen Sicht, obwohl die Idee vom Wert des Einzelmenschen dem christlichen Denken entstammt. Dazu vgl. *WM* 137.
⁶⁹ Vgl. *WM* 49.
⁷⁰ Vgl. *WM* 137.
⁷¹ Vgl. *WM* 142.
⁷² Vgl. *WM* 50.
⁷³ Siehe in dieser Arbeit Kap. I, § 6.2 und § 7.1.
⁷⁴ Vgl. *WM* 48.

Damit beinhaltet sie in sich eine bestimmte Weltauslegung. Der Mensch erstrebt also immer schon durch die Sprache, die durch eine geistig-kulturelle Überlieferung bestimmt ist, ein Welt- und Selbstverständnis. So geht die Sprache in unsere eigene Verständniswelt ein[75].

4.3.5 Die Welt als Geschichtlichkeit

Die konstitutive Struktur der menschlichen Welt hat auch ein geschichtliches Element. Der Mensch steht an einem «Punkt im langen und breiten Strom der Geschichte»[76]. Die Tatsache, daß der Mensch in einer raum-zeitlichen gemeinschaftlichen Welt steht, deutet schon als solche auf die Geschichtlichkeit des Menschen hin. Denn diese Welt des Menschen ist und wird geprägt vom Geschehen, das von der Geschichtlichkeit durchformt und bestimmt wird. Wir nennen dieses Geschehen Geschichte. Daher meint die Geschichtlichkeit den Grund, der das Geschehen zu Geschichte erhebt und diese als solche konstituiert. Coreth versteht vor allem unter dieser Geschichtlichkeit «die raum-zeitliche Einmaligkeit und Beschränktheit des einzelmenschlichen Daseins» und zugleich «seine Verflochtenheit in ein umgreifendes Geschehen, das Bedingt- und Bestimmtsein des einzelnen durch Größen und Mächte, die aus der Vergangenheit in die Gegenwart hineinwirken und Gegebenheiten schaffen, in die wir hineingestellt sind und durch die unser eigenes Dasein weitgehend geprägt ist»[77].

Der Mensch steht wesentlich in einer geschichtlichen Situation und formt darin durch geschichtlich geprägte Auffassungen und Auslegungen der Welt den Horizont seines Weltverstehens. Aber der Mensch bleibt nicht nur passives Objekt seiner Geschichte, sondern wird auch zu ihrem aktiven Subjekt. Der Mensch geht nicht blind im Gegenwärtigen unter, sondern setzt sich durch sein jeweils freies Handeln mit der vorgegebenen Situation auseinander, nimmt zum geschichtlich Überkommenen Stellung, ergreift geschichtliche Möglichkeiten und greift in das geschichtliche Geschehen ein. Dadurch wird die Geschichte echt menschliche Geschichte, und so formt sich unsere geschichtliche Erfahrungswelt und Verständniswelt[78].

---

[75] Vgl. *WM* 50: «Die Sprache besteht nicht allein in einer nachträglichen Bezeichnung zuvor erkannter Inhalte, sondern ursprünglicher darin, daß sie uns Sinngehalte vermittelt und erschließt, uns also erst einen Erkenntnis- und Verständniszugang eröffnet. Es gibt daher keine menschliche Verständniswelt ohne Sprache.»
[76] Vgl. *WM* 148.
[77] *WM* 148.
[78] Vgl. *WM* 50f.

4.3.6 Die Welt als Weltanschauung

Schließlich führt Coreth den Begriff der «Weltanschauung» ein; er versteht darunter die letzte Sinngebung des Menschen in der Welt[79]. Mit «Weltanschauung» wird eine deutende, wertende Stellungnahme zum Ganzen der Welt ausgesagt. Das ist vor allem in Bezug auf Religion bedeutsam. Ein weltanschauliches Element ist schon in jedem religiösen Glauben enthalten, insofern er bestimmte Inhalte bezüglich der letzten Sinngebung des menschlichen Lebens hat. Aus dieser religiösen Weltanschauung ergibt sich — besonders in Hinsicht auf das christliche Denken — ein ganz offener, umfassender Verständnishorizont der Welt, des Menschen und seines Lebens. Denn die religiöse Weltanschauung nimmt «den Menschen in der Ganzheit seines personalen Selbstvollzugs in Anspruch und legt diese Ganzheit auf einen letzten Sinngrund hin aus»[80] — nämlich auf Gott als den absoluten Verständnis- und Seinshorizont. Damit werden nicht nur das ganze Menschsein selbst, sondern die menschlichen Grundphänomene, wie etwa «Gewissen, Freiheit, Verantwortung, Schuld, Schicksal, Leid, Sein zum Tod» in einer neuen tieferen Bedeutung verstanden und erfahren[81].

4.4 *Die Offenheit der Welt zum Sein*

In den oben erwähnten konstitutiven Elementen der Welt zeigt sich nicht nur eine dialektische Struktur von Menschen und Welt im Selbstverständnis des Menschen, sondern auch eine bedeutsame formale Grundstruktur der Welt. Die Welt des Menschen ist nie *statisch* festgelegte oder festlegbare Größe, sondern *dynamisch* in steter Bewegung und Fortbildung. Sie ist keine in sich verschlossene Welt, sondern eine offene Welt, deren Horizont sich durch neue menschliche Erfahrungen beständig erweitert und bereichert, insofern der Mensch wesentlich immer *offen* ist für Wirklichkeit, die weiter ist als der Umkreis seines eigenen Wissens und Verstehens und somit ständig seine Welt im Fortgang der Erfahrung erweitert und bereichert. Die Welt des Menschen steht jederzeit «für weitere Dimensionen von Wirklichkeit und Sinnhaftigkeit» offen[82]; sie übersteigt also beständig sich selbst und weist grundsätzlich durch ihre Begrenztheit über sich auf weitere Dimensionen von Sein und Sinn hinaus. Hier geht Coreth weit über den

---

[79] Vgl. *WM* 51.
[80] *WM* 51.
[81] Vgl. *WM* 51.
[82] Vgl. *WM* 52.

Welthorizont hinaus zu einem anderen Horizont, nämlich dem Seinshorizont über, in dem die Gesamtselbstauslegung des Menschen und seiner Welt grundsätzlich möglich wird:

> Unsere Welt ist eine *offene Welt* mit fließenden Grenzen, die beständig durchbrochen und erweitert werden. Daraus folgt aber, daß «Welt» in diesem Sinne grundsätzlich nicht den letzten Horizont menschlichen Erkennens und Verstehens bildet, sondern wesentlich über sich hinausweist auf die umgreifende Ganzheit der Wirklichkeit: auf das *Ganze des Seins*. Nur weil wir unsere Welt als Sein und im Sein erfassen, haben wir eine Welt, wie wir sie menschlich erfahren. Eine Welt ist nur möglich im Sein.[83]

4.5 *Das Verhalten des Menschen in der Welt*

Aus der Bezugsstruktur der Welt und des Menschen hebt Coreth — im Anschluß an Heidegger — besonders das Wesen des Menschen als «In-der-Welt-Sein» hervor[84]. Der Mensch vollzieht und verwirklicht sich selbst im Bezug auf die Welt. In diesem Weltvollzug verhält er sich auf eine spezifisch eigene Weise, durch die er sich von allen anderen Dingen abhebt. Welche Bedeutung hat das Phänomen des menschlichen Verhaltens für seine Selbstauslegung? Wie diejenigen Philosophen[85], die ausgehend vom Vergleich zwischen dem Verhalten des Menschen und dem des Tieres eine Sonderstellung des Menschen aufweisen wollten, richtet auch Coreth seine Aufmerksamkeit auf das Verhalten des Menschen in der Welt. Anstatt diesen Vergleich einfach zu übernehmen[86], versucht er aber, daraus ein

---

[83] *WM* 53.

[84] So Coreth *WM* 52: «Es gehört zum Wesen des Menschen, daß er eine Welt hat und in der Welt ist; schon mit seinem Wesen ist eine Welt voraus-entworfen.»

[85] Vgl. hierzu etwa M. SCHELER, *Die Stellung des Menschen*; A. GEHLEN, *Der Mensch*; A. PORTMANN, *Zoologie und das neue Bild des Menschen*; H. PLESSNER, *Lachen und Weinen*; ID., *Die Stufen des Organischen und der Mensch*.

[86] Dieser Vergleich ist nach Coreth methodisch nicht korrekt. Dazu vgl. *WM* 54: «Wenn man den Gegensatz zwischen Welt und Umwelt, zwischen menschlichem und tierischem Verhalten so bestimmt, dann erhebt sich ein Problem, das jedem "Vergleich" zwischen Mensch und Tier zugrunde liegt. Will man den Menschen durch vergleichende Abhebung vom Tier verstehen, so muß man zuvor das Tier vom Menschen her verstehen. Das Problem dieses "hermeneutischen Zirkels" wird übersprungen, wenn man vom Tier naiv anthropomorphe Aussagen macht und tierisches Verhalten durch spezifisch anthropologische Begriffe kennzeichnet, die der menschlichen Selbsterfahrung entstammen. Wir können uns grundsätzlich nicht in das "Bewußtsein" oder die "Erfahrung" des Tieres hineinversetzen — es ist schon fragwürdig, ob man überhaupt von Bewußtsein und Erfahrung sprechen kann. Wir können nur das äußere Verhalten des Tieres phänomenologisch

Grundgesetz des Verhaltens aufzuweisen, das wesentlich und grundsätzlich dem Menschen vorbehalten ist: die Grundfreiheit des Menschen, die sich durch die «vermittelte Unmittelbarkeit» des menschlichen Geistes zeigt[87].

4.5.1 Die Weltoffenheit und Fähigkeit zur Distanz

Im Anschluß an diese vorläufige anthropologische Einsicht tritt die «Weltoffenheit» als wichtigstes menschliches Verhalten im Gegensatz zur «Umweltgebundenheit» des tierischen Verhalten hervor. Allein der Mensch ist das «weltoffene Wesen»[88]. Der Mensch kann sich durch dieses Wesen von seiner Umwelt abheben, nämlich «Abstand» nehmen und sich jeweils anderen Umweltbedingungen anpassen. Der Mensch hat grundsätzlich über die begrenzte Umwelt hinaus eine offene Welt. Daraus ergibt sich schon eine grundsätzlich andere Gesamtsituation des Menschen in der Welt[89].

A. Gehlen, L. Bolk, J. von Uexküll, M. Landmann verweisen besonders auf die biologisch vorgezeichnete «Unspezialisiertheit» des Menschen und entfalten von dort aus die spezifisch menschliche Stellung in der Welt[90]. Coreth kritisiert die Sicht Gehlens, nach der die Unspezialisiertheit des Menschen wesentlich ein Mangel, wesentlich negativ ist[91]: gerade sie ist vielmehr in höchstem Maße *die* Spezialisierung des Menschen.

> Wenn auch rein biologisch «unspezialisiert», ist doch der Mensch gerade dadurch im Hinblick auf das eigentlich menschliche Dasein, auf die Anforderungen, die sich ihm stellen, und die Leistungen, die er zu vollbringen hat, in höchstem Maße spezialisiert. Daß er biologisch nicht festgelegt ist, gerade dies wird positiv zur Vorbedingung eines spezifisch menschlichen Verhaltens, zu geistigen Leistungen, zu Offenheit und Beweglichkeit, zu freier und selbständiger Anpassung an die Umwelt, zu eigener Bewältigung und Gestaltung seines Daseins in der Welt. Was negativ als «Unspezialisiertheit» erscheint, ist Aus-

---

beschreiben und in Abhebung von der menschlichen Selbsterfahrung — den grundsätzlichen Unterschied wahrend — in seiner Eigenart zu erfassen suchen.»

[87] Vgl. *WM* 60ff.

[88] Vgl. *WM* 53; *GM* 186f. Dazu: M. SCHELER, *Die Stellung des Menschen*, 38; A. GEHLEN, *Der Mensch*, 31 u.a.

[89] Vgl. *WM* 54-57.

[90] Vgl. A. GEHLEN, *Der Mensch*; L. BOLK, *Das Problem der Menschwerdung*; J. VON UEXKÜLL, *Umwelt und Innenwelt der Tiere*; ID., *Streifzüge durch die Umwelten von Tieren und Menschen*; M. LANDMANN, *Philosophische Anthropologie*.

[91] Vgl. *WM* 57f.; *GM* 187. Zum Menschen als Mängelwesen vgl. A. GEHLEN, *Der Mensch*, 20.33 u.a.

druck und Voraussetzung der Umweltfreiheit und Weltoffenheit, die das menschliche Verhalten auszeichnen und weit über das Tier erheben.[92]

Die Spezialisiertheit des Menschen tritt vielmehr entgegen seiner biologischen Unspezialisiertheit in der geistig-kulturellen, personalen, sozialgeschichtlichen Eigenart des Menschen hervor[93]. Durch diese Spezialisierung auf die Unspezialisiertheit geht der Mensch über seine Umwelt hinaus zur eigenen offenen Welt über.

Wir können im weiteren im Vergleich mit dem Tier anhand der «Instinktarmut», der «naturhaften Unfertigkeit», der relativen «Umwelt- und Triebfreiheit» die Lernfähigkeit, Selbstentfaltung und Selbstverwirklichung im Selbstvollzug und die Offenheit zu eigenem Welthorizont als menschliches Verhalten aufweisen. Es ist die Fähigkeit zur Distanz, die den Menschen Abstand nehmen lassen kann von den Dingen. Indem er sich nicht unmittelbar als triebgebunden erfährt, kann er auch Distanz nehmen *von sich selbst*. Damit übersteigt er sich als naturhaft-triebhaftes Wesen[94]. Dies ermöglicht ihm ein «sachliches Erfassen» der Dinge in ihrem eigenen Sein und Sinn: im Verstehen ihres Sinngehaltes und ihrer Sinngestalt. Die Fähigkeit zur Distanz gibt dem Menschen anderseits die Möglichkeit, daß er grundsätzlich «seine Welt als die Ganzheit einer Weltwirklichkeit» erfahren kann[95]. Der Mensch kann dadurch das einzelne im Blickfeld einer umgreifenden Ganzheit erfassen, aus dem Zusammenhang der Ganzheit verstehen. Der Mensch unterscheidet sich also durch sein Verhalten vom Tier. Die Grundstruktur des menschlichen Verhaltens kennzeichnet sich nach Coreth entscheidend durch die «Ur-Abhebung»[96]. Worauf ist nun diese Urabhebung eigentlich gegründet? Hier stellt sich eine grundsätzlichere Frage nach dem Grundgesetz menschlichen Verhaltens.

4.5.2 Die Grundfreiheit

Coreth führt dabei besonders das Gesetz der «Vermittlung der Unmittelbarkeit» an[97]. Es bedeutet anthropologisch, daß «der Mensch zwar angewiesen

---

[92] *WM* 58.
[93] Vgl. *WM* 58.
[94] Vgl. *WM* 58ff.
[95] Vgl. *WM* 60.
[96] Vgl. *WM* 60.
[97] Der Begriff «Vermittlung der Unmittelbarkeit» stammt grundsätzlich von Hegel, und H. Plessner nimmt diesen Begriff in seine anthropologischen Grundgesetze auf. Auch Coreth nimmt diesen Begriff in seine metaphysischen und anthropologischen Grund-

ist auf die Unmittelbarkeit des Vorgegebenen, diese aber durch eigenes Erkennen, Handeln und Gestalten, durch immer neue Erfindungen und Entdeckungen beständig vermittelt zu seiner menschlichen Welt»[98]. Diese Vermittlung hat die zwei Seiten, nämlich die Welt und den Menschen selbst. Der Mensch ist durch die Welt vermittelt, aber diese Welt ist auch schon durch den Menschen selbst vermittelt:

> Zwar ist — einerseits — das menschliche Dasein vermittelt durch die Welt. Nur im Ganzen dieser raum-zeitlichen, personalen und sozialen, geschichtlichen und sprachlichen Erfahrungswelt kommt der Mensch zu sich selbst, kann sich selbst als Mensch verwirklichen. Er wird beständig durch das andere vermittelt zu sich selbst. Aber diese Welt des Menschen ist — anderseits — eine durch ihn und für ihn vermittelte Welt. [...] Im Vollzug seiner selbst vermittelt er sich seine Welt: durch eigenes Erkennen und Wollen, Handeln und tätiges Gestalten. Aber in der Vermittlung seiner Welt vermittelt der Mensch sich selbst in seiner Welt, indem er darin zu sich selbst kommt, sich selbst verwirklicht und entfaltet.[99]

Die Vermittlung der Unmittelbarkeit ist grundsätzlich im Menschen selbst gegründet, insofern das Menschsein wesentlich in sich selbst die Unmittelbarkeit negiert. Die Negation der Unmittelbarkeit bildet ein Grundelement des gesamten menschlichen Verhaltens und offenbart sich in der Freiheit des Menschen. Diese Freiheit bedeutet hier «Nicht-Gebundensein» und zeigt sich als das Grundelement des gesamten menschlichen Verhaltens in der «grundsätzlichen Abhebung von der Umwelt und der naturhaften Triebgebundenheit, im Durchbrechen jeder Begrenzung und Festlegung, im beständigen Übersteigen des Gegebenen»[100]. Coreth nennt diese Freiheit deswegen «Grundfreiheit»[101], weil sie der Willensfreiheit oder Wahlfreiheit im engeren und konkreten Sinn zugrunde liegt und sich damit eigentlich von dieser Freiheit unterscheidet. Diese Grundfreiheit als Nicht-Gebundensein ist die Bedingung der Möglichkeit des menschlichen freien Selbstvollzugs, der Selbstbestimmung und der Selbsttätigkeit. Sie ist auch die Bedingung jeder geistigen Erkenntnis, die durch eine Vermittlung gebildet wird: die Erfassung aller Seienden in ihrem Sein und Sinn und die Wesenserfassung, die Beurteilung und Stellungnahme usw. Der Horizont

---

elemente auf. Zu Coreth vgl. dafür *GM* 38.39f.187f.; Zu Plessner vgl. *Die Stufen des Organischen und der Mensch*, 48.329 u.a.; Zu Hegel vgl. *PhG* 116 u.a.

[98] *WM* 60.
[99] *WM* 61.
[100] Vgl. *WM* 62.
[101] Vgl. *WM* 62.

geistiger Leistungen wird dem Menschen durch die Grundfreiheit eröffnet. Geistigkeit ist nur möglich aus Freiheit: «Freiheit ist das Wesenselement des Geistes; geistiges Dasein ist seinem Wesen nach frei. Insofern ist das gesamte Verhalten des Menschen von Grundfreiheit getragen und geprägt, die sich jedoch im Vollzug des Erkennens, Wollens und Handeln erst selbst vermitteln und entfalten muß.»[102]

Über die Welt hinausgehend richtet sich unsere Aufmerksamkeit auf den in sich selbst geistigen Vollzug des Menschen, der in der Grundfreiheit begründet ist und der damit das eigentlich Menschliche kennzeichnet. Denn wir erfahren uns nicht nur in der Welt, sondern auch in unserem bewußten, geistigen Selbstvollzug. Wenn wir bisher im Anschluß an den Weltbezug von den äußeren Phänomenen her den Menschen zu erfassen versucht haben, ist hier nun eine innere Reflexion auf mich selbst verlangt[103].

5. Der Selbstvollzug des Menschen

5.1 *Selbstsein*

Wir haben vorher den Menschen als das Dasein bestimmt, das sich selbst in der Welt in die Gemeinschaft und die Geschichte hineinverwiesen und -verflochten erfährt. Aber sosehr er auch im engen Bezug auf die gemeinsam menschliche Welt sich selbst erfährt, hebt er sich doch wesentlich von allen Dingen, auch allen anderen Menschen, nämlich von der Ganzheit der Welt ab[104]. Der Mensch erfährt nämlich grundsätzlich den Zurückverweis auf *sich selbst*[105]. Diese Grunderfahrung nennen wir gegenüber der Welterfahrung «Ich-Erfahrung». Jeder Mensch erfährt sich vor allem als dieses

---

[102] Vgl. *WM* 62.

[103] Vgl. *WM* 63.

[104] Coreth sieht besonders in der Abhebung des «Ich» von der Ganzheit der Welt die Größe und Kleinheit des Menschen: «seine Größe, insofern dieses einmalige, unwiederholbare Ich durch nichts anderes und niemand anderen ersetzt oder vertreten werden kann, sondern allein auf sich selbst gestellt ist, also eine gewisse Unbedingtheit besitzt, die allein um ihrer selbst willen da ist; das ist die ungeheure Würde des einzelhaften Ich. Zugleich ist es seine Kleinheit, insofern dieses Ich nur ein Punkt in der unermeßlichen Ganzheit des Seins und Geschehens, der Welt und der Geschichte ist; dieses einzelne, räumlich und zeitlich begrenzte Dasein ist gleichsam verloren inmitten der gesamten, ihm überlegenen Wirklichkeit. Daraus entspringt die letzte Einsamkeit, die jeder bisweilen in ihrer ganzen Tiefe erfährt.» *WM* 64.

[105] Dazu vgl. *GM* 184: «Was den Menschen vor allen anderen Seienden dieser Welt auszeichnet und sein Wesen prägt, ist das Bei-sich-Sein des Geistes.» Zu «Geist als Bei-sich-Sein» vgl. *GM* 109ff.

KAP. I: TRANSZENDENTAL-PHILOSOPHISCHE ANTHROPOLOGIE

«einzelne und einmalige, unwiederholbare Ich» gegenüber «allem, was "Nicht-Ich" ist»[106]. Die Ich-Erfahrung ist ursprünglich eine Möglichkeitsbedingung des Selbstverständnisses des Menschen, insofern wir gar nicht nach dem Menschen überhaupt fragen können, ohne das Bewußtsein unseres «Ich». Nur dadurch werden die Aussagen über Menschen ermöglicht[107]

Was meint nun das Ich eigentlich? Wenn wir uns selbst als ein einziges einzelhaftes «Ich» erfahren, meint das «Ich» hier zuerst einen Punkt, «an dem mir ein lichter Raum geöffnet ist: mein Bewußtsein, in dem ich mir selbst gelichtet bin, mein Erkennen, in dem das andere, die Welt, in das Licht meines Bewußtseins tritt und in diesem Licht zu meiner Welt wird. Es ist zugleich ein Punkt, an dem mir ein freier Raum geöffnet ist, in dem ich über mich selbst verfüge, mich entscheiden muß und mich entfalten soll, in dem ich mir selbst — unvertretbar und unausweichbar — überantwortet bin»[108]. Es wird damit entscheidend zum «Mittelpunkt meiner Welt, von dem her ich alles andere sehe und verstehe, handelnd ergreife und gestalte»[109]. Dadurch kann der Mensch wesentlich sich selbst als die «Mitte des gesamten Beziehungsgefüges seiner Welt» erfahren und das ist ein «Grundphänomen menschlicher Selbsterfahrung»[110].

In unserer Umgangsprache verstehen wir das Ich auch noch als «Mitte der Ganzheit». Das heißt, daß das Ich das Zentrum meint, von dem unser bewußtes Wirken ausgeht, und die Ganzheit meiner selbst, die nicht nur das Bewußte und das Geistige, sondern auch das Leibliche einschließt[111]. Aber dabei geht es um die ganze Erfassung des Ich als Mitte der Ganzheit.

Denn das Ich in diesem Sinne ist nie unmittelbar in sich selbst gegeben. Es ist überhaupt nicht gegenständlich und inhaltlich erkennbar, sondern immer nur im bewußten Vollzug unthematisch und ungegenständlich mitgegeben. Es wird

---

[106] Vgl. *WM* 63.

[107] Vgl. *WM* 63: «Wenn wir fragen: Was ist der Mensch?, so steht im Hintergrund die Frage: Was bin ich? Und wenn wir Aussagen über den Menschen machen, so ist das nur möglich, weil "ich" mich als Menschen weiß und verstehe. Wir kämen an das eigentlich Menschliche nicht heran und könnten darüber nicht sprechen, wenn wir nicht diese ursprüngliche Selbsterfahrung des Ich hätten, die sich in allen Formen menschlichen Selbstvollzugs als deren Einheitspunkt und Ursprungsgrund durchhält.»

[108] *WM* 63.

[109] Vgl. *WM* 63.

[110] Vgl. *WM* 63.

[111] Vgl. *WM* 64. Im Anschluß an diesen Punkt hat die philosophische Anthropologie den Menschen im Beziehungsgefüge von Leib und Seele zu untersuchen. Siehe in dieser Arbeit Kap. I, § 6.

mit-erfahren und mit-gewußt in jedem Akt, insofern ich ihn als «meinen Akt» vollziehe und erfahre.[112]

Hier tritt unser Bewußtsein in den Vordergrund. Daher müssen wir unsere Aufmerksamkeit auf unser Bewußtsein richten, um das Ich genauer zu erfassen und zu verstehen[113].

Das Bewußtsein ist einerseits durch das «Gegenstandsbewußtsein» gekennzeichnet. Jeder bewußte Akt ist immer schon «intentional», nämlich auf etwas als seinen Inhalt oder Gegenstand ausgerichtet. «Das "etwas" ist das "andere" gegenüber dem reinen Ich, dem es als Gegen-stand entgegensteht, im Bewußtsein als Objekt dem Subjekt entgegen-gesetzt wird.»[114] Das meint — im Sinne der scholastischen Lehre — die «*intentio prima*» auf den Gegenstand hin gegenüber der «*intentio reflexa*». Daraus ergibt sich die wirkliche Bedeutung des «anderen» für unseren bewußten Akt[115]. Das Bewußtsein erscheint andererseits als das «Vollzugsbewußtsein». Das heißt, daß das andere im Vollzug und durch die Leistung meines eigenen Erkennens mir schließlich zum Gegenstand wird und damit erkannt werden kann. Dies geschieht nicht nur in Akten rein theoretischen Erkennens, sondern auch im Vollzug praktischer Akte, z.B. im Werten oder Streben. In unserem Bewußtsein entfalten sich die Akte in ihrer Vielfalt. Coreth betont dabei besonders — im Anschluß an die anthropologische Sicht — ein «Einheitsbewußtsein» in ihrer Vielheit: jeder einzelne Akt ist gegeben als ein Element im einheitlichen Fluß «meines Bewußtseins» und als «mein Akt». Das ganze Geschehen des Bewußtseins, das geistige, leiblich-sinnliche Akte und körperliche Zustände, mein ganzes Erleben und Erleiden umfaßt, kommt mir in der Einheit meines Ich zum Bewußtsein. D.h. es ist nach Coreth vom «*Ich-Bewußtsein*, das immer und notwendig in jedem bewußten Vollzug mitgegeben ist»[116], bedingt, getragen und durchdrungen. Durch dieses Einheitsbewußtsein widerlegt Coreth vor allem jede dualistische oder trichotomische Auffassung vom Menschen[117].

---

[112] *WM* 64f.

[113] Augustinus und Descartes haben schon versucht, vom bewußten Vollzug her die Gewißheit des «Ich» aufzuweisen. Dazu vgl. AUGUSTINUS, *La Trinità*, X, 10, 14; DESCARTES, *Meditationes de prima philosophia*, II, 3.

[114] Vgl. *WM* 65.

[115] Coreth äußert sich über dieses «andere» folgendermaßen: «Es ist das Thema der ersten und ausdrücklichen Intention; so ist es der "thematische Inhalt" des bewußten Aktes.» *WM* 65.

[116] Vgl. *WM* 66.

[117] Vgl. *WM* 66.

KAP. I: TRANSZENDENTAL-PHILOSOPHISCHE ANTHROPOLOGIE

Das Ich wird nach Coreth schließlich nur als «ungegenständliches Wirkzentrum», als der «Ursprungsgrund und Einheitsgrund des ganzen bewußten Geschehens» verstanden[118]. Wie schon erwähnt, ist es nie in sich selbst direkt und unmittelbar wahrnehmbar. Es ist nur im bewußten Vollzug mitgegeben. Aber das meint nicht, daß das Ich selbst nur als aktueller oder als reiner Vollzug zu verstehen ist, sondern daß es etwas ist, das jedem Akt vorausliegt und die Einheit des Bewußtseins bedingt[119]. Im diesen Sinne gibt Coreth — im Anschluß an Kant — dem «transzendentalen» Ich gegenüber dem «empirischen» Ich die Priorität[120]:

> Das *transzendentale Ich* ist der letzte Einheitspunkt, der aller Erfahrung, auch der Selbsterfahrung, noch vorausliegt, aber die Bedingung der Möglichkeit dafür ist, daß alle Inhalte der Erfahrung in der Einheit «meines» Bewußtseins zur Gegebenheit kommen.[121]

Coreth sieht dabei das Ich als die Bedingung der Möglichkeit des gesamten Bewußtseins, konkreter als «transzendental-apriorische Größe»[122], d.h. als Prinzip der «transzendentalen Einheit des Selbstbewußtseins» im kantischen Sinne, geht aber gleichzeitig weit über Kant hinaus:

> Sicher ist das Ich im Sinne der Ichmitte kein empirisch-gegenständlicher Inhalt und kann niemals auf gegenständliche Weise erfaßt werden. Doch legt es sich beständig im bewußten Selbstvollzug des Menschen aus; er ist Selbstverwirklichung und Selbstoffenbarung des Ich. Darum kann aus der Erfahrung des menschlichen Selbstvollzugs zurückgefragt werden nach dem *Ich-Grund* — in transzendentaler Reflexion, welche den apriorischen, aller Erfahrung vorgängigen und sie bedingenden, aber real-ontologischen Einheits- und Ursprungsgrund des konkreten Selbstvollzugs vermittelnd aufweisen, jedoch nie unmittelbar in sich selbst zur Gegebenheit bringen kann.[123]

Verlangt ist hier notwendig eine Untersuchung der Grundphänomene, die sich im Selbstvollzug des Menschen zeigen: Erkennen, Wollen, Handeln.

---

[118] Vgl. *WM* 66.
[119] Vgl. *WM* 66.
[120] Vgl. dazu Kants Verständnis der ursprünglich-synthetischen Einheit der Apperzeption. Hier ist das reine Ich oder der reine Verstand oder «Ich denke» als die ursprüngliche Einheit des Bewußtseins aufgewiesen. Vgl. *KrV* B 132ff.
[121] *WM* 67. Dagegen: «Das empirische Ich meint das Ich oder das Subjekt, insofern es sich in seinem Bewußtsein selbst erfährt; es ist die konkrete Ganzheit bewußter Selbsterfahrung.»
[122] Vgl. *WM* 67.
[123] *WM* 67.

5.2 *Geistiges Erkennen*

Der Mensch zeigt sich schon in seinem Vollzug des Fragens wesentlich als das erkennende Wesen. Was heißt nun «Erkennen»? Coreth definiert es zunächst folgendermaßen: «Der grundlegende Selbstvollzug, in dem sich jeder bewußte Weltbezug allererst konstituiert, ist die Erkenntnis.»[124] Sie ist ein grundlegendes Element, das allen anderen Weisen des menschlichen Selbstvollzugs ermöglichend vorausgeht und dessen Ausrichtung bestimmt. Wenn wir deshalb vom Erkennen als Vollzug des Menschen sprechen, ist damit keine rein isolierte, keine rein *theoretische* Erkenntnis gemeint, die in keiner Beziehung zum gesamten menschlichen Lebens steht, sondern vielmehr diejenige Erkenntnis, die in alle *praktischen* Verhaltensweisen hineinverwoben ist, in denen wir Stellung nehmen, Entscheidungen treffen und Handlungen setzen[125]. Die Dinge, die Menschen und alle Wirklichkeit in der Welt erkennend vollziehen wir *uns*. So ist die Erkenntnis das «erste und grundlegende Element»[126] des gesamten menschlichen Verhaltens.

5.2.1 Begriffliches Denken

Was ist nun das Wesen der Erkenntnis? Sie ist vor allem durch das «Denken» gekennzeichnet. Denken ist *begriffliches* Erkennen. Dabei meint der Begriff — im allgemeinen Sinne — alle Sinngehalte, die wir denken und in Worten ausdrücken, nicht nur den wissenschaftlich scharf definierten Terminus. Das Wort, mit dem wir sprechen und uns ausdrücken, hat einen Sinn oder eine Bedeutung, mit ihm als Sinnträger und Sinnvermittler ist also etwas gemeint und das, was in dem Wort gemeint ist, heißt der Begriff. Deshalb sind die beiden nicht dasselbe. Der Begriff als das Gemeinte unterscheidet sich vom Wort[127].

Der Mensch versteht vor allem konkrete Einzeldinge, die in sinnenhafter Erscheinung gegeben sind, «als etwas»[128]. Dieses Phänomen ist anthro-

---

[124] Vgl. *WM* 67f.
[125] Vgl. *WM* 68.
[126] Vgl. *WM* 68.
[127] Vgl. *WM* 68f.
[128] Wenn wir die Erscheinung «als etwas» verstehen, geschieht nach Coreth darin zugleich, daß uns in der sinnenhaften Gegebenheit nicht nur das «intelligible Wesen der Sache» (also «*intelligibile in sensibili*») aufleuchtet, sondern — nach Thomas von Aquin — das «*intelligere*» als «*intus legere*», d.h. die Erscheinung durchdringen und durchschauen, ihr intelligibles Wesen herauslesen. Dieses Geschehen ist aber auch durch einen komplexen Prozeß in einem bestimmten Verständnishorizont bedingt. Heidegger legt diesbezüglich

pologisch bedeutsam. Wenn der Mensch das einzelne «als etwas» versteht, bildet er einen Begriff der Sache und erfaßt dabei einen Sinngehalt, der nicht nur an das einzelne gebunden ist, sondern in beliebig vielen Einzeldingen verwirklichbar und von ihnen aussagbar ist, insofern ihnen diese bestimmte Eigenart zukommt. Dieser Sinngehalt ist in seiner Eigenart *abstrakt* und daher allgemein. Dagegen sind die Dinge selbst, auf die der Sinngehalt bezogen und angewendet wird, durchaus *konkret*. Der Mensch hat wesentlich die Fähigkeit, aus den Einzeldingen, nämlich aus der konkreten Wirklichkeit, gemeinsame Sinngehalte herauszuheben und in allgemeine Gültigkeit zu erheben. Wir nennen diese Fähigkeit «Abstraktion»[129]. Auch die Fähigkeit der Abstraktion hat die Struktur des grundsätzlichen menschlichen Verhaltens der Ur-Abhebung als Grundfreiheit oder als Vermittlung der Unmittelbarkeit. Die Grundfreiheit liegt dem Geschehen der Abstraktion (oder Ideation) zugrunde und drückt sich darin aus. In diesem Sinne können wir sagen, daß das Denken nur aus dieser Grundfreiheit möglich ist, insofern es durch die Abstraktion des Begriffes konstruiert wird. Dieses Phänomen deutet an, daß das Denken selbst wesentlich nicht materieller Art ist. In ihm werden nicht nur einfache Begriffe von Dingen, sondern beliebig höhere, abstraktere und allgemeinere Begriffe gebildet, die miteinander verbunden oder analog angewendet werden. Hier zeigt sich klarer die grundsätzliche «Freiheit des Denkens»[130], und dadurch eröffnet sich dem Menschen eine neue Welt des Gedankens, die der Sphäre dinghaft-stofflichen Seins enthoben ist und einer wesentlich anderen Seinsweise angehört[131]. In ihr werden die übersinnlichen, überstofflichen, immateriellen und geistigen Begriffe gebildet: z.B. die Wertbegriffe wie Liebe und Haß, Recht und Unrecht, gut und böse und viele andere philosophischen Begriffe, in denen allgemeine Seinsaussagen ausgedrückt werden, oder Gott und seine Eigenschaften wie Unendlichkeit, Absolutheit, Ewigkeit, Allwissen, Allmacht, Allgegenwart usw. Ob mit diesen Begriffen auch eine Wirklichkeit getroffen wird, ist an diesem Punkt noch eine offene Frage. Für Coreth ist vor allem bedeutsam und wichtig, daß wir tatsächlich solche Begriffe bilden und damit sinnvoll etwas ganz Bestimmtes meinen und denken. Im Gegensatz zum Neupositivismus ist

---

die Verständnisstruktur des «Etwas als Etwas» als die «Als-Struktur» aus. Vgl. *WM* 69. Dazu: *STh*, II-II, q. 8, a. 1; *SZ* 149.

[129] Vgl. *WM* 69f.

[130] Vgl. *WM* 71. Dazu *GM* 190: «Freiheit ist das Wesenselement des Geistes: Geistsein ist Freiheit.»

[131] Vgl. *WM* 70f.

er der Auffassung, daß es schon eine «ursprünglichere Sinnerfassung, die sich nicht auf empirische Vorfindbarkeit reduzieren läßt»[132], gibt. Wir können nicht alle Begriffe in der Erfahrung verifizieren oder falsifizieren.

Das begriffliche Denken entsteht natürlich nicht in reiner voraussetzungsloser Spontaneität. Es ist angewiesen auf die Welt und ihre Gehalte, die wir wahrnehmen, die aber begrifflich verarbeitet, der unmittelbaren Gegebenheit enthoben und in die Sphäre der Allgemeinheit erhoben werden. Der Mensch hat wesentlich das Vermögen «Geist» — «Verstand» und «Vernunft». Er übersteigt dadurch die Dimension des materiellen Seins, obwohl er auf sinnenhaft hinnehmende Erkenntnis in seinem leiblichem Wesen angewiesen ist. Nur vom Geist her kann man voll verstehen, was Menschsein bedeutet und was wir als Menschsein erfahren[133].

Hier stellt sich die Frage, ob wir das Wesen des Geistigen positiv bestimmen können. Auf diese Frage können wir durch die Auslegung des Urteilsaktes des menschlichen Denkens antworten.

5.2.2 Urteilendes Denken

Denken ist nicht nur begriffliches Erkennen, sondern *urteilendes* Erkennen. Denken heißt eigentlich Urteile bilden, behauptende Aussagen machen[134]. Wir denken nicht nur in einzelnen Begriffen, sondern in ihrer Verbindung zu einem Satz; d.h. wir sagen in einem Satz etwas aus. Wir nennen dieses Aussagen ein Urteil. Das Urteil ist aber nicht eine bloße Verbindung oder Verknüpfung von Begriffen. «Das Wesentliche des Urteils besteht darin, daß das Satzganze, aus Subjekt und Prädikat bestehend, ausgesagt, behauptet wird: es "ist" so.»[135] Coreth richtet hier besonders seine Aufmerksamkeit auf die Struktur des «Ist-sagens» der Aussage[136]. In dieser Struktur erhebt das Denken einen hohen Anspruch im Blick auf die Wahrheit. Wenn wir z.B. urteilend behaupten: «der Tisch ist grün», ist darin

---

[132] Vgl. *WM* 71.
[133] Vgl. *WM* 72f.
[134] Vgl. *WM* 73.
[135] Vgl. *WM* 73.
[136] «Ist» wird im Satz einerseits als die Kopula, die in Aussagen zwei Begriffe als Subjekt und Prädikat verknüpft, anderseits als Existenzaussage benützt. In der modernen analytischen Philosophie ist aber die Stellung von «ist» sehr fraglich. Die Kopula «ist» verschwindet besonders in der Quantorenlogik Quines. Auch in bezug auf Existenzaussagen verschwindet die Rolle des Wortes «ist» im Satz. Wenn ein Satz bei Quine quantifiziert werden kann, läßt sich das Wort «ist» durch den Existenz- oder Allquantor ersetzten. Dazu vgl. W.V.O. QUINE, *Grundzüge der Logik*, 121ff.

ausgesagt, daß ihm als Farbe nur das Grün-Sein und keine andere Farbe zugesprochen werden kann; d.h. wir nehmen eine unbedingte Geltung in Anspruch[137]. Was ist mit unbedingter Geltung gemeint?

> Sie bedeutet [...], daß der Sachverhalt, wenn er ist, in seiner Geltung nicht mehr irgendwie bedingt oder beschränkt ist. Wenn ich das erkenne, was ist, so weiß ich, daß es nicht nur «für mich» so ist, nicht nur meinem Denken so erscheint, nicht nur für erkennende Wesen bestimmter Art so gilt, sondern daß es «an sich» so ist und sich in der unbedingten Geltung seines Seins behauptet vor dem Denken jedes anderen, der Wahrheit fähigen Wesens, ja vor jedem anderen Seienden, welcher Region oder Dimension des Seins es angehören mag. Ich weiß also, daß das Seiende, sofern es ist, sich durch das Sein, das ihm eigen ist, in unbedingter und unbegrenzter Geltung behauptet, daher im Gesamtzusammenhang des Seins überhaupt Geltung beansprucht.[138]

In diesem «Ist-sagen» zeigt sich, daß das Denken grundsätzlich im offenen, unbegrenzten Horizont des Seins steht und sich darin vollzieht, insofern wir gar nicht anders nach allem, was wir urteilend behaupten, fragen können, als in dem «ist»[139]. Unser Denken kann nicht dieses «Seinsdenken», dem die Gesamtheit des Seins grundsätzlich offensteht, umgehen. Dies ist die «Grundstruktur des Denkens». Dementsprechend durchbricht unser menschlicher Geist — im Sinne «virtueller Unendlichkeit», nicht aktueller — die Begrenztheit des endlichen Seins überhaupt und greift auf die unendliche Weite des Seins im Ganzen aus. Damit deutet sich an, daß der Mensch sein Wesen unbedingt von der Unendlichkeit, nämlich dem unendlichen, letzten und unbedingten Seinsgrund her zu verstehen hat[140].

---

[137] Die unbedingte Geltung ist hier nicht im «inhaltlichen» Sinn, sondern im «formalen» Sinn gemeint, nämlich als «Unbedingtheit im Bedingten»: d.h. sie bedeutet nicht, daß jedes Urteil unbedingt wahr sein muß, es kann auch inhaltlich falsch sein. Denn jedes Einzelurteil ist durch vielerlei Umstände bedingt. Vgl. *WM* 74.

[138] *WM* 73f.

[139] Vgl. *WM* 74.

[140] Vgl. *WM* 75: «Man kann sein Wesen nur verstehen von der Unendlichkeit [her], die ihm eigen ist. Nur von daher werden Tiefe und Reichtum, Vielfalt und Gestaltungskraft des geistigen Lebens verständlich. Nur von daher erklärt sich die ungeheure Dynamik des Geistes, der in keiner Erkenntnis endlicher Dinge voll befriedigt zur Ruhe kommt, sondern weiter sucht und forscht bis an die Grenzen der Welt und bis in die letzten Tiefen des Wißbaren; der aber auch in aller Erkenntnis innerweltlicher, also endlicher Wahrheit nicht seine Erfüllung finden kann, sondern darüber hinaus fragt nach dem letzten Grund und Sinn des eigenen Dasein und der Welt im ganzen, nach einem letzten, unbedingten und unendlichen Seinsgrund, der allem endlich Seienden tragend und sinngebend zugrunde liegt.»

Wie können wir nun konkret in unserem Denken über die Grenzen des unmittelbar Erfahrbaren und Endlichen hinaus zum Unendlichen aufsteigen? Hier stellt sich die Frage nach der Möglichkeitsbedingung des Seinsdenkens in unserem geistigen Denken. Wir können die Antwort darauf in einem weiteren Element des Denkens suchen.

5.2.3 Schlußfolgerndes Denken

Nach Coreth ist Denken auch *schlußfolgerndes* Erkennen. Es schreitet von gewonnenen Einsichten und Urteilen zu weiteren Erkenntnissen fort, die in neuen Urteilen ausgesprochen werden. Es ist nicht unmittelbare, sondern «vermittelnde Erkenntnis»[141]. Wie führt uns das im Anschluß an die oben gestellte Frage weiter? Hier ist eine Eigenart des menschlichen Erkennens aufgewiesen: «Etwas unmittelbar nicht Wahrnehmbares, nicht Erkennbares, wird von anderem, zuvor schon Erkanntem [her] erschlossen»[142]. Das menschliche Denken ist also einerseits an die Unmittelbarkeit des Wahrnehmbaren und Erfahrbaren gebunden; es übersteigt aber andererseits grundsätzlich die Unmittelbarkeit durch die Vermittlung des Schließens, die sich auf die Grundfreiheit als Bedingung der Möglichkeit des Denkens gründet. Der Mensch führt in denkend vermittelnder, also schlußfolgernder Erkenntnis sein Denken über die Grenzen des unmittelbar Erfahrbaren und Endlichen hinaus zum Seinsdenken, auf die *Ganzheit* des Seins ausgreifend, obwohl er sie nicht voll begreifen kann[143].

Die vermittelnde Erkenntnis unseres logisch-schlußfolgernden Denkens setzt — im letzten — immer schon einen ursprünglich allem logischen Denken vorausliegenden Bereich als Bedingung ihrer Möglichkeit voraus. Der Mensch hat, wenn auch nicht ausdrücklich bewußt, immer schon die «Ureinsichten» darüber, die in unserem ganzen Denkvollzug bedingend und normgebend wirksam sind[144]. Coreth führt aus:

> Wir haben ein ursprüngliches Wissen um Sein, das aller, inhaltlich wie immer bestimmten Einzelerkenntnis von Seiendem als Bedingung seiner Möglichkeit vorausliegt und in jedem Akt des Denkens — des Fragens, Wissens und Urteilens — unthematisch mit-vollzogen wird. Wir haben aber auch ein ebenso ursprünglich unmittelbares Wissen um grundlegende Seinsgesetze und Strukturen, die von allem Seienden, sofern es ein Seiendes ist, also von der Gesamtwirklichkeit, notwendig gelten, das [= dieses Wissen] unserem gesamten

---

[141] Vgl. *WM* 76.
[142] Vgl. *WM* 76.
[143] *WM* 76.
[144] Vgl. *WM* 77.

Denkvollzug, darüber hinaus unserem ganzen sowohl theoretischen als praktischen Verhalten zu Seiendem bedingend und normgebend zugrunde liegt.[145]

Diese Ureinsichten müssen aber natürlich kritisch reflektiert und methodisch aufgewiesen werden. An diesem Punkt stehen wir schließlich an der «Schwelle zur Metaphysik», die im Sinne einer allgemeinen Seinslehre oder Ontologie begründet und entfaltet wird. Und hier übernimmt die Metaphysik als Ontologie die anthropologische Aufgabe, den ursprünglichen Grund des menschlichen Geistes, in dem der Mensch sich selbst vollzieht und entfaltet, auszulegen. In der Metaphysik wird also die Aufgabe unternommen, das, was «in unserem bewußten Selbstvollzug immer schon, wenn auch unthematisch und unausdrücklich, mitgegeben, als Bedingung der Möglichkeit des Vollzugs mit-gewußt und mit-gesetzt war, durch transzendentale Reflexion auf die vorgängigen Bedingungen des Vollzugs thematisch zu machen und zur Sprache zu bringen, also zu ausdrücklichem Wissen zu erheben»[146].

5.3 *Freies Wollen*

Der Mensch ist ein erkennendes Wesen, aber im Hinblick auf den Selbstvollzug und die Selbstentfaltung des Menschen genügt die Erkenntnis allein nicht, um das gesamte Phänomen des Menschen zu erklären. Sie hat als *ein* Teilelement des gesamten menschlichen Selbstvollzugs eine vermittelnde Funktion im Ganzen des Menschseins; sie ist dabei auf das Wollen und Handeln hingeordnet[147]. Der Mensch ist nicht nur ein erkennendes, sondern auch ein wollendes, strebendes und handelndes Wesen. Das deutet schon auf die anthropologische Bestimmung hin, daß der Mensch — ursprünglich nach seinem eigenen Wesen auf dem Grund des Seins — etwas *werden soll*:

[...] der Mensch steht, solange er lebt, in einem Prozeß des Werdens, der Entwicklung und Entfaltung, in dem sein eigenes Wesen immer mehr offenbar, verwirklicht und vollendet werden soll. Doch ist das ein Geschehen, in dem wir selbst unser Wesen von innen her aktiv zu verwirklichen, zu entfalten haben: Werde, was du bist! Die Verwirklichung dessen, was wir anfänglich immer schon sind und was wir endgültig sein sollen, ist uns selbst übertragen: das stets

---

[145] *WM* 77.
[146] Vgl. *WM* 78.
[147] Vgl. *WM* 78.

neue Ergreifen und Verwirklichen unserer eigenen Möglichkeiten in freier Selbstverfügung, Selbstentscheidung, Selbstbestimmung.[148]

So haben wir unsere Aufmerksamkeit darauf zu richten, daß menschliche Willensfreiheit nicht nur als die einfache Fähigkeit zu gegenständlicher Wahl zwischen diesem und jenem betrachtet werden kann, sondern vor allem in Bezug auf die Selbstverwirklichung der Möglichkeiten des eigenen menschlichen Daseins zu erfassen ist. Der Mensch hat frei über sich selbst zu entscheiden und bestimmt von daher die Möglichkeiten seines eigenen Daseins. Freiheit ist Selbstverfügung und Selbstbestimmung. Etwas zu wollen, das bedeutet konkret, *meine* Ziele und Möglichkeiten zu ergreifen; nur in ihrer Bejahung und Verwirklichung kann ich mich selbst verwirklichen. Der Mensch verwirklicht sich selbst grundsätzlich im freien Wollen. Gerade weil der Mensch grundsätzlich frei ist, braucht er die *Erkenntnis* zur Orientierung in seiner Selbstverwirklichung, deren Richtung an sich ganz offen ist. Durch die Erkenntnis unterscheidet der Mensch zwischen Wahr und Falsch, Gut und Böse, Wert und Unwert, zwischen eigentlichen und uneigentlichen Möglichkeiten des eigenen Selbstseins; er erreicht schließlich — im unbedingten Horizont des Seins — die Wahrheit. Daher stehen diese zwei Vollzüge nicht getrennt nebeneinander, sondern in sich gegenseitig ergänzendem Bezug; d.h. das freie Wollen fordert als Bedingung seiner Möglichkeit die Geistigkeit der Erkenntnis, und umgekehrt die geistige Erkenntnis als wesensgemäßes Korrelat das freie Wollen[149]. Diese Zweiheit von Wissen und Wollen (oder Erkennen und Streben) zeigt sich erst recht als notwendige Vollzugsweise des Geistes[150]. In diesem Sinne gibt es für Coreth nur einen sich ergänzenden Gegensatz zwischen Wissen und Wollen:

[...] ontologisch gehören beide gleich wesentlich und ursprünglich zum geistig-personalen Dasein des Menschen. Beide stehen daher ontologisch auf derselben Stufe geistig-personalen Seins. Sie sind zwei korrelate oder komplementäre Funktionen des einen Menschen, die wesenhaft aufeinander angewiesen und hingeordnet sind, in ihrer Einheit aber erst die Ganzheit der menschlichen Selbstverwirklichung ausmachen.[151]

Schließlich vollendet sich der menschliche geistig-personale Selbstvollzug durch die geistige Erkenntnis in freiem Wollen und Handeln. Wir haben

---

[148] *WM* 78.
[149] Vgl. *WM* 78f.
[150] Dazu vgl. *MP* 342ff.
[151] *WM* 79.

hier zu fragen, ob der Mensch tatsächlich frei sein kann, obwohl er wesentlich endlich und bedingt ist, und wenn es so ist, was das Wesen der Freiheit und ihren anthropologischen Sinn ausmacht.

5.3.1 Freiheitserfahrung

Nach Coreth ist die Freiheit eine Grunderfahrung unseres menschliches Daseins, eine ursprüngliche, nicht rückführbare, darum auch unaufhebbare und unwiderlegbare Grundgegebenheit des Menschen, auch wenn sie theoretisch geleugnet werden kann. Dies zeigt sich vor allem in der Tatsache, daß der Mensch immer von neuem vor Entscheidungen gestellt ist, in denen er Stellung zu nehmen hat zu dieser oder jener Möglichkeit seines Handelns, für oder gegen einen Wert, der ihn zur Wertantwort aufruft. Der Mensch ist oft vor die Qual der Wahl gestellt, in die unausweichliche Notwendigkeit, sich zwischen vielen Möglichkeiten zu entscheiden. Diese Entscheidung ist als ganz persönliche und unvertretbare nur dem Einzelmenschen selbst auferlegt. Er selbst muß sich entscheiden, aber frei. Ist das ein Widerspruch? Nein: daß er sich entscheidet, ist ein «Muß»; wie er sich entscheidet, darin ist er frei. Insofern er sich frei entscheiden kann, ist er auch für seine Entscheidung und sein Handeln verantwortlich. Der Mensch ist also in seine eigene Freiheit und Verantwortung frei-gegeben[152].

In diesem Sinne ist die Freiheit des Menschen aber nicht eine absolute, sondern eine relative, vielfach bedingte Freiheit. Sie ist schon bedingt durch das endliche Wesen des Menschen und die konkrete geschichtliche Situation, in der der Mensch sich mit jeweils begrenzten Möglichkeiten auseinandersetzen und sich entscheiden muß. Sie ist sogar bedingt in dem Sinne, daß unseren menschlichen Entscheidungen Werte und Normen des Sollens vorgegeben sind. Freiheit bedeutet deshalb nicht sinnlose Willkür, sondern sinnvolle Selbstentfaltung in der Bejahung und Verwirklichung des Guten (*bonum*) und ist als solche an das Gute, das Sein-Sollende gebunden. Coreth betont: «Allein darin erreicht die menschliche Freiheit ihren Sinn.»[153]

Die Freiheit liegt unserem alltäglichen Umgang mit anderen Menschen zugrunde; dieser setzt wesentlich die Freiheit voraus. Wir wirken nicht mechanisch auf einen anderen ein, wie auf einen unpersönlichen Gegenstand, sondern wir bemühen uns, ihn z.B. durch Rat oder Mahnung zum Einsatz seiner eigenen Freiheit aufzurufen, zur eigenen freien Entscheidung

---

[152] Vgl. *WM* 82f.
[153] Vgl. *WM* 82. Dazu *WM* 83: «Gerade die sittliche Entscheidung ist der Ort, an dem [...] die menschliche Freiheit ihren eigentlichen Sinn erreicht.»

herauszufordern. Dies meint, daß wir schon die Freiheit des anderen und unser eigenes Wissen darum voraussetzen. Auch unser Gemeinschaftsleben selbst ist schon bestimmt durch viele Begriffe, die ohne die Freiheit ihren Sinn verlieren: z.B. Gut und Böse, Recht und Unrecht, Lohn und Strafe usw. So erfahren und wissen wir in unserem Handlungsvollzug, daß Umgang und Gemeinschaftsleben immer und notwendig schon die Freiheit voraussetzen. Dieses Wissen um die Freiheit ist ein «unaufhebbares Urwissen», das den Vollzug unseres Wollens und Handelns bedingt und begleitet, das aber unthematisch, unausdrücklich gegenwärtig ist. In diesem Sinn gibt es ein «unmittelbares Freiheitsbewußtsein», wenn wir auch im Einzelfall nicht genau den Punkt oder Augenblick angeben können, an dem die freie Entscheidung fällt[154].

5.3.2 Metaphysisches Wesen der Freiheit

Was ist nun der wesentliche Sinn der Freiheit, die wir im Alltag in einem vielfältigen Sinn gebrauchen? Unter dem Wort «frei» verstehen wir zunächst äußere Zwanglosigkeit wie z.B. Gewissensfreiheit, Religionsfreiheit, Redefreiheit, Pressefreiheit usw. Aber sie trifft noch nicht das Wesen der menschlichen Freiheit. Denn der Mensch ist, auch wenn kein äußerer Zwang vorliegt, nur dann im vollen Sinne frei, wenn er nicht durch die Notwendigkeit seines Wesens, seiner Anlagen und Triebe bestimmt ist, sondern sich selbst dazu entscheiden kann, so oder anders zu handeln. Das Wesen der menschlichen Freiheit besteht eigentlich in «innerer Freiheit», nämlich darin, daß «wir in unserem Wollen und Handeln nicht determiniert, auch nicht von innen her durch das eigene Wesen determiniert sind»[155]. Mit dieser Definition können wir hier von Willensfreiheit und Wahlfreiheit oder Bestimmungsfreiheit und Vollzugsfreiheit reden[156], aber auch diese setzen

---

[154] Vgl. *WM* 84. Coreth betont besonders diese Grunderfahrung der Freiheit: «Allein in dieser Grunderfahrung der Freiheit, die wir immer schon selbstverständlich voraussetzen, liegt der Ansatz zu einer philosophischen Lehre von der Freiheit. Das Denken hat sich an das "Selbstverständliche" zu halten, nämlich dasjenige, was dem menschlichen Selbstverständnis immer schon, wenn auch nicht ausdrücklich, offenbar ist, ans Licht zu heben und verstehend in seinem Wesen zu durchdringen. Es geht hingegen grundsätzlich fehl, wenn es ein Urphänomen wie die Freiheit leugnet oder wegerklären will. Dann verliert es die Wirklichkeit des menschlichen Daseins aus dem Blick und wird durch die reale Selbsterfahrung widerlegt.»

[155] Vgl. *WM* 80.

[156] Vgl. *WM(1983)* 59. Hier meint «Bestimmungsfreiheit» die Fähigkeit, so oder anders zu handeln, diese oder jene Möglichkeit zu wählen, also den Akt selbst zu bestimmen, dagegen «Vollzugsfreiheit» die Fähigkeit, einen bestimmten Akt zu setzen oder nicht zu

schon voraus, daß der Mensch ursprünglich in seine Freiheit freigegeben ist, daß ihm ein Freiraum — im letzten zum unbegrenzten Horizont — eröffnet ist: also die «Grundfreiheit». Wir haben vorher schon gezeigt, daß diese Grundfreiheit auf der Vermittlung der Unmittelbarkeit des menschlichen Geistes gegründet ist[157]. Daher müssen wir wieder nach dem wesentlichen Sinn der Freiheit in Bezug auf unseren geistigen Vollzug fragen.

Coreth argumentiert: «Was Freiheit bedeutet, erschließt sich erst voll, [...] wenn man die Freiheit des Wollens als wesensnotwendiges Korrelat der Geistigkeit des Erkennens begreift. [...] Denn zwischen Erkennen und Wollen besteht notwendig strenge Entsprechung. Der Wille ist nichts anderes als das dem denkenden Erkennen zugeordnete, von ihm vermittelte, daher ihm wesensgemäße Strebevermögen.»[158] Was bedeutet das eigentlich? Wir haben schon gesehen, daß das Formal- und Materialobjekt des Verstandes das Seiende als solches und alles Seiende schlechthin ist[159]. Wenn unser Denken so eine ursprüngliche Offenheit für das Sein im Ganzen hat und damit wesenhaft auf die Unendlichkeit des Seins hingeordnet ist, meint das, daß auch der Wille dementsprechend vor derselben unbegrenzten Weite von Möglichkeiten steht.

> Wie der Verstand das Seiende als solches erfaßt, so ergreift der Wille strebend das Gute als solches, nämlich das, was ihm als ein Gut, ein Wert begegnet. Wie das Formalobjekt des Verstandes das Seiende als solches ist, so ist das Formalobjekt des Willens das Gute als solches. Und wie der Verstand erkennend im Raum des Seins überhaupt steht und nicht beschränkt ist auf irgendeine besondere Region oder Dimension des Seins, so steht der Wille vor dem Bereich des Guten überhaupt, vor der Gesamtheit von Gütern und Werten. [...] Wie das Materialobjekt, der Gegenstandsbereich des Verstandes alles Seiende in unbegrenzter Weite ist, so ist das Materialobjekt des Willens alles Gute, alles Werthafte schlechthin in grundsätzlich unbegrenzter Weite.[160]

Der Wille kann daher seine endgültige Erfüllung nur finden, wenn er ein unendliches Gut, einen unendlichen Wert erreicht. Hier zeigt sich das «metaphysische» Wesen der Willensfreiheit, daß nämlich die menschliche Willensfreiheit grundsätzlich auf dem Sein selbst als absoluter Gutheit gegründet ist, deren Bezug auf das Sein aber im weiteren metaphysisch

---

setzen. Diese Unterscheidung zeigt aber nur verschiedene Aspekte desselben freien Geschehens, nicht verschiedene Wirkweisen der Freiheit. Vgl. *WM* 80.

[157] Siehe in dieser Arbeit Kap. I, § 4.6.
[158] *WM* 84-85.
[159] Siehe in dieser Arbeit Kap. I, 5.2.
[160] *WM* 85.

ausgelegt werden muß[161]. Von daher kann auch ein menschliches sittliches Problem im konstruktiven Sinn thematisiert und diskutiert werden.

5.4 *Sittliches Handeln*

Der Mensch ist frei in seinem Wollen und Handeln, aber das meint nicht, daß er im absoluten Sinne ohne Grenzen und Bedingungen frei ist. Wie schon vorher erwähnt, ist die Freiheit des Menschen begrenzt durch die Beschränkung seines endlichen Wesens und des endlichen, auf einen engen Wirkbereich begrenzten Willens. Aber wir können hier noch in einem anderen Sinne von der Begrenztheit der Freiheit sprechen. Die menschliche Freiheit ist begrenzt durch einen Wert, der Bejahung und Verwirklichung fordert, also durch den Anspruch eines unbedingten Sollens. Dieser Wert erlegt der Freiheit verpflichtende Bindungen auf, hebt aber wesentlich die Freiheit nicht auf, sondern setzt sie vielmehr voraus und ruft sie zum Einsatz auf; in diesem Wert vollendet sich auch die Freiheit erst ihrem Wesen gemäß. Der Mensch steht so in seiner eigenen Freiheit vor dem Anruf einer verbindlichen, aber «erstrebenswerten» Forderung. Dieses Phänomen nennen wir das «Sittliche». Es ist eine menschliche «Grunderfahrung»[162], daß eine grundlegende Unterscheidung zwischen Gut und Böse, Recht und Unrecht, zwischen Handlungen, die getan werden sollen, und solchen, die nicht getan werden dürfen, ursprünglich besteht, obwohl das menschliche Urteil des sittlichen Wertes durch die geschichtlichen, soziologischen und kulturellen Elemente bedingt ist.

---

[161] Wir können uns hier natürlich die Frage stellen, ob dem Menschen echte Wahlfreiheit im wahren Sinne gegeben sein kann, wenn die Freiheit grundsätzlich auf ein höchstes Gut hingeordnet ist. Nach dieser Frage, die in einem Determinismus wurzelt, der aus völlig verschiedenen Gründen die Freiheit in Notwendigkeit aufhebt, kann sich der Einwand gegen die Freiheit erheben, daß unser Handeln z.B. in Wahrheit oder in notwendiger Bestimmtheit aus dem Wesen Gottes streng determiniert ist. Nach dieser Ansicht wählt der Mensch immer schon aus Notwendigkeit das Bessere, das größere Gut oder den höheren Wert. Dagegen zeigt Coreth aus dem Phänomen sittlichen Versagens, sittlicher Schuld, daß der Mensch seine Entscheidung zum höheren Gut nicht aus Notwendigkeit trifft, sondern in Freiheit. Wir erfahren, daß wir durchaus nicht immer und erst recht nicht notwendig der Motivkraft des höheren Gutes gehorchen, obwohl wir um verbindliches Sollen wissen, das uns anruft, die höheren und eigentlichen Möglichkeiten unseres Selbstseins zu verwirklichen. Vgl. *WM* 86f. Zum Verhältnis von Notwendigkeit gegen Freiheit vgl. *SF* 72-96.

[162] Vgl. *WM* 90f. Coreth verneint, daß das Phänomen sittlicher Bindung völlig auf eine Ursache, nämlich auf psychologische und soziologische Ursachen zurückgeführt werden kann. Er sucht den Grund des sittlichen Phänomens vielmehr in einem absoluten Bezug, der dem Wesen des Menschen eigen ist. Dazu vgl. *ibid.* 92.

5.4.1 Das Wesen des Sittlichen

Was ist nun das Wesen des Sittlichen? Nach Coreth besteht es vor allem in dem, was «den Menschen als Menschen betrifft, ihn in seinem eigentlich menschlichen Wesen zur Entfaltung und vollen Verwirklichung bringt»[163].

> All das, was der wesensgemäßen, gesamtmenschlichen Selbstentfaltung entspricht, ist sittlich gut. All das, was dieser wesensgemäßen Selbstentfaltung widerspricht, ist sittlich schlecht. Die Norm, an der sich das sittlich Gute oder Böse mißt, liegt in der vorgängigen Wesensstruktur des Menschen, dergemäß sich die Vollverwirklichung unseres Menschseins zu vollziehen hat.[164]

Mit dieser Sicht ist gemeint, daß der sittliche Wert und das sittlich Gute wesentlich auf dem Wesen des Menschen selbst gegründet sind[165]. Dies ist nun — eben bezüglich des Wesens des Menschen — näher zu begründen.

In der scholastischen Tradition ist jedes Seiende seinsmäßig gut. Das meint, daß jedes Seiende in sich schon das Erstrebbare oder Erstrebenswerte virtuell, d.h. als eine Anlage und Hinordnung, hat[166]. Jedem Seienden ist «ein Seinsgehalt, eine seinem Wesen gemäße Seinsfülle eigen, die dem Naturstreben dieses Seienden entspricht und die es zu besitzen, zu bewahren und zu entfalten strebt»[167]. Damit ist hier aber nicht gemeint, daß jedes Seiende deshalb immer schon ein Gut oder ein Wert für mich oder für jedes andere bestimmte Seiende ist. Denn ein Wert bedeutet immer Gut oder Wert nur für ein bestimmtes Seiendes. Alles, was überhaupt ist, kann nicht für jedes Seiende immer gut sein. Nur etwas, was dem Streben eines Seienden entspricht und seiner Selbstentfaltung förderlich ist, wird ihm zu einem echten Gut oder Wert[168]. Das meint, daß der Mensch, der immer schon vor den verschiedenen Werten steht, auf die wahren Werte, die seinem Wesen entsprechen, antworten muß. Der Mensch muß und kann nur dadurch schließlich zum Menschen werden, daß er sein eigenes Wesen verwirklicht und im weiteren entfaltet; zur Vollendung seiner Selbstverwirklichung muß der Mensch also sein eigenes Wesen und die wahren Werte kennen.

---

[163] Vgl. *WM* 95.
[164] *WM* 96.
[165] Vgl. *WM* 97.
[166] Die Ansicht, daß ein Gut das Erstrebbare oder Erstrebenswerte ist, stammt aus der aristotelisch-scholastischen Tradition. Dazu vgl. ARISTOTELES, *Etica Nicomachea*, I, 1, 1094a 1ff.; *STh*, I, q. 5, a. 1.
[167] Vgl. *WM* 93.
[168] Vgl. *WM* 94.

Aber auf welchem Grund kann die menschlich-sittliche Wertverwirklichung eigentlich möglich sein? Coreth weist diesbezüglich die Freiheit auf: «Sie ist die erste und grundlegende Bedingung sittlichen Handelns.»[169] Ohne die Freiheit von Sittlichkeit zu sprechen, ist sinnlos, weil der Mensch nur unter der Voraussetzung der Freiheit von sittlicher Verantwortung reden kann. Nur im freien Akt des Menschen, der in seinem Wollen und Handeln wesentlich frei ist, verwirklicht sich Sittlichkeit; d.h. nur daraus ergibt sich das sittlich Gute und Böse, der sittliche Wert oder Unwert, nicht aus äußeren Einflüssen und Umständen[170]. Der Mensch muß immer und grundsätzlich Stellung nehmen zu den Möglichkeiten seines eigenen Wesens und des vollen Menschwerdens; d.h. die reife und volle Selbstverwirklichung des Menschen ist seiner freien Entscheidung überantwortet. In dieser Selbstentscheidung und Selbstverfügung liegt der volle Sinn der Freiheit: «Nur aus Freiheit ist Sittlichkeit möglich. Aber erst in der Sittlichkeit vollendet sich der Sinn menschlicher Freiheit.»[171]

5.4.2 Die Totalität und Finalität des Menschen

Aber immer noch stellt sich hier die Frage, warum der Mensch notwendig die sittlichen Werte vor anderen Werten annehmen soll und muß, worauf eigentlich die Eigenart und die Unbedingtheit der sittlichen Werte, die den Menschen als Menschen betreffen, als Norm des menschlichen Handelns gegründet sind. Wir können den Grund im Wesen des Menschen suchen.

Wie schon oben dargestellt, ist das Wesen des Menschen «der Grund, dem der sittliche Wert entspringt, und zugleich die Norm, an der sich das sittlich Gute und Böse bemessen»[172]. Es geht hier darum, was unter dem Wesen des Menschen zu verstehen ist: vor allem — nach Coreth — die «Totalität» und «Finalität» des Menschen. Mit «Mensch» ist — einerseits — der «ganze» Mensch als leibliches und geistiges, freies und personales Wesen gemeint, das sich vielfältig zur Welt und zum Sein im Ganzen verhält. Genau dieser ganze Mensch ist der Grund und die Norm des Sittlichen. Die sittlichen Werte, Aufgaben und Pflichten ergeben sich aus der Stellung des Menschen zur Welt, zu seiner konkreten geschichtlichen

---

[169] Vgl. *WM* 96.
[170] Vgl. *WM* 96: «Sittlich Gut und Böse sind [...] Qualitäten, die im ersten und eigentlichen Sinn nur der freien Handlung des Menschen zukommen und nur in einem analog übertragenen Sinn von äußeren Umständen und Einflüssen ausgesagt werden können.»
[171] *WM* 96.
[172] Vgl. *WM* 97.

Situation und zur Gesamtwirklichkeit: «Sie bedeuten nichts anderes als die Verpflichtung, in Freiheit das zu bejahen, was wir sind, und die uns zukommende Stellung in der Welt und im Sein aus Freiheit zu verwirklichen.»[173] In diesem Sinne ist der sittliche Wert nicht ein Teilbereich neben verschiedenen anderen Werten, sondern umgreift vielmehr schon alle Wertbereiche des Menschen. Deshalb können wir das Wesen des Sittlichen wiederum so formulieren: All das, was in die Ganzheit, die Totalität des Menschen eingeordnet ist, ist sittlich gut[174].

Coreth weist — anderseits — die «dynamisch-finale» Sicht menschlichen Daseins auf, die allein den Übergang vom Sein zum Sollen vermitteln kann[175]. Die Finalität des Menschen ist schon darin selbst angedeutet, daß sich der Mensch in seiner Ganzheit stets verwirklichen, d.h. daß er als Mensch zum Menschen werden soll. Worauf ist nun diese Finalität grundsätzlich hingeordnet? Sie zeigt sich in der apriorischen Offenheit des menschlichen Geistes für das Absolute und das Unendliche, die sich im menschlichen Erkennen und Wollen erwiesen. Die Hinordnung auf ein letztes und unbedingtes Ziel, nämlich auf Gott, ist mit dem Wesen des Menschen notwendig gesetzt.

> Diese Hinordnung besteht und wird in jedem geistigen Akt immer und notwendig mitvollzogen — ob es der einzelne will oder nicht, ob er sich dessen bewußt ist oder nicht. Es ist dasjenige, was den geistigen Selbstvollzug als solchen konstituiert, ihm einen absoluten Horizont erschließt und allein den spezifischen Absolutwert des Sittlichen begründen kann.[176]

Das sittliche Handeln des Menschen bezieht sich wesentlich immer auf eine letzte Vollendung, die der Mensch auf Grund seiner ursprünglichen Hinordnung auf das Unendliche nur in Gott als seinem letzten Ziel gewinnen kann. Das zeigt einen engen Bestimmungsbezug zwischen der menschlichen Natur und der Norm des Sittlichen in Gott als letztem Ziel.

> Die menschliche Natur kann nur dann der Bestimmungsgrund des Sittlichen sein, wenn sie in ihrer finalen Hinordnung auf den absoluten Höchstwert, das unbedingte Endziel, auf Gott, gesehen wird. Und dieses Ziel, das unendliche Sein Gottes, kann nur dann zum Bestimmungsgrund sittlicher Werte und Pflichten des Menschen werden, wenn es konkret als Ziel des Menschen und

---

[173] Vgl. *WM* 97.
[174] Vgl. *WM* 97.
[175] Dazu *WM* 97: «Nur in dieser Sicht können wir aus dem, was wir sind, erkennen, was wir sein sollen.»
[176] *WM* 98.

mit apriorischer Notwendigkeit immer schon implizit bejahtes und angestrebtes Ziel alles menschlichen Wollens und Handelns verstanden wird.[177]

Daraus ergibt sich der unbedingte Charakter des sittlichen Wertes. Der sittliche Höchstwert stammt also einzig aus dem Bezug des Sittlichen auf das unbedingte letzte Ziel des Menschen in Gott als dem absoluten Höchstwert, und dieser Bezug auf Gott ist nur dem Menschen eigen. Darin liegt der Grund, daß nur der Mensch wesentlich sittlich sein kann, daß damit nur der sittlich handelnde Mensch zum vollen Menschen wird, der er sein soll[178]. In diesem Sinne ist die Selbstverwirklichung des Menschen bis zu seiner Vollendung eigentlich nichts anderes als der Vollzug dieser sittlichen Werte, die wesentlich und notwendig mit der finalen Ordnung des Menschseins mitgegeben und mitgefordert sind.

5.5 Der Bezug zwischen Wissen und Wollen als Grundselbstvollzug des Menschen

Wir haben bisher das geistige Erkennen und das freie Wollen und sittliche Handeln als Grundformen des menschlichen Selbstvollzugs betrachtet. Diese Vollzugsweisen stehen sich nicht völlig unvermittelt einander gegenüber, sondern greifen in ihrem Vollzug ineinander. Wir müssen daher das Verhältnis zwischen theoretischem Wissen und praktischem Wollen und Handeln klären.

Der Mensch ist der eine und ganze Mensch, der sich aber grundsätzlich in zwei Wirkweisen vollzieht und verwirklicht, der also sowohl erkennt als auch aus freiem Wollen handelt. Was heißt das? Wenn der Mensch etwas erkennt und erstrebt, meint das einen Vollzug seines eigenen Wirkens, d.h. einer Seinswirklichkeit, die nicht schon mit seinem wesenhaften Sein gegeben ist. Was meint das Wirken hier eigentlich? Nach Coreth ist es kein einfacher Wirkvollzug, der sich auf *anderes* richtet und anderes bewirkt, sondern immer und wesentlich *Selbst*vollzug und *Selbst*verwirklichung des Wirkenden, der sich dadurch in eine neue Seinswirklichkeit versetzt[179]. Warum kann und muß aber Seiendes wirkend sich selbst verwirklichen? Der Grund liegt in der metaphysischen Konstitution des endlichen Seienden. Alles endliche Seiende ist als Seiendes durch das Sein gesetzt. Es ist also nicht das Sein selbst als reiner Akt, sondern als begrenztes Seiendes. Auf dem Grund des unbedingten unbegrenzten Seins hat das Seiende notwendig

---

[177] *WM* 98.
[178] Vgl. *WM* 99.
[179] Vgl. *WM* 102.

KAP. I: TRANSZENDENTAL-PHILOSOPHISCHE ANTHROPOLOGIE

das Bestreben, sich über die Begrenzung durch das endliche Wesen hinaus zu übersteigen, sich selbst höher und voller zu verwirklichen[180].

Betrachten wir zunächst unser bewußtes oder *geistiges Wirken*, das im Vollzug um sich selbst weiß, sich selbst in seinem Sein erreicht und erfaßt. Der endliche Geist vollzieht sich selbst in seinem anderen: «Er bewegt sich in der Dialektik zwischen sich selbst und dem anderen, er vollzieht sich notwendig in der Zweiheit von Subjekt und Objekt.»[181] Was ist damit gemeint? Der endliche Geist setzt im aktuellen Vollzug eine Identität von Subjekt und Objekt, aber dabei ist die reale Differenz zwischen Subjekt und Objekt an sich nicht aufgehoben, sondern vielmehr vorausgesetzt. Der grundlegende Unterschied zwischen «mir» (dem Subjekt oder Wissenden) und dem «anderen» (dem Objekt oder Gewußten) ist eine unaufhebbare Grunderfahrung menschlichen Selbstvollzugs. Darin besteht der Grund, daß der Vollzug selbst entweder im Subjekt oder im Objekt gesetzt werden muß:

> Der Vollzug ist eine Bewegung, ein aktuelles Geschehen, das entweder im Subjekt selbst oder in seinem Objekt sein Ziel, seine Vollendung erreicht. In diesem Sinn intendiert der Vollzug entweder die Immanenz des Subjekts oder die Transzendenz auf das Objekt. In diesem Entweder-Oder gründet die Zweiheit von Wissen und Wollen.[182]

«Wissen» besteht darin, daß der Aktvollzug der Identität von Subjekt und Objekt in der Immanenz des Subjekts gesetzt wird. Dabei ist das Objekt im Subjekt nicht als Objekt an sich — d.h. in seinem eigenen realen Sein — gesetzt, sondern als Objekt im Vollzug — d.h. in dem Sinn, daß das Objekt in den aktuellen Vollzug des Subjekts aufgenommen wird, in ihm gegenwärtig wird. Coreth bemerkt das folgendermaßen: «Das Objekt geht also in den sich wissenden, sich selbst gelichteten Vollzug des Subjekts ein. Es wird im Licht des Bewußtseins gesetzt: als ein dem Subjekt bewußtes, vom Subjekt gewußtes Objekt.»[183] Das heißt geistige Erkenntnis als Wissen. Dagegen besteht «Wollen» darin, daß der Aktvollzug der Identität von Subjekt und Objekt in der Transzendenz auf das Objekt gesetzt wird. Es ist nicht ein Vollzug des Subjekts «in» seinem Objekt, sondern ein Vollzug «auf» sein Objekt «hin». Denn dabei ist das Objekt nicht im Vollzug des Subjekts, sondern «an sich» selbst gesetzt; d.h. das Objekt an sich steht

---

[180] Vgl. *WM* 102f.
[181] *WM* 103.
[182] *WM* 104.
[183] *WM* 104.

dem Subjekt als real anderes gegenüber[184]. Coreth bezeichnet diesen Vollzug als eine Bewegung des Strebens auf das andere hin, um mit ihm eins zu werden:

> «Es ist [...] also ein Streben nach seinem eigenen Sein, seinem eigenen Seins- und Wertgehalt, der die Bewegung des Strebens erweckt. Es ist der Vollzug einer sich selbst übersteigenden Hingabe des Subjekts an sein anderes, einer den Seinswert des anderen bejahenden Bewegung des Strebens nach dem anderen um seiner selbst willen, und das heißt Wollen.»[185]

Aus dieser Überlegung ergibt sich das wesentliche Beziehungsgefüge von Wissen und Wollen. Das Wissen hat hinsichtlich seines Gegenstandsbereichs keine Grenze, insofern es sich im Horizont des Seins vollzieht, also seinem Wesen nach auf schlechthin alles ausgreift. Aber das Wissen hat eine wesenhafte Grenze, insofern es ein Vollzug in seinem anderen ist, also eine Identität von Subjekt und Objekt vollzieht. Denn dabei wird das Objekt als Objekt im Subjekt präsent, und damit wird es nicht in seinem realen, sondern in seinem intentionalen Sein vollzogen. Daher ist die Identität von Subjekt und Objekt hier nur eine intentionale Einheit. In diesem Sinne ist der Vollzug des endlichen Geistes in seinem anderen, soweit dieser Vollzug im theoretischen Element des Wissens bleibt, noch nicht vollendet. Hier ist die vermittelnde Funktion des Wissens verlangt; d.h. die Begrenztheit des Wissens wird zur Vermittlung des Wollens, wie Kant schon gezeigt hat. Diese Funktion ist wesentlich dem Wissen eigen:

> Wie [...] das Intentionale über sich selbst hinausweist auf die Sache selbst, so weist auch die intentionale Identität mit dem Gegenstand über sich hinaus und ruft das Streben nach realer Identität hervor, die im Wollen geschieht. [...] diese Grenze des Wissens vermittelt das Wollen, das über die Grenze hinausgeht und die Identität von Subjekt und Objekt an sich erst verwirklichen, den Vollzug des Geistes in seinem anderen erst zur Vollendung bringen «will».[186]

Coreth betont dabei, daß der wahre Sinn der Wissenschaft und des Glaubens nur durch diese Vermittlung des theoretischen Wissens zum eigentlich praktischen Wollen verwirklicht wird, daß sie daher praktisch-sittliche Verantwortung tragen[187]. Dies ist nicht mehr Sache reiner Erkenntnis,

---

[184] Vgl. *WM* 104f.
[185] *WM* 105.
[186] *WM* 105.
[187] Dazu *WM* 106: «Die erkannte Wahrheit muß im freien Entschluß und Einsatz des Wollens bejaht und verwirklicht werden. Daher kann es gar nicht sinnvoll so etwas geben wie Wissen um des Wissens willen, auch nicht Wissenschaft allein um der Wissenschaft

KAP. I: TRANSZENDENTAL-PHILOSOPHISCHE ANTHROPOLOGIE 57

sondern Sache freien Wollens und Handelns.

Woraufhin bewegt sich nun das vermittelte Wollen? Hier stellt sich wieder die Frage nach der Wesensstruktur des Wollens. Das Wollen hat wesentlich den Charakter der Bewegung einer Selbsttranszendenz, insofern es eine Bewegung des Strebens auf das andere hin ist, nämlich eine Bewegung auf den mir vorgegebenen, mir begegnenden Wert hin, der wegen seines ihm eigenen Seins- und Wertgehalts bejaht und angestrebt wird. Diese Bewegung besitzt wesentlich die Struktur einer Bejahung des Wertes an sich. Das zeigt sich im Wertbereich des geistig-personalen Seins, dem eine Absolutheit zukommt. Der endliche Geist des Menschen vollzieht also sich selbst im Horizont des Absoluten und ist damit auf das Absolute bezogen: «Durch diese Transzendenz ist er in seinem Wesen bestimmt, und dadurch besitzt er selbst eine absolute, durch nichts relativierbare Werthaftigkeit.»[188] Dabei betont Coreth vor allem, daß diese metaphysische Grundstruktur des Wollens am reinsten in personaler Liebe, die nicht sich selbst sucht, sondern allein den anderen um seiner selbst willen bejaht und sich selbst vergessend dem anderen schenkt, verwirklicht wird. Hier kann sich aber die Frage stellen, ob in einem solchen Vollzug der Selbsttranszendenz der Aspekt der Wertergreifung für sich, also der wesensgemäßen Selbstverwirklichung und Selbstvervollkommnung durch den erstrebten Wert, immer noch im Gegensatz zum Aspekt der Beantwortung und Bejahung des Wertes an sich steht. Wäre es eine Preisgabe unseres eigenen personalen Selbstwertes, wenn wir die Wertantwort der Hingabe an einen objektiven Wert um seiner selbst willen vollziehen? Der Aspekt der Wertergreifung behält in allem endlichen Streben und Wollen seine Gültigkeit. Denn die Bewegung der Selbsttranszendenz im Wirken des Geistes liegt in der Dimension der mir eigenen Selbstverwiklichung und Wertverwirklichung[189]. Es ist also wesentlich dem

---

willen im Sinne eines "l'art pour l'art". Vielmehr sind Wissen und Wissenschaft wesentlich eingeordnet in den gesamtmenschlichen Selbstvollzug, der sich erst im freien Einsatz des Wollens vollendet. Dasselbe bestätigt sich auch durch den Glauben im religiösen Sinn. Glaube bedeutet nicht nur Erkenntnis, also Wissen, [...] weil dieser die gesamtmenschliche, freie und personale Stellungnahme erfordert. Die freie Stellungnahme vollendet sich jedoch erst im praktischen Vollzug, im "Tun der Wahrheit", im "Wandel in der Wahrheit" — auch hier ist Erkenntnis Vermittlung des Wollens und Handelns.»

[188] *WM* 107.

[189] Dazu *WM* 107: «Im subjektiven Vollzug der sich selbst übersteigenden Wertantwort und Werthingabe geschieht also auch und zugleich objektiv eine Wertbereicherung und -verwirklichung des Subjekts. Umgekehrt kommt aber objektiv die sittlich-personale Wertverwirklichung nur zustande, wenn im subjektiven Vollzug die reine, sich selbst

Menschen eigen, die Selbsttranszendenz bewußt und frei im Horizont des Seins zu vollziehen:

> Der Mensch «ist» Transzendenz. Nur im Übersteigen seiner selbst, im Hinausgehen über sich selbst, in der Hingabe seiner selbst an das andere vollzieht der Mensch sein eigenes und eigentliches Selbstsein. Je mehr er sich selbst transzendiert, desto mehr aktuiert er sein eigenes Wesen. Je mehr er sich hingibt, ohne sich selbst zu suchen, desto mehr findet er sich selbst in der Verwirklichung seiner höchsten Möglichkeit.[190]

Wir kommen schließlich zu folgendem Ergebnis: Im Anschluß an den Selbstvollzug des Menschen gibt es zwei Grundvollzugsweisen, nämlich Erkennen und Streben, auf geistiger Ebene Wissen und Wollen. Diese Vollzugsweisen stehen sich aber nicht unvermittelt gegenüber, sondern bedingen sich gegenseitig; dadurch übersteigt sich der Mensch selbst in Hinordnung hin zum absoluten unendlichen Sein. In diesem Sinn ist der Mensch in seinem Wesen eine unbedingte Möglichkeit der Selbstverwirklichung. Der Mensch ist aber zugleich als ein endliches Seiendes in der Welt, insofern er durch sein leibliches Wesen bedingt ist; er ist also ein sowohl geistiges als auch leibliches Wesen. Das deutet schon an, daß der Mensch in seiner wesenhaften Einheit und Ganzheit verstanden werden muß. Klar zum Ausdruck kommt das im *Gefühl* im eigentlichen Sinne; dieses vermag ein Mitschwingen der personalen Ganzheit und eine Resonanz der gesamten leiblichen und geistigen Einheit des Menschen auszulösen[191]. Wir haben daher diese Wesenseinheit des Menschen in ihrer inneren Konstitution zu untersuchen.

6. Das Wesen des Menschen

Wenn wir uns die Frage nach dem Wesen des Menschen stellen, so geht es nicht um das Wesen des Menschen im weitesten Sinn, sondern im engeren, strengeren Sinn. Es geht also nicht um eine beschreibende Definition, die bestimmte äußere Merkmale des Menschen angibt, durch welche er eindeutig zu erkennen und von allem anderen unterschieden oder unterscheidbar ist, sondern um eine Wesensdefinition, die die inneren

---

vergessende und verschenkende Hingabe an das andere — oder besser: den anderen — um seiner selbst willen geschieht.»

[190] *WM* 108.

[191] Vgl. *WM* 108. Die Existenzphilosophie zeigt besonders klar, daß alles, was die ganze menschliche Existenz betrifft — z.B. Angst, Tod usw. —, auch ein Mitschwingen der Ganzheit meines eigenen Menschseins auslösen kann.

konstitutiven Elemente erfaßt, welche dem Selbstvollzug bedingend und begründend vorausliegen, d.h. durch welche der Mensch als Mensch ontologisch konstituiert ist[192]. Natürlich kann sich die Frage stellen, ob es das Wesen überhaupt gibt, das jemals so definitiv vorgegeben ist, daß man es eindeutig erfassen könnte. Nach Coreth ist der Mensch nicht festgelegt, insofern er sich stets selbst verwirklichen und sein eigenes Wesen in Freiheit entfalten muß. In diesem Sinn ist das Wesen des Menschen immer noch eine «seltsame fließende Größe» und kann damit nicht allein «statisch», sondern nur «dynamisch» als das Prinzip einer wesensgemäßen Vollverwirklichung und Vollentfaltung begriffen werden: «Das Wesen kommt erst zur Entfaltung im eigenen Bewußtsein, im Einsatz eigener Freiheit, in der Verwirklichung menschlicher Möglichkeiten, in geistig-sittlicher Entfaltung, in geschichtlich-kulturellen Leistungen.»[193] Die Wesenserschließung des Menschen bleibt an seine geschichtliche Erscheinung und Entfaltung rückgebunden, insofern sie erst aus seiner lebendigen Verwirklichung, die geschichtlich sich ereignet und nie zu einem endgültigen Abschluß kommt, möglich ist. Trotzdem erfahren wir, daß sich in der Geschichte gewisse Konstanten des Menschseins durchhalten. Es gibt etwas, was immer schon den Menschen als Menschen innerlich und ontologisch konstituiert, nämlich den inneren Grund der Erscheinungs- und Wirkweisen des Menschen. Dieses innere konstitutive Prinzip zu finden, durch das der Mensch in seiner Wesenheit bestimmt ist, ist unser Hauptanliegen. Es ist somit ein rein metaphysisches Prinzip, das nicht selbständig und gegenständlich besteht. Coreth stellt sich vor allem auf dem Hintergrund dieser grundsätzlichen Überlegung die Frage nach dem Wesen des Menschen[194].

6.1 *Das Leib-Seele-Problem*

Ein zentraler Punkt in der Geistesgeschichte für die Frage nach dem Wesen des Menschen ist die Auseinandersetzung mit dem Leib-Seele-Problem. Wir werden hier nicht die Problemgeschichte desselben darstellen, sondern uns auf den wesentlichen Punkt in der Sicht Coreths, die Eigenart der Beziehung zwischen Leib und Seele, beschränken. In der aristotelisch-thomistischen Tradition ist der Mensch ein *Compositum* von Leib und Seele,

---

[192] Vgl. *WM* 110f.
[193] Vgl. *WM* 111.
[194] Vgl. *WM* 112f.

in dem die substantielle Einheit des Leibes und der Seele besteht[195]. Danach meint «Seele» ein inneres Prinzip, das die Einheit und Ganzheit des Menschen bedingt, und das formgebende, wesensbestimmende Prinzip, das den ganzen Menschen zum Menschen macht. Die Seele formt also die Materie zu einem lebendigen menschlichen Leib. Daher nennen wir sie «*forma corporis humani*». Diese Lehre wurde schon auf dem Konzil von Vienne (1312) und dem V. Laterankonzil (1513) ausdrücklich vom kirchlichen Lehramt verkündet: Die Seele ist durch sich und wesentlich die Form des Leibes[196]. Ausgehend von diesem traditionellen Formprinzip der Seele entwickelt Coreth sein Verständnis der Einheit von Seele und Leib in der Ganzheit des Menschen.

6.1.1 Der Geist als Seele des Leibes

Coreth bestreitet jeden Dualismus und spiritualistischen oder materialistischen Monismus. Im Anschluß an die Frage nach der *ontologischen Konstitution* des Menschen geht er vor allem von der Einheit und Ganzheit des Menschen aus, nicht von einer Zweiheit oder Mehrheit von Elementen, aus denen der Mensch besteht oder zusammengesetzt ist. Was ist nun hier mit der Ganzheit gemeint? Die Ganzheit des Menschen ist eine *heterogene* Ganzheit, in der sehr verschiedene Seins- und Wirkweisen zur Einheit kommen, nicht eine *homogene* Ganzheit, in der gleichartige Teile sich zum Ganzen fügen wie in einem gleichförmig ausgedehnten Körper. Der Mensch besteht aus einem materiellen Körper, der den Gesetzen der materiellen Wirklichkeit unterworfen ist. Aber zugleich besitzt er ein leibliches Leben, er ist nicht ein toter Körper. Er besitzt Leben in verschiedener Form, nämlich vitales Leben wie die Pflanzen, sensitives Leben wie die Tiere und geistiges Leben, das nur ihm eigen ist. So ist die menschliche Wirklichkeit eine vielfach «differenzierte Ganzheit»[197]. Die Ganzheit des Menschen ist jedoch zugleich eine «organisierte» oder «strukturierte» Ganzheit, insofern die verschiedenen Stufen von Seins- und Wirkweisen eine Gesamtstruktur, ein

---

[195] Thomas unterscheidet zwischen Wesensformen, die in sich subsistieren, und solchen, die nicht in sich subsistieren. Dazu vgl. *STh*, I, q. 76, a. 1, ad 5: «*Quod anima illud esse, in quo ipsa subsistit, communicat materiae corporali, ex qua et anima intellectiva fit unum, ita quod illud esse quod est totius compositi, est etiam ipsius animae. Quod non accidit in aliis formis, quae non sunt subsistentes. Et propter hoc anima humana remanet in suo esse, destructo corpore: non autem aliae formae.*»

[196] Vgl. *DS* 902, 1440.

[197] Vgl. *WM* 122f. Zu den Stufen der Seele vgl. ARISTOTELES, *Über die Seele*, II, 2, 413a 11ff.

umgreifendes Ordnungsgefüge ausmachen; z.B. bin ich Körperwesen nur als Lebewesen, im weiteren Lebewesen nur als Geistwesen. Darin besteht ein gegenseitiges Bedingungsverhältnis, in dem das eine das andere voraussetzt, ohne jedoch auf das andere rückführbar, aus dem anderen erklärbar zu sein[198]. Diese Ganzheit ist aber vor allem eine «zentrierte» Ganzheit, auf eine Mitte zu beziehen, genauer auf sich zurückzubeziehen. Der Mensch als ein Lebendiges hat eine spezifische Wirkweise, daß er nämlich eigentlich nicht nach außen (*actio transiens*), sondern nach innen (*actio immanens*) wirkt, d.h., daß er nicht im anderen, sondern in sich selbst eine Wirkung setzt. Der Mensch erfährt schon im Umgang das Ich als Mitte der Ganzheit, durch das er sich von allem anderen abhebt. Diese Ich-Erfahrung wird durch die geistige Reflexion klarer und tiefer. Das Geschehen geistiger Reflexion in Selbstbesitz und Selbstverfügung bedeutet eine tiefere, intensivere Konzentration, welche eigentlich sich selbst und damit das Ich selbst erreicht[199]: «Erst im Menschen wird die Konzentration zur Reflexion, d.h. die Bezogenheit des Wirkens auf die Mitte erreicht hier geistigen Selbstbesitz. Die Mitte reflektiert sich selbst, sie ist "bei sich" und "für sich", sie gewinnt Bewußtsein und Freiheit des eigenen Wirkens.»[200]

Der Mensch besitzt nicht nur einen materiellen Leib, sondern auch vegetatives, sensitives Leben und das geistige Leben des Selbstbewußtseins und der Selbstverfügung. Aber diese Verschiedenheit von Seins- und Lebensstufen bildet ihn zu einer wesenhaften Einheit. Was ist nun der innere Grund der Einheit oder Ganzheit des Menschen, d.h., worin besteht das innere Prinzip des menschlichen Lebens? Coreth weist dafür den «Geist» (Geistseele oder geistige Seele) auf[201]:

---

[198] Dazu *WM* 123: «Die tieferen Stufen des Seins und Lebens sind "aufgehoben" in die jeweils höhere Dimension und stehen im Dienst des Ganzen, das eine sinnvolle Struktureinheit ausmacht. Doch gilt auch umgekehrt, daß die jeweils tiefere Stufe Bedingung der höheren ist. Das leibliche Leben ist nur möglich in einem materiellen Körper, und geistiges Leben [...] ist nur möglich unter der Bedingung leiblichen und sinnlichen Lebens.»

[199] Dazu vgl. *WM* 103: «Es gibt [...] eine Weise des Wirkens, das sich selbst gelichtet, bewußt bei sich selbst ist. Wir nennen es bewußtes oder geistes Wirken. Seine Auszeichnung liegt darin, daß es im Vollzug um sich selbst weiß, sich selbst in seinem Sein erreicht und erfaßt.» Vgl. *ibid.* 125: «Wir erfahren uns als den einen und selben Menschen in allen Bereichen unseres Daseins; sie sind Ausdruck und Wirkweisen des identischen Ich.»

[200] *WM* 124.

[201] Coreth unterscheidet hier eigentlich nicht zwischen zwei Begriffen von Geist und Seele im Anschluß an das innere konstitutive Prinzip des Menschen. Bei ihm bedeutet der Geist (Geistseele oder geistige Seele) die Seele als «*anima intellectiva*». Vgl. *WM* 130.

Dieses Prinzip kann nicht auf der Stufe vitalen oder sinnlichen Lebens stehen, weil dadurch das höhere, nämlich geistige Leben und Bewußtsein nicht erklärt wäre, das den Menschen erst spezifisch in seinem Wesen auszeichnet. Es muß daher das Prinzip geistigen Lebens sein, das den Menschen zum Menschen macht, der Geist, der jedoch zugleich Prinzip der Einheit des Ganzen, also auch Lebensprinzip des Leibes ist, das die Materie zu einem menschlichen Leibe formt, ihn belebt und beseelt, also auch die Funktionen eines Prinzips des vegetativen und des sensitiven Lebens ausübt.[202]

Daraus ergibt sich eine Wesenseinheit des Menschen, in der sich die Dreiheit der platonischen Trichotomie — Leib, Seele und Geist — aufhebt. Natürlich ist diese Einheit eigentlich nur möglich, insofern das innere Prinzip dieser Ganzheit als das Formprinzip verstanden wird. Nach Coreth ist es ein «rein metaphysisches Prinzip, das nicht dinghaft in sich selbst besteht, sondern nur in seiner formenden, wesensbestimmenden Funktion als Einheits- und Ursprungsgrund des gesamten menschlichen Lebens»[203]. Danach ist die geistige Seele als «*forma corporis*» dasjenige, was die Wesenseinheit des ganzen Menschen bedingt und begründet. Hier betont Coreth besonders, daß der menschliche Leib nicht, wie Aristoteles meinte, aus «*materia prima*», sondern aus bestimmten materiellen Elementen besteht[204].

6.1.2 Der Leib als Medium des Geistes

Coreth bezeichnet den menschlichen Leib als «Wirkmedium» und «Ausdrucksmedium» des Geistes. Im Menschen ist der Geist notwendig an den Leib gebunden. Der menschliche Geist wirkt vor allem im Leib, nur durch ihn kann er wirkend sich selbst vermitteln, vollziehen und verwirklichen. Die menschlichen geistigen Akte — Denken, Urteilen, Wollen — sind jedoch immer und notwendig durch das materielle Substrat bedingt, sosehr sie nicht mehr innerlich durch materielles Geschehen bestimmt sind,

---

[202] *WM* 125.

[203] Vgl. *WM* 126.

[204] Vgl. *WM* 126f. Coreths ganze Äußerung lautet: «Sicher besteht der menschliche Leib aus materiellen Stoffen, nämlich bestimmten chemischen Elementen, die er in sich aufnimmt und seinem Lebensprozeß einordnet. Diese Stoffe behalten auch innerhalb der Lebensganzheit ihre jeweilige Eigenart. Insofern baut sich der lebendige Organismus nicht aus "materia prima", sondern aus schon bestimmten materiellen Elementen auf. Aber diese Elemente werden in die substantielle Einheit des Menschen aufgenommen, sie werden von der Seele als dem inneren Prinzip substantieller Einheit gleichsam "überformt". Sie bewahren zwar ihre qualitative Beschaffenheit, nicht aber ihre substantielle Selbständigkeit, sondern werden "aufgehoben" in die Seins- und Wirkeinheit des einen und ganzen Lebensgeschehens.»

sondern dieses grundsätzlich übersteigen; ohne gesunde Gehirnzellen sind richtiges Denken und richtiger geistiger Vollzug nicht möglich. Der menschliche Leib ist daher das Mittel und Instrument der Selbstvermittlung des Geistes, und der menschliche Geist kommt nur in diesem leiblichen Medium zu sich selbst und kann nur darin sich selbst verwirklichen[205]. In diesem Sinne ist der Leib «Wirkmedium» des Geistes.

Die Leiblichkeit ist nach Coreth im weiteren die «Gegenwärtigkeit des Geistes in der Welt»[206], insofern der menschliche Geist nur durch den Leib in seiner Welt gegenwärtig und wirksam wird. Durch sie geschieht die Vermittlung zwischen dem Menschen und der Welt. Sie ist das Medium, durch das der Mensch in der Welt präsent wird und umgekehrt ihm die Welt. Durch dieses Medium tritt der Mensch in den vielfältigen Wirkzusammenhang der Dinge und Menschen und vor allem in die menschliche personale Beziehung ein; d.h. der Mensch erkennt und versteht den anderen schon an seiner äußeren Gestalt, im Medium leiblichen Tuns. Dadurch zeigt er seine Gesinnung des Wohlwollens, der Hilfsbereitschaft, der Liebe usw. Der menschliche geistige Sinngehalt wird im leiblichen Ausdruck — nicht als *Abbild*, sondern als *Sinnbild* des Geistigen — dargestellt. Das zeigt, daß der menschliche Leib nicht nur Wirkmedium, sondern auch Ausdrucksmedium des Geistes, nämlich «Ausdruck, äußere Sichtbarkeit der Seele»[207] ist: «Der Leib ist die Selbstverwirklichung des Geistes in der Materialität, das Selbst des Geistes in Äußerlichkeit und Sichtbarkeit.»[208]

Wir können jedoch nicht übersehen, daß sich auch eine Zweideutigkeit und Zwiespältigkeit des Leiblichen zeigt; d.h. wir erfahren, daß der Leib, wenngleich auch mein Leib, so doch das andere meiner selbst ist, nämlich *mein Nicht-Ich* im Sinne des Ich in der Entäußerung der Leiblichkeit und Stofflichkeit, im anderen gegenüber dem Geist. Der menschliche Leib zeigt wirklich eine bemerkenswerte «Widerständigkeit» und «Widersetzlichkeit» gegenüber dem Geist. Wir erfahren leibliche Schwäche, Müdigkeit und Krankheit usw., die uns darin hindern, das zu leisten, was wir wollen. Wir haben erst recht nicht die Herrschaft über alle physischen Prozesse. Der Mensch erfährt also einen «Widerstand des Wirkmediums»[209]. Und dieses Phänomen gilt auch vom Leib als Ausdrucksmedium, in dem sich der Geist ausdrückt. Wir erfahren eine Verhüllung und Verdeckung des Geistigen;

---

[205] Vgl. *WM* 128.
[206] *WM* 128.
[207] *WM* 128.
[208] *WM* 127.
[209] Vgl. *WM* 129.

so zum Beispiel durch das Sich-Verstellen der bewußten Lüge und Entstellung, durch die wir das, was wir denken und fühlen, hinter der Maske des äußeren Ausdrucks verbergen, oder besonders durch die Begrenztheit, unsere Gedanken und Gefühle nicht entsprechend zum Ausdruck bringen zu können. So ist der menschliche Leib nicht nur Wirk- und Ausdrucksmedium des Geistes, sondern kann zugleich zum *Widerstand* dagegen werden[210]. Von daher zeigt Coreth die Wesensfunktion des Leibes als «Zwischen» auf: «Er steht zwischen mir und der Welt, zwischen dem "Selbst" und dem "anderen", er ist im Ich schon als Nicht-Ich gesetzt — gerade dies ist seine Wesensfunktion, Vermittlung des Geistes in der Materie, in der Andersheit, in der Entäußerung des Geistes zu sein.»[211]

6.1.3 Die Seele und das Ich

Coreth entfaltet die Einsicht, daß die Geistseele *konstitutives Formprinzip* des Leibes ist, nun im Hinblick auf das Ich. Wenn das Ich, wie schon vorher erwähnt, als Mitte der Ganzheit des Menschen verstanden wird, welchen Bezug gibt es dann zwischen dem Ich und der Geistseele als konstitutivem Prinzip der Ganzheit des Menschen? Coreth unterscheidet das Prinzip Seele vom Prinzip Ich:

> Die Seele ist das ontologische Prinzip, das die Ganzheit des leiblichen und des geistigen Lebens innerlich begründet. Das Ich dagegen — nicht als «Ich-Ganzheit», sondern als reine «Ich-Mitte» verstanden — ist das transzendentale Prinzip, das die Einheit des Bewußtseins bedingt, dem geistigen Selbstvollzug zugrunde liegt und die geistigen Akte des Erkennens, Wollens und Liebens als «meine» Akte entspringen läßt.[212]

Die Seele als konstitutives Formprinzip des Leibes ist ihrem eigenen Wesen gemäß als eine vorgängige Bedingung und ein innerer Grund des ganzen Menschseins «etwas, das dem bewußten Selbstvollzug [...] vorausliegt und als solches niemals ins Bewußtsein tritt»[213]; es ist eine «ontologische Größe, die als solche nie erfahren wird, aber als Bedingung der Selbsterfahrung vorauszusetzen ist»[214]. Die Seele ist zunächst das *formgebende* und *wesenskonstitutive* Prinzip des Leibes, das die Materie zu einem lebendigen menschlichen Leib macht. Aber ihre höchste Spitze

---

[210] Vgl. *WM* 129.
[211] *WM* 129f.
[212] *WM* 131.
[213] *WM* 130.
[214] *WM* 130.

besteht nach Coreth darin, daß aus ihr das bewußte geistige Leben, der gelichtete Vollzug seines Selbstbesitzes und seiner Selbstverfügung entspringt, mithin die höchste Möglichkeit des menschlichen Wesens, sich selbst zu reflektieren und «Bei-sich-Sein» und «Für-sich-Sein» zu gewinnen. In diesem Sinne nennt er die Seele als einheitliches Wesensprinzip der konkreten Ganzheit des Menschen besonders «Geist» oder «geistige Seele»[215]. Das ist aber für ihn nichts anderes als das transzendentale Ich. Das Ich als transzendentales Prinzip ist nach ihm «der Punkt, an dem die geistige Seele ursprünglich — dem bewußten Vollzug noch vorausliegend — sich selbst reflektiert, Bei-sich-Sein gewinnt oder [...] zu sich selbst zurückkehrt»[216] und zugleich «der Punkt, an dem sich Bewußtsein konstituiert und sich ein gelichteter Raum des Bewußtseins öffnet»[217]. Es ist der grundsätzlich nicht erfahrbare, auch in ausdrücklicher Reflexion nicht direkt erreichbare apriorische Einheitspunkt und Ursprungsgrund des gesamten Bewußtseinsvollzugs. Es ist schon «die geistige Seele in ihrer höchsten Fähigkeit, zu sich selbst zu kommen, im Bewußtsein sich selbst zu reflektieren und Akte — des Erkennens und Wissens, des Strebens und freien Wollens — zu setzen»[218], nicht im Sinne der Seele als *forma corporis* des leiblichen, vitalen und sinnlichen Geschehens.

6.2 Die Person als Wesenseinheit von Leib und Geist

Coreth bezeichnet die menschliche Wesenseinheit von Leib und Geist als «Person»[219]. Seitdem Boethius den Begriff der Person als unteilbare Substanz des vernünftigen Wesens (*naturae rationalis individua substantia*) definierte, hat man sie in der Tradition als das individuelle Selbstsein eines geistigen Seienden verstanden, das sich in bewußtem Selbstbesitz und freier Selbstverfügung vollzieht[220]. Coreth versucht hier besonders den Begriff der Person in Bezug zur Selbstentfaltung des Menschen zu fassen. Was heißt das? Welchen Akzent setzt er mit diesem Verständnis von «Person» in seiner Anthropologie?

Coreth zeigt die Eigenart der Person zunächst im Unterschied zur «Natur». «Natur» meint alles, was dem Menschen leiblich und geistig *vorgegeben*

---

[215] Vgl. *WM* 130f.
[216] *WM* 131.
[217] *WM* 131.
[218] *WM* 131.
[219] Vgl. *WM* 131.
[220] Vgl. J.B. LOTZ, «Person», in *PW* 285-287. Dazu: G. HAEFFNER, «Die Einheit des Menschen», 25-40; H. M. SCHMIDINGER, *Der Mensch ist Person*, 13ff.

ist, «Person» dagegen alles, was der Mensch in bewußter und freier Selbstgestaltung seines Daseins daraus *macht*. Der Mensch hat seine Natur, die ihm überantwortet ist, selbst zu bewältigen und sich darin personal zu verwirklichen. Das heißt «persönliche Leistung». Aber Coreth betont dabei, daß trotz dieses Charakters der Person als Leistung der Mensch zuvor schon ontologisch «Person-Sein» ist; d.h., «daß der Mensch schon ursprünglich und wesenhaft, durch seine Leib-Geist-Natur, Person "ist", [...] nicht aber erst durch den eigenen geistig-freien Selbstvollzug Person "wird". Dem Werden und der Selbstgestaltung der Person als konkreter und individueller "Persönlichkeit" geht ontologisch das Person-Sein voraus.»[221] Von daher stellt sich die Frage, ob wir die Person entweder als «Person-Ganzheit» oder als «Person-Mitte» verstehen. Unter ontologischer Rücksicht versteht Coreth die Person als «Person-Ganzheit», die aber grundsätzlich nicht im Gegensatz zur Auffassung der Person als Mitte steht. Zwischen den beiden besteht ein gegenseitiges Bedingungsverhältnis, insofern der Mensch aus der Ich-Mitte über die gesamte leibliche-geistige Wirklichkeit seines Menschseins verfügt und in dieser Ganzheit sich selbst personal verwirklicht:

> Denn die Person-Mitte ist dies nur als Mitte einer Ganzheit, die von ihr her vollzogen wird, und die Person-Ganzheit ist dies nur als zentrierte Ganzheit, die von ihrer Mitte her zur Ganzheit konstituiert und als Ganzheit verwirklicht wird. Aber hier besteht demnach ein Verhältnis gegenseitiger Bedingung zwischen Mitte und Ganzheit. Doch scheint es terminologisch zutreffender, unter «Person» die leiblich-geistige Gesamtwirklichkeit des Einzelmenschen zu verstehen, der aus der Mitte seines Selbstseins die Ganzheit vollzieht und sich selbst als diese Ganzheit erfährt.[222]

Damit sind wir der Antwort auf die oben gestellte Frage näher gekommen: «Die Person verwirklicht sich im eigenen freien Selbstvollzug.»[223] Aber aus der grundsätzlichen Einsicht, daß der Mensch «sich selbst» nur im Vollzug «seines anderen» vollzieht, und daß «das andere» des Menschen primär «den anderen», nämlich die andere Person meint, folgt natürlich, daß der personale Vollzug meiner selbst im personalen Bezug zum anderen geschieht. In diesem Sinne kann der Mensch, obschon er ursprünglich in jene leiblich-geistige Wesensverfassung gesetzt ist, durch die er Person ist, sich selbst nur in diesem personalen Bezug als Person voll verwirklichen und entfalten; und so muß er es auch. Konsequenterweise ist das Personsein also — dem metaphysischen Wesen des Menschen gemäß, daß das Wesen

---

[221] *WM* 133.
[222] *WM* 134.
[223] *WM* 134.

des Geistes durch den transzendenten Bezug auf das Absolute als den unbegrenzten Horizont seines Selbstvollzugs konstituiert ist — im letzten auf das absolute, unendliche Personsein Gottes hingeordnet[224].

7. Die Selbstentfaltung des Menschen

Wir sind von der Untersuchung über das innere Wesen des Menschen ausgegangen und wollen jetzt den Dimensionen menschlicher Selbstentfaltung nachgehen. Hier geht es nicht mehr um einzelne Wirkweisen des Menschen wie Erkennen, Wollen und Handeln, sondern um das Beziehungsgefüge gesamtmenschlichen Wirkens. Coreth stellt dafür vor allem den personalen Bezug, die Gemeinschaft und Geschichte des Menschen dar. Betrachten wir zuerst diese Grundstrukturen der Selbstentfaltung des Menschen und im weiteren die Sinnfrage und die Frage nach der Transzendenz des Menschen, in der sich das letzte Ziel der Selbstentfaltung des Menschen klar zeigt.

7.1 *Der personale Bezug*

Der Mensch kommt grundsätzlich im personalen Bezug, nämlich in der sogenannten «Interpersonalität», zur vollen Selbstentfaltung[225]. Er kann wirklich in der personalen Erkenntnis das tiefste und reichste Selbstverständnis gewinnen. Denn sie allein läßt uns zum personalen Sein des anderen vordringen, das den Reichtum eines geistigen Innenlebens in seiner Tiefe, seiner Vielgestaltigkeit besitzt; somit eröffnet sich die Möglichkeit, zur Tiefendimension des personalen Seins des anderen zu gelangen. Aber diese Erkenntnis selbst meint noch nicht die Vollendung des personalen Bezugs. Dieser kann vielmehr nur im *personalen* Lieben und zugleich Handeln vollendet werden[226]. Dies hat seinen Grund in der wesentlichen Struktur des geistigen Selbstvollzugs, daß nämlich das Wissen über sich hinausweist auf das Wollen und sich darin der Vollzug meiner selbst in meinem anderen vollendet[227]; d.h. der Mensch ist wesentlich auf den anderen hingeordnet, findet nur über den anderen sich selbst und verwirklicht nur im Hinausgehen über sich zum anderen sein eigenes Wesen. So zeigt sich der andere Mensch als das Personsein, das eine «gewisse Absolutheit» hat, «welche die unbedingte Wertantwort personaler Bejahung und Anerkennung, Ehrfurcht

---

[224] Vgl. *WM* 135.
[225] Vgl. *WM* 137.
[226] Vgl. *WM* 139.
[227] Siehe in dieser Arbeit Kap. I, § 5.5 und Kap. III, § 8.3.

und Liebe verlangt»²²⁸. Wenn Wollen im reinsten Sinn — d.h. insofern das Wesen des Wollens in Wertbejahung oder Beantwortung des Wertes an sich besteht — selbst schon Liebe meint, ist die Liebe im Vollsinn nur als personale Liebe, im freien Ja zum personalen Du möglich²²⁹. Coreth bezeichnet das Wesen dieser personalen Liebe als «Wohlwollen», ein Ausdruck, der dem Wort «*eunoia*»²³⁰ von Aristoteles entstammt und später im Lateinischen als «*benevolentia*» in die Tradition eingegangen ist: «Die Grundhaltung echter, wahrhaft personaler Liebe ist [...] dasjenige, was man mit dem Wort "Wohlwollen" ausdrücken kann. [...] Im selbstlos sich hingebenden und verschenkenden Wohlwollen liegt das Wesen personaler Liebe, das sich in allen Gestalten menschlich echter Liebe von Person zu Person durchhält.»²³¹

Aber wir können hier nicht davon absehen, daß der menschlich personale Bezug über sich selbst hinausweist auf einen absoluten Grund. Denn der nur menschlich personale Bezug kann uns nicht die letzte Erfüllung geben, obgleich wir im anderen einen absoluten Personwert finden, der unbedingte Bejahung in Liebe und Hingabe verlangt:

> Einerseits, insofern der Mensch einen absoluten Personwert besitzt, der um seiner selbst willen bejaht sein will, ist menschliche Liebe und Hingabe in sich ein sittlich personaler Wert. Andererseits aber, insofern es eine relative Absolutheit ist, d.h. eine solche, die im letzten nicht in sich selbst, sondern durch ihren transzendenten Bezug auf das absolute Sein begründet ist, weist das menschliche, endliche Personsein über sich hinaus. Keine menschliche Liebe kann letzte Erfüllung gewähren. Es bleibt ein Rest von Distanz, ein Rest von Unerfülltheit, von Bedrohtheit der Liebe durch Trennung und Tod, eine letzte Sehnsucht nach endgültiger Erfüllung und Beglückung. Das ist ein ursprünglich menschliches Phänomen, wodurch die menschliche Ich-Du-Beziehung über sich hinausweist auf das göttliche Du.²³²

Diese Aussage enthält die Einsicht, daß die ursprüngliche, grundlegende Endlichkeit des Menschen nicht nur ein negatives Element bleibt, sondern vielmehr zu einem positiven Element der Transzendenz des Menschen wird. Einerseits wird der Mensch unmittelbar durch andere Menschen zu jenen personalen Haltungen wie Bejahung, Hingabe und Liebe, in denen er sein eigenes Wesen erst voll verwirklicht, erweckt und aufgerufen; andererseits

---

²²⁸ Vgl. *WM* 139.
²²⁹ Vgl. *WM* 139.
²³⁰ Vgl. ARISTOTELES, *Etica Nicomachea*, IX, 5, 1166b 30-1167a 21.
²³¹ *WM* 140.
²³² *WM* 141.

KAP. I: TRANSZENDENTAL-PHILOSOPHISCHE ANTHROPOLOGIE 69

aber erschließen diese Haltungen schon eine Bewegung über den endlichen Personwert hinaus auf den unendlichen Personwert Gottes. Eine absolute Bejahung und Hingabe kann sich in der endlichen Person nicht endgültig erschöpfen, sondern nur gegenüber dem absolut personalen Sein Gottes vollenden. Dementsprechend kann die menschliche Liebe im vollsten Sinne auch nur gegenüber dem unendlich personalen und unendlich liebenden Gott vollzogen werden. In alldem zeigt sich genau die wesenhaft transzendente Struktur des menschlichen Selbstvollzugs: «Der Mensch ist Transzendenz.»[233]

7.2 *Mensch und Gemeinschaft*

Der Mensch lebt nicht nur in personalen, sondern auch in sozialen Bezügen. Die ersteren sind auf der Ich-Du-Beziehung gegründet, letztere dagegen auf der Ich-Wir-Beziehung. Dieser Unterschied ist aber nicht wesentlich, weil zwischen den beiden eine gegenseitige Bedingung und Vermittlung besteht; d.h. die Wir-Beziehung setzt schon die Du-Beziehung voraus, und umgekehrt: personaler Bezug zwischen Ich und Du wird durch die menschliche Gemeinschaft oder Gesellschaft gebildet. Der Mensch entfaltet sich selbst durch personalen Bezug in der jeweiligen Gemeinschaft, in der er lebt. Bei der Entfaltung im zwischenmenschlichen Bereich gibt es aber die Gegensatzspannung von «Liebe» und «Recht». Wie schon vorher erwähnt, verlangt einerseits sittlich-personale Selbstverwirklichung die freie Bejahung des anderen um seiner selbst willen, nämlich die Liebe. Anderseits ist die Liebe oder ein Sich-Verschenken an den anderen personal-sittlich nur möglich, wenn der sittlich Handelnde einen ihm eigenen Vollzugsbereich seiner Freiheit hat. Denn das Sich-Verschenken kann nicht eine Preisgabe des eigenen Personwertes sein, sondern ist seine wesensgemäße Selbstentfaltung; sonst würde eine Aufhebung des sittlichen Wertes geschehen. Deshalb ist das Recht auch ein Bereich, der als Bedingung sittlicher Freiheit erforderlich ist und daher für sittliche Selbstentfaltung gegenüber dem anderen gewahrt werden muß. Daraus ergibt sich die Zweiheit von Liebe und Recht, die notwendig mit dem Wesen des Menschen gegeben ist[234].

Aufgrund dieser Zweiheit unterscheidet Coreth begrifflich zwischen *Gemeinschaft* und *Gesellschaft* als zwei Formen des menschlichen Zusammenseins in einem Gemeinwesen. In einer Gemeinschaft stehen

---

[233] *WM* 141f.
[234] Vgl. *WM* 142f.

persönliche Beziehungen der gegenseitigen Bejahung und Achtung, Freundschaft und Liebe, der geistig-personalen Verbundenheit einer Lebens- und Gesinnungsgemeinschaft im Vordergrund, dagegen ist eine Gesellschaft ein Gemeinwesen, das rechtlich gebunden und auf ein gemeinsames Ziel hin organisiert ist[235]. In der Gesellschaft ist eine personale Lebens- und Liebesgemeinschaft nicht ausgeschlossen, gehört aber nicht zu ihrem Wesen: «So bildet die Gemeinschaft gewissenmaßen den "Innenaspekt", die Gesellschaft dagegen den "Außenaspekt" eines Gemeinwesens.»[236]

Aus dieser Grundstrukur des Gemeinwesens ergibt sich auch die gegenseitige Zuordnung zwischen Einzelnem und Allgemeinem. In jeder Gemeinschaft und Gesellschaft besteht dieses Wechselverhältnis zwischen beiden; d.h. der Einzelmensch ist auf die Gesellschaft angewiesen und ihr verpflichtet, er hat ihr auf seine Weise und nach seinen Möglichkeiten zu dienen; umgekehrt: die Allgemeinheit als menschliche Gesellschaft hat den einzelnen nicht zu unterdrücken, sondern muß ein Gemeinwesen werden, das von freien, verantwortlich urteilenden und handelnden Personen geformt und getragen ist. Nur insoweit kann es eine echte menschliche Gemeinschaft werden. Das zeigt sich auch im sozialen Solidaritäts- und Subsidiaritätsprinzip. Nach dem ersteren ist der Einzelmensch als soziales Wesen auf das Ganze der Gemeinschaft und der Gesellschaft hingeordnet und ihr verpflichtet, nach dem letzteren dagegen bleibt jede Gemeinschaftsform an das Wohl der Einzelnen gebunden. Coreth betont, daß die Gesellschaft nach dem Subsidiaritätsprinzip nicht Funktionen auszuüben hat, die der Einzelne aus eigener Freiheit und Verantwortung erfüllen kann und soll, oder die von untergeordneten Gemeinschaften und sozialen Gebilden wie Familie, Gemeinde usw. wahrgenommen werden können[237].

Wir müssen nun ein zentrales Problem des Bezugs zwischen Freiheit und Gesellschaft betrachten: Die wesenhafte Freiheit des Menschen, welche sich zum ausdrücklichen Akt freier Entscheidung vermitteln muß, verlangt immer schon einen äußeren Freiheitsraum zu ihrer Selbstverwirklichung. Daher erhebt sich die Forderung nach dem Grundrecht der Freiheit im sozialen Bereich. Hier stellt sich die Frage, welches Verhältnis zwischen der Freiheit des einzelnen und dem Ganzen der Gesellschaft besteht. Nach Coreth ist Freiheit kein abstrakter Begriff, unter dem vor allem Ungebundenheit und Unbeschränktheit des Wollens zu verstehen wäre, wie es der Liberalismus und mehr noch der Anarchismus und der Antinomismus will,

---

[235] Vgl. *WM* 143.
[236] *WM* 143.
[237] Vgl. *WM* 145.

sondern eine *konkrete* Freiheit, die im konkreten Beziehungsgefüge des menschlichen Lebens und als Voraussetzung und Ermöglichung sittlichen Handelns verstanden wird. Sie liegt schon in der Natur des Menschen als eines endlichen, leib-seelischen, vernünftigen und sozialen Wesens begründet[238]. In dieser Hinsicht betont Coreth, daß «menschliche Gemeinschaft oder Gesellschaft nicht primär Begrenzung, sondern Bedingung der Freiheit bedeutet»[239]. Der Einzelmensch kann also nur in der interpersonalen und sozialen Dimension sich selbst voll verwirklichen, insofern das menschliche freie Wollen, wie schon gesehen, seine wesenseigene Vollendung in der Bejahung des anderen, im Sein für andere, d.h. in selbstlos liebender und dienender Hingabe findet.

7.3 Mensch und Geschichte

Die Geschichte hat sich schon als ein konstitutives Element der Welt des Menschen erwiesen. Hier wollen wir den Sinn und die Bedeutung der Geschichte im Bezug auf die Selbstentfaltung des Menschen darlegen. Der Mensch ist gemeinschaftliches Wesen und zugleich geschichtliches Wesen. Er lebt in der Gemeinschaft, die schon eine geschichtlich gewachsene und sich entfaltende Gemeinschaft ist, und steht damit in einem innerweltlichen, raum-zeitlichen, aber spezifisch «menschlichen» Geschehen, das wir Geschichte nennen: «Geschichte ist allein Sache des Menschen.»[240] Was ist mit dieser Einsicht angedeutet? Wenn wir sagen, der Mensch sei ein geschichtliches Wesen, liegen darin zwei Bedeutungen. *Einerseits* ist dem Menschen wesentlich die Begrenztheit, die dem einzelnen dadurch auferlegt ist, daß er nur irgendwo, gleichsam an einem Punkt im langen und breiten «Strom der Geschichte», nämlich im Zusammenhang eines umgreifenden Geschehens steht. *Anderseits* ist damit auch ausgesagt, daß auch das «Wissen um die Geschichtlichkeit» dem Menschen wesentlich ist. Die menschliche Geschichte im eigentlichen Sinne gibt es also erst dort, wo das Bewußtsein der eigenen Geschichtlichkeit vorhanden ist; d.h. «Geschichte gibt es nur, wo der Mensch als freies und personales Wesen einmalige, unaufhebbare und unwiederholbare Entscheidungen trifft und Handlungen setzt»[241]. Daher weist Coreth darauf hin, daß das Gesamtphänomen geschichtlichen Daseins verfälscht werden kann, wenn wir uns auf einen der beiden Aspekte

---

[238] Vgl. *WM* 146.
[239] Vgl. *WM* 147.
[240] Vgl. *WM* 148.
[241] *WM* 150.

beschränken[242]. Damit versteht er Geschichte vor allem als «Wirkungsgeschichte»:

> Das Dasein des Menschen ist vielfach bedingt durch seine Welt, d.h. nicht nur durch naturhafte Gegebenheiten, sondern auch durch geschichtliche Bedingungen. Er lebt in konkreten Verhältnissen, die geschichtlich geworden und geprägt sind. Darin wirken sich geschichtliche Größen aus; vergangene Ereignisse, freie Entscheidungen und Handlungen haben darin geschichtliche Bedeutung erlangt. Dies zeigt, daß etwas nicht allein dadurch ein geschichtliches Ereignis im vollen Sinne ist, daß es irgendwo und irgendwann in der Welt geschehen ist; auch nicht nur dadurch, daß es von Menschen in freier Tat gesetzt wurde. Es gehört dazu überdies, daß dieses Ereignis geschichtliche Bedeutung erhält, d.h., daß es trotz seiner Einmaligkeit und raumzeitlichen Gebundenheit zu allgemeiner Auswirkung kommt, also in einer menschlichen Gemeinschaft [...] Wirkungen auslöst, die deren künftige Lebensbedingungen mitbestimmen. Geschichtlich im vollen Sinn ist ein Ereignis nicht allein durch seine Tatsächlichkeit, sondern durch die Bedeutsamkeit seiner «Wirkungsgeschichte».[243]

So wird klar, daß der Bereich raum-zeitlichen Geschehens in der Auswirkung der Geschichte nicht allein von einer allgemein umgreifenden Notwendigkeit bestimmt ist, sondern ebenso von jeweils «freiem, in das Geschehen eingreifendem Handeln der Menschen»[244]. Daraus ergibt sich die Einsicht, daß nur der Mensch eine Geschichte hat und daß die Eigenart geschichtlichen Geschehens in seinem Wesen gründet.

Welchen Bezug hat das Wesen der Geschichte zum Wesen des Menschen? Der Mensch ist zwar in seinem konkreten Sein und Handeln an die raum-zeitliche Wirklichkeit, in der er seine freien Taten setzt, gebunden, zugleich übersteigt er aber die Dimensionen von Raum und Zeit; so ist er

---

[242] Nach Coreth steht ein philosophisches Verständnis der Geschichte immer unter der Spannung zwischen Einzelnem und Allgemeinem. Coreth bestreitet diesbezüglich nicht nur «ein individualistisches Geschichtsbild, das der geschichtlichen Bedingtheit des Einzelnen und dem Phänomen des umgreifenden Geschehens nicht gerecht werden kann», sondern auch Hegels und Heideggers Geschichtstheorie, durch die das Tun des Einzelnen aufgehoben wird in ein Allgemeines, welches über ihn hinweggeht, die Entscheidungen vorwegnimmt und das geschichtliche Geschick vorausbestimmt: «Eine solche Aufhebung des Einzelnen in das Allgemeine geschieht bei Hegel, für den die Geschichte notwendige Selbstentfaltung des absoluten Geistes ist, so daß der Einzelmensch zu einem "Mittel" der Selbstvermittlung des Absoluten herabgesetzt wird. Eine ähnliche Aufhebung vollzieht sich jedoch auch bei Heidegger, dessen "Sein" über die Erkenntnis und die Entscheidungen des Menschen hinweg den Gang der Geschichte bestimmt und ihm sein Geschick als "Schickung des Seins" zuweist.» Vgl. *WM* 150.
[243] *WM* 151.
[244] Vgl. *WM* 152.

KAP. I: TRANSZENDENTAL-PHILOSOPHISCHE ANTHROPOLOGIE 73

also wesentlich nicht nur Immanenz, sondern auch Transzendenz, die er beständig im bewußten Selbstbesitz und in freier Selbstverfügung vollzieht. Das ist grundsätzlich auf die «geistig-leibliche» Verfaßtheit des Menschen gegründet. In der gegenseitigen Bedingung von Leib und Geist, daß nämlich sich der Geist im Leib vollzieht und der Leib das Medium des Geistes in der Welt ist, besteht eine unauflösbare Dialektik zwischen Immanenz und Transzendenz: «Die Immanenz wird im menschlichen Selbstvollzug immer schon überstiegen. Die Transzendenz aber ist notwendig zurückgebunden an den Vollzug der Welt.»[245] Genau dieses menschliche Leib-Geist-Wesen ist nach Coreth zunächst ein konstitutives Element für die Möglichkeit der Geschichte.

Aber dabei sieht Coreth nicht davon ab, daß der Mensch das sozialgemeinschaftliche Wesen ist; d.h. die menschliche Gemeinschaft tritt als konstitutives Element der Geschichte hinzu. Der Mensch lebt vor allem in der menschlichen Gemeinschaft, die selbst schon sowohl durch raumzeitliche Umweltbedingungen als auch durch das Zusammenwirken des Denkens und Handelns, der Gesinnungen und Entscheidungen der einzelnen in der Gemeinschaft geschichtlich geprägt ist. Diese geschichtlich geprägten Denkweisen und Lebensformen wirken auf den Menschen ein, und durch sie ist der Mensch mitbestimmt und mitbedingt. So steht der Mensch unter der Bedingtheit der Geschichte.

Für Coreths Geschichtsverständnis ist jedoch vor allem die Transzendenz des Geistes in der Immanenz raum-zeitlichen Geschehens als Bedingung des Vollzugs der Geschichte wichtig[246]. Denn dadurch greift der Mensch über die raum-zeitliche geschichtliche Bedingtheit auf das Unbedingte, das übergeschichtlich Gültige aus.

> [Die Geschichte] ist wesentlich durch beide Elemente konstituiert: geschichtliche Bedingtheit und personale Freiheit. Sie ist nicht nur bedingt durch den zeitlichen

---

[245] *WM* 153.

[246] Ein konkretes, empirisch-geschichtliches Apriori der Welterfahrung ist für Coreth im letzten bedingt durch ein reines, metaphysisches Apriori des Geistes, das den Horizont des Seins erschließt (vgl. *WM* 153). Darin liegt der Grund dafür, daß die Geschichte über sich hinaus auf eine transzendente Sinnerfüllung weist: «Die Geschichte selbst fordert — wenn sie im ganzen einen Sinn haben soll — eine übergeschichtliche Vollendung. Nur von daher gewinnt die Geschichte einen Sinn — als langer und mühseliger, über Berge und Täler führender, von Schweiß und Blut gezeichneter Weg der Menschheit einem Ziel entgegen, an dem erst offenbar werden soll, was der Mensch in seinem Wesen eigentlich und endgültig ist. Dort erst — jenseits der innerweltlichen Geschichte — soll dieses eigentliche und endgültige Menschsein beginnen, aber nicht vom Menschen her, sondern allein von dem her, der gesprochen hat: "Siehe, ich mache alles neu."» (*Ibid.* 156)

Wandel menschlicher und gesellschaftlicher Umweltbedingungen, sondern ebenso wesentlich durch die transzendente Bewegung des Geistes, der die raumzeitliche Bedingtheit übersteigt, auf das unbedingt Gültige ausgreift und von daher in Freiheit eingreift in den innerweltlich geschichtlichen und gesellschaftlichen Raum, die konkreten Bedingungen menschlichen Daseins in Freiheit mitbestimmt und den weiteren Geschichtsverlauf mitgestaltet.[247]

Der Mensch ist hineingewachsen in die gemeinschaftlich-geschichtliche Welt. Darin bringt er geschichtlich auf verschiedene Weise — also in verschiedenen historischen Kulturen und ihrem Wandel — sein Wesen zur Entfaltung. Aber in der personalen Freiheit, die das Wesen der Geschichte des Menschen konstituiert, versteht er sich schon — über alle sowohl zeitlichen, räumlichen als auch geistigen Distanzen hinweg — *menschlich* und kann sich damit im eigentlich Menschlichen treffen. Das alles gehört für Coreth zum Phänomen der Geschichte. Coreth schreibt so: «Immer und überall finden sich dieselben Grunderfahrung und Grundeinsichten, Aufgaben und Probleme des Menschen — diese Gemeinschaft des Menschlichen ist erstaunlicher und eindrucksvoller als aller Wandel geschichtlicher Verhältnisse.»[248]

7.4 *Sinnfrage und Sinngrund*

Wir haben uns bis jetzt die Frage nach dem Wesen des Menschen gestellt. Diese Frage enthält auch die Frage nach dem *Sinn* des menschlichen Daseins in der Welt. Wir können in Bezug auf unser Leben nicht die Frage nach dem Sinn unseres Daseins umgehen. Die Tatsache, daß der Mensch im letzten in dieser Welt dem Abbruch seines Lebens entgegengeht, daß also am Ende der Tod steht, drängt uns um so notwendiger zur Frage nach dem Sinn unseres Lebens und Daseins[249]. Was heißt nun überhaupt «Sinn», und worin besteht die Sinnfindung und Sinnbejahung, die Sinngebung und Sinnverwirklichung? Wenn wir hier von «Sinn» sprechen, so ist damit nicht nur eine theoretisch-semantische Bedeutung eines Wortes oder einer Aussage gemeint, sondern auch die «Zielrichtung» oder «Zweckmäßigkeit» einer Handlung oder deren Einordnung in einen praktischen Zusammenhang: «Sinn ist dasjenige, wodurch etwas "verstehbar und erstrebenswert" ist.»[250] Für eine Sinnerfassung geht es also nicht nur um das bloße Verstehen,

---

[247] *WM* 153f.
[248] *WM* 154.
[249] Vgl. *WM* 156.
[250] *SF* 103; *WM* 158. Vgl. J.B. LOTZ, «Sinn», in *LThK*, IX, 784-786 und in *PW* 352-354.

sondern auch um seinen Zusammenhang mit zielgerichtetem Handeln. Wir erfahren schon in unserem Alltag, daß wir etwas für richtig und trotzdem für sinnlos halten können, weil es uns belanglos, irrelevant, nicht sachdienlich oder nicht zielführend erscheint. Zum «Sinn» wird hier dasjenige, wodurch etwas über das bloße Verstehen hinaus «bejahbar» und «vollziehbar» ist, was die Handlung als der Mühe wert erscheinen läßt und den Einsatz lohnt. In diesem Sinne ist «Sinn» die Zielrichtung, die Zielbestimmtheit der Handlung, die «daraufhin» zu richten ist[251].

Wenn wir so einzelne Inhalte in ihrem Sinn verstehen, haben wir noch nicht ein wichtiges Phänomen in Blick genommen; wir verstehen einzelne Inhalte nicht isoliert, sondern in einem Sinnzusammenhang auf anderes, aus dem sie erst verständlich oder voll verständlich werden: «Der einzelne Sinngehalt hat nur in der Sinnganzheit seinen eigentlichen Sinn.»[252] Hier geht es darum, was unter der «Sinnganzheit» gemeint ist. Nach Coreth kann sie zuerst theoretischer Bedeutungs- und praktischer Handlungszusammenhang sein, aber dieser unmittelbare Sinnzusammenhang verweist grundsätzlich über sich hinaus auf eine größere Ganzheit: auf den gesamten Zusammenhang unseres Lebens und Handelns in der Welt, die sich als eine einheitliche Sinnganzheit erschließt. Diese Sinnfindung oder Sinnbejahung in der Welt ist vor allem auf das grundsätzlich vertrauende Ja zur Wirklichkeit gegründet; es wird als Bedingung der Möglichkeit des gesamten menschlichen Lebens und Handelns immer und überall vorausgesetzt und mitvollzogen, ob wir uns dessen bewußt sind oder nicht. Der Sinn des menschlichen Daseins liegt jedoch nicht allein darin und wird nicht allein dadurch begründet, die objektive Sinnstrukturen und -zusammenhänge der Wirklichkeit vorzufinden und zu bejahen. «Sinn» ist primär und entscheidend Sinngebung und Sinnverwirklichung. Der Mensch gibt in der grundsätzlichen Sinnhaftigkeit der vorgegebenen Wirklichkeit auch selbst seinem Leben Sinn und verwirklicht ihn. Dementsprechend sagt Coreth, daß der «Sinn» von uns selbst entworfen, ergriffen und verwirklicht werden muß[253]. Damit ist aber nicht der Sinn «selbst» gemeint. Obwohl der Mensch, wie Kant sagt, «Zweck an sich selbst» ist, der niemals nur als Mittel gebraucht werden darf[254], also in sich einen absoluten Sinn hat, erlebt er immer schon die wirkliche oder vermeintliche Sinnlosigkeit seines Lebens in vergeblicher Mühe und Not, in unbegreiflichem Leiden und schließlich im Tod. Hier

---

[251] Vgl. *SF* 103f.
[252] *SF* 105.
[253] Vgl. *SF* 105-109.
[254] Vgl. *GMS* 61.

stellt sich die Frage, worin nun eigentlich die Sinngebung des menschlichen Lebens und Daseins gegründet ist, d.h., worin der Sinngrund besteht, durch den eine umfassende Sinngebung des menschlichen Lebens möglich ist. Es geht hier um den Sinn des Ganzen, genauer um den *letzten* Sinngrund:

> Es muß eine umfassende Sinngebung des Lebens in allen Erfahrungsbereichen sein. Das kann sie aber nur, wenn es eine unbedingte, nicht mehr aufhebbare oder überholbare Sinngebung durch einen absoluten Sinngrund ist. [...] Der Mensch ist Transzendenz. Er verwirklicht sein eigenes Wesen, indem er sich selbst übersteigt. Er aktuiert sich selbst, indem er sich transzendiert. Das geschieht in jedem echten «Sich-Öffnen» in der Hingabe an das unbedingt Wahre, Gute und Schöne, an den personalen Wert und die Gemeinschaft. Insofern sich darin ein Sinn des menschlichen Daseins verwirklicht, ist es ein Sinngeschehen. Insofern sich aber darin eine absolute, nicht mehr relativierbare Sinngebung des menschlichen Daseins vollzieht, setzt es einen absoluten Sinngrund voraus, auf den hin wir uns selbst übersteigen und in dem wir den Sinn unseres Selbstseins finden. Bei aller Bedingtheit konkreter Verhältnisse des Lebens erfährt sich der Mensch im Horizont des Absoluten. Er setzt immer — ob wir es wollen oder nicht — als Bedingung seiner selbst ein Absolutes voraus, das den letzten und unbedingten Sinngrund menschlichen Daseins ausmacht.[255]

Der Sinngrund liegt, insofern er alles andere sinngebend begründet, sicher nicht in einem bedingten und begrenzten Inhalt unserer menschlichen Erfahrung, sondern im Horizont des Absoluten; d.h. er muß eine «absolute transzendente Größe sein, die uns und unsere Welt übersteigt, sie aber sinngebend trägt und umgreift»[256]. Insofern er nicht nur den Sinn aller Dinge in der Welt, sondern auch den Sinn und Wert des menschlich-personalen Daseins und der personalen Beziehung begründet, folgt daraus, daß er auch ein «personaler Sinn- und Seinsgrund», nämlich ein «absolutes Du», ist[257]. Von daher können wir von Gott reden, der «uns in allem begegnet und anspricht, in allem gegenwärtig und wirksam ist, und in dem der Sinn unseres Daseins unbedingt und endgültig geborgen ist»[258].

7.5 *Mensch und Gott*

Die Sinnfrage und Sinnerfahrung des Menschen hat zur Folge, daß unsere Untersuchung über das Wesen des Menschen grundsätzlich mit der Frage

---

[255] *WM* 159f.
[256] Vgl. *SF* 119.
[257] Zum Begriff des personalen Gottes vgl. *GM* 214ff.
[258] Vgl. *SF* 119f.; *WM* 160.

nach Gott weitergeführt werden muß. Dabei können wir nicht vom Phänomen der Religion absehen, unter dessen Einfluß der Mensch immer schon steht. Das Religiöse in der Menschheit ist für Coreth ein philosophisch-anthropologisch sehr bedeutsames Phänomen[259], in ihm vor allem offenbart sich der Bezug des menschlichen Wesens zur «Transzendenz».

7.5.1 Die Transzendenz des Menschen

Wir haben vorher dargelegt, daß der Mensch Transzendenz ist. Was ist eigentlich gemeint mit dieser Aussage «der Mensch ist Transzendenz»? Betrachten wir zuerst den Begriff Transzendenz. Sie meint zunächst im bloß formalen Sinn das Übersteigen einer Grenze. In diesem Sinn steht sie der «Immanenz» gegenüber. Aber diese Definition deutet an, daß sie auf vielfache Weise verstanden werden kann. Im Bezug auf die jeweilige Grenze, die überschritten oder nicht überschritten wird, ergibt sich jeweils ihre inhaltliche Bestimmung: abhängig davon, welche Grenze überstiegen wird und auf welche Weise sie überstiegen wird. Coreth unterscheidet hier vor allem zwischen «aktueller» Transzendenz im realen Sinn und «virtueller» (oder dynamischer) Transzendenz. Nach dem ersten Verständnis kommt die Transzendenz einem wirklichen Sein oder Geschehen zu, das eine bestimmte Grenze übersteigt; d.h. Transzendenz bedeutet hier, daß es eine Wirklichkeit jenseits dieser Grenze gibt. Deshalb meint sie nicht eigentlich das Geschehen des Übersteigens, sondern vielmehr das Sein jenseits der Grenze. In der virtuellen Transzendenz dagegen vollzieht ein reales Geschehen eine Bewegung, die über die Grenze hinausweist[260]. Wenn wir hier von der Transzendenz des Menschen sprechen, so ist damit nicht die aktuelle Transzendenz gemeint, sondern die virtuelle Transzendenz als das dynamische Geschehen, in dem sich der Mensch beständig selbst vollzieht und verwirklicht; also nicht ein «transzendentes» Sein, sondern eine «transzendierende» Bewegung[261].

Wir haben schon im Vollzug des Erkennens, Strebens, und Handelns, erst recht im interpersonalen Bezug gezeigt, daß der Mensch, beständig über sich selbst hinausgehend, sich selbst auf anderes hin übersteigt und nur dadurch sich selbst findet und verwirklicht. Dieses mich selbst überschreitende Geschehen ist jedoch nur eine relative Transzendenz[262], nicht

---

[259] Vgl. *WM* 161.
[260] Vgl. *MP* 518ff.
[261] Vgl. *WM(1983)* 79.
[262] Coreth bezeichnet sie auch als «horizontale Transzendenz». Vgl. *WM(1983)* 81.

eine absolute Transzendenz, insofern sie im Horizont der menschlichen Erfahrungswelt verbleibt. Aber es gibt schon ein Grundphänomen des Menschen, das wir nicht außer Betracht lassen können: Dem Menschen ist wesentlich zu eigen «das Sehnen und Suchen und Streben über diese Welt und über dieses Leben hinaus, das Übersteigen der Immanenz, die Bewegung der Transzendenz auf das Letzte und Höchste, das Absolute, das Göttliche»[263]. In diesem Sinn bezieht sich der Mensch auf die absolute Transzendenz. Dieses Phänomen ist in der metaphysischen Grundverfassung des menschlichen Wesens begründet. Wie ist im Wesen des Menschen der Ursprung derart transzendenter oder transzendierender Bewegung verwurzelt? Coreth bezeichnet ihn mit dem Stichwort des «Unbedingten im Bedingten», das wir später metaphysisch klarer auszulegen haben[264]. Nach Coreth ist es ein «bedenkenswertes, philosophisch-anthropologisch höchst bedeutsames Phänomen»[265], und vor allem an ihm kann deutlich werden, was Transzendenz des Menschen heißt:

> Der Mensch [...] steht immer und in allem unter dem Anspruch des Unbedingten, er vollzieht sich selbst, verwirklicht sich selbst in einem Horizont des Unbedingten und Unbegrenzten, im Ausgriff auf das Unendliche. Geistiges Sein und Wirken ist [...] ausgezeichnet durch unbegrenzte, unbegrenzbare Offenheit, durch den Wesensbezug auf die Unendlichkeit. Aber der Mensch ist ein endliches Wesen, das im eigenen Sein und Wirken den unendlichen Horizont des Wahren und Guten niemals einzuholen vermag, sein endliches Wesen nie aufheben, seine endliche Bedingtheit und Begrenztheit nie übersteigen, nie wahrhaft unendlich werden kann.[266]

Der Mensch als endliches Geistwesen ist, wie schon vorher gesehen, an Leib und Welt gebunden und dadurch bedingt. Unsere menschliche Endlichkeit hat darin ihren Grund. Aber der Mensch ist durch seinen Geist als Vernunft- und Freiheitswesen über seine Endlichkeit hinaus auch an die Unendlichkeit gebunden, die dem Geist eigen ist. Was ist damit gemeint? Dies deutet darauf hin, daß der Mensch wesentlich in der Spannung zwischen Endlichkeit und Unendlichkeit steht. Coreth bezeichnet diese menschliche *conditio* als «virtuelle» Unendlichkeit, die nicht aktuell unendlich, sondern konkret an Leiblichkeit und Weltlichkeit gebunden ist. Der Mensch strebt in seinem geistig-personalen Selbstvollzug das Unendliche — z.B. unbedingte Wahrheit und Gutheit, unbedingte Wert-

---

[263] Vgl. *WM(1983)* 81.
[264] Siehe in dieser Arbeit Kap. III, § 8.1.
[265] Vgl. *WM(1983)* 82.
[266] *WM(1983)* 86.

haftigkeit und Sinnhaftigkeit — an, setzt es somit notwendig voraus und bejaht es, wenn auch unthematisch, im aktuellen Vollzug mit[267]. Dies ist dem Menschen eigen, und somit kann er sich nicht der Hinordnung auf Gott entziehen: «Im lebendigen Vollzug unseres Fragens und Erkennens, unseres Strebens und Handelns setzen wir das Unbedingte immer schon voraus und können uns dieser Voraussetzung nicht entziehen. Der Mensch ist aus seinem Wesen auf das Absolute hingeordnet und angewiesen.»[268]

Die Konsequenzen hieraus haben eine große Relevanz für die Anthropologie: Zunächst ist mit der Aussage «der Mensch ist Transzendenz» vor allem das transzendente Wesen des Menschen als *transzendierender* Bewegung gemeint, in sich selbst und die Welt übersteigender Offenheit und Hinordnung auf Gott. Dies meint zugleich, daß der Mensch in dieser Welt immer *unvollendet* ist und *unvollendbar* bleibt; er kann niemals ganz das werden, was er sein soll. Denn der Mensch kann den unendlichen Horizont niemals einholen, obgleich ihm dieser unbegrenzte Horizont seinem geistig-personalen Wesen gemäß schon eröffnet ist. Der Mensch kann sich nur stets um die Selbstverwirklichung, Selbstentfaltung und Selbstvollendung mühen. In diesem Sinne ist menschliches Dasein noch gar nicht das eigentliche und endgültige Menschsein. Es ist nur vorläufiges, unvollendetes Dasein auf eigentlich und endgültig vollendetes Menschsein hin. Coreth betont aber an diesem Punkt auch, daß der Mensch eine «Hoffnung», sichere Zuversicht darauf hat; jedoch nur *in* Gott und *durch* Gott[269].

7.5.2 Mensch und Religion

Coreth behauptet, daß man nicht letztgültig vom *Menschen* reden kann, ohne über *Gott* zu sprechen[270]. Der Mensch als endliches, aber geistig-personales Wesen vollzieht immer und notwendig das Unbedingte im Bedingten, verweist aus der Transzendenz, die seinem Wesen entspringt, über sein endliches Dasein hinaus auf Gott als unbedingten, deshalb unendlichen und absoluten Seins- und Sinngrund aller Wirklichkeit, der seinem Wesen gemäß nicht mehr ein Ding unter Dingen, ein Wert neben anderen Werten, ein Gegenstand unter anderen Gegenständen der Erfahrung sein kann, sondern vielmehr eine transzendente Wirklichkeit ist. Der Mensch

---

[267] Vgl. *WM(1983)* 87-89.
[268] *WM(1983)* 90.
[269] Vgl. *WM(1983)* 97ff.
[270] Vgl. *WM(1983)* 94.

kann sein tiefstes Wesen, aus dem er sein soll, nur in diesem absoluten Ursprungsgrund finden und verwirklichen; er ist also «"Sein vor Gott", "Sein zu Gott", mit seiner einzigartigen, sein Wesen auszeichnenden Fähigkeit, Gott zu erkennen und an ihn zu glauben, ihm zu vertrauen, sogar ihn zu lieben und in ihm den letzten tragend-bergenden Sinngrund der Welt, der Geschichte und des eigenen Daseins zu finden»[271]. Diese Gotteserfahrung ist nach Coreth ein anthropologisch bedeutsames, erhellendes und konkretes Phänomen, das in Geschichte und Gegenwart immer wieder deutlich sichtbar wird[272]; es ist in der ursprünglichen Transzendenz des Menschen gegründet, die als solche unthematisch in der menschlichen Selbst- und Welterfahrung miterfahren wird[273].

Wie und inwieweit kann der Mensch das apriorische, unthematische Geschehen dieser Transzendenz thematisch machen, zur Sprache bringen und konkretisieren? Die thematische Auslegung der Transzendenz und das ausdrückliche «Sich-Einlassen» auf die transzendente Bewegung geschieht vor allem in der *Religion*, in der wir uns ausdrücklich, über uns selbst und unsere Welt hinaus, auf Gott (oder allgemeiner: das Göttliche) beziehen. Die religiöse Erfahrung ist, insofern die philosophische Frage nach der Transzendenz nur möglich ist als Reflexion auf ein Geschehen, das schon zur Erfahrung geworden ist, ein wichtiger Ansatzpunkt, durch den auch eine philosophische Thematisierung der Transzendenz möglich ist[274]. Deshalb können wir im Kontext der Selbstauslegung des Menschen Religion überhaupt und religiöses Verhalten und Tun nicht übersehen, in dessen Ganzheit die Transzendenz als grundsätzliches Wesen des Menschen vollzogen wird.

Religion meint allgemein den ganzheitlich menschlichen Bezug auf den absoluten personalen Seins- und Sinngrund, also die Gesamtheit menschlicher Akte, in denen wir uns frei und personal auf Gott beziehen[275]. In dieser Ganzheit des gesamten menschlichen Verhaltens, das sich ausdrücklich Gott zuwendet — besonders im religiösen Sprechen und Handeln — thematisiert, konkretisiert und drückt sich aus die ursprüngliche Transzendenz des Menschen. Aber damit ist nicht nur gemeint, daß eine zuvor gemachte Erfahrung der Transzendenz nachträglich im religiösen Verhalten zum Ausdruck gebracht und thematisch gemacht wird, sondern auch, daß das

---

[271] Vgl. *WM(1983)* 94; *MP* 529.
[272] Vgl. *WM(1983)* 91.
[273] Vgl. *WM* 164.
[274] Vgl. *WM* 161.
[275] Vgl. *WM* 163f.; *MP* 533ff.

KAP. I: TRANSZENDENTAL-PHILOSOPHISCHE ANTHROPOLOGIE   81

Geschehen religiösen Sprechens und Handelns umgekehrt auf die Erfahrung der Transzendenz zurückwirkt. Denn der Mensch ist immer schon wesenhaft auf Gott bezogen; aber diese ursprüngliche Bezogenheit wird zugleich im religiösen Sprechen und Handeln immer schon ausgelegt. Natürlich ist diese ausdrückliche Explikation der ursprünglichen Transzendenzerfahrung des Menschen grundsätzlich begrenzt, insofern sie in den Formen menschlichen Sprechens und Handelns geschieht; d.h. die Transzendenzerfahrung des Menschen kann in den konkreten Formen religiösen Tuns niemals adäquat zum Ausdruck kommen, weil Gott alles menschliche Sprechen und Tun, Erfahren und Verstehen unendlich übersteigt[276]. Aus diesem Wesensverhältnis zwischen Transzendenz und Religion ergibt sich auch, daß die konkreten Formen religiösen Tuns durch die Transzendenz des Menschen immer von neuem transzendiert, korrigiert und relativiert werden und sich dadurch als bloß analog und symbolhaft gegenüber dem göttlichen Geheimnis erweisen, das sich darin zugleich offenbart und verhüllt: «Dies anzuerkennen und sich vertrauend ihm auszuliefern, ist Glaube, der alles philosophische Wissen übersteigt, aber erst den letzten Sinngrund des menschlichen Daseins erreicht.»[277]

8. Zusammenfassung der Resultate

Blicken wir zurück auf die bis jetzt dargestellten Positionen der philosophischen Anthropologie Coreths, so lassen sich folgende Resultate festhalten:
1) Coreths philosophische Anthropologie ruht vor allem auf der phänomenologischen, hermeneutischen und transzendentalen Methode. Die *Welt* ist ein wichtiger anthropologischer Zugang zur wesentlichen Selbstauslegung des Menschen. Sie eröffnet den Horizont unseres Verständnisses. Im Sinn des hermeneutischen Ansatzes bildet die Welt an sich schon ein Vorverständnis als Horizont des Verständnisses und wird in der Reflexion zur transzendentalen Bedingung. Aber dieses alles wird in den absoluten Horizont des Seins integriert. Aufgrund dieser Methode richtet Coreth seine Aufmerksamkeit zunächst auf den Weltbezug des Menschen, in dem sein personaler Bezug, die Gemeinschaftlichkeit und seine Geschichtlichkeit hervorgehoben werden, und kommt dann zur grundsätzlichen Auslegung des Wesens des Menschen im Blick auf das absolute Sein als den letzten Grund schlechthin. Denn der Mensch als ein endliches Seiendes wird

---

[276] Vgl. *WM* 165.
[277] *WM* 166.

wesentlich und notwendig auf das absolute Sein gegründet und kann somit grundsätzlich nur darauf hin ausgelegt werden.

2) Bezüglich des Weltvollzuges zeigt sich die *Grundfreiheit* des Menschen, die jeder anderen Freiheit zugrunde liegt, in dem spezifisch menschlichen Verhalten, das sich als die Weltoffenheit und Fähigkeit zur Distanz von der Welt, den Dingen und sogar von sich selbst erweist, und das sich besonders durch die *vermittelte Unmittelbarkeit* kennzeichnet. Der Selbstvollzug und die Selbstentfaltung des Menschen gründen und vollziehen sich in dieser Grundfreiheit.

3) Der Mensch verwirklicht sich im *Selbstvollzug* und in der *Selbstentfaltung*. Der Mensch vollzieht sich selbst vor allem in Erkennen, Wollen und Handeln; dies sind die Grundvollzugsweisen der Selbstverwirklichung des Menschen. In diesen Vollzügen lassen sich entsprechend die Unbegrenztheit des Geistes, die Willensfreiheit und die Sittlichkeit des Menschen hervorheben. Aber der Mensch bleibt nicht nur in den Selbstvollzügen, die als einzelne Wirkweisen des Menschen ausgezeichnet werden, sondern er entfaltet sich auch im Beziehungsgefüge gesamtmenschlichen Wirkens, nämlich im personalen Bezug zu anderen, in der personalen Gemeinschaft und in der Geschichte. Der Mensch kann grundsätzlich zur Selbstvollendung gelangen, indem er beständig über sich selbst hinausgeht und sich auf anderes hin überschreitet. In diesem Sinn ist er sich selbst ein *werdendes Wesen* in dem, was er *tun soll* und *sein soll*.

4) Wenn der Mensch sich selbst in der Welt vollzieht und verwirklicht, ist er der Mensch als Ganzheit und Einheit. Der Mensch ist im traditionellen Sinn ein *Compositum* von Leib und Seele, die darin in substantieller Einheit bestehen. In der Ganzheit und Einheit des Menschen vollzieht sich der Geist als Seele des Leibes, so wie der Leib Medium des Geistes ist. Diese Wesenseinheit von Leib und Geist nennt man «Person». Diese menschliche Person ist wesentlich hingeordnet auf den ursprünglichen Seinsvollzug als absoluten Geist, der Wissen und Wollen als Seinsvollzügen zugrunde liegt. «Diese Hinordnung ermöglicht Wissen, das Anspruch auf Wahrheit erhebt, und Wollen als sittliche Tat. Sie entfaltet sich in Erkenntnis und freiem Anerkennen Gottes. In religiösem Verhalten findet die ausdrückliche Hinwendung des Menschen zu Gott ihren Ausdruck.»[278]

5) Der Mensch ist wesentlich Transzendenz im Sinne *transzendierender* Bewegung, sich selbst und die Welt übersteigender Offenheit und Hinordnung auf das Unbedingte selbst, auf den unendlichen Gott. Er übersteigt also in jedem geistigen Vollzug — z.B. des Fragens, des Verstehens, der

---

[278] Vgl. *DMS* 616.

Sinngebung und der freien Entscheidung — das Bedingte auf das Unbedingte hin[279]. Diese Transzendenz des Menschen ist jedoch nicht «aktuelle», sondern nur «virtuelle» (oder dynamische) Transzendenz. Dadurch ist dem Menschen schon ein unbedingter Horizont eröffnet. Aber diese Unendlichkeit ist nur *virtuell*, nicht *aktuell*, insofern der Mensch als endliches Geistwesen — dem Wesen gemäß — nicht nur an Geistigkeit, sondern auch an Leiblichkeit und Weltlichkeit gebunden ist. Der Mensch als endliches Wesen kann in dieser Welt niemals den unendlichen Horizont einholen; er vollzieht sich also als «Unbedingtes im Bedingten».

6) Daraus ergibt sich, daß der Mensch niemals vollendet ist, in der Welt *unvollendbar* bleibt. Ihm ist die Aufgabe der Bewegung der Transzendenz auf das Letzte, Höchste und Absolute, nämlich auf Gott, immer schon vorgegeben. Der Mensch als geistig-personales Wesen kann sein tiefstes Wesen, aus dem er sein soll und sein muß, nur in Gott finden und verwirklichen, der allein der ursprüngliche letzte Seins- und Sinngrund aller Wirklichkeit, des Lebens und Daseins ist. Daher kann der Mensch sich selbst nur in Gott erfüllen und vollenden; er ist also Sein vor Gott und Sein zu Gott. Gerade darin zeigt sich die Besonderheit des Menschen als religiöses Wesen: In Glaube, Zuversicht und Hoffnung auf eigentlich und endgültig vollendetes Menschsein hin wird das philosophische Wissen überstiegen.

---

[279] Vgl. *DMS* 615.

KAPITEL II

Zu den Quellen der transzendental
-anthropologischen Philosophie E. Coreths

Wir haben bisher die Hauptgedanken der philosophischen Anthropologie Coreths, die durch den transzendental-metaphysischen Ansatz geprägt sind, untersucht. In diesem Kapitel wollen wir nach den Quellen seiner transzendental-anthropologischen Philosophie fragen. Dabei werden wir an den philosophisch-anthropologischen Themen, die im ersten Kapitel dargestellt wurden, zeigen, was besonders auf I. Kant, J. Maréchal, J.B. Lotz und K. Rahner hinweist, und damit auch die Kontinuität des transzendental-anthropologischen Denkens Coreths im Hauptgleis der genealogischen Linie von Kant über Maréchal zu Lotz und Rahner aufweisen. Diese Betrachtung ist nicht nur eine geschichtliche Hinführung zur transzendental-anthropologischen Philosophie Coreths, sondern auch eine Spurensuche, die auf ihren ontologischen Ansatz zielt. Daß wir dabei — schon in der allgemeinen einführenden Erörterung — auf Kant stoßen und danach relativ ausführlich mit ihm in die Debatte eintreten, liegt nahe. Denn der transzendentale Ansatz bei Kant kommt in erster Linie in Betracht, insofern es sich bezüglich der Quellen von Coreths Denken vor allem um die philosophiegeschichtliche Untersuchung des Rückgangs auf die methodisch transzendentale Grundlegung der Metaphysik handelt, die in Coreths «Philosophische Anthropologie» eingeht und insofern vorausgesetzt ist: so zum Beispiel der Ansatz mit der Frage über die transzendentale Reflexion bis hin zum Horizontbegriff. Coreth selbst findet durch seine zahlreichen Publikationen über Kant, über die Vertreter des Deutschen Idealismus — Fichte, Schelling und Hegel — und über das Verhältnis dieser Denker zum fundamentalontologischen Ansatz Heideggers schon den Zugang zur transzendentalen Problematik vor allem von der Philosophiegeschichte her. Das alles bildet den

Hintergrund von Coreths Philosophie. Dazu gehören noch mehr Maréchal, Lotz und Rahner, bei denen die entscheidende Transposition vom transzendentalen Denken zum Metaphysischen geschieht. Wir wollen aber hier nicht ausführlich auf diese Denker — bzw. alles, was Coreth selbst dazu geschrieben hat — eingehen, sondern sie nur einbeziehen, soweit sie für einen transzendental-metaphysischen Ansatz von Coreths Denken entscheidend wichtig sind.

1. Die Wende des neuzeitlichen Denkens zum Subjekt und deren anthropologische Bedeutung

Wenn wir die Frage nach dem Hintergrund des auffälligen Auftretens des anthropologischen Denkens am Anfang des 20. Jahrhunderts stellen, dann müssen wir auf das neuzeitliche Denken zurückgehen, das sich philosophisch durch die *Wende zum Subjekt*[1] kennzeichnet. Die neuzeitliche Philosophie wurzelt tief in einem erkenntnistheoretischen Problem. Seit Descartes in der Selbstgewißheit des Bewußtseins durch radikalen methodischen Zweifel den Grund der wahren Erkenntnis und deren sicheren Ausgangspunkt zu finden versuchte, setzte in der neuzeitlichen Philosophie ein subjektbezogenes Denken ein, das allein aus der Immanenz der Subjektivität gesicherte Erkenntnis gewinnen und begründen zu können meinte. Es geschah eine Reflexion auf den Menschen selbst, und damit begann sich ein tiefgreifender Wandel des Menschenbildes zu vollziehen. Aus diesem fundamentalen Umbruch des philosophischen Ansatzes entsprang das anthropologische Denken der neuzeitlichen Philosophie. Dieses wurde jedoch noch nicht als solches thematisch. Denn das anthropologische Anliegen bedeutete noch keine Hinwendung zur philosophischen Anthropologie im strengen Sinn, insofern es nur eine Wende zum Subjekt blieb, worin der Mensch nur als Mitte einer subjektiven Erkenntniswelt betrachtet, aber noch kein neues Gesamtverständnis des Menschen angezielt wird[2].

Bei Descartes wird der Mensch zum Mittelpunkt, aber nur als bloßes Subjekt und als reine Vernunft verstanden, die autonom sich selbst besitzt und aus sich selbst alle Wahrheit zu erreichen vermag. Dabei ist der Mensch nicht als Einheit und Ganzheit aufgefaßt. Durch die radikale Entgegensetzung von *res cogitans* und *res extensa* — bzw. Geist und Materie, Seele und Leib, Subjekt und Objekt — ist vielmehr ein Zwiespalt aufgetreten, der das gesamte philosophische Denken der Neuzeit durchzieht. Auf der

---

[1] Vgl. *WM* 28.
[2] Vgl. *WM* 28f.

einen Seite des großen Risses in der neuzeitlichen Philosophie steht der Rationalismus, der das Wesen des Menschen auf das geistige Ich-Subjekt als Bewußtsein zurückführt, auf der anderen Seite dagegen der Empirismus, der die menschliche Erkenntnis durchaus auf sinnenhafte Wahrnehmung reduziert. Diese radikale Entgegensetzung von Rationalismus und Empirismus stellt die fundamentale Aufgabe, ein neues System der menschlichen Erkenntnis zu erstellen, das der Einheit von Materie und Geist gerecht wird. Kant sah sich vor diese Aufgabe gestellt. Er wollte besonders in der Auseinandersetzung mit Hume und Leibniz durch die Untersuchung der apriorischen Bedingungen des erkennenden Subjekts den Gegensatz und Bruch der vorherigen neuzeitlichen Philosophie überwinden. Seine «Kritik der reinen Vernunft» ist der Versuch einer methodischen Grundlegung[3] dafür: durch die Methode, die wir als *transzendentale Methode* bezeichnen.

Bei Kant steht das philosophisch-anthropologische Anliegen ausdrücklich im Vordergrund der Philosophie. Er konzentriert in der «Kritik der reinen Vernunft» das Interesse der Vernunft zunächst auf die folgenden drei Fragen: «Was kann ich wissen? Was soll ich tun? Was darf ich hoffen?»[4] Erst recht werden diese drei Fragen grundsätzlich in der ausdrücklich anthropologischen Frage «Was ist der Mensch?» zusammengefaßt[5]. Dieser bekannte Hinweis Kants ist bedeutsam für die *anthropologische Wende* des philosophischen Denkens. Denn er deutet darauf hin, daß die Frage nach dem Wesen des Menschen schon in seiner ganzen Philosophie enthalten ist. Kant fügt hinzu: «Die erste Frage beantwortet die Metaphysik, die zweite die Moral, die dritte die Religion, und die vierte die Anthropologie. Im Grunde könnte man aber alles dieses zur Anthropologie rechnen, weil sich die drei ersten Fragen auf die letzte beziehen.»[6] Dieses anthropologische Anliegen Kants ist schon in seiner sogenannten Transzendental-Philosophie durchgedrungen, wenn auch — so sieht das Coreth — bei ihm eine Anthropologie nicht systematisch zur Ausbildung kommt[7]. Insofern Kants Transzendentalphilosophie eine Kritik der menschlichen Vernunft selbst und ihres reinen Denkens ist, «nach deren ausführlicher Kenntnis ich nicht

---

[3] Vgl. *KrV* B XXII. Kant selbst betont, daß der Kritik der reinen Vernunft ein Traktat über die Methode ist, nicht ein System der Wissenschaft selbst.

[4] Vgl. *KrV* B 833.

[5] Vgl. *LG* 25.

[6] *LG* 25.

[7] Vgl. *WM* 30. Coreth behauptet hier, daß die Anthropologie Kants im Vergleich mit seinen kritischen Hauptwerken wenig Bedeutung hat, mit ihnen sachlich und methodisch kaum in Zusammenhang steht und einen untergeordneten Rang einnimmt.

weit um mich suchen darf, weil ich sie in mir selbst antreffe»[8], handelt es sich darin immer schon um den Menschen selbst. So hängt die erkenntnistheoretische Untersuchung bei Kant mit einer anthropologischen Untersuchung eng zusammen. O.F. Bollnow sagt, daß die philosophische Anthropologie eine Erweiterung und Vertiefung der kantischen Transzendentalphilosophie ist[9].

2. Der transzendentale Ansatz bei Kant und die anthropologische Untersuchung

2.1 *Die anthropologisch-metaphysische Frage als Grundfrage der Transzendentalphilosophie Kants*

«Was ist der Mensch?» Diese Frage, die Kant selbst in seiner «Logik» gestellt hat, ist die anthropologische Grundfrage, die auch in Bezug auf die Untersuchung der Quellen von Coreths transzendental-anthropologischer Philosophie unser erste Anliegen ist. Im Hintergrund dieser Frage ist für Kant vor allem unzweifelhaft die formale Wesensbestimmung der Selbstauslegung des Menschen als Vernunftwesens vorausgesetzt. Denn Kants Auslegung des Menschen geht vor allem von der Kritik des menschlichen Vernunftvermögens überhaupt aus. Kant stellt durch diese Kritik zunächst die Grenzen der Vernunft und ihren Umfang heraus[10], weist damit folglich auf, was der Mensch von sich selbst erkennen kann oder nicht, was er tun soll oder nicht, und was er zweckmäßig hoffen kann oder nicht. Er arbeitet also anhand dieser anthropologischen Fragestellungen die Eigenart des Menschen als transzendentales, sittliches und religiöses Subjekt heraus. Diese anthropologischen Themen entsprechen — in der äußeren Form — dem transzendental-anthropologischen Gedankengang Coreths, insofern als der Mensch in metaphysischer Sicht, auf der Ebene des Sittlichen und im Bezug auf das Absolute, nämlich auf Gott, betrachtet und bestimmt wird. Dieser Gedankengang deutet an, daß die anthropologische Untersuchung schon auf Metaphysik gründet. Für Kant meint Metaphysik die «Philosophie

---

[8] *KrV* A XIV.

[9] Vgl. O.F. BOLLNOW, «Die philosophische Anthropologie», 22. Bollnow sieht den Hintergrund des auffälligen Auftretens des anthropologischen Denkens am Anfang des 20. Jahrhunderts besonders in der Entwicklung und in der Grenze des erkenntnistheoretischen Denkens der Neuzeit. Dazu: ID., *Philosophie der Erkenntnis.*

[10] *LG* 25. Kant betrachtet dementsprechend in der «Kritik der reinen Vernunft» die menschliche Erkenntnishandlung, in der «Kritik der praktischen Vernunft» des Menschen sittliches Tun und in der «Kritik der Urteilskraft» das zweckmäßige Urteil der menschlichen Vernunft.

der reinen Vernunft» schlechthin; das heißt «Kritik», «welche das Vermögen der Vernunft in Ansehung aller reinen Erkenntnis a priori untersucht», und zugleich «das System der reinen Vernunft [...], die ganze [...] philosophische Erkenntnis aus reiner Vernunft im systematischen Zusammenhange»[11]. Sie meint also die «Wissenschaft von der Beziehung aller Erkenntnis auf die wesentlichen Zwecke der menschlichen Vernunft»[12], und der Endzweck ist «kein anderer, als die ganze Bestimmung des Menschen»[13]. Wenn wir die *ganze* Bestimmung des Menschen behandeln wollen, so können wir die Metaphysik nicht umgehen. Wir haben hier jedoch immer noch die Frage zu stellen, warum die Selbstbestimmung der Vernunft (oder des Menschen) zur metaphysischen Frage vordringt.

Kant selbst führt in der Vorrede der «Kritik der reinen Vernunft» den Grund der metaphysischen Naturanlage des Menschen ursprünglich auf die Natur der menschlichen Vernunft zurück: «Die menschliche Vernunft hat das besondere Schicksal in einer Gattung ihrer Erkenntnisse: daß sie durch Fragen belästigt wird, die sie nicht abweisen kann, denn sie sind ihr durch die Natur der Vernunft selbst aufgegeben, die sie aber auch nicht beantworten kann, denn sie übersteigen alles Vermögen der menschlichen Vernunft.»[14] Die «Gattung» meint hier die drei Ideen der reinen Vernunft: Welt, Seele und Gott. Für Kant ist sichere und mögliche Erkenntnis nur das, was sich auf den Bereich der Erscheinungen bezieht, nämlich uns durch sinnliche Anschauung gegeben werden kann. Jedoch bleibt unsere Vernunft nicht nur in diesem Bereich, sondern geht auch über den Bereich möglichen *Erkennens* hinaus zu demjenigen des *Denkens* über, in dem metaphysische Gegenstände behandelt werden können, «weil alle Menschen mehr oder weniger daran Teil nehmen»[15]. Dies entspringt grundsätzlich der vernünftigen Natur des Menschen. Der Mensch schreitet durch die Vernunft von der Erkenntnis des Sinnlichen zum Denken des Übersinnlichen fort: Kant nennt dies Metaphysik[16]. Der Mensch als Vernunftwesen ist schon von Natur aus metaphysisch, das Interesse an Metaphysik ist nach Kant «das innigste, was man haben kann»[17].

---

[11] *KrV* B 869.
[12] *KrV* B 867.
[13] *KrV* B 868.
[14] *KrV* A VII.
[15] KANT, *Akademie-Ausgabe*, XX, 259.
[16] KANT, *Akademie-Ausgabe*, XX, 260.
[17] KANT, *Akademie-Ausgabe*, XX, 260.

2.2 Die transzendentale Methode bei Kant

Es geht bei Kant um die Möglichkeit der Metaphysik als Wissenschaft. Denn er zieht die bisherige Metaphysik in Zweifel. Ihre Wirklichkeit blieb bisher fraglich, und ihr Zustand wird mit einem «Kampfplatz [...] endloser Streitigkeiten»[18] verglichen, «auf dem noch niemals irgend ein Fechter sich auch den kleinsten Platz hat erkämpfen und auf seinen Sieg einen dauerhaften Besitz gründen können»[19]. Metaphysik hat immer noch die Aufgabe, sich vor dem Gerichtshof zu rechtfertigen, und dieser Gerichtshof ist kein anderer als die Kritik der reinen Vernunft selbst[20]. Kants Fragestellung in der «Kritik der reinen Vernunft» zielt grundsätzlich auf die Möglichkeit der Metaphysik ab.

Diese Frage tritt vor allem als Frage nach der Möglichkeit der *synthetischen Urteile a priori* auf[21]. Jede Wissenschaft muß synthetische Urteile a priori als Prinzipien in sich enthalten, damit sie — so Mathematik, Geometrie und Naturwissenschaft (Physik) — den «sicheren Gang einer Wissenschaft» geht[22]. Darum fragt Kant: «Wie sind synthetische Urteile a priori möglich?»[23] Der Antwort auf diese Frage soll sein ganzes Unternehmen der «Kritik der reinen Vernunft» dienen, die in ihrer Anlage und Ausrichtung wesentlich bestimmt ist durch die *transzendentale Methode*, genauer: durch den *transzendentalen Ansatz*. Dadurch ist Kants Philosophie *Transzendentalphilosophie* und erscheint als solche erstmals in der Philosophiegeschichte. Was ist nun das Wesen dieser Methode? Kants Antwort lautet so: «Ich nenne alle Erkenntnis transzendental, die sich nicht so wohl mit Gegenständen, sondern mit unserer Erkenntnisart von Gegenständen, so fern diese a priori möglich sein soll, überhaupt beschäftigt. Ein System solcher Begriffe würde Transzendental-Philosophie heißen.»[24] Kants transzendentale Untersuchung ist also die Lehre von den apriorischen Bedingungen unserer Erfahrungserkenntnis, insofern die Gegenstände dieser Erfahrung aufgrund der apriorischen subjektiven Formen des menschlichen Geistes zustande kommen. In diesem Sinn spricht Kant von seiner transzendentalen Ästhetik und seiner transzendentalen Logik, die er selbst besonders

---

[18] *KrV* A VIII.
[19] *KrV* B XV.
[20] *KrV* A XIf.
[21] Vgl. *KrV* B 18.
[22] Vgl. *KrV* B VII.
[23] *KrV* B 19.
[24] *KrV* B 25.

betont[25]. Genauer gesagt, kann man unter «transzendental» unbedenklich die apriorischen Formen selbst und das menschliche Subjekt als transzendentale Einheit der Apperzeption verstehen. Hier müssen wir «transzendental» von «transzendent», das in der Tradition die transsubjektive ontische Struktur der Gegenstände meint, unterscheiden. Denn «transzendental» im Kantischen Sinn ist eine Erkenntnis, die den Gegenstand — nicht in objektiver, sondern in subjektiver Richtung — insofern übersteigt, als sie auf die apriorischen Bedingungen der Erkenntnis des Gegenstandes zurückgeht[26]. Darum wird bei der transzendentalen Methode Kants als Ausgangspunkt keine naiv hingenommene Erfahrung der sinnlich gegebenen Objekte angenommen, sondern die *Reflexion* geht auf das erkennende Subjekt und die in ihm liegenden Bedingungen der Möglichkeit der in diesem Sinne objektiven Erkenntnis. Es handelt sich also bei der transzendentalen Methode um den Rückgang auf die apriorische Ausstattung und Eigenart oder die apriorischen Bedingungen des menschlichen Subjekts[27]. Deshalb geschieht bei der transzendentalen Methode eine Rückführung von dem Gegenstand auf den Menschen als erkennenden; dabei besteht der Gegenstand als erkannter für Kant nur insofern, als er durch das Subjekt *apriorisch*, d.h. notwendig und allgemein gültig, erkannt wird. Dadurch geschieht bei Kant eine große Revolution des Denkens, die mit den «ersten Gedanken des Kopernikus»[28] verglichen wird: Die «Anschauung» richtet sich nicht nach der «Beschaffenheit der Gegenstände», sondern der «Gegenstand (als Objekt der Sinne)» richtet sich nach der «Beschaffenheit unseres Anschauungsvermögens»[29]; d.h. nicht das Objekt bestimmt das Subjekt, sondern das Subjekt bestimmt das Objekt. So tritt bei Kant der Mensch als *transzendentales Subjekt*, das die Strukturen des Objekts vorgibt, hervor.

---

[25] Vgl. *KrV* A XVI: «Ich kenne keine Untersuchungen, die zu Ergründung des Vermögens, welches wir Verstand nennen, und zugleich zu Bestimmung der Regeln und Grenzen seines Gebrauchs, wichtiger wären, als die, welche ich in dem zweiten Hauptstücke der transzendentalen Analytik, unter dem Titel der Deduktion der reinen Verstandesbegriffe, angestellt habe.»

[26] Vgl. *IK* 108. Dazu: *KrV* B 352f.

[27] Vgl. *TMKS* 47.

[28] Vgl. *KrV* B XVI. Man nennt auch diese Revolution des Denkens in der Philosophie Kants eine neue «kopernikanische Wende (oder Revolution)». Dazu vgl. F. KAULBACH, *Immanuel Kant*, 110ff.

[29] Vgl. *KrV* B XVII.

2.3 Die zwei Faktoren der menschlichen Erkenntnis: die sinnliche Anschauung und der Verstand

Bevor wir die anthropologische Bedeutung des transzendentalen Subjekts Kants auslegen, betrachten wir die zwei Faktoren der menschlichen Erkenntnis, nämlich Sinnlichkeit und Verstand. Kant führt den Ursprung der menschlichen Erkenntnis auf sinnenhafte Phänomene zurück. Die Anschauung, durch die sich eine Erkenntnis auf einen Gegenstand unmittelbar bezieht, findet nur statt, insofern uns der Gegenstand gegeben wird. Wie wird uns nun der Gegenstand gegeben? Die Gegebenheit des Gegenstandes ist, «uns Menschen wenigstens, nur dadurch möglich, daß er das Gemüt auf gewisse Weise affiziere»[30]; und die «Fähigkeit (Rezeptivität), Vorstellungen durch die Art, wie wir von Gegenständen affiziert werden, zu bekommen, heißt Sinnlichkeit. Vermittelst der Sinnlichkeit also werden uns Gegenstände gegeben, und sie allein liefert uns Anschauung.»[31] Hier tritt Sinnlichkeit als *Hinnahmevermögen* des Gegenstandes hervor. Der Verstand dagegen bezieht sich in der Erkenntnis nicht unmittelbar auf Gegenstände selbst. Er ist «das Vermögen, Vorstellungen selbst hervorzubringen, oder die Spontaneität»[32] der Erkenntnis, auf deren Grund durch ihn Anschauungen gedacht werden, indem von ihm Begriffe entspringen. Diese zwei Vorstellungsvermögen, nämlich Anschauungen aus der Rezeptivität der Sinnlichkeit und Begriffe aus der Spontaneität des Verstandes, unterscheiden sich in der menschlichen Erkenntnis; in dieser Trennung des Vorstellungsvermögens besteht die wesentliche Eigenart der menschlichen Erkenntnis[33]. Nach Kant muß sich aber alles Denken «zuletzt auf Anschauungen, mithin, bei uns, auf Sinnlichkeit beziehen, weil uns auf andere Weise kein Gegenstand gegeben werden kann»[34]. Menschliche Erkenntnis ist daher bei Kant angewiesen auf Anschauung, d.h. auf Sinnlichkeit. Sie ist hinnehmend, insofern Kant keine Unmittelbarkeit der Vernunfterkenntnis gelten läßt: «Sie ist vermittelt durch sinnliche Anschauung. Sinnlichkeit ist das wesenseigene Hinnahmevermögen endlicher, daher hinnehmend erkennender Vernunft.»[35]

---

[30] *KrV* B 33.
[31] *KrV* B 33.
[32] *KrV* B 75.
[33] Nach Kant ist die menschliche Erkenntnis eine Verbindung der Rezeptivität und Spontaneität: «die Rezeptivität kann nur mit Spontaneität verbunden Erkenntnisse möglich machen.» *KrV* A 97.
[34] *KrV* B 33.
[35] *IK* 112.

2.3.1 Die Sinnlichkeit: Raum und Zeit

Kant arbeitet in der transzendentalen Ästhetik zwei Formen der reinen Anschauung, nämlich *Raum* und *Zeit*[36], heraus. Was heißt nun Raum und Zeit als «reine Anschauungen»? Die Antwort darauf bezieht sich eng auf die wesentliche Funktion der Anschauung. Nach Kant besteht Anschauung, wie oben schon gesehen, vor allem darin, daß «gewisse Empfindungen auf etwas außer mich bezogen werden»[37]. Daraus ergibt sich die Frage nach der Beziehung der Erkenntnis zwischen unseren Empfindungen und *etwas außer mir*, nämlich Gegenständen: D.h. hier stellt sich die Frage, wie sich in unserer Erkenntnis die Empfindungen durch Anschauung mit ihren Gegenständen verbinden können. Die Verbindung der Empfindungen mit Gegenständen ist durch die Empfindungen allein als Inhalte (Materie) der Anschauung nicht möglich. Damit uns also ein Gegenstand sinnenhaft gegeben sein kann, muß nach Kant etwas in unserem Subjekt a priori vorausgesetzt sein, das heißt Raum und Zeit als «Formen der Anschauung»: «Da das, worinnen sich die Empfindungen allein ordnen, und in gewisse Form gestellet werden können, nicht selbst wiederum Empfindung sein kann, so ist uns zwar die Materie aller Erscheinung nur a posteriori gegeben, die Form derselben aber muß zu ihnen insgesamt im Gemüte a priori bereit liegen, und dahero abgesondert von aller Empfindung können betrachtet werden.»[38] Diese Formen, die a priori im Gemüte, nämlich im menschlichen Subjekt, liegen, und «in denen nichts, was zur Empfindung gehört, angetroffen wird», heißen «reine Anschauung»[39]. Daher kritisiert Coreth, daß Raum und Zeit im Sinne Kants nur subjektive Geltung haben, nicht objektive Geltung, insofern sie bloß subjektive Formen der sinnlichen Anschauung sind. Denn «räumlich und zeitlich bestimmt sind nur die Erscheinungen für uns, nicht die Dinge an sich»[40].

Kant entfaltet diese apriorischen Anschauungformen des Subjekts besonders in der metaphysischen und in der tranzendentalen Erörterung. Nach Lotz kreist die metaphysische Erörterung um das, was die Anschau-

---

[36] Raum ist die reine Form des äußeren Sinnes, Zeit hingegen die reine Form des inneren Sinnes. Alle *von außen her* wahrgenommenen Gegenstände stehen immer und notwendig im Raum, alle *in mir selbst* wahrgenommenen Inhalte dagegen stehen in der Zeit. Jede Erscheinung als der «unbestimmte Gegenstand einer empirischen Anschauung» ist in diese beiden Formen oder zumindest in die Zeit-Form eingeordnet. Vgl. *KrV* B 34.
[37] *KrV* B 38.
[38] *KrV* B 34.
[39] *KrV* B 34f.
[40] *IK* 113.

ungen, «als a priori gegeben, darstellt»[41], die tranzendentale Erörterung hingegen macht sie als Prinzip sichtbar, «woraus die Möglichkeit anderer synthetischer Erkenntnisse a priori eingesehen werden kann»[42]. Durch diese Erörterungen tritt das Wesen des Transzendentalen im Sinne Kants deutlicher hervor[43]: Darin wird also gezeigt, daß Raum und Zeit nicht «etwas, was den Dingen an sich selbst zum Grunde liegt»[44], sind, sondern die vorgängig zu aller Erfahrung dem Subjekt innewohnenden Formen als Möglichkeitsbedingungen der menschlichen Erkenntnis. In diesem Hinblick versteht sie Kant in der «transzendentalen Idealität»[45]; d.h. sie sind — einerseits — «Idealität» in Ansehung des Dinges an sich. Aber sie sind — anderseits — «Realität» in Ansehung der Erscheinungen, nämlich Gegenstände der äußeren und inneren Sinne als Anschauungen, darum werden sie auch die «empirische Realität»[46] genannt. Hier müssen wir unsere Aufmerksamkeit darauf richten, daß sich bei Kant Anschauung grundlegend von *bloß subjektiver* Empfindung unterscheidet. Die bloß subjektive Empfindung ist nur Eindruck (*impressio*) als Empirisches in der Wahrnehmung, daraus entsteht keine *objektive* Erkenntnis im Sinne Kants. Dasjenige Subjektive, was die Beschaffenheit der Sinnenanschauung, in Ansehung ihres Materialen, nämlich der Empfindung betrifft, wird durch die Anschauungformen auf den Gegenstand bezogen. Damit kann es endlich zur «Erkenntnis des Objekts», die für alle Menschen objektiv gilt, gezählt werden[47].

Daraus ergibt sich deutlich die ontologische Sicht der Transzendentalphilosophie Kants über den Gegenstand. Was heißt bei Kant empirischer Gegenstand? Er ist immer etwas, das in der Anschauung des Subjekts konstituiert ist. Damit ist vor allem gemeint, daß er überhaupt nicht *Ding an sich* ist, obschon er für Kant nichts anderes ist als der empirische Gegenstand selbst, den wir in der Wirklichkeit so erkennen. Der angeschaute Gegenstand ist transzendentaler Gegenstand, der schon in die apriorischen Formen der Sinnlichkeit eingeordnet ist; das heißt «Erscheinung»: «Erscheinungen sind die einzigen Gegenstände, die uns unmittelbar gegeben werden können, und das, was sich darin unmittelbar auf den Gegenstand

---

[41] *KrV* B 38.
[42] *KrV* B 40.
[43] Vgl. *TMKS* 50.
[44] Vgl. *KrV* B 44.
[45] *KrV* B 44.
[46] *KrV* B 44.
[47] Vgl. KANT, *Akademie-Ausgabe*, XX, 268f.

bezieht, heißt Anschauung. Nun sind aber diese Erscheinungen nicht Dinge an sich selbst, sondern selbst nur Vorstellungen, die wiederum ihren Gegenstand haben, der also von uns nicht mehr angeschaut werden kann.»[48] Insofern ist der angeschaute Gegenstand nicht das An-sich, das vom Subjekt unabhängig *ist*, sondern immer schon dasjenige Seiende, das in der Anschauungform des Menschen gegeben ist; d.i. Erscheinung im transzendentalen Sinn. Erscheinung bedeutet grundsätzlich «Phänomen» ($\phi\alpha\iota\nu\acute{o}\mu\varepsilon\nu o\nu$), nämlich «Sich-zeigendes». In dieser Hinsicht ist Erscheinung oder besser Phänomen ein Zugang, durch den wir Dinge, weiter uns selbst als Menschen erkennen und auslegen können. Insofern finden wir bei Kant die positive Bedeutung der Erscheinung für die anthropologische Untersuchung. Es geht aber für uns darum, wie wir über die Erscheinung selbst hinaus den Hintergrund derselben, nämlich das Ding an sich, erreichen können. Dafür können wir in der Weiterführung der transzendentalen Reflexion auf die apriorischen Bedingungen der menschlichen Erkenntnis überhaupt durch die nicht *verschließende*, sondern vielmehr *erschließende* Erscheinung zum An-sich fortschreiten[49].

2.3.2 Der Verstand: Begriff, Urteil und Erkennen

Aus Kants transzendentaler Ästhetik tritt die leibliche Existenz des menschlichen Subjekts, die der Körperwelt ausgesetzt ist, hervor[50], aus seiner transzendentalen Logik hingegen die geistige Existenz des menschlichen Subjekts, nämlich die Eigenart des Menschen als denkenden Wesens. Diese gesonderte Auffassung beruht grundsätzlich auf dem Wesen

---

[48] *KrV* A 108f.
[49] Vgl. *TMKS* 60. Lotz kennt einen doppelten Sinn von «Erscheinung» bei Kant: «Bei Kant heißt Erscheinung das, was sich dem Subjekt so zeigt und von ihm als Objekt so konstituiert wird, daß darin das An-sich uns nicht entgegentritt und der Zugang zu diesem gerade verschlossen ist. Doch kann Erscheinung auch ein dem Subjekt Sich-zeigendes und von ihm Konstituiertes heißen, das zwar in *einer* Erfassungsweise noch nicht das An-sich eröffnet oder besser noch nicht als Eröffnung des An-sich entfaltet ist, in einer *anderen* Erfassungsweise aber gerade als Zugang zum An-sich entfaltet werden und so dieses uns entgegentreten lassen kann. [...] Aus der Erörterung der zwei Punkte ergibt sich: die transzendentale Methode ist nicht auf die ver-schließende Erscheinung begrenzt, sondern kann durch die er-schließende Erscheinung zum An-sich fortschreiten.» (*Ibid.* 59)
[50] Vgl. F. KAULBACH, *Immanuel Kant*, 127f. Nach Kaulbach hängt, daß Kant «die sinnliche Anschauung von vornherein als positive, mit dem Verstande gleichberechtigte Quelle unseres Erkennens behandelt» hat, «damit zusammen, daß er das menschliche Subjekt als leibliche Existenz in Ansatz gebracht hat, die der Körperwelt ausgesetzt ist, in die es hineingestellt ist».

der menschlichen Erkenntnis. Unsere Erkenntnis entspringt nach Kant aus zwei «Grundquellen des Gemüts», d.i. «Rezeptivität der Eindrücke» und «Spontaneität der Begriffe»[51]. Die erste bezieht sich, wie oben schon betrachtet, auf unser Anschauungsvermögen der Sinnlichkeit, das unmittelbar auf den Gegenstand, Gegebenes außer mir, angewiesen ist; die zweite hingegen bezieht sich auf ein anderes Vermögen, nämlich unseren Verstand, durch den der Gegenstand sinnlicher Anschauung «gedacht» wird[52]. Beide Vermögen fungieren im Vollzug der menschlichen Erkenntnis als unvertauschbare Funktionen, die voneinander sorgfältig abzusondern und zu unterscheiden sind[53]. Aber damit ist nicht gemeint, daß in der menschlichen Erkenntnis die eine Funktion die andere ausschließt. Vielmehr kommt unsere Erkenntnis notwendigerweise als Synthesis von Anschauung und Begriff, Sinnlichkeit und Verstand zustande: «Nur daraus, daß sie sich vereinigen, kann Erkenntnis entspringen.»[54] Denn «Gedanken ohne Inhalt sind leer, Anschauungen ohne Begriffe sind blind»[55].

Alle Erkenntnis ist bei Kant schon «Synthesis des Mannigfaltigen»[56]. Wie oben gesehen, wird das mannigfaltige Empfindungsmaterial der Erfahrung zunächst durch die sinnlichen Anschauungen unter den Einheitsformen von Raum-Zeit synthetisiert. Aber nur mit dieser Synthesis der Anschauung entsteht noch nicht unsere Erkenntnis. Denn diese angeschauten Gegenstände sind immer noch mannigfaltige Inhalte, die weiterhin auf die Einheit eines Begriffes gebracht werden sollen. Die Synthesis, mannigfaltige angeschaute Inhalte als Einheit zu ergreifen, leistet unser Verstand. Die grundlegende Funktion des Verstandes ist «die Einheit der Handlung, verschiedene Vorstellungen unter einer gemeinschaftlichen zu ordnen»[57]; *Begriffe* beruhen auf dieser Funktion. Der Verstand ist also das Erkenntnisvermögen durch Begriffe, die Erkenntnis desselben ist darum nicht «intuitiv», sondern «diskursiv»[58]. Das *Urteil* ist der Gebrauch der Begriffe durch den Verstand; d.h. es ist das *Denken* durch die Begriffe, darum ist es «die mittelbare Erkenntnis eines Gegenstandes, mithin die Vorstellung

---

[51] Vgl. *KrV* B 74.
[52] Vgl. *KrV* B 74f.
[53] *KrV* B 75f.
[54] *KrV* B 75f.
[55] *KrV* B 75.
[56] Vgl. *IK* 114.
[57] *KrV* B 93.
[58] Vgl. *KrV* B 93.

einer Vorstellung desselben»[59]. Auf diesem Grund können sich alle Urteile als «Funktionen der Einheit unter unsern Vorstellungen»[60] vollziehen. Kant kristallisiert vor allem aus verschiedenen «Urteilsformen» «zwölf Kategorien» heraus, und diese sind die Prinzipien der Einheit als reine Verstandesbegriffe[61].

Was heißt nun «reine Verstandesbegriffe», die als reine Formen a priori nicht Anschauungsformen sind? Coreth stellt sich hier die Frage, woher diese Begriffe Kants grundsätzlich kommen; d.h. vor allem, ob sie nur «eingeborene, fertig vorgegebene Denkformen» als «rein formale Größen» sind[62]. Kants Antwort darauf lautet: «Die reine Synthesis, allgemein vorgestellt, gibt [...] den reinen Verstandesbegriff.»[63] D.h. «nicht *der* Begriff bringt die Synthesis, sondern die Synthesis bringt *den* Begriff hervor.»[64] Was ist damit gemeint? Bei Kant entsteht die menschliche Erkenntnis aus der Synthesis von Anschauung und Begriff. Das meint vor allem, daß die Anschauung irgendwie auf die Verstandeshandlung bezogen ist. Damit unsere Erkenntnis entsteht, muß der Inhalt der Anschauung durch den Verstand gedacht, auf Begriffe gebracht werden; und die reinen Verstandesbegriffe werden dabei vom Verstand *spontan* hervorgebracht[65]. Die Synthesis (Verbindung) ist als solche ein «Actus der Spontaneität der

---

[59] *KrV* B 93. Dazu vgl. *ibid.* B 94: «Wir können aber alle Handlungen des Verstandes auf Urteile zurückführen, so daß der Verstand überhaupt als ein Vermögen zu urteilen vorgestellt werden kann. Denn er ist nach dem obigen ein Vermögen zu denken. Denken ist das Erkenntnis durch Begriffe.»

[60] *KrV* B 94. Die ganze Aussage Kants lautet so: «Alle Urteile sind demnach Funktionen der Einheit unter unsern Vorstellungen, da nämlich statt einer unmittelbaren Vorstellung eine höhere, die diese und mehrere unter sich begreift, zur Erkenntnis des Gegenstandes gebraucht, und viel mögliche Erkenntnisse dadurch in einer zusammengezogen werden.»

[61] Vgl. *KrV* B 105. Kant unterscheidet bei den Urteilen zwölf Urteilsformen: 1. nach der Quantität der Urteile: allgemeine, besondere, einzelne; 2. nach der Qualität der Urteile: bejahende, verneinende, unendliche; 3. nach der Relation der Urteile: kategorische, hypothetische, disjunktive; 4. nach der Modalität der Urteile: problematische, assertorische, apodiktische. Dazu vgl. *KrV* B 95. Weiters lauten die zwölf Kategorien: 1. nach der Quantität: Einheit, Vielheit, Allheit; 2. nach der Qualität: Realität, Negation, Limitation; 3. nach der Relation: Subsistenz und Inhärenz (substantia et accidens), Kausalität und Dependenz (Ursache und Wirkung), Gemeinschaft (Wechselwirkung zwischen dem Handelnden und Leidenden); 4. nach der Modalität: Möglichkeit – Unmöglichkeit, Dasein – Nichtsein, Notwendigkeit – Zufälligkeit. Dazu vgl. *KrV* B 106.

[62] Vgl. *IK* 115.
[63] *KrV* B 104.
[64] Vgl. *IK* 115.
[65] Vgl. *KrV* B 105.

Vorstellungskraft»[66], die grundsätzlich nur dem Verstand zukommt: wobei «unter allen Vorstellungen die Verbindung die einzige ist, die nicht durch Objekte gegeben, sondern nur vom Subjekte selbst verrichtet werden kann, weil sie ein Actus seiner Selbsttätigkeit ist.»[67] Daraus ist deutlich geworden, daß die reinen Verstandesbegriffe nicht Begriffe sind, die, wie eingeborene Ideen, in unserem Verstand fertig vorgegeben sind, sondern Begriffe, die gerade aus dem Aktus der Selbsttätigkeit des Verstandes entstehen.

Aus der unlösbaren Zusammengehörigkeit von Anschauung und Denken stellt sich aber wieder die anthropologisch bedeutsame Frage, wie und auf welchem Grund die Synthesis von Anschauung und Denken möglich ist. Hier handelt es sich um die Frage nach der Möglichkeitsbedingung des Synthesisvermögens des Verstandes, genauer: die Frage nach dem Grund der Selbsttätigkeit des Verstandes. Nach Kant ist die Synthesis (Verbindung) «Vorstellung der synthetischen Einheit»[68]: «Die Vorstellung dieser Einheit kann also nicht aus der Verbindung entstehen, sie macht vielmehr dadurch, daß sie zur Vorstellung des Mannigfaltigen hinzukommt, den Begriff der Verbindung allererst möglich. Diese Einheit, die a priori vor allen Begriffen der Verbindung vorhergeht, ist nicht etwa jene Kategorie der Einheit.»[69] Kant sucht die letzte und höchste Einheit in der «transzendentalen Apperzeption» als Selbstbewußtsein. Damit wird für uns schließlich die Frage nach dem transzendentalen Subjekt zum Thema.

2.4 *Das transzendentale Subjekt*

Kant schreibt in seiner Preisschrift über die Fortschritte der Metaphysik, die für die von der königlichen Akademie der Wissenschaften zu Berlin für das Jahr 1791 ausgesetzte Preisfrage geschrieben und nach seinem Tod von F.T. Rink im Jahre 1804 herausgegeben wurde:

Ich bin mir meiner selbst bewußt, ist ein Gedanke, der schon ein zweifaches Ich enthält, das Ich als Subjekt, und das Ich als Objekt. Wie es möglich sei, daß ich, der ich denke, mir selber ein Gegenstand (der Anschauung) sein, und so mich von mir selbst unterscheiden könne, ist schlechterdings unmöglich zu erklären, obwohl es ein unbezweifeltes Factum ist; es zeigt aber ein über alle Sinnenanschauung so weit erhabenes Vermögen an, daß es, als der Grund der

---

[66] *KrV* B 130.

[67] *KrV* B 130.

[68] *KrV* B 130. Kant unterscheidet «Einheit» von «Verbindung»: «Aber der Begriff der Verbindung führt außer dem Begriffe des Mannigfaltigen, und der Synthesis desselben, noch den der Einheit desselben bei sich.»

[69] *KrV* B 131.

Möglichkeit eines Verstandes, die gänzliche Absonderung von allem Vieh, dem wir das Vermögen, zu sich selbst Ich zu sagen, nicht Ursache haben beizulegen, zur Folge hat, und in eine Unendlichkeit von selbstgemachten Vorstellungen und Begriffen hinaussieht.[70]

Darin ist vor allem Kants anthropologische Sicht über die Wesensbestimmung des Menschen klarer angedeutet. Hier zeichnet sich die Eigenart des Menschen vor allem als «das Ich als Selbstbewußtsein», das in eine Unendlichkeit hinaussieht, ab. Auf welchem Grund kann (oder muß) der Mensch über seine Grenze der Erkenntnis durch Anschauung und Verstand hinaus zur Unendlichkeit übergehen? Was ist damit grundsätzlich für die Selbstbestimmung des Menschen ausgemacht? Was bedeutet das hier ausgesagte «zweifache Ich»? Um darauf Antwort zu finden, müssen wir zunächst unsere Aufmerksamkeit auf die transzendentale Apperzeption Kants richten.

Die transzendentale Apperzeption, in der die ursprünglich-synthetische Einheit, welche aller Synthesis zugrunde liegt, erreicht wird, ist für Kant nichts anderes als das *reine Ich*, nämlich «das: Ich denke», das «alle meine Vorstellungen begleiten können» muß und «in allem Bewußtsein ein und dasselbe» ist[71]. D.h. sie ist als letzter Grund der «Identität des Selbstbewußtseins»[72] das *transzendentale Ich*, das aller Erfahrung als «transzendentale Einheit des Selbstbewußtseins»[73] vorausliegt. Dieses reine, transzendentale Ich unterscheidet sich wesentlich vom *empirischen Ich* als «empirischem Bewußtsein»[74], das in der zeitlichen Abfolge der Erfahrungen immer veränderlich bleibt. Das empirische Ich, von Kant «empirische Apperzeption»[75] genannt, ist ein Gegenstand, der der inneren Anschauung unter der Form der Zeit gegeben ist; es ist nur Erscheinung. Wir schauen uns selbst nur so an, «wie wir innerlich von uns selbst affiziert werden»; d.h. wir erkennen «unser eigenes Subjekt nur als Erscheinung, nicht aber nach dem, was es an sich selbst ist»[76]. Daraus ergibt sich bei Kant das zweifache Ich, nämlich das Ich als Subjekt und das Ich als Objekt. Wenn wir uns selbst als Gegenstand erfassen, meint «das Ich als Objekt» das innerlich angeschaute Ich, das empirische Ich nur als Erscheinung, nicht die transzen-

---

[70] KANT, *Akademie-Ausgabe*, XX, 270.
[71] Vgl. *KrV* B 131f.
[72] *KrV* B 133.
[73] *KrV* B 132.
[74] *KrV* B 133.
[75] *KrV* B 132.
[76] *KrV* B 156.

dentale Apperzeption, «das Ich als Subjekt». Denn ohne die sinnliche Anschauung kann nach Kant überhaupt keine Erkenntnis entstehen. Aber die transzendentale Apperzeption kann als Akt der Selbsttätigkeit des Subjekts, durch den die Zeit gebildet wird, nicht in der Zeit-Form der Sinnlichkeit gegeben werden. Sie ist nur «rein formale Bedingung der Erkenntnis»[77], die die letzte Einheit des Bewußtseins in der Vielfalt der Erfahrungen möglich macht. Wenn wir dieses reine Ich gar nicht *erkennen* können, wie können wir es erfassen? Hier unterscheidet Kant das Selbstbewußtsein von der Erkenntnis seiner selbst: «Das Bewußtsein seiner selbst ist also noch lange nicht eine Erkenntnis seiner selbst.»[78] Ich bin mir meiner selbst bewußt, «nicht wie ich an mir selbst bin, sondern nur daß ich bin. Diese Vorstellung ist ein Denken, nicht ein Anschauen.»[79] Genauer: «Das Bewußtsein meiner selbst in der Vorstellung Ich ist gar keine Anschauung, sondern eine bloß intellektuelle Vorstellung der Selbsttätigkeit eines denkenden Subjekts.»[80] Die reine Spontaneität und Selbsttätigkeit sind das Wesentliche der transzendentalen Apperzeption als Bewußtsein meiner selbst. Durch diese Tätigkeit geht der Mensch über den bedingten Bereich der Sinnlichkeit und des Verstandes hinaus zum unbedingten Bereich der Vernunft über.

So tritt bei Kant der Mensch durch die transzendentale Apperzeption als *denkendes Subjekt* hervor, in dem sich eigentlich das Erkennen vollzieht und die Einheit von Anschauung und Denken erreicht wird. Das transzendentale Subjekt ist für Kant das «Vehikel»[81] seiner Transzendentalphilosophie. Darin vor allem zeigt sich in anthropologischer Hinsicht die Möglichkeit, daß die Einheit des Menschen als leiblich-geistiges Wesen begriffen wird. Denn das transzendentale Ich-Subjekt ist für Kant weder Sinnliches noch geistige Substanz wie die *res cogitans* Descartes', sondern ein Horizont der Erscheinung, der die Dinge bedingt und konstituiert. Daher ist der Mensch nicht nur das Subjekt der Erkenntnis, sondern auch der letzte Grund der Seinsbestimmung jeden Gegenstandes. In diesem Sinne enthält Kants Transzendentalphilosophie als solche immer schon eine anthropologische Analyse als Selbstauslegung des Menschen. Aber in ihr bleibt doch noch die grundsätzliche Selbstauslegung des Menschen sehr fraglich. Denn nach Kant kann der Mensch sich selbst nur als Erscheinung erkennen,

---

[77] Vgl. *IK* 119.
[78] *KrV* B 158.
[79] *KrV* B 157.
[80] *KrV* B 278.
[81] Vgl. *KrV* B 399.

nicht als *An sich*, insofern in der Transzendentalphilosophie Erkennen und Denken entscheidend und strikt getrennt sind. Bei Kant geht also die Selbstauslegung des Menschen über sich selbst als Phänomen (Erscheinung) noch nicht hinaus; sie geht nicht über in den ontologischen Bereich.

2.5 *Die transzendentale Freiheit und der Mensch als sittliches Subjekt*

Was ist nun für Kant das Wesentliche der Selbsttätigkeit des Menschen als transzendentalen Subjekts? Das ist wesentlich *Freiheit*, obwohl sie in seiner Kritik der reinen Vernunft nur als Möglichkeit aufgezeigt wird. Denn ohne ihre Voraussetzung ist die praktische Vernunft unmöglich. Sie ist nach der Kritik der reinen Vernunft als bloß intelligibles Vermögen der Vernunft, die «der Zeitform, und mithin auch den Bedingungen der Zeitfolge, nicht unterworfen» ist[82], der Grund des Fortschrittes vom Bedingten der Gegenstände möglicher Erfahrung zum Unbedingten. Kant definiert in der transzendentalen Dialektik der Kritik der reinen Vernunft diese Freiheit als «eine absolute Spontaneität der Ursachen, eine Reihe von Erscheinungen, die nach Naturgesetzen läuft, von selbst anzufangen»[83]. Danach handelt es sich in der Freiheit nicht um den absolut ersten Anfang der Zeit, sondern nur der «Kausalität»[84]. Die Freiheit ist «Übersinnliches»[85], das auf die Erscheinung nicht angewiesen ist und daher über die Notwendigkeit der Naturgesetze hinausgeht. Von daher wird der Fortschritt vom Sinnlichen zum Übersinnlichen, nämlich vom Bereich der Erscheinungen zum Bereich der reinen Ideen, möglich. Kant nennt diese Freiheit «transzendentale Freiheit»[86]. So besteht Kants Auflösung der Freiheitsantinomie grundsätzlich in den zwei getrennten Standpunkten der sensiblen Welt (als Erscheinung) und der intelligiblen Welt (als Ding an sich). Unter dieser Rücksicht können Naturnotwendigkeit und Freiheit zusammen bestehen[87]. Was ist nun die anthropologische Bedeutung der transzendentalen Freiheit als grundlegendes Wesen des Menschen? Der Mensch wird grundsätzlich aufgrund dieser

---

[82] Vgl. *KrV* B 579. Kant fährt fort: «Die Kausalität der Vernunft im intelligiblen Charakter entsteht nicht, oder hebt nicht etwa zu einer gewissen Zeit an, um eine Wirkung hervorzubringen. Denn sonst würde sie selbst dem Naturgesetz der Erscheinungen, so fern es Kausalreihen der Zeit nach bestimmt, unterworfen sein, und die Kausalität wäre alsdenn Natur, und nicht Freiheit.» (*Ibid.* 579f.)
[83] *KrV* B 474.
[84] *KrV* B 478.
[85] Vgl. KANT, *Akademie-Ausgabe*, XX, 292.
[86] *KrV* B 474.
[87] Vgl. F. KAULBACH, *Immanuel Kant*, 176.

transzendentalen Freiheit ein spontan handelndes sittliches Subjekt, das, unabhängig von der Naturnotwendigkeit der Erscheinung, über alle Erscheinungen, nämlich die raum-zeitlichen Bedingungen hinaus zur intelligiblen sittlichen Welt übergeht. Damit geht die reine Vernunft über sich hinaus zur praktischen Vernunft über[88].

Kant wendet in der Kritik der praktischen Vernunft der sittlichen Frage «Was ich soll tun?» sein Interesse zu. Dabei verbindet er vor allem aufgrund der transzendentalen Freiheit im System der «Metaphysik der Sitten» Sittliches mit metaphysischen Themen, nämlich den reinen Ideen von Gott und Immortalität der Seele. Worin besteht nun für Kant diese Verbindung? Wir betrachten zunächst die Beziehung zwischen Freiheit und Sittengesetz, dann thematisieren wir das metaphysische Problem im Horizont der praktischen Vernunft. Kant betont in seiner Kritik der praktischen Vernunft, daß «die Freiheit allerdings die ratio essendi des moralischen Gesetzes, das moralische Gesetz aber die ratio cognoscendi der Freiheit sei. [...] Wäre aber keine Freiheit, so würde das moralische Gesetz in uns gar nicht anzutreffen sein.»[89] Danach ist die Freiheit der Grund der Moralität des Menschen. Aber wie bezieht sich die transzendentale Freiheit der reinen spekulativen Vernunft auf die Moralität der praktischen Vernunft? Kant bringt in der Kritik der reinen Vernunft zwei Begriffe der Freiheit zur Sprache, nämlich die Freiheit als eine reine transzendentale Idee (oder transzendentale Freiheit) und die Freiheit im praktischen Verstande (oder praktische Freiheit). Die transzendentale Freiheit ist, wie oben schon erwähnt, «das Vermögen, einen Zustand von selbst anzufangen, deren Kausalität also nicht nach dem Naturgesetze wiederum unter einer anderen Ursache steht, welche sie der Zeit nach bestimmte»[90]. Sie ist das grundlegende Wesen des Menschen, wodurch allein er über die Naturnotwendigkeit aller Erscheinung hinaus ein freies Wesen sein kann. Aber diese Freiheit ist hier nur im «kosmologischen»[91] Sinne als Grund aller Erscheinung betrachtet. Wenn wir aber diese Freiheit hinsichtlich der praktischen Handlung des menschlichen Subjekts ansehen, so zeigt sie sich als «die

---

[88] Kant betont in seiner «Kritik der praktischen Vernunft» den Primat der praktischen Vernunft vor der reinen spekulativen Vernunft: «Der spekulativen Vernunft aber untergeordnet zu sein, und also die Ordnung umzukehren, kann man der reinen praktischen gar nicht zumuten, weil alles Interesse zuletzt praktisch ist, und selbst das der spekulativen Vernunft nur bedingt und im praktischen Gebrauche allein vollständig ist.» *KpV* A 219.

[89] *KpV* A 4, Anm.

[90] *KrV* B 561.

[91] *KrV* B 561.

Unabhängigkeit der Willkür von der Nötigung durch Antriebe der Sinnlichkeit»⁹². Der menschliche Wille unterscheidet sich deutlich vom tierischen Trieb: «Die menschliche Willkür ist zwar ein arbitrium sensitivum, aber nicht brutum, sondern liberum, weil dem Menschen ein Vermögen beiwohnt, sich, unabhängig von der Nötigung durch sinnliche Antriebe, von selbst zu bestimmen.»⁹³ Diese Autonomie des menschlichen Willens gegenüber der Begrenzung des Sinnlichen heißt die Freiheit im praktischen Sinne, nämlich die praktische Freiheit. Insofern ist die praktische Freiheit nichts anderes als die Selbsttätigkeit der Vernunft. Der Mensch als transzendentales Subjekt ist also wesentlich das autonome (selbständige) Wesen, und auf diesem Grund verwirklicht er durch seine freie Handlung, nämlich die praktische Freiheit, sich als sittliches Subjekt⁹⁴.

2.6 *Die Stellung der Metaphysik in der praktischen Vernunft*

Kehren wir jetzt zur oben gestellten Frage zurück, wie Kant Sittliches mit metaphysischen Themen verbindet! Kants Anliegen in der Kritik der praktischen Vernunft zielt vor allem vom praktisch-sittlichen Handeln her auf eine Neubegründung der Metaphysik. Hier handelt es sich um die zwei metaphysischen reinen Ideen, nämlich Unsterblichkeit der Seele und Gott, die für Kant gar keine Erkenntnis konstituieren können. Diese reinen Ideen fallen im Hinblick auf Kants Transzendentalphilosophie in den Bereich der

---

⁹² *KrV* B 562.

⁹³ *KrV* B 562. In der kantischen Ethik wird das moralische Gesetz (Sittengesetz) bloß als «Prinzip» und «Form» (vgl. *KpV* A 48f.) grundsätzlich durch die reine Vernunft und ihre Autonomie bestimmt. Aber der Mensch ist nicht nur das vernünftige, sondern auch das sinnliche Wesen. Deshalb setzt sich der Mensch oft in Abhängigkeit von «Neigungen» und «sinnlichem Antrieb», die auf Gefühl gegründet sind (*KpV* A 128f.). Wie kann nun das moralische Gesetz der reinen Vernunft auf den sinnlichen konkreten Menschen übertragen werden? Die Vermittlung dafür ist für Kant durch den «reinen Willen» als das «unbedingt-Gute» (vgl. *KpV* A 130f.; *GMS* 81) möglich: «Das Wesentliche aller Bestimmung des Willens durchs sittliche Gesetz ist: daß er [= der reine Wille] als freier Wille, mithin nicht bloß ohne Mitwirkung sinnlicher Antriebe, sondern selbst mit Abweisung aller derselben, und mit Abbruch aller Neigungen, so fern sie jenem Gesetze zuwider sein könnten, bloß durchs Gesetz bestimmt werde» (*KpV* A 128). Daher wird das moralische Gesetz hinsichtlich der Vernunft des Menschen als seine Autonomie gekennzeichnet, aber hinsichtlich des Sinnlichen des Menschen tritt es ihm als «Pflicht» (vgl. *KpV* A 146) entgegen.

⁹⁴ Kant betont die enge Beziehung zwischen der transzendentalen und der praktischen Freiheit: «Es ist überaus merkwürdig, daß auf diese transzendentale Idee der Freiheit sich der praktische Begriff derselben gründe.» (*KrV* B 561)

reinen spekulativen Vernunft, in dem wissenschaftlich, auf der Ebene bloßen Erkennens, nichts streng beweisbar ist. Jedoch müssen sie für das Sittengesetz der praktischen Vernunft verlangt werden. Wie können nun diese reinen Ideen im Bereich der praktischen Vernunft ausdrücklich thematisiert werden? Kant sucht aber nur, diese Ideen theoretischer Sätze im sittlichen Sollen zu begründen[95]. D.h. das metaphysische Problem der reinen Ideen wird in einer Form des «Postulats» der reinen praktischen Vernunft aufgewiesen. Kant sucht also im theoretischen Bereich der reinen praktischen Vernunft die Geltung und Notwendigkeit des Postulats der reinen Ideen, und somit will er die metaphysische Naturanlage der menschlichen Vernunft auslegen, über die er in der Vorrede zur ersten Auflage der Kritik der reinen Vernunft handelt.

2.6.1 Das höchste Gut als Maßstab der Sittlichkeit

Kant legt in seiner formalen Ethik nicht nur dem Bestimmungsgrund des reinen Willens die Sittlichkeit zugrunde, sondern auch dem Gegenstand desselben[96]. Das bedeutet, daß sich der Mensch wesentlich in seinem Vollzug um seine sittliche Vollendung bemühen muß. Der Mensch verlangt aufgrund seiner wesentlichen Sittlichkeit, das höchste Gut als deren Endzweck für sich zu erreichen. D.h. das höchste Gut wird für Kant als Endzweck der reinen praktischen Vernunft aufgewiesen. Kant behandelt in der Dialektik der reinen praktischen Vernunft die Wesensbestimmung des Begriffs vom höchsten Gut. Danach bedeutet das höchste Gut eine einheitliche Synthese der Glückseligkeit (die größte Summe der Lust als alle mögliche Materie des Gegenstandes des Willens aus den menschlichen natürlichen Neigungen) und der Tugend (die Sittlichkeit als formale Willensbestimmung, die auf dem Sittengesetz gründet)[97]. Damit versucht

---

[95] Diese reinen Ideen als Postulate der reinen praktischen Vernunft sind bei Kant die theoretischen, als solche aber nicht erweislichen Sätze. Sie sind mit einem praktischen, selbst theoretisch nicht erweisbaren, aber a priori geltenden Sittengesetz notwendig verbunden, daher von diesem her aufweisbar. Vgl. *KpV* A 220. Dazu: *IK* 136; F. KAULBACH, *Immanuel Kant*, 202.

[96] Vgl. *KpV* A 196.

[97] Vgl. *KpV* A 202f.: «Also bleibt die Frage: wie ist das höchste Gut praktisch möglich, noch immer, unerachtet aller bisherigen Koalitionsversuche, eine unaufgelöste Aufgabe. Das aber, was sie zu einer schwer zu lösenden Aufgabe macht, ist in der Analytik gegeben, nämlich daß Glückseligkeit und Sittlichkeit zwei spezifisch ganz verschiedene Elemente des höchsten Guts sind, und ihre Verbindung also nicht analytisch erkannt werden könne [...], sondern eine Synthesis der Begriffe sei. Weil aber diese Verbindung als a priori, mithin praktisch notwendig, folglich nicht aus der Erfahrung abgeleitet, erkannt wird, und die

er wieder unter dem Begriff des «höchsten Guts» die Auflösung der Spannung zwischen sinnlicher Neigung des Menschen und seiner sittlichen Pflicht, zwischen Glückseligkeit und Tugend, Sinnlichkeit und Vernunft. Die Glückseligkeit, die unter dem höchsten Gut mit der Sittlichkeit verbunden wird, steht nicht mehr im Gegensatz zum Sittengesetz als freie Willensbestimmung. Sie ist das, was «das Bewußtsein der Tugend notwendig begleiten muß»[98], Kant bezeichnet sie als «Selbstzufriedenheit, welches in seiner eigentlichen Bedeutung jederzeit nur ein negatives Wohlgefallen an seiner Existenz andeutet, in welchem man nichts zu bedürfen sich bewußt ist»[99]. Diese Selbstzufriedenheit ist nach Kant grundsätzlich «intellektuelle Zufriedenheit»[100] und «Zufriedenheit mit seiner Person»[101].

Bei Kant führt das zentrale Problem der Ethik wieder auf das Mensch-Subjekt zurück. Daß der Mensch ein sittliches Subjekt ist, bedeutet für Kant, daß er in seinem Subjekt die notwendige Synthesis von Neigung und Pflicht, Glückseligkeit und Sittlichkeit unter dem höchsten Gut erreicht. Die Vollendung und Verwirklichung dieser Synthesis, nämlich des höchsten Gutes, ist der Endzweck des sittlichen Menschen.

2.6.2 Die Postulate als Möglichkeitbedingungen der Verwirklichung des höchsten Gutes: die Unsterblichkeit der Seele und die Existenz Gottes

Es geht aber darum, wie der Mensch als bedingtes Wesen das höchste Gut als Vollendung seiner Sittlichkeit erreichen kann. Ist das höchste Gut für ihn, der zwar ein intellektuelles Wesen, aber zugleich auf die sinnlichen Erscheinungswelt angewiesen ist, nicht eine zu hohe sittliche Voraussetzung und Forderung? Diese Fragen führen Kant zum Problem der Metaphysik der Ethik. Kant selbst spricht von der Undurchsichtigkeit der Verwirklichung des höchsten Gutes als Endzwecks des Menschen.

> Die völlige Angemessenheit des Willens aber zum moralischen Gesetze ist Heiligkeit, eine Vollkommenheit, deren kein vernünftiges Wesen der Sinnen-

---

Möglichkeit des höchsten Guts also auf keinen empirischen Prinzipien beruht, so wird die Deduktion dieses Begriffs transzendental sein müssen. Es ist a priori (moralisch) notwendig, das höchste Gut durch Freiheit des Willens hervorzubringen; es muß also auch die Bedingung der Möglichkeit desselben lediglich auf Erkenntnisgründen a priori beruhen.»

[98] *KpV* A 211f.
[99] *KpV* A 212.
[100] Vgl. *KpV* A 212.
[101] *KpV* A 213.

welt, in keinem Zeitpunkt seines Daseins, fähig ist. Da sie indessen gleichwohl als praktisch notwendig gefordert wird, so kann sie nur in einem ins Unendliche gehenden Progressus zu jener völligen Angemessenheit angetroffen werden, und es ist, nach Prinzipien der reinen praktischen Vernunft, notwendig, eine solche praktische Fortschreitung als das reale Objekt unseres Willens anzunehmen.[102]

Für Kant handelt es sich um die letzte Möglichkeitbedingung der Verwirklichung der Sittlichkeit, damit das höchste Gut, das apriorisch auf der menschlichen transzendentalen Freiheit gründet, nicht «phantastisch und auf leere eingebildete Zwecke gestellt, mithin an sich falsch»[103] ist. Hier behauptet Kant vor allem die Priorität der reinen praktischen Vernunft gegenüber der spekulativen Vernunft[104]. Denn die völlige Angemessenheit des Willens zum moralischen Gesetz, nämlich die Wirklichkeit des höchsten Gutes als Vollkommenheit der Sittlichkeit beruht grundsätzlich auf dem ins Unendliche gehenden Fortschritt der Vernunft. Also ist die Wirklichkeit der Sittlichkeit ohne die Erweiterung ihres Gebrauchs in praktischer Ansicht nicht möglich[105]. Darin besteht Kants «Postulat» der reinen praktischen Vernunft gegenüber den reinen Ideen «Seele» und «Gott»[106]. Er verschafft vor allem durch die Form des Postulats der Idee vom höchsten Gut in praktischer Absicht Realität[107]. Die Existenz Gottes als «Postulat der Wirklichkeit eines höchsten ursprünglichen Guts»[108] garantiert zunächst dem Menschen die Möglichkeit der Verwirklichung des menschlichen sittlichen Endzwecks und legt somit auf seine sittliche Handlung großen Wert. In weiterem wird der unendliche Fortschritt zur Verwirklichung der sittlichen Vollendung des Menschen unter dem Postulat der Unsterblichkeit

---

[102] *KpV* A 220.

[103] *KpV* A 205. Hier dürfen wir nicht die Möglichkeitbedingung der Verwirklichung der Sittlichkeit und den Grund des Sittengesetzes (oder der Sittlichkeit) miteinander vermengen. Der Grund des Sittengesetzes ist für Kant schon apriorisch die transzendentale Freiheit des menschlichen Subjekts. In diesem Sinne ist der Mensch wesentlich das sittliche Subjekt (vgl. *ibid.* 237). Es geht aber darum, worin der Grund der Möglichkeit des höchsten Gutes als Einheit der Sinnlichkeit und Vernunft besteht, insofern der Mensch als sinnlich-vernünftiges Wesen in der Wirklichkeit (Erscheinungswelt) bedingt ist.

[104] Vgl. *KpV* A 219.
[105] Vgl. *KpV* A 218.
[106] Vgl. *KpV* A 220.
[107] Vgl. KANT, *Akademie-Ausgabe*, XX, 305.
[108] Vgl. *KpV* A 226.

der Seele als «Voraussetzung einer ins Unendliche fortdauernden Existenz und Persönlichkeit desselben vernünftigen Wesens»[109] gesichert.

So wird bei Kant eine neue Möglichkeit der Metaphysik im traditionellen Sinne, die sich in der theoretischen Erkenntnis der Kritik der reinen Vernunft als unmöglich erwies, in der Kritik der praktischen Vernunft vom praktischen-sittlichen Handeln her versucht[110]. Darin ist angedeutet, daß die ganze Selbstauslegung des Menschen grundsätzlich kein Problem der Metaphysik umgehen kann. Denn bei Kant ist der Mensch von seinem Wesen als transzendentalem Subjekt her schon ein sittliches Subjekt, das für die mögliche Verwirklichung der Vollendung der Moral notwendig die metaphysischen reinen Ideen postulieren muß. Aber der Fortschritt zur Metaphysik ist nach Kant nur die Erweiterung des Gebrauchs der Vernunft *in der praktischen Absicht*. Das meint, daß die Postulate der reinen praktischen Vernunft theoretische, als solche aber nicht erweisliche Sätze sind[111]. Denn Erkenntnis besteht für Kant nur in der Erscheinungswelt, die auf die Anschauungsformen der Sinnlichkeit angewiesen ist. Daher sind die Postulate trotz deren moralischen Notwendigkeit nur «subjektiv, d.i. Bedürfnis, und nicht objektiv, d.i. selbst Pflicht»[112]. Genauer: die reinen Ideen als Postulate der reinen praktischen Vernunft verschaffen keine Begriffe von Objekten, sondern ordnen sie nur und geben ihnen «diejenige Einheit, welche sie in ihrer größtmöglichen Ausbreitung haben können»[113]. Also fungieren sie nicht als *konstitutives* Prinzip, sondern nur als *regulatives* Prinzip. In diesem Sinne ist bei Kant die Metaphysik im streng traditionellen Sinne unmöglich; somit bleibt auch die Selbstauslegung des Menschen, der grundsätzlich vor dem Seinshorizont her untersucht werden muß, begrenzt und der Erscheinung verhaftet, insofern als in seinem transzendentalen Ansatz alle Erkenntnis nur auf mögliche Erfahrung und bloße Erscheinung beschränkt ist.

Kants *transzendentale Wende* des Denkens, weg vom Gegenstand (Objekt), hin zu den vor aller Erfahrung, a priori, gegebenen Bedingungen im Subjekt hat hinsichtlich der anthropologischen Methode eine positive Bedeutung. Diese Methode hat zur Folge, daß der Mensch für die Selbstauslegung vor allem auf sich selbst zurückgehen muß. Das zeigt, daß die Selbstbestimmung des Menschen über den Bereich einzelner Naturwissen-

---

[109] Vgl. *KpV* A 220.
[110] Vgl. *IK* 136.
[111] Vgl. *KpV* A 220.
[112] *KpV* A 226.
[113] Vgl. *KrV* B 671.

schaften hinaus im Bereich der Geisteswissenschaft umfassender entfaltet werden muß. So zeigt sich der Mensch zunächst als transzendentales Ich-Subjekt, das auf der Freiheit gründet, und damit als sittliches Subjekt, dessen Verwirklichung grundsätzlich in den Ideen der reinen Vernunft: Seele und Gott, begründet ist und somit seiner sittlichen Handlung Wert und Sinn gibt. Jedoch stößt Kants transzendentaler Ansatz an Grenzen einer anthropologischen Untersuchung, die die Einheit und Ganzheit des Menschen begreifen soll. In diesem Ansatz erscheint vor allem die entscheidende Trennung zwischen Subjekt und Objekt, dem Ding an sich und der Erscheinung, und daraus stellt sich das Problem der Wesensbestimmung des transzendentalen Ich-Subjekts (der transzendentalen Apperzeption), das sich grundsätzlich vom empirischen Ich unterscheidet. Das Problem der absoluten Realität des Ich-Subjekts bleibt also bei Kant noch unklar und fraglich, obschon es im Brennpunkt seiner Transzendentalphilosophie steht. Coreth zieht vor allem aus der Begrenzung der Transzendentalphilosophie Kants den Schluß, «daß ohne Rückgang auf das Sein Metaphysik unmöglich ist»[114]. Nach ihm kann Metaphysik allein durch die transzendentale Wende zur endlichen Subjektivität niemals den Zugang zu deren Grundlegung finden. Daher vertritt er in der Einführung seiner «Metaphysik» die Auffassung, daß Kants transzendentaler Ansatz durch den Rückgang auf die letzte und unbedingte Bedingung aller Bedingungen, nämlich das Sein, weitergeführt und vollendet werden kann und muß und daß auch der Selbstvollzug des endlichen Subjekts daraus zu begreifen ist[115].

3. Der Deutsche Idealismus als Untersuchung des menschlichen Geistes

Trotz des Bestrebens von Kant, durch die transzendentale Reflexion auf die reine Vernunft als Bedingung der Möglichkeit gegenständlicher Erkenntnis auf dem Grund der Einheit des transzendentalen Subjekts den starren Gegensatz von Rationalismus und Empirismus zu überwinden, finden wir bei ihm noch Gegensätze, die nicht zur Einheit kommen. Coreth weist auf, daß es vor allem die Probleme der unausweichlichen Zweiheit von Anschauung und Denken, von theoretischer und praktischer Vernunft, sowie von Subjekt und Objekt sind[116]. Diese offenen Probleme, die Kant selbst durch seinen transzendentalen Ansatz nicht mehr zu lösen vermag,

---

[114] Vgl. *MP* 33.
[115] Vgl. *MP* 33.
[116] Vgl. *GrPh(9)* 9ff.

werden zum Ansatzpunkt der zentralen Probleme des Deutschen Idealismus. Dieser versucht, die Selbstbeschränkung der Erkenntnis auf mögliche Erfahrung und bloße Erscheinung bei Kant zu überwinden und damit wieder einen absoluten Horizont derselben, nämlich die unbedingte Bedingung des Absoluten, zurückzugewinnen. Dieses Bestreben setzt sich im Deutschen Idealismus vor allem durch die absolute Setzung des Subjekts selbst durch. Dadurch geht Kants transzendentales Subjekt in ein absolutes Subjekt oder absolutes Ich über. Das endliche Subjekt des Menschen ist nicht mehr etwas, das als rein formale Bedingung nicht in sich selbst erkennbar oder bestimmbar ist, sondern vielmehr ein Erscheinungsort und Entfaltungsmoment des absoluten Geistes[117]. Darin besteht das Wesen des Deutschen Idealismus, alle Wirklichkeit als geistiges Geschehen zu begreifen. Diese philosophische Bewegung des Deutschen Idealismus geht natürlich von Kants transzendentaler Wende aus, geht aber inhaltlich über Kant hinaus. Wir sehen hier eine weitere Entwicklung der transzendentalen Reflexion Kants durch eine neue Setzung des Verhältnisses von Subjekt und Objekt. Von da her gewinnt zunächst Kants bloß formales transzendentales Subjekt wieder auf der metaphysischen Grundlage seine Realität, was bedeutet, daß der Selbstvollzug des menschlichen Subjekts grundsätzlich auf dem letzten Grund, nämlich dem Sein selbst, untersucht werden muß. Wir wollen hier nur in einem beschränkten Bereich, in Bezug auf unser Thema, besonders den transzendental-metaphysischen Ansatz, der für Coreths Denken entscheidend wichtig ist, im Denken des Deutschen Idealismus, also bei Fichte, Schelling und Hegel, betrachten.

3.1 *J.G. Fichte (1762-1814)*

Fichte richtet seine Aufmerksamkeit auf die von Kant behauptete Priorität der praktischen Vernunft. Er betont in der «Aenesidemus-Rezension» (1794): «Die Vernunft ist praktisch.»[118] Damit ist gemeint, daß das eigentliche Wesen der Vernunft nicht in der «Tatsache» des Bewußtseins (oder des Ich) aufgeht, sondern vielmehr in der «Tathandlung» besteht. Denn es ist im letzten Grunde aktiv und produktiv. Die Tathandlung ist aktiv-praktische Selbstsetzung als Urhandlung des Ich. Für Fichte wird das Ich zu real-aktuellem Geschehen der Setzung im Selbstvollzug. Damit geht Fichte über Kant hinaus zum «Ich an sich» als Setzungsursprung des Ich und des Nicht-Ich über. Es vollzieht sich selbst nur dadurch, daß es in sich selbst ein Nicht-Ich,

---

[117] Vgl. *WM* 30.
[118] *FSW*, I, 22.

nämlich den Gegenstand oder das Objekt, sich entgegensetzt. Daher ist für Fichte «Objekt» nichts anderes als das, was als bloßes Nicht-Ich durch das Ich im Ich gesetzt wird. Das Ding an sich bei Kant, das für uns nicht erkennbar ist, wird hier aufgehoben[119], und somit wird unser Phänomenon (oder die Erscheinung bei Kant) erkenntnistheoretisch nicht mehr als relativ abgewertet, sondern vielmehr als absolut gültig aufgewertet. So wird das transzendentale Subjekt im kantischen Sinne bei Fichte zum aktiv-produktiven absoluten Subjekt. Dadurch übersteigt Fichte die Zweiheit von Subjekt und Objekt und erreicht damit das Absolute.

Es geht hier um das sichere Wissen um das Ich an sich und den Inhalt als ursprüngliches Geschehen desselben. Durch die kantische Erkenntnistheorie, daß Erkenntnis grundsätzlich auf sinnliche Anschauung beschränkt ist, kann man die Erkenntnis des «Ich an sich» in Fichtes Sinn nie erreichen. Denn die Selbsttätigkeit des Ich ist ein über Sinnliches hinausgehendes Geschehen. Fichte nimmt hier als Wesenselement der Erkenntnis entschieden den Anspruch auf «intellektuelle Anschauung» des sich selbst setzenden Ich auf[120]. Ohne sie ist kein Ichbewußtsein möglich. In ihm nehmen wir das Ich im Selbstvollzug als absolute Realität wahr. Coreth versteht diese Anschauung Fichtes als «die wesentliche Reflexität des geistigen Aktes», die uns als «reditio in se ipsum» bei Thomas von Aquin und als «Beisichsein» und «Fürsichsein» des Geistes bei Hegel begegnet. Nach Coreth ist der Rückbezug auf sich selbst dem geistigen Akt als solchem wesentlich, und darin konstituiert sich Bewußtsein[121].

Fichte leitet in der «Grundlage der gesamten Wissenschaftlehre» (1794/95) durch den dialektischen Dreischritt «Thesis», «Antithesis» und «Synthesis» alle Grundbestimmungen des Bewußtseins ab. Davon stellt er drei Grundsätze auf, die allem Wissen zugrunde liegen[122]. Der erste, schlechthin unbedingte Grundsatz ist die Selbstsetzung des Ich: Das Ich setzt ursprünglich schlechthin sich selbst[123]. Diese Selbstsetzung des Ich liegt als Uranfang allen Bewußtseins dem gegenständlichen Bewußtsein

---

[119] Vgl. *FSW*, I, 17.

[120] Vgl. *FSW*, I, 16.22.

[121] Vgl. *GrPh(9)* 18.

[122] Fichtes Wissenschaftlehre ist transzendental-philosophische Grundwissenschaft als Wissenschaft vom Wissen überhaupt, nämlich Wissen des Wissens, insofern sie die Grundlage der gesamten Wissenschaft sucht. Vgl. FICHTE, *Über den Begriff* (1794); *GrPh(9)* 18f. Coreth führt diese Grund- und Gesamtwissenschaft zu Metaphysik weiter. Vgl. *GM* 28f.

[123] Vgl. *FSW*, I, 91ff.

jeder Setzung eines gegenständlichen Inhalts des Bewußtseins voraus. Wir nehmen in unserem Bewußtsein immer uns selbst, das Ich als Ich wahr. Daraus ergibt sich ein ontologisch wichtiges Prinzip: das Prinzip der Identität: «Ich bin Ich.» Der zweite, seinem Gehalt nach bedingte Grundsatz steht in Antithese zum ersten unbedingten Grundsatz: Das Ich setzt sich schlechthin ein Nicht-Ich[124] entgegen. Ohne ein Nicht-Ich läßt sich das Ich nicht denken. In diesem bedingten Grundsatz — in dem Sinne, daß er den ersten unbedingten Grundsatz der Selbstsetzung des Ich voraussetzt — besteht das Wissen um das Andere, nämlich einen im Bewußtsein des Ich gesetzten und dem Ich entgegengesetzten Inhalt. Daraus ergibt sich das ontologisch wichtige Prinzip des Widerspruchs: «Ich ist nicht Nicht-Ich.» Diesen widersprüchlichen Gegensatz des Ich und des Nicht-Ich hebt Fichte wieder durch die Synthesis, die Ich und Nicht-Ich im absoluten Ich zur Einheit bringt, auf. Der dritte, seiner Form nach bedingte Grundsatz besteht in dieser Synthesis, den Gegensatz der Setzung des Ich und der Entgegensetzung des Nicht-Ich zu lösen: Ich setze im Ich dem teilbaren Ich ein teilbares Nicht-Ich entgegen[125]. Damit ist gemeint, daß das Ich und das Nicht-Ich gegenseitig bestimmt und beschränkt werden. Das eine hat also am anderen seine Grenze. Dies bildet bei Fichte den Grundsatz der theoretischen und der praktischen Wissenschaftslehre: Wissen (Erkennen) ist die Bestimmung des Ich (Subjekt) durch das Nicht-Ich (Objekt), umgekehrt: Wollen und Handeln ist die Bestimmung des Nicht-Ich (Objekt) durch das Ich (Subjekt)[126].

So zeigen sich bei Fichte die zwei wichtigen Prinzipien, die das idealistische Denken entscheidend prägen, Coreth bezeichnet sie als «Immanenzprinzip» und «Vermittlungsprinzip» des Bewußtseins. Das Prinzip der Bewußtseinsimmanenz besagt: Was ich erkenne oder weiß, ist schon als Inhalt meines Bewußtseins gesetzt und durch mein Bewußtsein bedingt. Das bedeutet, daß ich mich schon selbst voraussetze. Ich kann nicht über das Ich hinausgehen, sondern setze es immer voraus. Das Ich selbst ist für Fichte als das Absolute ein letzter und unbedingter, nicht mehr übersteigbarer Reflexionspunkt des Bewußtseins. Insofern alle Inhalte des Bewußtseins (Gegenstände) sich grundsätzlich auf dieses absolute Ich (Subjekt) beziehen, kommt ihnen absolute Geltung zu. Damit ist die kantische Trennung von bloßer Erscheinung und Ding an sich nicht mehr denkbar[127].

---

[124] *FSW*, I, 101ff.
[125] *FSW*, I, 105ff.
[126] Vgl. *GrPh(9)* 20f.
[127] Vgl. *GrPh(9)* 21.

Das Vermittlungsprinzip des Bewußtseins besagt: Ich weiß um mich nur im Wissen um Anderes, also vermittelt durch Anderes. Wissen um Anderes (Gegenstandsbewußtsein) setzt Wissen um mich selbst (Selbstbewußtsein) voraus, aber Wissen um mich vollzieht sich nur im Wissen um Anderes. Bei Fichte muß sich die ursprüngliche Einheit des absoluten Ich so in der Entgegensetzung von Ich und Nicht-Ich vermitteln[128].

Durch Fichte wird Kants transzendentaler Subjektivismus, in dem Erkenntnis auf den Bereich der Erscheinung beschränkt bleibt, überwunden, doch stellt sich bei seinem absoluten Subjektivismus, für den alles Sein nur Setzung und Tathandlung des Ich ist, die ontologische Frage nach der Setzung des Ich. Wie kann etwas, das noch nicht *ist*, sich selbst verursachen? Nach Coreth ist die Selbstsetzung des Ich bei Fichte keine «ontologische Produktion», daß nämlich das Ich sich selbst ins Sein setzt, sondern nur die «Konstitution des Bewußtseins», daß ich in *meinem Bewußtsein* dem Ich ein Nicht-Ich entgegensetze. Denn nach Fichtes Immanenzprinzip des Bewußtseins kann ich gar nicht eine real-ontologische Setzung voraussetzen, bevor ich zum Bewußtsein gekommen bin. Was ist damit gemeint? Das Ich selbst meint bei Fichte keine ontologische Realität, die dem Bewußtsein vorausliegt, sondern nur den aktuellen Vollzug des Bewußtseins durch die Setzung des Ich und die Entgegensetzung des Anderen. Bei ihm gewinnt das Ich noch keine ontologische Geltung als geistige Substanz, sondern es wird nur die Dynamisierung (Aktualisierung) des Bewußtseins betont[129]. Damit gibt es für Gott, nämlich das absolute Sein selbst, keinen Platz mehr, insofern bei Fichte das absolute Ich, das sich und anderes setzt, der letzte Reflexionspunkt des Bewußtseins ist, über den nie hinausgegangen werden kann[130]. Fichtes Versuch, durch die ursprüngliche Einheit im absoluten Ich die Zweiheit von Subjekt und Objekt zu übersteigen, wurde aber bald durch Schelling in Frage gestellt.

---

[128] Vgl. *GrPh(9)* 22.

[129] Vgl. *GrPh(9)* 23f.

[130] Diese Sicht verändert sich erst beim späten Fichte. Hier wird Gott als das absolute Sein zentrales Thema. Nach ihm ist das Wissen nicht selbst das Absolute, aber das Wissen als solches absolut (vgl. *FSW*, II, 22). Denn Wissen setzt absolutes Sein voraus. Also geht das absolute Sein dem Wissen voraus, damit nähert sich Fichte wieder der Idee einer Metaphysik im klassischen Sinn. Fichte selbst nennt in der «Anweisung zum seligen Leben» (1806) seine Philosophie «in der Schulsprache die tiefste Metaphysik und Ontologie» (*FSW*, V, 416). Diese Einsicht ist im besonderen für den Ansatz Maréchals von Bedeutung. Dazu vgl. FICHTE, *Die Bestimmung des Menschen* (1800); ID., *Anweisung zum seligen Leben* (1806); E. CORETH, «Vom Ich zum absoluten Sein» (1957) 257-303.

3.2 F.W.J. Schelling (1775-1854)

Wie wir gesehen haben, versucht Fichte durch den transzendentalen Ansatz im absoluten Ich die Zwiespältigkeit von Subjekt und Objekt, von theoretischer und praktischer Vernunft, von Erscheinung und Ding an sich in Kants transzendentalen Ansatz zu übersteigen. Bei ihm führt aber alles zurück auf das absolute Ich, nämlich nur das reine Geschehen des Geistes, und damit wird das Objekt ursprünglich im Subjekt aufgehoben. Schelling, der schon früh über Fichte hinausging, wendet dagegen ein, daß bei Fichte die Subjekt-Objekt-Zweiheit eigentlich nicht überstiegen, sondern auf das eine Glied der Beziehung, nämlich das Subjekt, zurückgeführt wird, insofern das andere Glied der Beziehung, nämlich das Objekt, nur als Nicht-Ich zu Nicht-Sein herabgesetzt wird. Schelling sieht ein, daß das absolute Ich bei Fichte wirklich «Objekt-Subjekt» in einem ist, das deren Zweiheit noch vorausliegt. Schelling nimmt vielmehr das Objekt als gleichwertigen Gegenpol des Subjekts auf, und versucht im weiteren die radikalere Aufhebung der Zweiheit von Subjekt und Objekt zur «absoluten Identität». Schellings Anliegen ist es also, den subjektiven Idealismus in einem objektiven Idealismus aufzuheben. Darin zeigt sich ein sogenannter «Zug ins Objektive», den Schelling selbst als «Ideal-Realismus» bezeichnet[131].

Schelling geht zunächst in seiner Naturphilosophie den Weg vom Objekt zum Subjekt. Für ihn ist die Natur nicht mehr nur ein Produkt des Ich bei Fichte, sie wird als etwas Eigenes und Selbständiges wirklich in reichen Inhalten vorgefunden. Er wendet sich also der Objektivität der Natur zu. Aber er versteht unter der Natur nicht eine unabhängig vom Ich bestehende Wirklichkeit (ein Ding an sich im kantischen Sinne), sondern idealistisch eine vom Geist durchwirkte Realität. Also ist sie «das Prinzip der Objektivität in unserem Vorstellen und Denken»[132]. Der Natur liegt immer schon Geist zugrunde, und daher kann sie auch den Menschengeist hervorbringen[133]. Darin zeigt sich schon Schellings Identitätsgedanke: Einheit von Natur und Geist, Wesensgleichheit des Geistes in uns und der Natur außer uns[134]. Schelling behauptet im «System des transzendentalen Idealismus» (1800), daß die Natur durch die höchste und letzte Reflexion auf sich, welche nichts anderes als der Mensch als Vernunft ist, vollständig in sich selbst zurückkehrt. Die Natur sei also ursprünglich identisch mit dem, was

---

[131] Vgl. *SSW*, III, 386f.
[132] Vgl. *GrPh(9)* 36.
[133] Vgl. J. HIRSCHBERGER, *Geschichte der Philosophie*, II, 380.
[134] Vgl. N. HARTMANN, *Die Philosophie des deutschen Idealismus*, I, 132.

in uns als Intelligenz und Bewußtes erkannt wird[135]. Daher wendet er sich wieder dem Thema der Transzendendentalphilosophie zu, um von der Subjektivität her die Objektivität, vom Geist her die Natur als Realität abzuleiten. Er zeigt im ersten Teil der Transzendentalphilosophie, nämlich der theoretischen Philosophie, wie aus der Intelligenz die Natur sich entwickelt, im zweiten Teil, der praktischen Philosophie, wie aus der Intelligenz auch mit Bewußtsein gesetzte freie Handlungen hervorgehen, und versucht im letzten Teil durch seine Philosophie der Kunst eine Synthese der theoretischen und der praktischen Philosophie[136].

Schelling versucht in seiner Identitätsphilosophie eine ursprünglichere Synthese der Naturphilosophie als Ansatz im Objekt und der Transzendentalphilosophie als Ansatz im Subjekt. Für ihn geht es um das absolute Prinzip als erste und höchste Einheit von Natur und Geist, Objekt und Subjekt, Realität und Idealität. D.h. es geht um die «absolute Identität». Sie wird in intellektueller Anschauung unserer Vernunft gewiß. Die Vernunft ist gerade der wahre Standpunkt, alles als Einheit zu begreifen: «Die Vernunft ist Eins mit der absoluten Identität.»[137] Ihr höchstes Gesetz ist der Satz der Identität. Diese Identität (der absoluten Vernunft) ist, insofern sie aller Differenz vorausliegt, nichts anderes als die «absolute Indifferenz» von Subjektivem und Objektivem, Idealem und Realem; darum ist sie weder Subjekt noch Objekt; d.i. reine «Identität der Identität»[138], in der alles Eins ist. Es gibt nur «Eines und Alles» (ἓν καὶ πᾶν), das göttliche All-Eine. Damit geht Schelling über Fichte hinaus. Wie schon gesehen, besteht bei Fichte die grundsätzliche Differenz der Dinge (Objekt) und des Denkens (Subjekt) in der Konstitution der Setzung des Ich und der Entgegensetzung des Nicht-Ich. Bei ihm ist das Objekt gerade das Andere gegenüber dem Subjekt. Bei Schelling dagegen kommt es durch *Selbstreflexion* der absoluten Identität zur Differenz. Die absolute Identität setzt, sich erkennend und wissend, *sich selbst* als Subjekt und als Objekt des Wissens. Sie setzt also in der Identität die Differenz von Wissendem und Gewußtem[139]. Darum ist der Gegensatz von Subjekt und Objekt für Schelling in diesem Sinn nur eine «quantitative» Differenz, daß sie nicht *an sich* in Gegensatz treten. Aus

---

[135] Vgl. *SSW*, III, 341.
[136] Vgl. J. HIRSCHBERGER, *Geschichte der Philosophie*, II, 383f.; N. HARTMANN, *Die Philosophie des deutschen Idealismus*, I, 140-152.
[137] *SSW*, IV, 118.
[138] *SSW*, IV, 121.
[139] Vgl. *GrPh(9)* 38.

dieser *Ur-Differenz* werden alle weiteren Differenzen — alle Einzelheit, Endlichkeit, Dinglichkeit usw. — rein deduktiv abgeleitet.

Aber hier stellt sich noch die Frage, wie aus dieser Einheit des Absoluten anderes hervorgehen kann, wie aus reiner absoluter Identität Differenz entspringen kann. Hier setzt schon die scharfe Kritik Fichtes und Hegels ein. Schellings Identitätsgedanke ist nach Fichte ein «Nullitätssystem»[140], nach Hegel die «Naivität der Leere an Erkenntnis», «sein Absolutes für die Nacht auszugeben, worin, wie man zu sagen pflegt, alle Kühe schwarz sind»[141]. Das Problem von Identität und Differenz wird zum Ausgangspunkt der weiteren Problematik bei Schelling selbst, und in dieser Bemühung nähert er sich mehr dem Christentum[142], das seine Spätphilosophie stark prägt. Schelling sagt in einer Vorlesung vom Wintersemester 1827/28 an der Universität München: «Das Christentum in seiner Reinheit ist das Urbild, nach dem die Philosophie sich richten muß. [...] Der eigentlich entscheidende Name für meine Philosophie ist christliche Philosophie und dieses Entscheidende habe ich mit Ernst ergriffen. Das Christentum ist also die Grundlage der Philosophie.»[143] Er macht in seiner Christlichen Philosophie als Verbindung von Idealismus und Christentum eine Wende zum Mystischen, in der an die Stelle der intellektuellen Anschauung die «Ekstase» tritt[144]. Damit nähert er sich vor allem einem metaphysisch-realistischen Denken. Dabei wird der grundlegende Unterschied zwischen *negativer* (logischer) und *positiver* (geschichtlicher) Philosophie zum Grundzug dieses Denkens[145]. Was ist damit gemeint? Für Schelling erscheint

---

[140] Vgl. *FSW*, II, 66. Hier sagt Fichte dazu: «Wären Subjektives und Objektives ursprünglich indifferent, wie in aller Welt sollten sie je different werden?»

[141] Vgl. *PhG* 22.

[142] Das tritt schon in seiner Religionsschrift «Philosophie und Religion» (1804) und in der Freiheitsschrift «Philosophische Untersuchungen über das Wesen der menschlichen Freiheit und die damit zusammenhängenden Gegenstände» (1809) auf. In der Religionsschrift stellt sich Schelling im besonderen die Frage nach der «Abkunft der endlichen Dinge aus dem Absoluten» (*SSW*, VI, 28ff.) und erklärt sie durch einen «Abfall von dem Absoluten» (*SSW*, VI, 38), der Freiheit voraussetzt. Diese Freiheit gründet nach Schelling darin, daß Gott, sich selbst wissend, selbständig und frei eine «Selbstrepräsentation», eine «Selbstobjektivirung des Absoluten» (*SSW*, VI, 34) hervorbringt. Darin liegt der «Grund der Möglichkeit des Abfalls» (*SSW*, VI, 40).

[143] H. FUHRMANS, «Dokumente zur Schellingforschung», 280.

[144] Vgl. *GrPh(9)* 36.

[145] In den Münchener Vorlesungen sind negative und positive Philosophie gleichbedeutend mit logischer und geschichtlicher Philosophie. Logische Philosophie bedeutet die Aufhebung alles realen Geschehens in einen idealen, logisch notwendigen Zusammenhang, nämlich in ein «System der Notwendigkeit»; geschichtlicher Philosophie

die logische Philosophie bloßer Vernunft, deren Höhepunkt das Identitätssystem war, in einem negativen Licht; sie allein bedeutet erst eine *negative Philosophie*, in der die alleinige Wahrheit über die letzten Fragen des menschlichen Daseins nie gefunden werden kann. Sie ist also eine «reine Vernunftwissenschaft a priori», in der die Vernunft nichts anderes voraussetzt als sich selbst, sich auf sich selbst richtet und sich selbst begreifen und begründen will, aber nicht über sich hinausgehen kann[146]. Dabei wird das metaphysische Wesen der Vernunft nach Coreth bei Schelling wie die Scholastik als «facultas entis» erfaßt, nämlich als «unendliche Potentialität des Geistes, die nur in der unendlichen Aktualität der Fülle des Seins ihre Erfüllung finden kann, und deshalb aus ihrer wesenseigenen Dynamik alles Seiende in seinem Sein zu erfassen strebt»[147]. Die unendliche Potenz des Seins ist der ursprüngliche Inhalt der Vernunft. Die Vernunft geht dabei durch ihre aktive Potenz schon über sich selbst hinaus zum Seienden; aber es ist nichts anderes als der «Begriff des Seins»[148]. In der rein apriorischen Vernunftwissenschaft erreicht die Vernunft nach Schelling nur die Washeit oder Möglichkeit des Seins, nicht ihre Wirklichkeit. Sie kann — durch Abhebung und Abgrenzung von dem, was ist, aber nicht das Sein ist — das Sein selbst nicht unmittelbar erreichen, sondern nur *mittelbar*. So hat die Vernunftwissenschaft vom Sein selbst nur einen negativen Begriff, in dem das Sein selbst nicht erfaßbar ist[149]. Damit lehnt Schelling nicht nur seine frühere Lehre von der intellektuellen Anschauung des Absoluten ab, sondern auch die Dialektik Hegels, die das Absolute selbst restlos einholen und begreifen will. Um nun das Absolute in seinem wirklichen Sein zu erreichen und zu erfassen, muß die Vernunft aus sich herausgehen, sich übersteigen und verlassen. Das ist also ein Akt der Unterwerfung unter das Sein und die «Ekstase» der Vernunft[150]. Darin besteht Schellings *positive Philosophie*, die Immanenz der reinen Vernunft in der Transzendenz auf das wirkliche Sein vor aller Vernunft aufzuheben. Sie dringt durch die Urbejahung des Seins vor der Vernunft zu einer Seinslehre vor, konkreter: zu einer

---

dagegen ist «System der Freiheit», in der es sich wesentlich um die Freiheit Gottes und seine freie Schöpfungstat handelt, aus der allein die reale und konkrete Wirklichkeit der Geschichte herausgeht. Vgl. E. CORETH, «Sinn und Struktur» (1960) 181f.

[146] Vgl. *SSW*, XIII, 57.
[147] Vgl. E. CORETH, «Sinn und Struktur» (1960) 184; *SSW*, XIII, 63.
[148] Vgl. *SSW*, XIII, 64f.
[149] Vgl. *SSW*, XIII, 70.
[150] Vgl. *SSW*, XIII, 163ff.

christlichen Metaphysik, die das wirkliche Sein anerkennt, die Transzendenz, die Persönlichkeit und die Freiheit Gottes wahrt[151].

So ist Schelling in seiner Spätphilosophie über sein bisheriges idealistisches Anliegen weit hinausgewachsen. Für ihn ist die Vernunft als endliche Vernunft nicht mehr der Ort, worin das Absolute adäquat erfaßt und begriffen wird. Sie setzt vielmehr außer sich, vor sich ein absolutes Sein voraus, das sich nicht erst im endlichen Geist vermittelt, sondern nur in sich selbst mit sich; d.h. nicht als die Selbstvermittlung des Geistes bei Hegel, in der das Absolute in unserem Wissen und Bewußtsein zu sich selbst kommt, sondern als *transzendente* Selbstvermittlung des persönlichen und freien Gottes, der der Grund alles Seienden als absolutes Prius vor aller Vernunft ist[152]. So entsteht bei Schelling ein entscheidender Unterschied zwischen negativer Philosophie als reiner Vernunftwissenschaft a priori und positiver Philosophie als Philosophie der Offenbarung. Aber der Übergang von der negativen zur positiven Philosophie bei ihm, besonders aus der reinen Vernunft heraus zum wirklichen Sein vor der Vernunft, ist für uns noch fragwürdig. Coreth stellt hier die Frage, wie solche reine negative Philosophie vor der positiven Philosophie möglich ist. Denn unser Denken ist nach Coreth immer schon realer und aktueller Vollzug in der Wirklichkeit des Seins. Es ist also schon durch Urbejahung wirklichen Seins bedingt. Die Urbejahung des Seins ist nicht — wie bei Schelling — ein Sprung in die Ekstase, der erst nachträglich geschieht, nachdem die Vernunft an ihre eigenen Grenzen gestoßen und dadurch genötigt ist, über sich selbst hinauszugehen. Wir sind immer schon beim Sein und im Sein[153].

3.3 *G.W.F. Hegel (1770-1831)*

Der absolute Ausgangspunkt der Philosophie bei Fichte und Schelling war durch «intellektuelle Anschauung» schon am Anfang *unmittelbar* gegeben; bei Hegel dagegen wird diese Unmittelbarkeit der intellektuellen Anschauung abgelehnt. Nach Hegel muß der absolute Standpunkt, auf dem das System der absoluten Wissenschaft aufgebaut wird, erst durch (dialektische) Vermittlung gewonnen werden; es ist in transzendentaler Rückführung der Erfahrungen des Bewußtseins zu erarbeiten. Bei Hegel wird wieder eine reduktive Methode aufgenommen, die nach der Methode der Transzendentalphilosophie Kants, zu den vorgängigen Bedingungen

---

[151] Vgl. E. CORETH, «Sinn und Struktur» (1960) 186ff.; *MP* 35.
[152] Vgl. *GrPh(9)* 50.
[153] Vgl. *GrPh(9)* 49.

der Erkenntnis zurückzuführen, bei Fichte und Schelling durch die intellektuelle Anschauung übersprungen war. Hegel erreicht in seiner «Phänomenologie des Geistes» (1807) durch reduktiven Aufstieg den wahrhaften Standpunkt des «absoluten Wissens», das der Schlüsselbegriff seiner Philosophie ist. Hier wollen wir unsere Aufmerksamkeit nur auf Hegels Grundbegriffe der «Vermittlung» und des «absoluten Wissens» richten, in denen ein — auch im Hinblick auf die transzendental-anthropologische Philosophie bei Coreth — sehr bedeutsamer Ansatz vorliegt.

3.3.1 Der Begriff der Vermittlung

Das Gesamtsystem der Philosophie Hegels wird in der «Wissenschaft der Logik» (1812/16) und in der «Enzyklopädie der philosophischen Wissenschaften» (1817) vor allem im dialektischen Dreischritt entfaltet. Es gliedert sich in Logik der Idee in ihrem An-und-für-sich, Naturphilosophie der Idee in ihrem Anderssein und Philosophie des Geistes in ihrer Rückkehr zu sich selbst in ihrem Bei-sich-Sein[154]. Hegel spricht auch vom dialektischen Dreischritt der «Unmittelbarkeit», «Vermittlung» (Reflexion oder Negation) und «vermittelten Unmittelbarkeit» (reflektierter Unmittelbarkeit oder Negation der Negation). Diese Begriffe haben eine fundamentale Bedeutung nicht nur für das ganze Hegelsche Denken, sondern auch für Coreth, der die Begriffe «Unmittelbarkeit» und «Vermittlung» als Grundelemente seiner transzendental-anthropologischen Philosophie aufnimmt[155]. Was heißt nun «Vermittlung» bei Hegel? Bei Hegel bezieht sich das Vermittlungsproblem sehr eng auf «Unmittelbarkeit»; d.h. es gibt keine Unmittelbarkeit ohne Vermittlung, aber auch keine Vermittlung ohne Unmittelbarkeit[156]. Somit betont Hegel die Einheit von Unmittelbarkeit und Vermittlung: Alles ist unmittelbar und vermittelt zugleich[157]. Diese Einsicht Hegels betrachtet Coreth vor allem in Bezug auf die Fragestellung nach einer kritisch-methodischen Selbstbegründung der philosophischen Erkenntnis, die sich seit Beginn der neuzeitlichen Philosophie systematisch stellte[158].

---

[154] Vgl. J. HIRSCHBERGER, *Geschichte der Philosophie*, II, 423.

[155] Siehe in dieser Arbeit Kap. I, § 4.6.

[156] Vgl. E. CORETH, «Die Geschichte als Vermittlung» (1971) 99.

[157] Diese Einsicht Hegels zeigt sich vor allem in seinem Grundgedanken, den er am Anfang seiner «Wissenschaft der Logik» ausspricht, «daß es nichts gibt, nichts im Himmel oder in der Natur oder Geiste oder wo es sei, was nicht ebenso die Unmittelbarkeit enthält als die Vermittlung, so daß sich diese beiden Bestimmungen als ungetrennt und untrennbar und jener Gegensatz sich als ein Nichtiges zeigt». Vgl. *WL*, I, 52.

[158] Vgl. *GH* 44ff.

Nach ihm geht es in Kants transzendentalem Ansatz wesentlich darum, die Vermittlung einzuholen. Einerseits ist das Objekt bei Kant, wie schon gesehen, nur durch die apriorischen Bedingungen der Erkenntnis des Subjekts bestimmt und gegeben. Insofern ist es schon Vermittlungsgeschehen des Subjekts. Aber anderseits ist auch das Subjekt nicht unmittelbar in sich selbst gegeben, sondern kann nur vom Gegenstand her, durch transzendentale Analyse und Reduktion des Objekts erreicht werden. Das Subjekt kann also wieder nur durch die Vermittlung des Objekts erkannt werden. Coreth kritisiert hier, daß bei Kant das Vermittlungsgeschehen das Objekt zur bloßen Erscheinung aufhebt und dabei das Subjekt selbst im Dunkel bleibt[159].

Bei Fichte wird der kantische Zirkel aufgehoben, in dem das Vermittlungsgeschehen in sich kreisend keinen festen Grund erreicht. Er nimmt die Unmittelbarkeit einer intellektuellen Selbstanschauung des sich selbst setzenden und sich selbst vollziehenden Ich auf, das sich als absolutes Ich (Subjekt) begreift. Aber über dieses Ich als letzten Reflexionspunkt des denkenden Bewußtseins kann nie hinausgegangen werden. Dagegen steigert Schelling die intellektuelle Anschauung zur unmittelbaren Schau des absoluten Prinzips, nämlich zu einer mystischen Anschauung Gottes. Hier sucht Hegel durch eine neue Einsicht, reine Vermittlung und reine Unmittelbarkeit durch «Vermittlung der Unmittelbarkeit» wieder zu vermitteln, die Aufhebung des Gegensatzes zwischen der Vermittlung bei Kant und der Unmittelbarkeit bei Fichte und Schelling. Nach ihm wird das absolute Prinzip (oder der absolute Standpunkt) des absoluten Wissens nie durch reine Unmittelbarkeit erreicht, sondern muß durch die Gesamtheit der Erfahrung (des Geistes) vermittelt werden. Aber dabei bedeutet die Vermittlung nicht reine Vermittlung, sondern «Vermittlung der Unmittelbarkeit». Was ist damit grundsätzlich gemeint? Erstens, eine Vermittlung setzt in jedem ihrer Schritte immer schon eine Unmittelbarkeit voraus; zweitens, diese Vermittlung führt auch zu einer jeweils neu vermittelten Unmittelbarkeit. Auf jeder Stufe des Bewußtseins ist also eine Unmittelbarkeit gegeben: z.B. unmittelbares Wahrnehmen, Erleben, Gefühl, Einsehen, Wissen usw. Aber diese Unmittelbarkeit ist eine solche, die, um sich selbst zu begreifen, sich dialektisch vermittelnd fortbestimmen muß zu «vermittelter Unmittelbarkeit», die voller und reicher differenziert und begriffen ist, als die Unmittelbarkeit des Anfangs. Daraus ergibt sich die Aufhebung der Vermittlung in neue Unmittelbarkeit, konkreter: die Rückkehr der vermittelnden Reflexion zu einer echten Unmittelbarkeit der Einsicht, des Wissens — im

---

[159] Vgl. *GH* 46f.

letzten zur absoluten Vermittlung, die jeden Gegenstand konstituiert und sich selbst im denkenden Bewußtsein reflektiert[160]. Nur dadurch kann nach Hegel das absolute Wissen erreicht werden.

Nach Hegels Einsicht der Vermittlung der Unmittelbarkeit ist jede Unmittelbarkeit immer schon vermittelt durch die Gesamtheit der Erfahrungen des Geistes. Insofern ist diese Gesamtheit der Erfahrungen bei Hegel — wenn wir so sagen dürfen — wie ein Horizont, in dem der Mensch als Subjekt sich selbst versteht. Davon leitet Coreth einen anthropologisch bedeutsamen Ansatz ab. Unsere menschliche Erfahrungswelt, die immer schon vielfach — z.B. in Geschichte, Kultur, Sprache usw. — vermittelt ist, wird für Coreth der Horizont, «in dem der Mensch sich selbst vollzieht und erfährt, in dem allein das Selbstverständnis des konkreten Menschen gegeben ist und sich auslegt»[161]. Für uns ist es noch wichtiger, daß die Frage der Unmittelbarkeit und Vermittlung (des Seins) für Coreth zu einem grundlegenden Thema seiner Metaphysik wird: «Die Aufgabe der Metaphysik aber ist es, durch transzendentalen Rückgriff die Vermittlung der Unmittelbarkeit des Seins thematisch zu machen und zur Sprache zu bringen.»[162] Wir werden später das Problem der Unmittelbarkeit und Vermittlung bei Coreth in Bezug auf seine Metaphysik behandeln.

3.3.2 Das absolute Wissen

Hegels Fragestellung in der «Phänomenologie des Geistes» zielt auf eine Möglichkeit, — gegen ein rein deduktives Denken bei Fichte und Schelling, das vom ersten Prius her alles Posterius rational ableitet — reduktiv, nämlich aus der Erfahrung des Bewußtseins vermittelnd, den absoluten Standpunkt im absoluten Wissen zu erreichen, weil es für ihn mit Wissenschaft nichts zu tun hat, den Grundakt des philosophischen Denkens in reiner Unmittelbarkeit anzusetzen. Dabei geht es wie bei Fichte und Schelling auch bei Hegel um das Übersteigen der Subjekt-Objekt-Zweiheit. Hegel will im absoluten Wissen den Gegensatz von Subjekt und Objekt aufheben. Bei ihm kann der absolute Einheitspunkt und Ursprungsgrund nicht reine und leere Identität, sondern muß dialektische «Identität der Identität und der Nichtidentität»[163] sein. Diese Identität birgt ihr Anderes in sich, entfaltet sich selbst im Anderen, hebt damit den Gegensatz auf.

---

[160] Vgl. *GH* 48; E. CORETH, «Die Geschichte als Vermittlung» (1971) 102f.
[161] Vgl. *GH* 49. Dazu: in dieser Arbeit Kap. I, § 4.
[162] E. CORETH, «Unmittelbarkeit und Vermittlung des Seins» (1970) 314.
[163] *GL*, I, 124.

Damit nimmt Hegel das *nicht-identisch* Andere bei Fichte in den *identischen* Selbstvollzug der absoluten Ganzheit bei Schelling hinein[164]. In dieser Überwindung des Gegensatzes im absoluten Wissen wird nach Hegel auch die Religion aufgehoben. Denn Religion erfaßt ihren Inhalt, obwohl er schon das Absolute selbst ist, ihn noch nicht in der Form des «reinen Wissens», sondern in der «Vorstellung» eines Anderen; d.h. dem religiösen Bewußtsein ist Gott als der Andere, als objektiv von mir verschiedene Wirklichkeit, vorgestellt. Darum liegt Religion noch im Gegensatz von Subjekt und Objekt, und dieser Gegensatz muß aufgehoben werden: «Die Wahrheit ist nicht nur an sich vollkommen der Gewißheit gleich, sondern hat auch die Gestalt der Gewißheit seiner selbst, oder sie ist in ihrem Dasein, d.h. für den wissenden Geist in der Form des Wissens seiner selbst. Die Wahrheit ist der Inhalt, der in der Religion seiner Gewißheit noch ungleich ist. Diese Gleichheit aber ist darin, daß der Inhalt die Gestalt des Selbsts erhalten [hat].»[165] Demnach fallen Wahrheit (oder das objektive Moment des Inhalts) und Gewißheit (oder das subjektive Moment des Wissens) nur im absoluten Wissen vollkommen zusammen, wenn der Geist seinem absoluten Inhalt die Form des Selbst gibt[166]: «Diese letzte Gestalt des Geistes, der Geist, der seinem vollständigen und wahren Inhalte zugleich die Form des Selbst gibt und dadurch seinen Begriff ebenso realisiert, als er in dieser Realisierung in seinem Begriffe bleibt, ist das absolute Wissen.»[167]

Was ist nun hier mit «absolutem Wissen» gemeint? Es ist das *Sich-Wissen* des Absoluten, das sich selbst als Geist im Wissen des endlichen Geistwesen (des Menschen) verwirklicht. Der sich wissende Geist begreift also das Wissen um das Absolute als Verwirklichung seiner selbst, als die Substanz des Geistes, die das Werden seiner selbst zu dem ist, was er *an sich* ist; d.i. das «sich in sich reflektierende Werden»[168]. Es kann aber nach Hegel nicht im einzelnen und endlichen Geist eines Menschen adäquat verwirklicht werden, sondern nur in der Gesamtheit der geschichtlichen Entfaltung des Geistes im menschlichen Wissen, nämlich im «Geisterreich»[169]. Von da her

---

[164] Vgl. E. CORETH, «Das absolute Wissen bei Hegel» (1983) 396.
[165] *PhG* 582f.
[166] Vgl. E. CORETH, «Das absolute Wissen bei Hegel» (1983) 397.
[167] *PhG* 582.
[168] Vgl. *PhG* 585.
[169] *PhG* 600: «Das Ziel, das absolute Wissen, oder der sich als Geist wissende Geist hat zu seinem Wege die Erinnerung der Geister, wie sie an ihnen selbst sind und die Organisation ihres Reiches vollbringen. Ihre Aufbewahrung nach der Seite ihres freien, in der Form der Zufälligkeit erscheinenden Daseins ist die Geschichte, nach der Seite ihrer

ist endlich die spekulative Entfaltung des Gesamtsystems möglich. Hegel sagt in der Einleitung der «Wissenschaft der Logik»: «Die Logik ist [...] als das System der reinen Vernunft, als das Reich des reinen Gedankens zu fassen.»[170] Nach ihm setzt die reine Wissenschaft «die Befreiung von dem Gegensatze des Bewußtseins voraus. Sie enthält den Gedanken, insofern er ebensosehr die Sache an sich selbst ist, oder die Sache an sich selbst, insofern sie ebensosehr der reine Gedanke ist. Als Wissenschaft ist die Wahrheit das reine sich entwickelnde Selbstbewußtsein und hat die Gestalt des Selbst, daß das an und für sich Seiende gewußter Begriff, der Begriff als solcher aber das an und für sich Seiende ist.»[171] Hier bleibt das Wissen um die Sache nicht mehr wie bei Kant bloße Erscheinung, sondern erreicht das Ding an sich. Also ist für Hegel die im Gedanken gewußte, vom Geist ergriffene und begriffene Sache keine reine Idee, die bei Kant nie erkannt werden kann, sondern das wahrhafte Wirkliche[172].

Hier wollen wir vom umfassenden Seinsproblem bei Hegel[173] absehen. Denn eine solche Untersuchung ist nicht Ziel dieser Arbeit. Nur im Hinblick auf Coreths anthropologischen metaphysischen Grundgedanken wollen wir zur Frage nach dem absoluten Wissen selbst zurückführen. Coreth fragt im kritischen Rückblick auf das absolute Wissen bei Hegel, «ob und in welchem Sinn absolutes Wissen menschlichem, daher endlichem und seiner endlichen Begrenztheit bewußtem Denken überhaupt vollziehbar ist»[174]. Coreth versucht in der klassischen Tradition der Ontologie die Antwort darauf. Nach ihr ist wahrhaftes Wissen immer und notwendig absolutes, unbedingtes Wissen *in unbedingter Seinsgeltung*.[175] Der Akt des Erkennens und Wissens ist grundsätzlich Verwirklichung des Subjekts und des Objektes in einem und ein Geschehen, worin sich eine dialektische Struktur zeigt: «Das Subjekt verwirklicht sich selbst im Wissen um das, was ist. Das Objekt wird auf neue und höhere Weise, im Wissen des Geistes, in seinem

---

begriffenen Organisation aber die Wissenschaft des erscheinenden Wissens; beide zusammen, die begriffene Geschichte, bilden die Erinnerung und die Schädelstätte des absoluten Geistes, die Wirklichkeit, Wahrheit und Gewißheit seines Thrones, ohne den er das leblose Einsame wäre; nur — aus dem Kelche dieses Geisterreiches schäumt ihm seine Unendlichkeit.»

[170] *WL*, I, 31.
[171] *WL*, I, 30f.
[172] Vgl. E. CORETH, «Das absolute Wissen bei Hegel» (1983) 398.
[173] Zum Seinsproblem bei Hegel vgl. E. CORETH, «Dialektik und Analogie des Seins» (1951) 57-86; ID., *Das dialektische Sein* (1952).
[174] E. CORETH, «Das absolute Wissen bei Hegel» (1983) 403.
[175] Vgl. *GM* 58ff.; *MP* 120ff.

intelligiblen Wesen verwirklicht. [...] Dieses Geschehen hebt aber die an sich seiende Wirklichkeit nicht auf, sondern setzt sie in unbedingter Seinsgeltung voraus.»[176]

Jedoch wird im absoluten Wissen bei Hegel die konkrete Ganzheit des Menschen in der Welt und in der Geschichte aufgehoben, wenngleich die Gesamtheit der Erfahrung schon in der Phänomenologie des Geistes in den Blick kommt. Diesbezüglich kritisiert Coreth sehr scharf, daß bei Hegel eine anthropologisch wesentliche, vermittelnde Funktion des Erkennens und Wissens zu praktischen Dimensionen — nämlich menschlichem Streben, Wollen, Handeln und Lieben — nicht vollziehbar ist: «Absolutes Wissen, [...] nicht nur als formale Unbedingtheit, sondern auch als inhaltliche Absolutheit des Wissens durch Aufhebung der Entgegensetzung von Subjekt und Objekt, von mir und meinem Anderen, ist schon im innerweltlich zwischenmenschlichen Bereich der Seins- und Werterfahrung, des Seins- und Wertvollzugs schlechterdings nicht vollziehbar.»[177] Im absoluten Wissen bei Hegel wird nicht nur der Gegensatz von Subjekt und Objekt aufgehoben, sondern auch der Gegensatz von Endlichem und Unendlichem, menschlichem und göttlichem Wissen. Insofern wird auch ein unbedingter Geltungshorizont zugleich aufgehoben, in dem menschliches Wissen und Wollen, der Vollzug des Wahren und des Guten gründen. Bei Hegel wird grundsätzlich das Unbedingte, das Absolute selbst, nämlich Gott als absolutes Sein, verfehlt. Die bedingte Unbedingtheit des menschlichen Geistes setzt als ihre Bedingung immer schon ein schlechthin Unbedingtes als unbedingten Horizont voraus, in dem geistiges Geschehen sich vollzieht[178].

4. Die Fundamentalontologie als die Analyse des Daseins bei Heidegger

Seit Descartes' Denken des «cogito ergo sum», von dem her sich das neuzeitliche Denken — auch im Hinblick auf das anthropologische Anliegen — zur Wende zum Subjekt verengte, tritt wieder bei M. Heidegger (1889-1976) eine anthropologisch bedeutsame Wendung des Selbstverständnisses des Menschen zur Ontologie ein. Nach Heidegger ist das menschliche Dasein ein Ort, in dem sich das Sein überhaupt erschließt; auch umgekehrt: das Sein selbst ist — besonders in seinen späteren Schriften — ein Horizont,

---

[176] E. CORETH, «Das absolute Wissen bei Hegel» (1983) 403.
[177] E. CORETH, «Das absolute Wissen bei Hegel» (1983) 404.
[178] Vgl. E. CORETH, «Das absolute Wissen bei Hegel» (1983) 404f.

in dem sich die Selbstauslegung des Menschen vollziehen muß. Damit verweist Heidegger grundsätzlich in seinem Denken die philosophische Anthropologie auf ihren ontologischen Problemgrund zurück[179]. Nach ihm ist allein der Mensch unter allen Seienden durch Seinsverständnis ausgezeichnet, darum kann der Sinn von Sein nur durch eine Analytik des Daseins des Menschen aufgewiesen werden. Die Analytik des menschlichen Daseins als der Zugang zum Seinsverständnis ist Heideggers Fundamentalontologie. Wir wollen hier zunächst das Wesen der Fundamentalontologie als Seinsfrage betrachten und dann konkret die existenziale Analytik des menschlichen Daseins im Hinblick auf philosophische Anthropologie.

4.1 *Das Wesen der Fundamentalontologie als Seinsfrage*

Die transzendentale Frage, die seit Kant dem Denken gestellt ist, liegt nach Coreth wie dem Deutschen Idealismus auch dem Denken Heideggers zugrunde, insofern in seiner «Fundamentalontologie» die apriorische Möglichkeitsbedingung des Seins von Seiendem durch das Sein des menschlichen Daseins befragt wird[180]. Bei Heidegger geht es vor allem um die Seinsfrage, nämlich die Frage nach dem Sinn von Sein. Dabei beachtet Heidegger die ontologische Differenz zwischen Seiendem und Sein[181]. Was ist damit gemeint? Er erhebt gegen die ganze abendländische Metaphysik den Einwand, daß sie immer nur das Seiende bedenkt, nicht aber das Sein des Seienden. Daher kennzeichnet er die Metaphysik als «Seinsvergessenheit»[182]. Dagegen muß die Seinsfrage nach ihm vor aller Metaphysik in einem methodischen Ansatz gestellt werden. Was ist nun der methodische Ansatz, der zur Begründung der Metaphysik führen kann? Der Ansatzpunkt ist für Heidegger der Mensch selbst, genauer: das «Dasein». Nach dem Sein fragen kann nur der Mensch, dessen Wesensmerkmal die Erschlossenheit

---

[179] Vgl. *WM* 38.

[180] Vgl. E. CORETH, «Das fundamentalontologische Problem» (1954) 1ff.; ID., «Zum Verhältnis Heideggers zu Hegel» (1954) 81ff. Coreth sagt in der Einführung seiner «Metaphysik», Heideggers Fundamentalontologie sei wesentlich «Transzendentalphilosophie, der es um das Problem des Apriori geht, aber um das ontologische Apriori: das Sein». Dazu vgl. *MP* 41.

[181] Vgl. *SZ* 13.

[182] Vgl. *WMp* 19; *VA* 71-99; *Hwg* 244. Heideggers Verdikt über die abendländische Philosophie seit Platon als Seinsvergessenheit erfuhr bald manche Kritik. Dazu vgl. E. GILSON, *L'être et l'essence*; G. SIEWERTH, *Das Schicksal der Metaphysik*. Auch Coreth erhebt den Einwand, daß Heideggers Behauptung zumindest Thomas von Aquin nicht trifft, der sehr wohl um das Sein gewußt, Sein und Seiendes unterschieden und eine bedeutende Metaphysik des Seins entwickelt hat. Dazu vgl. *WM* 42.

des Seins, die Offenbarkeit des Seins im Seinsverständnis des Daseins ist. Das menschliche Dasein allein ist also wesentlich die «Ortschaft der Wahrheit des Seins»[183]. Deshalb muß die Seinsfrage an das menschliche Dasein gestellt werden, und sie wird nur durch vorgängiges Seinsverständnis des Daseins ermöglicht. Bei Heidegger richtet sich die Seinsfrage so auf das menschliche Dasein selbst. Diese Sicht ist richtig, insofern es nicht möglich ist, ohne Voraussetzung eines vorgängigen Seinsverständnisses, das allein dem Dasein eigen ist, Seiendes als solches zu verstehen. Denn wenn wir etwas erkennen und danach fragen können, so wissen wir es schon als etwas, das *ist*, als Seiendes. Dabei müssen wir zuvor wissen, was das «Ist-Sagen» meint, was der «Sinn des Seins» ist.

Heideggers Fundamentalontologie, das Geschehen der Offenbarkeit des Seins im menschlichen Dasein freizulegen, muß daher «in der existenzialen Analytik des Daseins» gesucht werden[184]. Hier handelt es sich um die transzendentale Rückführung auf den apriorischen Grund der Möglichkeit der Ganzheit der existenzialen Seinsverfassung des menschlichen Daseins, nämlich das Sein des Daseins, in dem sich das Sein überhaupt erschließt. In diesem Sinn versteht Coreth Heideggers Fundamentalontologie als eine «Transzendentalphilosophie, der es um das Problem des Apriori geht, aber um das ontologische Apriori: das Sein»[185]. Diese Fundamentalontologie bei Heidegger wird aber methodisch von der Phänomenologie hergeleitet, die von Husserl herkam, sich aber zu hermeneutischer Auslegung erweitert und somit auch ontologisch vertieft[186]. Coreth zeigt, daß damit die transzen-

---

[183] *WMp* 14. Dazu vgl *ibid.* 16: «Der Satz: "Der Mensch existiert", bedeutet: Der Mensch ist dasjenige Seiende, dessen Sein durch das offenstehende Innestehen in der Unverborgenheit des Seins, vom Sein her, im Sein ausgezeichnet ist.»

[184] *SZ* 13.

[185] Vgl. *MP* 41. Nach Coreth ist Heideggers phänomenologische Methode so grundsätzlich in den Dienst der «transzendental-fundamentalontologischen Problematik» gestellt. Dazu vgl. E. CORETH, «Das fundamentalontologische Problem» (1954) 12f.

[186] Was bedeutet die Phänomenologie bei Heidegger? Er selbst schreibt so: «Das was sich zeigt, so wie es sich von ihm selbst her zeigt, von ihm selbst her sehen lassen.» (*SZ* 34) Hier wird vor allem das Phänomen als das «Sich-an-ihm-selbst-zeigende» verstanden. Aber es ist nicht das vulgäre Phänomen als bloß empirisch Anschaubares, sondern «Phänomen der Phänomenologie»: «[...] was in den Erscheinungen, dem vulgär verstandenen Phänomen, je vorgängig und mitgängig, obzwar unthematisch, sich schon zeigt, kann thematisch zum Sichzeigen gebracht werden, und dieses Sich-so-an-ihm-selbst-zeigende [...] sind Phänomene der Phänomenologie.» (*SZ* 31) Insofern das Sein des Seienden «verborgen bleibt» oder «in die Verdeckung zurückfällt» oder «verstellt sich zeigt» (*SZ* 35), muß es als ein Gegenstand der Phänomenologie dadurch thematisch in den Griff genommen werden: «Phänomenologie ist Zugangsart zu dem und die ausweisende Bestimmungsart

dentale Frage bei Heidegger vor allem in zweifacher Hinsicht, nämlich phänomenologisch und ontologisch, wesentlich über Kant hinaus weitergeführt wird[187]. Geht es bei Kant um die apriorische Bedingung des Erkennens, so geht es dagegen bei Heidegger vielmehr um den gesamten Daseinsvollzug, genauer: die konkrete Ganzheit des «In-der-Welt-seins», das sich erst in existenzialen Seinsverfassungen offenbart[188]. «Welt» in der

---

dessen, was Thema der Ontologie werden soll. Ontologie ist nur als Phänomenologie möglich. Der phänomenologische Begriff von Phänomen meint als das Sichzeigende das Sein des Seienden, seinen Sinn, seine Modifikationen und Derivate.» (*SZ* 35) Nach Heidegger ist aber der methodische Sinn der phänomenologischen Deskription «Auslegung», nämlich «Hermeneutik»: «Phänomenologie des Daseins ist Hermeneutik in der ursprünglichen Bedeutung des Wortes, wonach es das Geschäft der Auslegung bezeichnet. Sofern nun aber durch die Aufdeckung des Sinnes des Seins und der Grundstrukturen des Daseins überhaupt der Horizont herausgestellt wird für jede weitere ontologische Erforschung des nicht daseinsmäßigen Seienden, wird diese Hermeneutik zugleich "Hermeneutik" im Sinne der Ausarbeitung der Bedingungen der Möglichkeit jeder ontologischen Untersuchung.» (*SZ* 37)

[187] Vgl. E. CORETH, «Das fundamentalontologische Problem» (1954) 2; ID., «Heidegger und Kant» (1955) 226ff.

[188] Heidegger weist in «Sein und Zeit» auf dem Grund des *phänomenologisch-hermeneutischen Ansatzes* den Menschen vor allem als das «In-der-Welt-sein» (*SZ* 59) auf. Es ist die «existenzial-ontologisch konstitutive» Grundverfassung des menschlichen Daseins (vgl. *SZ* 64). Der Mensch muß in der konkreten Ganzheit seines In-der-Welt-seins *phänomenologisch* untersucht werden, darin wird auch das Sein des Daseins als sein ursprünglichstes Wesen ausgelegt. Hier tritt «Welt» als solche, die aber transzendental reflektiert und «ontologisch-existenzial» verstanden wird, als der Horizont des Verstehens des Menschen auf. Diese Welt ist nach Heidegger immer «Mitwelt» und «Umwelt». Der Mensch als In-der-Welt-sein steht im gebrauchend hantierenden Umgang mit dem «Zuhandenen» (vgl. *SZ* 66ff.), und in der «Fürsorge» als «Mitdasein» (vgl. *SZ* 117ff.) begegnen wir dem Anderen. Dabei stößt Heidegger auf eine ursprüngliche Ganzheit des Strukturganzen des Daseins als In-der-Welt-seins, er nennt sie «Sorge»: «Die Sorge liegt als ursprüngliche Strukturganzheit existenzial-apriorisch "vor" jeder, das heißt immer schon in jeder faktischen "Verhaltung" und "Lage" des Daseins.» (*SZ* 193) Und ihre Strukturmomente sind nach ihm «Befindlichkeit» (vgl. *SZ* 134ff.), «Verstehen» (vgl. *SZ* 142ff.), «Rede» (vgl. *SZ* 160ff.) und «Verfallen» (vgl. *SZ* 166ff.). Dadurch enthüllt sich konkret die Existenz des Menschen; d.h. sie sind die «Erschlossenheit» der Existenz. Nach Heidegger kann aber das menschliche Dasein nur durch «vorlaufende Entschlossenheit» seine eigene Existenz als «Eigentlichkeit» in Erfüllung bringen (*SZ* 310). In dieser Entschlossenheit zeigt sich Heideggers Entwurf der Zeit: «Nur sofern das Dasein als Zeitlichkeit bestimmt ist, ermöglicht es ihm selbst das gekennzeichnete eigentliche Ganzseinkönnen der vorlaufenden Entschlossenheit. Zeitlichkeit enthüllt sich als der Sinn der eigentlichen Sorge.» (*SZ* 326) So wird Heideggers ontologischer Weltentwurf grundsätzlich auf den Entwurf der Zeit zurückgewiesen. Die Zeitlichkeit wird hier als Möglichkeitsgrund der Welt aufgewiesen.

Bezeichnung «In-der-Welt-sein», das sich als eine existenzial-ontologisch konstitutive Grundverfassung des Daseins enthüllt, ist nach Heidegger die «Offenheit des Seins» und die «Lichtung des Seins, in die der Mensch aus seinem geworfenen Wesen her heraussteht»[189]. Darin besteht Heideggers Transzendenzbegriff. Die Transzendenz bedeutet für ihn erst den Überschritt über alles Seiende hinaus ins Sein hinein; das heißt *ontologische* Transzendenz als apriorischer Möglichkeitsgrund des Daseins (oder allen Seienden), nicht *ontische* Transzendenz auf Seiendes, das sich allein faktisch-empirisch als Ding oder Gegenstand zeigt[190]. Insofern die Ganzheit des In-der-Welt-seins grundsätzlich auf ihren apriorischen Möglichkeitsgrund zurückgeführt werden muß, zielt Heideggers transzendentale Frage schon auf das Sein des Seienden, damit auf die Ontologie, in der es sich vor allem um das Sein selbst handelt: «Das Ziel des transzendentalen Fragens ist das Sein.»[191] Dadurch will Heidegger grundsätzlich eine sogenannte Metaphysik der Subjektivität, eine Wesensmetaphysik, überwinden[192].

Heidegger sagt in «Was ist Metaphysik?»: «Metaphysik ist das Hinausfragen über das Seiende, um es als ein solches und im Ganzen für das

---

Dazu vgl. E. CORETH, «Das fundamentalontologische Problem» (1954) 21. Der phänomenologisch-hermeneutische Ansatz wird auch bei Coreth als sehr wichtig angenommen und angewendet. Er betrachtet in seiner philosophischen Anthropologie «Welt» und «Weltverhalten des Menschen» und stellt von da aus die Reflexion auf die konstitutiven Elemente des Selbstvollzugs an. Dazu vgl. in dieser Arbeit Kap. I, § 4.

[189] *PL* 100. In Heideggers späterem Denken vollzieht sich eine Wandlung, die er selbst als «Kehre» bezeichnet. Während er in «Sein und Zeit» (1927) versuchte, die Frage nach dem Sinn des Seins vom Seinsverständnis des Daseins her auszulegen, richtet er in seinen späteren Schriften seine Aufmerksamkeit auf das Sein selbst, das nun das Seinsverständnis ermöglicht. Er spricht im Brief «Über den Humanismus» (1947) von «Seinsgeschichte». Sie ist nach ihm das «Geschick des Seins, das sich uns zuschickt, indem es sein Wesen entzieht» (*SG* 108). Der Mensch wird nun mehr und mehr vom Sein selbst her verstanden: «Wenn wir das Wort "Geschick" vom Sein sagen, dann meinen wir, daß Sein sich uns zuspricht und sich lichtet und lichtend den Zeit-Spiel-Raum einräumt, worin Seiendes erscheinen kann.» (*SG* 109) Der Mensch ist also «vom Sein selbst in die Wahrheit des Seins "geworfen", daß er, dergestalt ek-sistierend, die Wahrheit des Seins hüte, damit im Lichte des Seins das Seiende als das Seiende, das es ist, erscheine. [...] Die Ankunft des Seienden beruht im Geschick des Seins» (*PL* 75). Danach bedeutet die «Ek-sistenz» des Menschen das Stehen in der «Lichtung des Seins» (*PL* 100).

[190] Vgl. E. CORETH, «Heidegger und Kant» (1955) 236.

[191] E. CORETH, «Das fundamentalontologische Problem» (1954) 3.

[192] Vgl. E. CORETH, «Heidegger und Kant» (1955) 231.

Begreifen zurückzuerhalten.»[193] Sogar sei das Hinausgehen über das Seiende als solches die Metaphysik[194]. Dieses Hinausgehen, nämlich «Transzendenz»[195], geschieht nach Heidegger im Wesen des Daseins, das als das «In-der-Welt-Sein» bestimmt wird. Daher gehört die Metaphysik zur «Natur des Menschen»: «Die Metaphysik ist das Grundgeschehen im Dasein. Sie ist das Dasein selbst.»[196] So wird bei Heidegger das metaphysische Fragen im Ganzen seiner Problematik und vor allem aus der wesentlichen Lage des fragenden Daseins gestellt[197]. Metaphysik gehört darum so sehr zur Menschlichkeit des Menschen, daß Heidegger selbst mit Platons Wort in «Was ist Metaphysik?» sagt: «Wir können uns gar nicht in sie [die Metaphysik] versetzen, weil wir — sofern wir existieren — schon immer in ihr stehen. φύσει γάρ, ὦ φίλε, ἔνεστί τις φιλοσοφία τῇ τοῦ ἀνδρὸς διανοίᾳ (Platon, Phaidros 279 a). Sofern der Mensch existiert, geschieht in gewisser Weise das Philosophieren. Philosophie [...] ist das In-Gang-bringen der Metaphysik, in der sie zu sich selbst und zu ihren ausdrücklichen Aufgaben kommt.»[198]

4.2 *Die existenziale Analytik des menschlichen Daseins und ihre philosophisch-anthropologische Bedeutung*

Wir sehen bei Heidegger anthropologisch einen bedeutsamen Gesichtspunkt der Selbstbestimmung des Menschen. Bei ihm stellt sich die Vernunft, die seit Aristoteles' Definition über den Menschen als «animal rationale» (ζῷον λόγον ἔχον) in der Geschichte der Philosophie als eine ausgezeichnete Eigenart des Menschen immer betont wird, nicht mehr in den Vordergrund. Das, was den Menschen als Menschen ausmacht, ist nach ihm vielmehr das «ist»[199]. Wie kann aber «ist», das alles Seiende gemeinsam

---

[193] *WMp* 38. Heidegger versteht hier den Sinn von Sein als das «Nichts». Nach ihm *gibt es* über alles Seiende hinaus *da* das «Nichts». Dabei ist es nicht als ein völlig leeres Nichts, sondern als das Nicht des Seienden, das Andere gegenüber dem Seienden: «das schlechthin Nicht-Seiende» (*WMp* 28). Aber «dieses Nichts west als das Sein» (*WMp* 46).

[194] Vgl. *WMp* 41.

[195] Vgl. *WMp* 38.

[196] Vgl. *WMp* 41.

[197] Vgl. *WMp* 24.

[198] *WMp* 42. Dazu vgl. M. MÜLLER, «Was ist Metaphysik – heute?», 62f.

[199] Heidegger sagt in «Sein und Zeit», daß in der traditionellen philosophischen Anthropologie über einer Wesensbestimmung des Seienden 'Mensch' die Frage nach dessen Sein vergessen und damit die anthropologische Problematik in ihren entscheidenden ontologischen Fundamenten unbestimmt bleibt. Vgl. *SZ* 49.

besitzt, als die Eigenart des Menschen verstanden werden, von der her er erst zum Menschen wird? Der Mensch, der *ist*, meint nach Heidegger nicht bloß ein Seiendes unter allen anderen Seienden, genauer: nicht «Vorhandensein». Der Mensch, der ist, ist ein Wesen, dem es um «ist» selbst geht. Der Mensch ist ein fragendes Wesen, der Mensch allein kann sich erst die Frage nach dem Sinn des Seins stellen. Denn der Mensch allein ist durch Seinsverständnis ausgezeichnet. So richtet sich die Seinsfrage auf den Menschen. Das «primär Befragte in der Frage nach dem Sinn des Seins» ist der Mensch selbst, ihn nennt Heidegger das «Da-sein»[200]. Das menschliche Dasein hat wesensmäßig eine eigene Seinsart, das heißt «Existenz»: «Das "Wesen" des Daseins liegt in seiner Existenz.»[201] Der Mensch allein existiert. Der Sinn der Existenz kann nach Heidegger erst im Bezug auf das Vermögen der Seinsfrage verstanden werden. Denn durch die Existenz wird das Sein des Daseins verstanden: «Der Satz: "Der Mensch allein existiert", bedeutet keineswegs, nur der Mensch sei ein wirklich Seiendes, alles übrige Seiende aber sei unwirklich und nur ein Schein oder die Vorstellung des Menschen.»[202] Das bedeutet vielmehr: «Der Mensch ist dasjenige Seiende, dessen Sein durch das offenstehende Innestehen in der Unverborgenheit des Seins, vom Sein her, im Sein ausgezeichnet ist.»[203] Insofern sich der Mensch, dem es in seinem Sein um dieses selbst geht, zu seinem Sein als seiner eigensten Möglichkeit verhält, *ist* er «je seine Möglichkeit»[204]. Es geht nun im menschlichen Dasein um «Seinkönnen» oder «Seinsmöglichkeit». In der Bestimmung des Menschen als Existenz zeigt sich der Mensch als «Möglichsein», das nicht ein schon *wesenhaft* (oder *eidos-haft*) bestimmtes, festgehaltenes Wesen ist, sondern zu seiner eigenen Seinsmöglichkeit offen bleibt. Der Mensch ist also nicht *geworden*, sondern *im Werden* zwischen der «Eigentlichkeit» und der «Uneigentlichkeit»[205]. Der Verlust der Existenz bedeutet, daß der Mensch in der durchschnittlichen Alltäglichkeit als Uneigentlichkeit bleibt. Heidegger nennt den Menschen, der seine Existenz verliert, «das Man»[206], dessen Seinsart als das «Gerede», die «Neugier» und die «Zweideutigkeit» bestimmt ist[207]. Was ermöglicht nun die Begegnung

---

[200] Vgl. *SZ* 41f.
[201] *SZ* 42; *WMp* 14.
[202] *WMp* 16.
[203] *WMp* 16.
[204] Vgl. *SZ* 42.
[205] Vgl. *SZ* 42f.
[206] Vgl. *SZ* 126ff.
[207] Vgl. *SZ* 167-175.

des Menschen mit sich selbst als Eigentlichkeit? Nach Heidegger vernimmt der Mensch sein Sein als Eigentlichkeit in der «Stimmung der Sorge»[208], deren Äußerstes er als das «Sein zum Tode» erfährt[209]. In der «vorlaufenden Entschlossenheit» zum Tode wird der Mensch endlich auf sich selbst zurückgeworfen und damit zu seiner eigensten Seinsmöglichkeit gebracht.

So geht es bei Heidegger um die konkrete menschliche Existenz als «Dasein», nicht um das «So-sein» des Menschen. Hier enthüllt sich der Mensch als ein endliches Wesen, als das Sein zum Tode. Der Mensch wird nicht mehr von einem absoluten, darum unendlichen Sein selbst, nämlich Gott, her betrachtet und bestimmt, sondern vielmehr von der Endlichkeit des Todes oder der Nichtigkeit in der Zeit her. Hier stellt sich für uns die Frage, womit die sittliche Handlung des Menschen oder der Wert unseres menschlichen Lebens ihre unbedingte Geltung beanspruchen und erhalten können. Sogar wenn die Analytik des Daseins über die bloße Wesensbestimmung des Menschen hinaus bei Heidegger als ein Zugang zur Seinsfrage verstanden ist und wenn sich dabei «Weltlichkeit» und «Zeitlichkeit» als Horizont des Verstehens des menschlichen Daseins erweisen, wie können wir denn durch diese Endlichkeit das Erfassen und Verstehen des unendlichen Seins selbst erreichen? Auch wenn das Sein selbst im späten Heidegger als Seinsgeschichte, nämlich als Seinsgeschick, das entbergend-verbergend oder zuschickend-entziehend im menschlichen Dasein zur Sprache kommt, ausgelegt wird, ist die Antwort darauf noch unerreichbar. Denn alles, z.B. nicht nur das Sein selbst, sondern auch die Seinsgeltung des Wahren und Guten usw., geht — darauf weist Coreth hin — in reiner Geschichtlichkeit unter[210]. Das Problem der ontologischen Grundlegung der philosophischen Anthropologie bleibt bei Heideggers Fundamentalontologie noch sehr fraglich, auch wenn sie einen großen Teil dazu beigetragen hat, nicht nur die philosophische Anthropologie der Gegenwart entscheidend anzuregen, sondern sie auch auf ihren ontologischen Problemgrund zurückzuverweisen.

5. Die transzendentale Methode der Maréchal-Schule

Wir sind bisher auf Kant, Fichte, Schelling, Hegel und Heidegger eingegangen, um den transzendental-metaphysischen Ansatz des anthropologischen Denkens Coreths in Rückführung auf seinen Ursprung zu

---

[208] Vgl. *SZ* 191ff.; *WMp* 15.
[209] Vgl. *SZ* 237ff.; *WMp* 15.
[210] Vgl. E. CORETH, «Seinsfrage und Gottesfrage» (1996) 581-595.

begreifen. Wenn wir näher darauf eingehen wollen, dann müssen wir unsere Aufmerksamkeit vor allem auf J. Maréchal, bei dem die bemerkenswerte Transposition von Kants transzendentalem Denken ins Metaphysische geschieht, und in dieser Linie besonders auf J.B. Lotz und K. Rahner richten. Bei Maréchal vollzieht sich eine transzendental-ontologische Grundlegung der Metaphysik durch Rückführung auf apriorische Bedingungen der menschlichen Erkenntnis; dabei wird vor allem diese «transzendentale Methode», deren Grundidee der transzendentale Ansatz bei Kant zugrunde liegt, in positiven Auseinandersetzungen mit dem scholastischen Erbe aufgenommen. Unter denjenigen Denkern, die sich seit Maréchal, entscheidend von ihm inspiriert, um die Begründung des metaphysischen Denkens durch die transzendentalphilosophische Reflexion bemühten, also aus der sogenannten «Maréchal-Schule», sind im deutschsprachigen Raum besonders J.B. Lotz, K. Rahner, W. Brugger und E. Coreth hervorzuheben[211]. Wir wollen hier unsere Untersuchung auf Maréchal, Lotz und Rahner beschränken, deren Denken entscheidend den Hintergrund der transzendental-anthropologischen Philosophie Coreths bildet[212]. Dabei werden wir das Schwergewicht unserer Untersuchung darauf legen, wie bei ihnen die transzendentale Methode, welche im engsten Sinn von Kant begonnen wurde, weitergeführt und vertieft wird. Denn dadurch können wir einen transzendental-metaphysischen Ansatz fassen, der für Coreths transzendental-anthropologische Denkform entscheidend ist. Wir sehen hier einen positiven Versuch, die neuzeitliche subjektive Philosophie von neuem kritisch in die traditionelle Metaphysik zu integrieren. Dieser Versuch bezieht sich zunächst auf die reflexive Untersuchung der methodischen Grundlegung der Metaphysik. Daß wir zunächst mit Maréchal in die Debatte

---

[211] Vgl. *DMS* 590. Man spricht heute von einer «deutschen Maréchalschule» und rechnet Lotz, Rahner, Brugger und auch Coreth dazu. Aber dazu ist zu bemerken, daß es eine solche «Schule» im engeren Sinn niemals gab. Denn sie haben Maréchal nie persönlich getroffen und mit ihm auch nicht korrespondiert. Jedoch haben sie aus Maréchals Werk entscheidende Anregungen gewonnen und diese auf eigenständige Weise weiterentfaltet. Für Lotz und Rahner, die bei Heidegger in Freiburg 1933-35 studiert hatten, wurden Maréchal und Heidegger — neben der Herkunft aus scholastischer Tradition — zu entscheidenden Quellen der Inspiration, aber Heidegger für Lotz weit mehr als für Rahner, der sich schon früh von ihm kritisch distanziert hat. Lotz gehört mit B. Welte und M. Müller zur sogenannten katholischen Heidegger-Schule.

[212] Lotz war einer der Lehrer Coreths, als dieser in Pullach das Studium der Philosophie zur Ausbildung in der «Gesellschaft Jesu» begann; und Coreth war seit 1950 lange Zeit auch mit Rahner als Kollege im Jesuitenkolleg in Innsbruck geistig verbunden. Dieser Kontakt mit Lotz und Rahner übte einen bedeutenden Einfluß auf sein Denken aus.

eintreten und dann dadurch im weiteren an den Kernpunkt, den Hauptgedanken von Lotz und Rahner herankommen, legt sich nahe.

5.1 Joseph Maréchal (1878-1944)

5.1.1 Das Anliegen Maréchals und der Ansatzpunkt seines Denkens

Maréchal ist der erste, der im Bereich der Neuscholastik die transzendentale Methode bewußt aufgenommen hat[213]. Er versucht in seinem fünfbändigen Hauptwerk «Le point de départ de la métaphysique» (1922/47) durch Erweiterung und Vertiefung der transzendentalen Methode eine Synthese der Transzendentalphilosophie Kants mit der thomistischen Erkenntnismetaphysik. Maréchal geht es vor allem um die Objektivität des menschlichen Erkennens hinsichtlich der Begründung der Metaphysik. Darin liegt sein Anliegen von der «absoluten Seinsbejahung» als Ausgangspunkt der Metaphysik, deren Berechtigung aber erst durch transzendendentale Reflexion erkannt werden kann. Nach Maréchal ist die Metaphysik «die menschliche Wissenschaft vom Absoluten»[214]. Insofern sie das Seiende als Seiendes begreifen will, handelt es sich dabei um «das Absolute des Seins» als das unbedingt notwendige Sein[215]. Unsere menschliche Erkenntnis beruht nach ihm wesentlich auf einer dynamischen Ausrichtung auf das Absolute. Maréchal will diesen Gedanken vor allem in der Auseinandersetzung mit Kant darlegen. Freilich ist dabei sein Anliegen nicht ein Aufbau einer adäquaten Erkenntnislehre, sondern zuerst eine Entwicklung einer Erkenntnismetaphysik, in der er, insofern die Metaphysik grundsätzlich dem Ding an sich zugeordnet ist, die absolute Seinsbejahung selbst als ihren Ausgangspunkt nachweist. Denn die Metaphysik ist nichts anderes als die volle Entfaltung des Seins selbst. Wie kann aber unsere Erkenntnis aufgrund der transzendentalen Methode, die wir seit Kant die Reflexion auf vorgängige Bedingungen der Möglichkeit des menschlichen Erkenntnisvollzugs nennen, über die Erscheinung-für-uns bis zum Bereich des Dings-an-sich hinausreichen? Maréchal stellt sich die Frage, ob die transzendentale Methode kraft ihrer innersten Eigenart zu dem von Kant beanspruchten Ergebnis führt[216]. Dabei sieht er bei Kant einen Grundfehler: «Der kantische Agnostizismus leitet sich vollständig aus einigen schwerwiegenden Mängeln

---

[213] Vgl. *TM* 1.
[214] Vgl. *Prem* 289: «La métaphysique est, à mes yeux, la science humaine de l'absolu.»
[215] Vgl. *Abstr* 102.
[216] Vgl. J.B. LOTZ, «Joseph Maréchal», 455.

der Kritik selbst her.»[217] Kants Mängel liegen nach ihm darin, daß «er in den Tätigkeiten des Geistes nur die reine Synthese einer empirischen Gegebenheit anerkennt»[218]. Maréchal dagegen zeigt durch die Analyse des «Urteils», daß der menschliche Geist ein «empirisches Vermögen» und ein «Vermögen des Absoluten» zugleich ist. Das Urteil besteht nach ihm im doppelten Gesichtspunkt der «absoluten Einheit» und der «absoluten Bejahung»[219]. Jedes Urteil drückt eine Synthese sinnlicher Gegebenheiten aus, aber es besteht nicht lediglich in der Verbindung von Begriffen unter den Kategorien im kantischen Sinne, die sich auf die Verallgemeinerung von Bedingungen beschränkt, welche auf Raum und Zeit bezogen sind. Die kategoriale Synthese des Urteils bezieht sich nach Maréchal vielmehr auf das «Sein im allgemeinen» oder die «Realität im allgemeinen», im letzten auf den «terminus ad quem», nämlich die «absolute Realität» als «absolute Einheit»[220]. In jedem Urteil vollzieht sich also die «Affirmation des Seins»: «Die absolute Einheit tritt in die Konstitution jedes Urteils als Zielpunkt einer Beziehung ein, welche das mannigfaltige Gegebene bestimmt.»[221] Was ist damit gemeint? Für Maréchal ist die oberste Bedingung des menschlichen Erkennens das Sein schlechthin, und insofern bleibt die absolute Einheit nicht wie bei Kant nur eine *regulative* Idee, die unser Erfahrungswissen zu einem zusammenhängenden Ganzen verknüpft, aber zugleich nicht imstande ist, das Erkennen der ihr zugeordneten Gegenstände zu vermitteln. Sie hat vielmehr eine *konstitutive* Bedeutung oder Funktion. Damit

---

[217] *Jug* 273: «*L'Agnosticisme kantien dérive tout entier de quelques lacunes graves de la Critique elle-même.*»

[218] *Jug* 274: «*Kant se trompe en ne reconnaissant, dans les opérations de l'esprit, que la pure synthèse d'un donné empirique.*»

[219] Vgl. *Jug*: «*L'esprit humain est à la fois une faculté empirique et une faculté de l'Absolu. [...] On s'en convaincra en considérant le "jugement" [...] sous deux points de vue: 1. Le Point de vue de l'unité absolue, exprimée en tout jugement; 2. Le point de vue de l'affirmation absolue, posée dans tout jugement.*»

[220] Vgl. *Jug* 275.

[221] *Jug* 278. Das im «ist» des Urteils aufleuchtende Sein ist hier nicht nur die abstrakteste Formel des innerweltlichen Seienden, sondern das Sein, das auch dem Überweltlichen zugrunde liegt, nämlich alles schlechthin umfaßt. Wir greifen zunächst aus den einzelnen Seienden das Seiende im allgemeinen heraus, das noch das aus Träger und Form zusammengesetzte Ganze widerspiegelt. Im weiteren greifen wir aus den Seienden das Sein als die Form (oder den Akt) heraus, durch die sie als Seiende konstituiert und bestimmt sind. Das Sein wird also allein dann sichtbar, wenn sich im Urteil der Durchbruch von der «Totalabstraktion» zur «Formalabstraktion» ereignet, insofern das Sein selbst wesentlich nicht auf einen von ihm verschiedenen Träger angewiesen ist. Dazu vgl. J.B. LOTZ, «Joseph Maréchal», 458f.

überschreitet Maréchal die Begrenzung der theoretischen Vernunft bezüglich der Metaphysik im kantischen Sinne. Die drei metaphysischen Ideen Welt, Seele, Gott sind nun nicht mehr wie bei Kant leere Entwürfe der menschlichen Vernunft, sondern ihnen kommt immer schon «Wirklichkeit an sich» zu. Damit kann die Metaphysik zur vollen Entfaltung des Seins selbst weiterführen, das in jedem Urteil implizit (oder unthematisch) mitvollzogen ist[222].

Maréchal betrachtet das Urteil unter dem Gesichtspunkt der Bejahung, weil der Bezug der Synthese auf eine absolute Realität besonders in ihr einsichtig wird[223]. Nach ihm zeigt sich die Bejahung der absoluten Realität vor allem im Attribut «ist» des Urteils, das «eine symbolische Umschreibung der ursprünglichen, totalen Reaktion eines vernünftigen Subjekts gegenüber der Gegebenheit» ist[224]. Das vernünftige Subjekt reagiert nicht bloß — wie bei Kant — *rezeptiv* auf die Gegebenheit, sondern auch *aktiv*. In unserem Erkennen geschieht grundsätzlich eine «dynamische Bewegung» zum Absoluten. Maréchal entdeckt hier das dem Wissen innewohnende Streben und zielt dadurch auf die Einheit von Wissen und Wollen[225]. Das «ist» im Urteil drückt nach ihm die intellektuelle Aufnahme einer Gegebenheit und die erste Reaktion eines Strebens auf diese Gegebenheit zugleich aus[226]. Dieser dynamischen Auffassung des menschlichen Erkennens liegt die «Finalität» zugrunde, die alle endlichen Gegenstände auf ein letztes Ziel, nämlich das Sein selbst als das Absolute, bezieht und sie damit zum Objekt der Erkenntnis macht: «Die besondere oder kategoriale Synthese kommt also nur als Bejahung zustande, die sie als Ziel setzt, das wesentlich dem absoluten Ziel untergeordnet ist.»[227] So geht die aktive Finalität zum Sein selbst, das sich in jedem Urteil als das mehr oder weniger ausdrückliche

---

[222] Vgl. J.B. LOTZ, «Joseph Maréchal», 459.

[223] Vgl. *Jug* 278: «*En effet, la référence de la "synthèse" à une réalité absolue apparaît particulièrement évidente dans "l'affirmation".*»

[224] Vgl. *Jug* 279.

[225] Maréchals Versuch der Einheit zwischen Wissen und Wollen wird durch Fichte angeregt. Fichte richtet schon seine Aufmerksamkeit auf Kants Satz: «Ich mußte das Wissen aufheben, um zum Glauben Platz zu bekommen.» (*KrV* B XXX) Wie wir bereits gesehen haben, versucht er dadurch, daß er selbst der sittlichen Tathandlung den Primat gibt und von ihr das Wissen ableitet, die radikale Trennung zwischen der theoretischen Vernunft und der praktischen Vernunft, zwischen Wissen und Wollen bei Kant zu überwinden. Vgl. J.B. LOTZ, «Joseph Maréchal», 455.

[226] Vgl. *TM* 11.

[227] Vgl. *Jug* 281: «*La synthèse partielle ou catégoriale ne s'effectue QUE dans une affirmation qui la pose comme fin essentiellement subordonnée à la fin absolue.*»

«ist» darstellt, als das konstitutive Element der Objekte in jedes Urteil ein. Insofern das Sein selbst als das Absolute im Urteil nicht nur «gedacht», sondern auch «bejaht» wird, wird es sich damit nun im Erkennen nicht um die bloße Erscheinung als solche handeln, sondern um die Realität des Objekts als das An-sich. Denn im dynamischen Vollzug der Erkenntnis, der final auf das letzte Ziel ausgerichtet ist, verliert der Unterschied zwischen Phänomen und Absolutem, zwischen Erkennen und Denken im kantischen Sinne, sowie zwischen Erscheinung und Ding an sich seinen Sinn[228].

5.1.2 Die transzendentale Methode als Grundlegung der Metaphysik

Der wichtigste Zug der Grundlegung der Metaphysik durch die transzendentale Methode bei Maréchal liegt darin, daß sie in *subjektiver* Richtung durch eine Untersuchung der Bedingungen der Möglichkeit der Erfahrung selbst geführt wird. Maréchal versucht so, durch einen neuen methodischen Ansatz die reichen Ergebnisse des metaphysischen Denkens der scholastischen Philosophie wieder neu aufzunehmen und zu integrieren; dies wird vor allem in der Erweiterung und Vertiefung der transzendentalen Methode Kants versucht. Die transzendentale Methode als Weg zur Metaphysik vollzieht also erst die Reflexion auf das erkennende Subjekt und die in ihm liegenden Bedingungen der Möglichkeit der objektiven Erkenntnis, um die metaphysische Geltung des Seinsbegriffs und der Seinsprinzipien nachzuweisen. Darum stimmt diese Methode, insofern sie zunächst die Möglichkeit unseres Objektbewußtseins so auf die apriorischen Bedingungen im Subjekt rückführen will, in ihrer Grundidee wesentlich mit dem transzendentalen Ansatz bei Kant überein. Aber im Hinblick darauf, daß sie die apriorische Notwendigkeit der absoluten Seinsbejahung im Vollzug unserer Erkenntnis entdeckt, unterscheidet sich ihre konkrete Ausprägung und ihr Ergebnis grundsätzlich von ihm. In der transzendentalen Methode bei Maréchal stellt sich eigentlich nicht die Frage, *ob* Metaphysik möglich ist, sondern vielmehr *wie* sie möglich ist. Jedoch unterscheidet sich diese Methode insofern von der «objektiven Methode» der realistisch-objektiven Metaphysik, die sich von Anfang an auf Evidenz beruft, als sie durch eine reflexive Betrachtungsweise *indirekt* die Unausweichlichkeit der Seinsbejahung als Ausgangspunkt der Metaphysik aufweist[229].

---

[228] Vgl. *Jug* 284.

[229] Die objektive Methode deduziert durch eine phänomenologisch-intentionale Betrachtungsweise direkt die Seinsbejahung, die transzendentale Methode hingegen bringt durch eine reflexiv-operative Betrachtungsweise indirekt und deduktiv die Rechtfertigung der Wahrheit der Seinsbejahung vor.

Der Kernpunkt der transzendentalen Methode bei Maréchal ist die Übersetzung des erkenntnismetaphysischen Gedankengangs in einen transzendentalen Beweis. Maréchal weist dafür zunächst im zweiten Buch im letzten Band seines fünfbändigen Hauptwerks «Le point de départ de la métaphysique» auf einem kritischen Weg für die thomistische Erkenntnismetaphysik die metaphysische Seinsbejahung als Möglichkeitsbedingung jedes objektgerichteten Denkens auf und untersucht dann im dritten Buch weiters, wie diese Erkenntnislehre ohne metaphysische Voraussetzung durch die transzendentale Methode entfaltet und dadurch die Möglichkeit der Metaphysik aufgewiesen werden kann[230]. Dabei werden die *transzendentale Reflexion* und die *transzendentale Deduktion* der Schlüssel für diese Übersetzung. Nach Maréchal bezieht die transzendentale Reflexion «ein gedachtes Objekt auf verschiedene apriorische Bestimmungen, welche es als Akt im Bewußtsein konstituieren»[231]. Sie vollzieht sich vor allem als *Urteilsanalyse*. Denn das volle Objektbewußtsein stellt sich nur im Urteilen dar[232]. So richtet die transzendentale Reflexion ihre Aufmerksamkeit zuerst auf die Strukturelemente des Gegenstandsbewußtseins. Wir wollen nun konkret die Strukturelemente der transzendentalen Methode betrachten.

Zunächst stellt sich hier die Frage nach dem Ausgangspunkt der transzendentalen Methode. Der Ausgangspunkt liegt in der kantischen Tradition. Er ist wie bei Kant unser Wissen um Gegenstände; d.i. das Gegenstandsbewußtsein, insofern es uns unmittelbar bewußt ist. In diesem Sinne meint es auch ein phänomenologisches Objekt. Insofern ist es immanentes Objekt, nämlich das Objekt als Objekt im Bewußtsein[233]. Denn die Einheit der Mannigfaltigkeit der Gegebenheit, die unsere Erkenntnis ermöglicht, hat — wie es von Kant schon erwiesen wurde — den Grund nicht im Gegebenen selbst, sondern vielmehr in einer vorausgehenden Bedingung, die nur durch Reflexion ergriffen werden kann. Unser Wissen

---

[230] Vgl. *TM* 38.61.
[231] *MSW*, V, 507.
[232] Vgl. *TM* 75. Dazu: *MSW*, V, 519ff.
[233] Freilich meint für Maréchal das Objekt wesentlich «Objekt an sich», das ontologische Geltung hat. Vgl. *MSW*, V, 516ff.: «Die wahrhaft unmittelbaren Gegebenheiten unseres Bewußtseins sind, vorgängig zu jeder Analyse, die Objekte, insofern sie geistig erkannt sind. Diese Objekte bieten sich uns unbestreitbar als "Objekte an sich" dar, die ontologische Geltung haben. [...] Wie Kant nennen wir die unmittelbare, aber präzise Gegebenheit des Bewußtseins: das phänomenale Objekt (realitas-phaenomenon). Als phänomenales oder phänomenologisches Objekt ist es nur insofern Objekt, als es das Bewußtsein affiziert, und verdient daher auch den Namen[:] (dem Subjekt) immanentes Objekt.» Zur deutschen Übersetzung vgl. *TM* 61f.

um Gegenstände, das Vermögen, Gegenstände zu denken, ist nicht unmittelbar und intuitiv, sondern wird immer schon durch den reflexiven Vollzug des erkennenden Subjekts vermittelt. Freilich gründet die Einheit bei Maréchal nicht wie bei Kant bloß auf inneren Formen des erkennenden Subjekts, sondern auf dem Sein selbst. Maréchal betrachtet das Objektbewußtsein nicht nur wie Kant als abstrakte, erstarrte Form, sondern auch als Vollzug, als Tätigkeit (*activité*)[234]. In dieser Betrachtung wird das Objektbewußtsein nicht nur in Beziehung auf die absolute Einheit des Gedachten bedacht, sondern auch in Beziehung auf das absolute Ziel der Tätigkeit; d.h. es umfaßt nach Maréchal in der Urteilsbejahung eine «konkretive Synthese» (*une synthèse concrétive* oder *statique et catégoriale*) und eine «objektive Synthese» (*une synthèse objective* oder *dynamique et transcatégoriale*)[235].

Die konkretive Synthese besteht in der Beziehung der Form auf die Urteilsmaterie der sinnenhaften Gegebenheit. D.h., wenn im Begriff die geistige Vorstellung zunächst auf ein Subjekt bezogen wird, dann kann die aufgenommene Gegebenheit zu einem Begriff führen. Dabei ist jedoch das Subjekt noch unbestimmt. Damit im Urteil der Begriff in die Realitätsordnung hineingestellt wird, muß die Unbestimmtheit des Subjekts noch durch eine objektive Synthese mit dem Sein als solchem wieder aufgehoben werden[236]. Maréchal findet in der Beziehung von Subjekt und Prädikat im Urteil einen wesentlichen Bezug des immanenten zum transzendenten Gegenstand: «Der Bewußtseinsinhalt wird unter die Form des Seins gebracht, auf das transzendentale (sich auf alles Erkennbare beziehende) und analoge (das begrifflich direkt nicht mehr vorstellbare, aber noch bezeichnete) Sein bezogen. Diese Beziehung kann aber nicht mehr durch eine direkte Vergegenwärtigung [einer den sinnlichen Gegebenheiten entsprechend differenzierten Begrifflichkeit] hergestellt werden, sondern nur durch eine in der Bejahung vollzogene und der Vorstellung vorausliegende Ausrichtung auf das Sein.»[237] Das absolute Sein selbst ist das letzte Ziel und die Finalität der dynamischen Ausrichtung der Urteilsbejahung. So wird bei Maréchal der dynamische Charakter des Objektbewußtseins

---

[234] Vgl. *Prem* 294. Durch die dynamische Betrachtung des Objektbewußtseins wird bei Maréchal die Einheit der beiden verschiedenen Aspekte des unmittelbar bewußten Vollzugs des Objektbewußtseins, nämlich des passiven spekulativen Aspektes (Wissen) und des aktiven praktischen Aspektes (Willen), herausgestellt. Das Objekt ist hier nicht mehr als ein bloß Gegenüberstehendes gemeint, sondern als Bezugspunkt einer möglichen Handlung. Dazu vgl. *TM* 73.
[235] Vgl. *MSW*, V, 520ff.
[236] Vgl. *TM* 64f.
[237] *TM* 65.

betont. Unter dieser Berücksichtigung des dynamischen Gesichtspunkts führt er über Kant hinaus die transzendentale Methode weiter[238].

Die mit der Reflexion auf die Möglichkeitsbedingungen des Objektbewußtseins begonnene transzendentale Analyse wird bei Maréchal vor allem durch die transzendentale Deduktion der absoluten Seinsbejahung vollendet[239]. Dadurch wird konkret in der Bejahung der an dem Erkenntnisvollzug aufgewiesenen Momenten die Berechtigung des Anspruchs dieser Bejahung aufgezeigt, die sich auf die absolute Seinsordnung bezieht. Maréchal zielt hier vor allem auf die Deduktion der dynamischen Ausrichtung des diskursiven Verstandes auf das Absolute des Seins, während Kant in der transzendentalen Deduktion die Quelle der Kategorien nur aus der transzendentalen Einheit der Apperzeption, nämlich dem transzendentalen Subjekt, ableitet[240]. Nun aber geht es darum, wie wir die apriorische Notwendigkeit der Seinsbejahung nachweisen können. Bei Maréchal wird dies besonders durch das Herausarbeiten der apriorischen Notwendigkeit der Willenshandlung aufgewiesen, die in sich bereits die Notwendigkeit einer absoluten objektiven Bejahung einschließt. Die Willenhandlung besteht in einem bewußten Verfolgen eines Zieles. Damit ist die Möglichkeit der Verwirklichung von Zielen, wenn auch implizit, absolut bejaht. Unser diskursiver Verstand ist in seiner Erkenntnistätigkeit eine dynamische Bewegung von der Möglichkeit zur Wirklichkeit, die grundsätzlich auf ein letztes Ziel hinstrebt. Dieses Ziel ist das Unbegrenzte in der Ordnung des Aktes, nämlich Gott als das absolute Sein. So konstituiert das dynamische Hinbeziehen der Gegebenheiten auf das letzte Ziel der Verstandestätigkeit schließlich die Gegebenheit als Objekt in unserem Bewußtsein. Insofern

---

[238] Maréchal betont die aktive Funktion des Erkenntnissubjekts, die bei Kant vernachlässigt ist. Nach ihm ist eine reine apperzeptive Form schon Form einer Tätigkeit: «Jede Form ist dynamisch, und wenn wir in uns die "reine Form der Apperzeption" erfassen, so erfassen wir "die reine Aktivität der Apperzeption". Nichts verbietet, diese Erkenntnis eine "Anschauung der Handlung des Ich" zu nennen.» *MSW*, IV, 352; *TM* 35f. Besonders durch diesen dynamischen Gesichtspunkt der Erkenntnis will Maréchal den Kantischen Agnostizismus überwinden. Dazu vgl. *MSW*, V, 39.

[239] Vgl. *TM* 75. Die transzendentale Deduktion nennt Kant selbst in seiner Kritik der reinen Vernunft eine solche «Erklärung der Art, wie sich Begriffe a priori auf Gegenstände beziehen können» (*KrV* B 117). Maréchal versucht durch seine transzendentale Deduktion auch die notwendige Verkettung der Möglichkeitsbedingungen des Objektbewußtseins miteinander aufzuzeigen. Dazu vgl. *MSW*, V, 59.

[240] Kant führt die Kategorien nicht weiter auf das Sein zurück. Somit bleibt bei ihm für das transzendentale Subjekt als Möglichkeitsbedingung der Erkenntnis die Geltung seiner absoluten Realität offen.

ist unsere Erkenntnis immer schon auf die metaphysische Ordnung bezogen, und somit hat die Urteilsbejahung eine metaphysische Geltung. Nach Maréchal bejahen wir in jedem Objekt des Denkens schon *implizit* das absolute Seiende und *explizit* das kontingente Seiende. Außer dieser gleichzeitigen Doppelbejahung gibt es für uns kein mögliches objektives Denken[241].

So liegt bei Maréchal das Wesentliche der transzendentalen Methode als Grundlegung der Metaphysik nicht in einem Aufbau einer detaillierten Metaphysik schlechthin, sondern in der grundsätzlichen Berechtigung der Seinsbejahung. Maréchal geht dafür in seiner transzendentalen Kritik vom Dynamismus der Erkenntnisfähigkeit aus. Die transzendentale Methode führt dabei durch die Analyse des Urteils gerade dazu, die grundsätzliche und notwendige Beziehung aller Gegenstände der Erkenntnis auf das absolute Seiende als das letzte Ziel des Erkenntnisstrebens herauszustellen[242]. So spielt bei Maréchal die Urteilsanalyse als Ausgangspunkt und Kernpunkt der Grundlegung der Metaphysik eine wichtige Rolle[243]. Dabei werden auch die intentionalen Akte des Menschen im Erkenntnisvollzug im Bezug auf die Seinsordnung betrachtet, die eine notwendige und absolute Geltung hat. Damit wird vor allem bei Maréchal eine Synthese von Kants transzendentalphilosophischem Vorgehen mit dem ontologischen Denken eingeleitet. Dieser Versuch wird nach Maréchal von J.B. Lotz und K. Rahner weitergeführt. Sie entwickeln die durch Maréchal eingeleitete Weiterführung von Kants Transzendentalphilosophie zur Ontologie — in der thomistischen Sicht des Seins — in der Auseinandersetzung mit dem seinsphilosophischen Denken Heideggers[244].

5.2 *Johannes B. Lotz (1903-1992)*

Bei Lotz geschieht eine fruchtbare Verbindung der Fundamentalontologie Heideggers mit der transzendentalen Erkenntnismetaphysik Maréchals. Bei

---

[241] Vgl. *MSW*, V, 554f.

[242] Vgl. *TM* 94.

[243] Bezüglich einer kritischen und methodischen Grundlegung der Metaphysik geht Lotz auch direkt vom Urteilsvollzug aus. Von da aus zeigt er das absolute Sein als Möglichkeitsbedingung des Urteils auf. Coreth hingegen kritisiert das Anliegen, von einer Urteilsanalyse her die Metaphysik zu begründen, und sucht den radikalsten Anfang, der nichts voraussetzt. Nach ihm liegt der Ansatz nicht im Urteil, sondern in der «Frage» selbst. Denn am Anfang müssen wir jedenfalls fragen, wenigstens nach dem rechten Anfang fragen und die Frage selbst befragen. Vgl. dazu das dritte Kapitel dieser Arbeit.

[244] Vgl. *DMS* 590.

ihm vollzieht sich die Grundlegung der Ontologie und die Vertiefung des Seinsverständnisses in der Weiterführung der transzendentalen Methode, die durch Maréchal eingeleitet wurde. Wir sehen bei ihm eine Verbindung des transzendental-anthropologischen Denkens mit dem ontologischen Denken[245], was wir bei Coreth als den seiner Philosophie zugrunde liegenden Grundgedanken finden. Hier betrachten wir zunächst die Seinsfrage und die transzendentale Methode bei Lotz und dann seine Urteilsanalyse als Ansatzpunkt für die reflexive Auslegung des Seins. Damit können wir schließlich die Eigenart seines Seinsverständnisses, nämlich das Sein vom subsistierenden Sein her zu verstehen, erfassen.

5.2.1 Seinsfrage und transzendentale Methode

Lotz wendet unter dem Einfluß der Fundamentalontologie Heideggers, die das Ziel hat, den «Sinn von "Sein"» von einer Untersuchung des menschlichen Daseins her zu erhellen, seine Aufmerksamkeit der Seinsanalyse. Es geht bei ihm in erster Linie um die Vertiefung der Seinslehre, wobei er diese gegenüber Heidegger um die Dimension des subsistierenden Seins erweitert[246]. Die *Seinsfrage* ist nach ihm die Frage «in ihrer Fragwürdigkeit im allgemeinen»[247], die «zu allen Zeiten den Menschengeist in Atem gehalten hat und hält und halten wird.»[248]. Freilich geht es hier um das «ursprüngliche Seinsverständnis»[249]; d.i. das «transzendentale Sein», insofern «es als das eine allumfassende alle Besonderungen des Seienden übersteigt»[250]. Danach muß das Seiende vom Sein als dessen Grund her betrachtet werden. Lotz nennt diesen Versuch — im Sinne der ontologischen Differenz Heideggers — die «onto-logische Methode»[251]. Diese Frage nach dem Seinsverständnis ist aber grundsätzlich dem Menschen eigen: «Der Mensch [...] ist immer schon onto-logisch, weil er das Seiende auf den Logos oder Grund des Seins zurücknimmt.»[252] Der alltägliche Mensch versinkt aber trotz seines Seinsverständnisses zunächst und zumeist im Seienden. Denn der Grund liegt nach Lotz darin, daß das Sein zwar dem Menschen *bekannt*, aber noch nicht

---

[245] Lotz entwickelt im Werk «Mensch – Sein – Mensch» seine sogenannte «Anthropo-Onto-Logia» systematisch. Vgl. J.B. LOTZ, *Mensch – Sein – Mensch*, 5.
[246] Vgl. *US* 89ff. Dazu: *TM* 179.
[247] *US* 2.
[248] *US* 6.
[249] *US* 15.
[250] *US* 7.
[251] Vgl. *MOH* 12.
[252] *POG* 61.

von ihm *erkannt* ist²⁵³. Es geht daher um ein thematisches Begreifen des Seins.

Darum legt Lotz das Schwergewicht nicht wie Maréchal auf eine erste Rechtfertigung der Geltung der Erkenntnis. Er zielt in erster Linie auf die letzte Begründung und Erklärung der Erkenntnis, die zugleich ein vertieftes Seinsverständnis bietet. Dabei steht das fundamental-ontologische Anliegen Heideggers im Vordergrund, und dazu dient die transzendentale Methode²⁵⁴. Wie versteht Lotz nun die transzendentale Methode? Er sieht in seiner kritischen Untersuchung über die transzendentale Methode Kants im Hinblick auf das scholastische Denken das ihr Wesentliche zunächst folgendermaßen: «Die Eigenart des Menschen aber, insofern er ein Erkennender ist, wird nicht durch die Gegenstände bestimmt, sondern liegt deren Erkenntnis voraus und bestimmt umgekehrt diese. Daher handelt es sich bei der transzendentalen Methode um den *Rückgang auf* die apriorische Eigenart oder *die apriorischen Bedingungen des menschlichen Subjekts.*»²⁵⁵ Hier wird die Rückführung auf den Menschen als erkennenden gegenüber den Gegenständen als erkannten betont, und in diesem Sinne bezeichnet Lotz diese Methode auch als «subjektive Methode» gegenüber der «objektiven Methode», die ihre Aufmerksamkeit nur auf das Objekt selbst richtet und von seiner Realität her die Rechtfertigung der Erkenntnis sucht²⁵⁶. Bei der subjektiven oder transzendentalen Methode sind Ausgangspunkt die «a priori, d.h. vorgängig zu aller Erfahrung dem Subjekt innewohnenden *Formen als Möglichkeitsbedingungen* von Erkenntnissen oder Urteilen, die a priori, d.h. unabhängig von jeder Erfahrung vollziehbar sind»²⁵⁷. Damit aber ist für Lotz nicht gemeint, daß es bei der transzendentalen Methode nur um ein logisches Apriori²⁵⁸ im Sinne Kants geht. Er

---

[253] Vgl. *US* 15.
[254] Vgl. *DMS* 595.
[255] *TMKS* 47.
[256] Vgl. *TMKS* 40ff.
[257] *TMKS* 50.
[258] Nach Lotz werden die apriorischen Formen bei Kant nicht als lediglich «psychologisches Apriori» aufgefaßt, sondern als wahrhaft «logisches Apriori», das für den menschlichen Erkenntnisvollzug als solchen notwendig und nicht durch ein anderes ersetzbar ist. Denn diese apriorischen Formen konstituieren das *menschliche Subjekt als solches*, das also ohne sie überhaupt kein Erkenntnissubjekt wäre, ebenso wie die *Gegenstände des menschlichen Bewußtseins als solche*, die also wiederum ohne diese Formen überhaupt nicht als Gegenstände des Bewußtseins zustande kämen. Die objektive Gültigkeit apriorischer Begriffe wird bei Kant nur dadurch gerechtfertigt, daß sie sich aus diesem konstitutiven logischen Apriori ergeben. Vgl. *TMKS* 48f.

führt die transzendentale Methode bis zur Frage nach dem ontologischen oder metaphysischen Apriori weiter. Darum stellt sich Lotz bei seiner transzendentalen Methode nicht nur die Frage nach den Möglichkeitsbedingungen der Erkenntnis in den apriorischen Formen des Subjekts, sondern auch in der absoluten Realität des Subjekts und im weiteren des Objekts: «Sie geht von der Erkenntnis auf die apriorischen Formen des Subjektes als die erste Stufe der Möglichkeitsbedingungen und von dieser auf die absolute Realität zunächst des Subjektes und dann des Objektes als die zweite Stufe der Möglichkeitsbedingungen zurück. Nunmehr besagt die transzendentale Methode den Rückgang auf die Möglichkeitsbedingungen der Erkenntnis, einerlei ob dieser schon bei den apriorischen Formen oder erst bei der darüber hinausliegenden absoluten Realität haltmacht.»[259] So wird bei Lotz die transzendentale Methode im weiterführenden Sinn verstanden. Sie bleibt nicht mehr wie bei Kant auf den subjektiven Bereich oder auf die Erscheinung beschränkt, sondern schreitet über diesen Bereich zum ontologischen Bereich weiter, der grundsätzlich Subjekt und Objekt übergreift und deshalb das Objekt in sein An-sich freigibt. D.h. «kraft des Seins erfassen wir durch das, was wir in die Dinge hineinlegen, das, was in ihnen liegt»[260]. Darum fällt die transzendentale

---

[259] *TMKS* 53.

[260] *TMKS* 43. Nach Lotz liegt die Begrenzung der transzendentalen Methode Kants darin, daß sie nicht bis zum Sein vollkommen zurückgeführt wird. Denn bei Kant besteht der letzte Grund der menschlichen Erkenntnis grundsätzlich in der Einheit der transzendentalen Apperzeption. Lotz hingegen führt den letzten Grund bis zum Sein weiter, weil es «den innersten Grund der Rückkehr des Ich zu sich selbst und seiner Selbstidentität bildet» und sogar «die Rückkehr und die Selbstidentität selber und damit die eigentliche überkategoriale Einheit ist» (*TMKS* 71). Nach ihm fällt die subjektive Methode in ihrer vollständigen Rückführung eigentlich mit der objektiven Methode zusammen. Die Trennung der beiden Methoden erwächst nach ihm «daraus, daß der *Rückgang* in das Subjekt, der die subjektive Methode ausmacht, von *Kant nicht vollständig*, d.h. bis zum innersten Grund und dessen apriorischen Bedingungen durchgeführt wird. So stellt sich die Aufgabe, den Rückgang über Kant hinaus bis zum Punkt vorzutreiben, an dem das *Subjektive als solches objektiv* ist und damit aus der subjektiven Methode die objektive hervorgeht oder die Angleichung an das Subjekt sich in der Angleichung an das Objekt vollendet. Durch diesen Punkt ist der innerste Grund der Vernunft bezeichnet, der als solcher das Sein selbst zu seiner apriorischen Bedingung hat; denn das Sein ist nicht auf das Subjekt beschränkt und erzeugt deshalb nicht nur die diesem entsprechende Erscheinung, sondern übergreift Subjekt und Objekt und gibt deshalb dieses in seinen eigenen Stand oder in sein An-sich frei. Kants Verengung besteht also darin, daß er nicht bis zum Sein selbst durchstößt; wird aber dieser Durchstoß vollzogen, so ist die subjektive Methode von innen heraus immer schon die objektive, und die Folgerungen Kants sind überwunden.» (*TMKS* 43)

Methode, insofern darin der Rekurs auf das Subjekt aus dem Wesen der menschlichen Vernunft, die das Seiende auf das Sein zurückführt, notwendig bis zum Sein als seinem innersten Grund durchgeführt wird, schon mit einer ontologischen Methode zusammen, die nach dem Sein des Seienden fragt[261].

5.2.2 Die Urteilsanalyse als Ansatzpunkt der reflexiven Auslegung des Seins

Wenn es bei Lotz um die Seinsanalyse geht, so wird sie vor allem durch die Analyse des menschlichen Urteilsvollzugs begonnen[262]. Die Urteilsanalyse ist für Lotz ein Ausganspunkt der Auslegung des Seins und weiters der Grundlegung der Metaphysik. Denn die volle Offenbarkeit des Seins ist dem Urteil vorbehalten: «Dem Urteil ist es nämlich eigen, *als seiend zu setzen*, indem es aussagt, daß etwas ist oder nicht ist.»[263] Lotz untersucht zunächst *phänomenologisch* die Strukturelemente des Urteils und zeigt dann von da aus diskursiv das absolute Sein als letzte Möglichkeitsbedingung des Urteils und damit der menschlichen Erkenntnis auf.

Das Urteil wird als solches wesensnotwendig im Verlauf der Analyse und der Synthese konstituiert[264]. Was zeigt sich nun eigentlich in dieser

---

[261] Vgl. *TM* 182f. Nach Muck wird aus diesem Punkt verständlich, wie sich für Lotz die Fundamentalontologie Heideggers mit der transzendentalen Erkenntnismetaphysik Maréchals verbindet, und auch warum sich Lotz für die Erkenntnismetaphysik interessiert, wenn es um die Grundlegung der Ontologie und die Vertiefung des Seinsverständnisses geht: «Wie die transzendentale Reflexion nicht Selbstzweck ist, sondern das in jedem Objektbewußtsein vollzogene und es ermöglichende und bestimmende Selbstverständnis des Erkennenden ausdrücklich macht, so dient auch die ontologische Reflexion der Auslegung des ursprünglichen Seinsverständnisses, das jede Erkenntnis von Seiendem trägt. Eine solche reflexive Auslegung ist gerade deshalb notwendig, weil uns eine intuitive Schau, die alles umgreift und in der allein Offenbarkeit und volles Begreifen in eins zusammenfallen, verwehrt ist.» (*TMKS* 183)

[262] Unser Erkenntnisvollzug ist nach Lotz beim Menschen konkret im Urteilsvollzug realisiert. Im Urteils*vollzug* (oder Erkenntnisvollzug) ist das Subjekt immer schon mit dem Objekt geeint, und diese Einheit ist uns phänomenologisch unmittelbar gegeben. Dazu vgl. *MOH* 7.36f.

[263] *US* 47. Dazu vgl. *ibid.*, Anm. 38: «Das Urteil erschöpft sich nicht in dem rein formalen Bejahen oder Verneinen, sondern umschließt die vorausgehenden Erfassungen, insofern diese im Urteil ihre Vollendung als Erkenntnis erfahren.»

[264] *US* 49f. Lotz leitet dies vom Grundsatz von Thomas her: «Thomas prägt den Grundsatz: "Intellectus humanus necesse habet intelligere componendo et dividendo" (I., q. 85, a. 5). Wenn er mit componere und dividere auch die bejahende beziehungsweise verneinende Setzung meint, so liegt darin doch ein tieferer Sinn. Jedes Urteil nämlich verläuft wesensnotwendig in den beiden Momenten der divisio oder Analyse und der

wesentlichen Konstitution des Urteils? Nach Lotz dringt jenes Wissen (oder das Gewußte), das dem Urteil anfänglich vorausliegt, nicht zum Wesen und Sein des Einzelnen vor; «es bewegt sich außer dem Was und dem Sein des Einzelnen und haftet damit an dessen Äußerlichkeit, ist selbst ein in die Äußerlichkeit gebanntes Erfassen»[265]. Das ist unser unmittelbares Verhältnis zu den Dingen. Wenn aber unser Wissen zum Begreifen des Seienden in seinem Was und Sein fortgehen soll, so ist die Erhebung oder der Überstieg über das Äußere, nämlich die in der sinnlichen Anschauung vollzogene Gegebenheit des Einzelnen, notwendig. Dieser Überstieg über die Äußerlichkeit des Gegebenen ist nach Lotz nichts anderes als die Analyse des unbegriffenen unmittelbar Gegebenen, und von da her entsteht erst das Urteil, dessen Wesen in der dreigliedrigen Struktur von logischem Subjekt, Prädikat und Kopula voll zum Ausdruck kommt. Damit wird das Einzelne notwendig auf sein Was und Sein bezogen und folglich zum Subjekt des Urteils[266]. Das Urteil sagt nun im Prädikat vom Einzelnen, *was* es ist. Das Einzelne wird also im Urteil seinem Was nach ins Bewußtsein reflektiert, dabei geschieht diese Reflexion vor allem durch das Herauslösen des Was aus der Einzelheit. D.h. das Wohin oder das Ziel des in der Analyse liegenden Überstiegs bewegt sich vom Einzelnen zum Allgemeinen. So kann das Einzelne allein mittels des unbestimmten Allgemeinen, nämlich der Abstraktion, zu sich kommen. Die analysierende Abhebung des unbestimmten Allgemeinen ermöglicht das Prädikat und damit allererst das Urteil[267]. Aber die Analyse kommt nach Lotz in der Kopula zum Abschluß, weil sie nur hier bis zum Sein vordringt[268]. Das Urteil sagt nicht nur, *was* das Einzelne ist, sondern auch, was es *ist*. Die Washeit ist in ihrer starren, unbewegten Abstraktheit noch nicht das eigentliche Selbst oder der innerste Grund; «vielmehr trägt sie das Sein als ihr eigenes Selbst oder ihren letzten Grund in sich»[269]. Darum kann die Washeit nur in der Rückführung auf das Sein begriffen werden. Schließlich zeigt sich bei Lotz im Urteil als Analyse eine den verschiedenen Stufen des Überstiegs jeweils entsprechende innere Struktur: «Während der Überstieg der Washeit über die Einzelheit sich nur im Sein, nicht aber durch sich selbst reflektiert, steht der Überstieg des Seins

---

compositio oder Synthese; gerade durch diesen Verlauf wird das Urteil als solches konstituiert.»

[265] *US* 51.
[266] Vgl. *US* 51f.
[267] Vgl. *US* 52-54.
[268] Vgl. *US* 57.
[269] Vgl. *US* 55.

immer schon durch sich selbst in der Reflexion. Hier offenbart sich wiederum das Sein als der äußerste Horizont, der nicht mehr eines andern zu seiner Reflexion bedarf.»[270]

Nach Lotz wird im Urteil wesentlich nicht nur die Analyse, die das Was vom Einzelnen und das Sein vom Was abhebt, geleistet, sondern auch die Synthese, die wieder die Washeit mit der Einzelheit verbindet (prädikative Synthese)[271] und weiters diese Verbindung auf den Gegenstand bezieht (veritative Synthese)[272]. Dabei richtet Lotz seine Aufmerksamkeit auf die Rolle der Kopula des Satzes. Die Synthese vollzieht sich nach ihm vor allem mittels der Kopula, die aber grundsätzlich das Sein enthüllt. Also geschieht die Vermittlung zwischen Subjekt und Prädikat, Einzelheit und Washeit im Satz durch das Sein, das als Kopula dazwischen tritt[273]. Nur insofern das in der prädikativen Synthese Ausgedrückte durch die veritative Synthese auf den Gegenstand als für ihn gültig hingeordnet wird, bleibt es nicht in einem bloß logischen Raum, sondern tritt schon in den metaphysischen Raum ein. Unser Urteil fungiert nach Lotz wesentlich als «veritative Synthese». Darin gewinnt die Kopula über die Verknüpfungsfunktion von Subjekt und Prädikat hinaus den völlig neuen Sinn, den ganzen Urteilsinhalt auf den Gegenstand hinzuordnen[274]. Dadurch verleiht das Sein dem Urteilsinhalt gegenstandsbezogene, reale Geltung, und erhebt ihn damit zum Endgültigen[275]. So kommt unser Erkennen (oder das Urteil) durch dieses bejahende oder verneinende, urteilsmäßige Setzen endlich zum Abschluß. Das Setzen ist also nach Lotz das vollendende Moment des Erkennens[276]. Insofern unterscheidet sich das Urteil durch dieses Setzen grundsätzlich von einer bloßen Vergegenwärtigung eines Sachverhaltes. Dadurch ergibt sich auch die wesentliche Beziehung zwischen «Setzen» und «Sein». Wie

---

[270] *US* 57.
[271] Vgl. *US* 58-62.
[272] Vgl. *US* 62-68.
[273] Vgl. *US* 60: «Sie geschieht *als Aussage*, mittels des "ist" oder des Seins. Erst dadurch, daß das Sein als Kopula zwischen Einzelheit und Washeit tritt, werden sie zugleich auseinandergehalten und zusammengeschlossen, werden sie ebenso in ihrer Vielheit wie in ihrer Einheit reflektiert und damit begriffen. Also sagt prädikativ für die Synthese wesenhaft dasselbe wie reflektiert oder vermittelt.» Dazu vgl. *US* 61: «Die Synthese von Einzelheit und Washeit ist immer schon in die Synthese mit dem Sein aufgenommen und durch sie ermöglicht; erst das Zusammen beider erfüllt das, was wir prädikative Synthese nannten.»
[274] Vgl. *US* 63.
[275] Vgl. *US* 67.
[276] *US* 64.

sich das Urteil durch das urteilsmäßige Setzen vollendet, so vollendet sich auch das dem Urteil eigene Sein als solches im Setzen[277]: «Das Setzen im Urteil bedeutet nicht ein über das Sein hinausliegendes, zu ihm hinzutretendes Neues, sondern ist das Sein.»[278]

5.2.3 Sein und Transzendenz

Lotz führt durch die Urteilsanalyse zum Verständnis des Seins weiter. Nach ihm ist «Transzendenz» dem Sein eigen. Er versteht die Transzendenz des Seins zunächst in dem Sinne, daß es als das schlechthin Allumfassende alle Besonderungen übersteigt und umgreift, ihren letzten Möglichkeitsgrund bildet. Von da her tritt die Eigenart des transzendenten Seins zunächst als «Unbestimmtes» auf[279]. Diese Transzendenz des unbestimmten Seins besagt bei Lotz eine doppelte Abhebung, d.i. sowohl vom endlichen Subjekt als auch vom endlichen Objekt[280]. Nach Lotz spielt mein Setzen keine für das Sein des Seienden konstitutive Rolle. Das Sein des Seienden tritt im Urteil nicht als durch mich bedingtes auf, sondern als absolutes, nämlich von mir abgelöst bestehendes. Das ist gerade der Grund, daß das Urteil, das ich setzte, mit einem ihm begegnenden «Gegenstehenden» oder einem «Gegenstand» zu tun hat. Mein Sein ist also nicht das Sein schlechthin[281]. Diese Abhebung vom endlichen Subjekt besagt, daß unsere Urteilssetzung als endliches Wissen eigentlich nicht die ursprüngliche Setzung des Seins des Seienden ist[282]. Die Transzendenz des Seins hebt aber das Sein nicht nur

---

[277] Vgl. *US* 64f.

[278] *US* 66. Dazu vgl. *US* 66, Anm. 59: «Sein und Setzen sind vertauschbare Begriffe. Ein jedes ist oder hat am Sein teil insofern und insoweit, als es gesetzt ist; und ein jedes ist insofern und insoweit gesetzt, als es ist oder am Sein teilhat.»

[279] Nach Lotz zeigt sich die wesentliche Bedeutung der Transzendenz des Seins deutlich vor allem von der Bestimmung des Verhältnisses des Seienden zum Sein her: «Das Seiende ist nicht das Sein und steht doch in der Beziehung zu ihm, daß es durch das Sein seiend ist. Entsprechend schreitet das Sein als solches einerseits wesentlich über das Seiende *hinaus*; anderseits bleibt es ihm als dessen *Grund* verbunden. Beides ist für die Transzendenz wesentlich.» (*US* 69) Demnach besteht bei Lotz das Wesentliche der Transzendenz in dem untrennbaren Zusammen von «Hinaus-über» (Überstieg) und «Rückbindung als Grund» (reflektiertem Grundbezug zum Sein). Freilich fallen beide Begriffe nach ihm grundsätzlich im Sein zusammen. Dazu vgl. *US* 69f.

[280] Vgl. *US* 72-86.

[281] Vgl. *US* 73.

[282] Vgl. *TM* 186; Dazu vgl. *US* 76. Nach Lotz ist das wissende Setzen «nur für den Gegen-stand, für das begegnende Gegen-stehende etwas Zu-fäll-iges, das für das Be-stehen des Gewußten gleichgültig ist, während es für den Ent-stand, für das ur-springende Ent-

vom endlichen Subjekt ab, sondern auch vom endlichen Objekt. Das Sein behauptet sich nach Lotz gegenüber der Kategorie, die als Inbegriff des endlichen Objekts auftritt. Denn die Kategorie ist nicht das Sein schlechthin. D.h. das Gesetzte im Urteil ist, auch wenn es seinem Inhalt nach kategorial begrenzt ist und bleibt, doch «immer schon seinem Sein nach über die kategoriale Enge erhoben, insofern sein Sein als Sein über alle kategorialen Schranken *hinausgreift* und so angesichts jeder Kategorie sich behauptet»[283]. Die Seiendsetzung geschieht nicht bloß für einen bestimmten kategorialen Bereich und darum im Horizont *seines* Seins, sondern an sich und darum im Horizont des *schlechthinnigen* Seins. So fordert der Horizont der Seiendsetzung eines endlichen Objekts über jedes begrenzte Sein oder über jedes Teilsein hinaus einen überkategorialen Grund als Möglichkeitsbedingung, nämlich das «allumfassende oder schlechthinnige Sein»[284]. Darin wird nun die Zweiheit von Subjekt und Objekt grundsätzlich überwunden und aufgelöst.

Bisher ging es nur um die allumfassende Weite des unbestimmten Seins, die «Transzendentalität» genannt wird. Lotz aber will über die Transzendenz des unbestimmten Seins oder des dem Seienden innewohnenden Seins hinaus in eine neue Dimension der Transzendenz hineinführen. Er stellt sich die Frage, wie es möglich ist, daß das Sein über allem Besonderen steht und es begründet, und warum das überendliche Sein nicht in dem endlichen Seienden untergeht[285]. Die Fragestellung zielt bei Lotz auf das «subsistierende Sein». Die Transzendenz des unbestimmten Seins als Möglichkeitsbedingung des Urteils setzt das subsistierende Sein als die oberste Möglichkeitsbedingung voraus[286]. Der Nachweis liegt in folgendem: Wie wir schon durch die Urteilsanalyse gesehen haben, bringt das Urteil das Einzelne einerseits durch die Allgemeinheit der beiden Momente «Washeit» und

---

stehende als dessen Ursprung das Wesentlichste ist. Entsprechend besagt schlechthinniges Sein beim endlichen Wissen *Bewußtseinsunabhängigkeit*, beim unendlichen hingegen völlige Bewußtseinsabhängigkeit, die aber das reale Sein des Seienden nicht aufhebt, sondern gerade auf die einzig mögliche Weise konstituiert.» (*US* 76)

[283] Vgl. *US* 78.
[284] Vgl. *US* 79.86.
[285] Vgl. *US* 89.
[286] Vgl. *US* 89: Nach Lotz ist das Sein «einzig darum das schlechthin Umfassende und das letzthin Begründende des Seienden, weil es vor seiner und unabhängig von seiner Bezogenheit auf das Seiende oder seiner endlichen Verwirklichung ursprünglich und von sich aus und in sich selbst eine andere, ihm letztlich allein angemessene *unendliche Verwirklichung* besitzt». Es geht also um die Verwirklichung des umfassenden und unbestimmten Seins, damit es nicht eine bloß leere Abstraktion zu sein scheint.

«Sein» zu sich selbst, anderseits wird aber nur das Einzelne ursprünglich und als wirklich seiend gesetzt, wenn sich das «Zu-sich-selbst-bringen» des Einzelnen im Urteil durch das Setzen vollendet. Denn ein Allgemeines kann wesenhaft nicht *als* Allgemeines verwirklicht werden[287]. Insofern das Sein der letzte Grund der Möglichkeitsbedingung des Urteils ist, muß dieser Widerspruch oder Widerstreit von Allgemeinheit und Wirklichkeit, Washeit und Einzelheit am Sein aufgelöst werden. Entsprechend muß nun das Sein als Grund des wirklichen Seienden einerseits als Wirkliches selbst einzeln und nicht allgemein sein; anderseits muß es aber als das alles Einzelne Begründende doch das Allgemeinste sein[288]: Das Sein hält sich durch seine Allgemeinheit «über dem Einzelnen und findet doch zugleich in ihm seine Erfüllung und Verwirklichung»[289]. Dieses Sein ist nach Lotz nichts anderes als das subsistierende Sein, das für seine Setzung gar nichts anderes braucht, sondern vielmehr in sich und von sich selbst her gesetzt und verwirklicht ist. Es ist zugleich der absolute und unendliche Wissende, in dem Sein des Wissenden und schlechthinniges Sein identisch sind, weil es in unendlicher Fülle all das in sich vereinigt, was das Sein schlechthin umgreift[290].

So führt Lotz die Transzendenz des Seins vom unbestimmten Sein zum subsistierenden Sein als ihrem letzten Möglichkeitsgrund. Darum meint bei Lotz die Transzendenz nicht nur den Überstieg über das endliche Seiende, sondern grundsätzlich das Bezogensein auf das subsistierende Sein, das alle endlichen Seienden begründet. Die Transzendenz des Seins im Seienden setzt also als ihre Möglichkeitsbedingung das subsistierende Sein voraus. Sie ist im Urteil miterfaßt, insofern sie allein als «oberste Möglichkeitsbedingung der menschlichen Erkenntnis»[291] die im Urteil bewußt vollzogene absolute Geltung ermöglicht. Freilich ist damit nicht gemeint, daß dem Urteil ein ausdrückliches Wissen um dieses subsistierende Sein zukommt. Das Wissen um das subsistierende Sein vollzieht sich im Urteil nur als «Vorgriff»; d.h. im Urteil wird das «implizite Erfassen des Absoluten mitvollzogen, keineswegs dessen explizites Erfassen»[292]. Die Auslegung des subsistierenden Seins kann nach Lotz nur durch «Diskurs» oder «Schlußfolgerung» vollzogen werden[293]. Die Schlußfolgerung führt bei Lotz

---

[287] Vgl. *US* 95.
[288] Vgl. *TM* 187.
[289] *TM* 187. Vgl. *US* 99.
[290] Vgl. *US* 75.
[291] Vgl. *TMKS* 107.
[292] Vgl. *US* 112, Anm. 117b.
[293] Vgl. *US* 111, Anm. 117a.

letztlich zu dem absoluten oder göttlichen Sein weiter, «das allem Seienden das ihm zukommende Sein mitteilt» und «in dem sich das Sein selbst in seiner grenzenlosen Fülle findet»[294].

5.3 *Karl Rahner (1904-1984)*

Für K. Rahners philosophisches Denken kommen die entscheidenden Impulse — wie für Lotz — einerseits von J. Maréchal, den er selbst gerne «meinen Kirchenvater» genannt hat[295], anderseits auch von M. Heidegger. Von Maréchal übernimmt er vor allem den transzendentalen Ansatz, in der transzendentalen Reflexion die apriorische Offenheit des menschlichen Daseins und seine ursprünglich dynamische Hinordnung auf das absolute Sein Gottes zu erweisen, und von Heidegger her den fundamentalontologischen Ansatz, durch die existential-phänomenologische Analytik des menschlichen Daseins die strenge Seinsfrage zu stellen. Dieser Gedankengang Rahners ist durch eine Denkform gekennzeichnet, die er selbst als *transzendental-anthropologisch* bezeichnet[296]. Wir wollen hier vor allem unser Interesse dieser Denkform zuwenden, in der sich die enge Bezogenheit zwischen metaphysischem Denken und anthropologischem Denken zeigt.

5.3.1 Der Mensch als Geist in Welt

Rahners Buch «Geist in Welt» (1939) ist, wie im Vorwort zur zweiten Auflage erwähnt, wesentlich der Thomasinterpretation von Maréchal verpflichtet[297]. Aber die Thomasinterpretation ist auch von Heideggers Denken beeinflußt. Die Grundeinsicht und Grundausrichtung seines Denkens sind schon im Titel «Geist in Welt» angedeutet. Was ist nun konkret mit «Geist in Welt», womit Rahner selbst die wesentliche Eigentümlichkeit des Menschen bestimmt, gemeint? «Geist ist gemeint als Titel eines Vermögens, das über die Welt hinausgreifend das Metaphysische erkennt. Welt ist der Name der Wirklichkeit, die der unmittelbaren Erfahrung des Menschen zugänglich ist.»[298] Daraus wird der Grundsatz aufgewiesen, «daß das menschliche Erkennen zunächst einmal in der Welt der Erfahrung sei und alles Meta-physische nur in und *an* der Welt erkannt werde»[299]. Rahner stellt

---

[294] *TMKS* 107. Dazu vgl. *US* 100.
[295] Vgl. E. CORETH, «Philosophische Grundlagen» (1994) 528.
[296] Vgl. *DMS* 590.
[297] Vgl. *GW* 9.
[298] *GW* 14.
[299] *GW* 15.

sich aufgrund dieser Einsicht die Frage, «wie das menschliche Erkennen nach Thomas Geist in Welt sein könne»[300]. Um dies aufzuzeigen, arbeitet er vor allem bei Thomas die Lehre von der «Hinwendung und der dauernden Hingewandtheit des Intellekts an die Erscheinung», die Lehre von der «conversio intellectus ad phantasma», heraus[301]. Die Fragestellung der *conversio ad phantasma* zielt bei ihm auf die Frage nach der Möglichkeit der Metaphysik, genauer: die Frage, wie das Metaphysische oder das Sein dem menschlichen Dasein als «Geist in Welt» ursprünglich immer schon erschlossen ist: «Die Frage der conversio ad phantasma ist so die Frage nach der Möglichkeit von Metaphysik auf Grund einer Anschauung, die im Horizont von Zeit und Raum geschieht.»[302] Damit stellt Rahner wieder die Frage nach der Möglichkeit der Metaphysik in der kritischen Auseinandersetzung mit Kants Beschränkung der theoretischen Vernunft auf Gegenstände möglicher Erfahrung in Raum und Zeit, sowie mit Heideggers Einbindung des Seins in die Zeitlichkeit und Geschichtlichkeit[303]. So erweitert er, besonders durch Heidegger angeregt, den transzendentalen Ansatz auf den Gesamtvollzug des menschlichen Daseins, nämlich nicht nur auf Wissen und Erkennen, sondern auch auf Streben, Wollen und Handeln[304].

Insofern Rahner selbst die Metaphysik als Auslegung des dem Menschen wesentlichen Seinsverständnisses versteht, geht es wie Maréchal auch ihm um Erkenntnismetaphysik, nicht um Erkenntniskritik[305]. Das Problem der Erkenntnis besteht nach ihm «nicht darin, wie die Kluft zwischen Erkennen und Gegenstand durch irgendeine "Brücke" zu überbauen sei», sondern vielmehr im Problem der Objektivierung, also «darin, wie das mit dem Erkennenden identische Erkannte als anderes dem Erkennenden gegenüberstehen könne, und wie es eine Erkenntnis geben könne, die ein anderes als solches hinnimmt»[306]. Diese Sicht führt bei ihm schon von Anfang an zum ontologischen Problem der Erkenntnis, genauer zur Seinsfrage, zurück. Die Seinsfrage als solche ist für ihn ein Ausgangspunkt und Ansatz, von dem her nach der Möglichkeit der Metaphysik gefragt und darauf geantwortet wird. Ihre Auslegung ist aber nach ihm nur darum möglich, weil und

---

[300] *GW* 14f.
[301] *GW* 15.
[302] Vgl. *GW* 42.
[303] Vgl. *TM* 198.
[304] Vgl. E. CORETH, «Philosophische Grundlagen» (1994) 531.
[305] Vgl. *GW* 14.
[306] *GW* 88.

insofern in der menschlichen Erfahrungserkenntnis bereits ein grundsätzliches metaphysisches Wissen um das Sein als transzendental-apriorische Bedingung des menschlichen Daseins mitgesetzt und mitbejaht ist. Dieses Vorverständnis des Seins gründet im Bei-sich-Sein des endlichen Geistes in der Offenheit oder im Vorgriff auf das Sein im Ganzen. Es geht dabei um die metaphysische Ermöglichung der Erfahrung, also um die Einheit von Metaphysischem und Erfahrungsmäßigem. Der Boden oder der Grund, weswegen der Mensch als in die Welt gestellter nach dem Sein im Ganzen fragen kann und auch muß, ist die Zweideutigkeit der Erkennens des Menschen als Geist in Welt: D.h. die menschliche Erkenntnis ist eine ineinanderwirkende Einheit aus Sinnlichkeit (*praesentia mundi*) und Denken oder Intellekt (*oppositio mundi*)[307]. Von da her wird der Mensch zuerst als Geist, der als in Welt verwiesener über diese hinausgreift, bestimmt[308]. Diese Erkenntnismetaphysik von «Geist in Welt» wird weiter in «Hörer des Wortes» (1941) zu einer existentiell-transzendentalen Anthropologie des Menschen vor Gott ausgebaut[309]. Darin wird der Mensch als ein Wesen begriffen, das auf Gott hin offen ist; das also «im Grunde nichts ist als die Hörigkeit auf die Botschaft Gottes, die ewiges Licht und ewiges Leben ist hinein in die sich uns in Gnade eröffnenden Tiefen des lebendigen Gottes»[310]. So wird bei Rahner der Mensch als das Wesen der Transzendenz verstanden, das bei Coreth metaphysisch-anthropologisch weitergeführt wird.

5.3.2 Die metaphysische Seinsfrage als Ansatz

Als Ausgangspunkt tritt bei Rahner vor allem die «Frage» als solche, die als nur dem menschlichen Dasein eigene nie durch etwas anderes ersetzbar ist, in den Vordergrund. Der Mensch ist nach ihm wesentlich ein fragendes

---

[307] Vgl. *GW* 79: «Was ist in dieser Einheit der Erkenntnis geeint? Das Wissen um ein weltliches Seiendes in seinem Hier und Jetzt und das Wissen um das Sein im Ganzen. Wenn wir das Sein bei einem Ding im Hier und Jetzt Sinnlichkeit und das Wissen um das Sein im Ganzen Intellekt nennen, können wir auch sagen, es handle sich um das Verstehen der innern Möglichkeit der Einheit von Sinnlichkeit und Intellekt, die als Tatsache den Ausgangspunkt aller Überlegungen bildet.»
[308] Vgl. *GW* 405: «Damit aber ist der Mensch wesentlich zweideutig. Er ist immer in die Welt verwiesen und ist immer schon über sie hinaus. Er ist quodammodo omnia, und doch ist sein ihm wesensgemäß zugeordnetes Objekt des Wissens die essentia rerum materialium.»
[309] Vgl. *TM* 199.
[310] Vgl. *HW* 41.

Wesen, und das Fragen als solches ist erst recht sein unausweichlicher Vollzug: D.h. nur der Mensch *fragt* notwendig. Jede Frage des Menschen aber hat nach ihm ein «Woher ihres Beginnens», also die «metaphysische Frage», die «nicht auf Dieses oder Jenes, sondern auf alles zumal, auf das Sein im Ganzen» geht[311]. Der Mensch fragt also aus seinem Wesen notwendig nach dem Sein im Ganzen, nach dem Sein alles Seienden. Diese Eigentümlichkeit des menschlichen Daseins kennzeichnet Rahner selbst so: «[D]er Mensch existiert als die Seinsfrage.»[312] Die Seinsfrage gehört deshalb notwendig zum menschlichen Dasein, weil «sie in jedem Satz mitenthalten ist, den der Mensch denkt oder spricht, ohne welches Denken und Sprechen er überhaupt nicht menschlich zu sein vermag»[313]. Alles menschliche Verhalten zu etwas — z.B. im Fragen, Wissen, Wollen und Handeln — setzt immer schon ein ursprüngliches Seinsverständnis, das durch die Reflexion thematisch werden muß, voraus. Die Seinsfrage des Menschen aus seinem existential-metaphysischen Wesen ist nach Rahner genau der «einzig mögliche Ausgangspunkt aller Metaphysik»[314]: «Die Frage also, was das Sein des Seienden sei als die das Sein des Menschen konstituierende Notwendigkeit seines Daseins, ist der Ausgangspunkt alles metaphysischen Fragens und Antwortens.»[315] Die Metaphysik ist erst recht nichts anderes als «die Frage nach dem Sein des Seienden als eines solchen, die Frage, welches der Sinn von "Sein" sei»[316]. Damit weist nun Rahner konkret das Verhältnis zwischen Metaphysik und Anthropologie auf. In der Metaphysik wird das Verständnis, das der Mensch als solcher immer schon von sich hat, zu sich selbst gebracht[317]. Und umgekehrt: der Mensch selbst betreibt Metaphysik, insofern er immer schon hat fragen müssen, was

---

[311] *GW(1939)* 35; *GW* 72. Dazu vgl. *GW* 71: «Diese Notwendigkeit kann aber allein darin gründen, daß dem Menschen Sein überhaupt nur als Fragbarkeit erschlossen ist, daß er selbst *ist*, indem er *nach dem Sein fragt*, daß er selbst als Seinsfrage existiert. [...] Die Frage nach dem Sein im Ganzen jedoch ist die einzige Frage, von der er sich nicht abkehren kann, die er fragen *muß*, wenn er überhaupt *sein* will, da in ihr allein das Sein im Ganzen (und damit auch sein eigenes) ihm nur als Fragbarkeit zugeeignet ist.»

[312] Vgl. *GW* 71.

[313] *HW* 47.

[314] *HW* 48.

[315] *HW* 48.

[316] Vgl. *HW* 44.

[317] Vgl. *GW* 47: «Metaphysik ist das begrifflich ausgebildete Verständnis jenes Vorverstehens, das der Mensch als Mensch *ist*.»

das Sein des Seienden sei[318]. Somit bezieht Rahner von Beginn an Anthropologie auf Metaphysik: «Die Analyse [der metaphysischen Frage] wird in der Verschlungenheit und Einheit des Fragens nach dem Sein und nach dem fragenden Menschen selbst, die sich aus dem Wesen eines jeden metaphysischen Fragens ergeben, immer gleichzeitig allgemeine Ontologie und metaphysische Anthropologie sein müssen.»[319]

Bei Rahner liegt die Möglichkeit der Seinsfrage als solche dem Vorverständnis des Seins zugrunde, das in der wesenhaften Offenheit, dem Vorgriff auf das Sein im Ganzen gründet. Denn wir können nur fragen, wenn wir schon um etwas wissen, nach dem wir fragen. Ebenso müssen wir schon um das Sein wissen, wenn wir danach fragen können: «Jede Frage [...] hat ein Woher, ein principium für eine mögliche Antwort auf sie. Denn eine Frage, die schlechterdings keine Antwort will, gibt sich selbst auf.»[320] In diesem Sinne ist «mit der Frage, was das Sein alles Seienden sei, schon ein vorläufiges Wissen um das Sein im allgemeinen ausgesprochen. Denn nach dem in jeder Hinsicht und schlechthin Unbekannten kann gar nicht gefragt werden.»[321] Dieses Vorwissen um das Sein ist der Boden, auf dem sich die Frage erhebt, aber die selbst nicht den Charakter einer Frage, sondern den einer Antwort hat. In dem Sinne, daß der Mensch vom Sein im Ganzen schon wissen muß, wenn er danach fragt, fängt der fragende Mensch schon beim Ziel an. Erst recht durch diese Fraglichkeit des Seins bekennt er

---

[318] Vgl. *HW* 44f. Die ganze Äußerung lautet: «Der Mensch kann nie bloß bei diesem oder jenem allein denkend oder handelnd sich aufhalten. Er will wissen, was alles zumal in seiner Einheit, in der ihm alles schon immer begegnet, sei; er fragt nach den letzten Hintergründen, nach dem einen Grund aller Dinge, und insofern er alles einzelne als seiend erkennt, nach dem Sein alles Seienden; er treibt Metaphysik. Und selbst wenn er es unterläßt oder sogar ausdrücklich ablehnt, so zu fragen, gibt er auf diese Frage doch eine Antwort: Er erklärt die Frage als gleichgültig oder als sinnlos und hat damit schon eine Antwort gegeben: Das Seiende ist jenes Etwas, das uns gleichgültig, dunkel und sinnleer aus jedem Seienden heraus anblickt. Oder der Mensch macht unausgesprochen ein bestimmtes Seiendes zum Sein: den Stoff oder die Wirtschaft, den Lebensdrang oder den Tod und das Nichts. Denn immer, wenn der Mensch seine eigene Existenz, sein ganzes Herzblut, in ein solches Seiendes restlos hineinverströmen läßt, erklärt er durch die Absolutsetzung eines Seienden dieses zum Mittelpunkt alles dessen, was ihn umgibt und was er ist, und alles andere nur zu Hilfen und Äußerungen dieses einen. Er sagt so, was er unter Sein versteht und verstehen will; er treibt Metaphysik. Wir müssen also Metaphysik treiben, weil wir es immer schon tun. Wir müssen also fragen, was das Sein des Seienden sei.»
[319] *HW* 48.
[320] *HW* 45.
[321] *HW* 50.

gleichzeitig, daß er nicht das Ziel selber ist, sondern ein endlicher Mensch[322]. Aber das erfragte Sein selbst kündet sich an und verbirgt sich zugleich in seiner eigenen Fragwürdigkeit[323]. Das Vorwissen um das Sein ist also uns nicht thematisch gegeben, sondern unthematisch.

Es geht jedoch darum, wie wir dieses vorgängige Vorwissen (oder Vorverständnis) thematisch machen und aussagen können. Der transzendentale Ansatz bei Rahner besteht darin, daß dieses transzendentale Apriori als ursprüngliche Möglichkeitsbedingung der metaphysischen Frage in unserer Erfahrung einschlußweise mitgesetzt und miterkannt ist. Die Metaphysik als Seinsfrage aber meint nach ihm «nur die reflexe Auslegung des eigenen Grundes jeder menschlichen Erkenntnis, der immer schon als solcher in ihr von vornherein mitgesetzt ist»[324]. «Sie ist weder im vulgären Sinn "realistisch" oder "induktiv", weil für ihre Möglichkeit das lumen intellectus agentis entscheidend ist; sie besteht anderseits, weil dieses lumen die apriorische und nur formale Bedingung der Gegenständlichkeit der Welt ist, nicht in einer Schau eines metaphysischen Gegenstandes, etwa des Seins als solchen, sondern in der *transzendentalen Reflexion* auf das, was in der Erkenntnis der Welt, in der Bejahung der physica mitbejaht wird.»[325] Danach meint das transzendentale Apriori vor allem die rein apriorische, im geistigen Selbstvollzug mitgegebene Bedingung, die derart konstitutiv in den Akt eingehen und damit reflexiv aus dem Akt aufgewiesen werden kann. Insofern es so als Bedingung konstitutiv in den Vollzug der Erfahrung eingeht, wird es darin nicht nur als vorgängige Bedingung der Erfahrung vorausgesetzt und gewissermaßen zurückgelassen, sondern, wenn auch unthematisch, miterfahren und sogar im Aktvollzug, der seine Bedingungen als erfüllt erweist, mitbejaht[326]. Das ist gerade der Grund der Möglichkeit der transzendentalen Erfahrung des Menschen. Der Mensch ist insofern schon aus seinem Wesen transzendent und metaphysisch, als er selbst als Seinsfrage existiert. Der Mensch hat die Transzendenz auf das absolute Sein Gottes als transzendentale Grundbedingung des Selbstvollzugs.

---

[322] Vgl. *GW* 74. Dazu vgl. *HW* 65: «Weil aber nicht bloß die Fragbarkeit, sondern auch die Fraglichkeit des Seins zur Grundverfassung des Menschen gehört, weil der Mensch *fragen* muß, darum ist der Mensch auch nicht das absolute Bewußtsein, sondern gerade in seiner Metaphysik, also *als* "transzendentales Bewußtsein" *endlicher* Geist.»
[323] Vgl. *GW* 71f.
[324] Vgl. *GW* 390.
[325] *GW* 397f.
[326] Vgl. E. CORETH, «Philosophische Grundlagen» (1994) 534.

So nimmt Rahner die Seinsfrage als Ansatzpunkt seiner transzendentalen Methode, während Lotz so sehr auf die unbedingte Behauptung des Urteils zurückgreift, um die apriorische Bedingung des Erkennens, weiters allen menschlichen Vollzugs aufzuzeigen. Rahner stellt sich bewußt methodisch die Frage nach der *Frage als Frage*. Im Zentrum dieser Frage nach der Frage überhaupt liegt genau die Seinsfrage als metaphysische Frage[327]. Von der Analyse der Seinsfrage her weist er auf, daß der Mensch grundsätzlich in der Offenheit für das Seins überhaupt steht, die in der apriorischen Hinordnung auf das Sein selbst und so auf Gott begründet ist. Diese Seinsfrage als Ansatz gibt der methodischen Grundlegung der Metaphysik bei Coreth einen entscheidenden Impuls.

6. Zusammenfassung

Der Ansatz der transzendental-anthropologischen Philosophie Coreths kommt ursprünglich her von der Wende des neuzeitlichen Denkens zum Subjekt. Wir können hier die philosophische Bedeutung dieser geistigen Wende in zweifacher Hinsicht betrachten. Die eine ist das Auftreten des *anthropologischen Denkens*. Die Wende des subjektbezogenen Denkens bringt, auch wenn sie in einer erkenntnistheoretischen Untersuchung geschieht, dadurch, daß sie den Menschen in die Mitte seiner subjektiven Erkenntniswelt stellt, schon ein anthropologisches Anliegen, das ein Gesamtverständnis des Menschen thematisch anzielt, in die philosophische Geschichte ein. Darauf ist vor allem Kant gestoßen. Er erst führt ausdrücklich alle philosophischen Fragen auf die anthropologische Frage zurück und spricht somit aus, daß die philosophische Anthropologie auf dem Grund von Metaphysik, Moral und Religion vollzogen werden muß. Deshalb arbeitet Kant selbst anhand dieser anthropologischen Fragestellung die Eigenart des Menschen als transzendentales, sittliches und religiöses Subjekt heraus. Diese Themen entsprechen — mindestens in der äußeren Form — dem transzendental-anthropologischen Gedankengang Coreths im Hinblick darauf, daß auch bei ihm der Mensch in metaphysischer Sicht, auf der Ebene des Sittlichen und im Bezug auf das absolute Sein Gottes betrachtet und bestimmt wird.

---

[327] Rahner nennt die metaphysische Frage auch die transzendentale Frage in dem Sinne, daß sie «nicht bloß ein Erfragtes, sondern den Fragenden und seine Frage selbst und damit alles schlechthin in Frage stellt». Sie ist gerade «die Thematisierung, die ausdrückliche, begrifflich ausgebildete Wiederholung der Frage, als die der Mensch notwendig existiert: der Frage nach dem Sein im Ganzen». Dazu vgl. *GW* 72.

Die andere Hinsicht ist das Auftreten der *transzendentalen Methode* (oder des transzendentalen Ansatzes). Der transzendentale Ansatz, den Kant selbst mit den «ersten Gedanken des Kopernikus» verglichen hat, liegt der Wende des Denkens zum Subjekt zugrunde. Dieser Ansatz wird seither als zentrales Moment der philosophischen Methode in das philosophische Denken aufgenommen. Er wird über den Deutschen Idealismus und Heidegger vor allem durch die deutschsprachige Maréchal-Schule in der Mannigfaltigkeit ihrer konkreten Ausprägungen angewendet und entwickelt. Bei ihren Vertretern dient er erst eigentlichst dem Aufbau des transzendental-metaphysischen anthropologischen Denkens in einer Neubegründung der Metaphysik.

Die transzendentale Methode geht ursprünglich auf Kants transzendentalen Ansatz, der die apriorischen Möglichkeitsbedingungen der Erkenntnis erörtert, zurück. Kants Fragestellung in der Kritik der reinen Vernunft zielt auf die Möglichkeit der Metaphysik. Weil und insofern er unsere Erkenntnis eines Gegenstandes nur auf die apriorischen Bedingungen im endlichen Subjekt zurückführt, das auf hinnehmende Erkenntnis, nämlich auf sinnliche Anschauung, angewiesen ist, hat sie nur Geltung *für mich*, nicht *an sich*; sie bleibt auf bloße Erscheinung innerhalb möglicher Erfahrung beschränkt. Darin unterscheidet sich «Erkennen» von «Denken», «Erscheinung» von «Ding an sich». Für Kant fungieren die reinen Ideen als Postulate der reinen praktischen Vernunft nur als regulatives, nicht als konstitutives Prinzip. In diesem Sinn ist bei ihm Metaphysik im strengen Sinn unmöglich.

Beim Deutschen Idealismus zeigt die Transzendentalphilosophie nach ihrem Selbstverständnis auf, daß das durch die transzendentale Kritik erklärte Erkennen nicht auf den Bereich der Erscheinung beschränkt ist, sondern vielmehr absolute objektive Geltung gewinnt. Bei Fichte wird das zunächst dadurch aufgewiesen, daß der Selbstvollzug des Bewußtseins als real-aktuelles Geschehen der Setzung des Ich an sich betont wird. Dabei ist «Objekt» nichts anderes als das, was als bloßes Nicht-Ich durch das Ich im Ich gesetzt wird. Dadurch wird das Ding an sich im kantischen Sinn, das uns nicht erkennbar ist, aufgehoben. Aber für uns ist die Einsicht des späteren Fichte wichtiger: Das Wissen setzt absolutes Sein voraus. Das Sein ist die Bedingung der endlichen Vernunft. Damit nähert sich Fichte, über Kant hinaus, wieder der Idee der Metaphysik im klassischen Sinne.

So verstanden kommt die Metaphysik im klassischen Sinne bei Schelling in seinem «Ideal-Realismus» stärker als bei Fichte zum Ausdruck. Schelling sucht eine radikalere Aufhebung der Zweiheit von Subjekt und Objekt zur *absoluten Identität*. Die absolute Identität (der Vernunft) setzt erkennend und wissend sich selbst als Subjekt und als Objekt des Wissens. So kommt es durch Selbstreflexion der absoluten Identität zur Differenz. Aber diese Identitätphilosophie ist sehr problematisch. Wie kann aus reiner absoluter Identität Differenz entspringen? Die Frage von Identität und Differenz wird bei Schelling selbst zum Ausgangspunkt der weiteren Problematik und in dieser Bemühung nähert er sich mehr dem metaphysisch-realistischen Denken, das er als «Christliche Philosophie» in Verbindung von Idealismus und Christentum verstehen möchte. Darin hebt er die Immanenz der reinen Vernunft in der Transzendenz auf das wirkliche Sein vor aller Vernunft auf. Damit dringt Schellings Denken durch die Urbejahung des Seins vor der Vernunft zu einer Seinslehre vor: d.h. zu einer Metaphysik, die das wirkliche Sein anerkennt und die Transzendenz, die Persönlichkeit und die Freiheit Gottes zu wahren sucht.

Bei Hegel finden wir eine wichtige Einsicht, die dem Denken Coreths einen bedeutsamen Impuls gibt: Es gibt keine Unmittelbarkeit ohne Vermittlung, die aber ihrerseits immer schon *Vermittlung der Unmittelbarkeit* ist. Jede Unmittelbarkeit ist immer schon durch die Gesamtheit der Erfahrungen des Geistes vermittelt. Alles, was wir verstehen, ist also schon ein Vermittlungsgeschehen. Von dieser Einsicht her wird bei Coreth sowohl anthropologisch als auch metaphysisch ein bedeutsamer Ansatz abgeleitet. Erstens wird anthropologisch unsere menschliche Erfahrungswelt, die immer schon vielfach — z.B. in Geschichte, Kultur, Sprache usw. — vermittelt ist, als ein Horizont aufgenommen, in dem der Mensch sich selbst vollzieht und erfährt, in dem allein das Selbstverständnis des konkreten Menschen gegeben ist und sich auslegt. Zweitens ist metaphysisch auch das Sein als letzter Horizont, in dem alles Seiende gründet, ein Vermittlungsgeschehen der Unmittelbarkeit. Aufgabe der Metaphysik ist es darum nach Coreth, durch transzendentalen Rückgriff diese Vermittlung der Unmittelbarkeit des Seins thematisch zu machen und zur Sprache zu bringen.

Heideggers Fundamentalontologie ist in der Hinsicht, daß sie das Anliegen der philosophischen Anthropologie auf ihren ontologischen Problemgrund zurückverweist, ontologisch-anthropologisch bedeutsam. Der Mensch als Dasein ist vor allen anderen Seienden durch Seinsverständnis ausgezeichnet. Darum will die Fundamentalontologie das Geschehen der Offenbarkeit des Seins im menschlichen Dasein freilegen und somit steht die existenziale Analytik des Daseins im Vordergrund ihrer Untersuchung. Sie wendet entscheidend das erkenntnistheoretische Problem der Transzendentalphilosophie auf die *ontologische Frage* als Seinsfrage nach dem Sein des Seienden hin. Hier wird diese Seinsfrage auf die apriorische Möglichkeitsbedingung allen Seienden befragt, weil es dabei um die transzendentale Rückführung auf den apriorischen Grund der Möglichkeit der Ganzheit der existenzialen Seinsverfassung des menschlichen Daseins geht. D.h. das Ziel der transzendentalen Frage bei Heidegger ist das Sein des Seienden, nämlich das Sein selbst. Dieses ontologische Denken Heideggers wird vor allem von Lotz und Rahner in eine fruchtbare Synthese mit der durch Maréchal eingeleiteten Weiterführung von Kants transzendentalem Ansatz in etwa eingebracht.

Die bemerkenswerteste Anwendung des transzendentalphilosophischen Denkens Kants auf die thomistische Metaphysik geschieht bei Maréchal. Er übernimmt den transzendentalen Ansatz Kants, aber diese Aufnahme hat fundamentale methodische Bedeutung: Sie will Kant durch Kant überwinden. Um die transzendentale Frage nach der apriorischen Bedingung der Möglichkeit von Erkenntnis zu beantworten, setzt Maréchal wie Kant beim *Urteil* an, in dem sich aber grundsätzlich und notwendig die Affirmation des von Kant vergessenen Seins zeigt. Nach Maréchal beruht das menschliche Erkennen, also das Urteil ursprünglich auf der dynamischen Ausrichtung auf das Absolute des Sein. Das letzte Ziel, die Finalität der dynamischen Ausrichtung der Urteilsbejahung ist gerade das Sein selbst. Vor allem dies erweist Maréchal durch seine transzendentale Analyse des Urteils. In der von daher gewonnenen unbedingten Berechtigung der Seinsbejahung sieht er die Grundlegung der Metaphysik. Er will darin den Ausgangspunkt der Metaphysik finden, obwohl er keine detaillierte Metaphysik ausbaut. Aber er nimmt methodisch den transzendentalen Ansatz zur Neubegründung der Metaphysik vor. Diese transzendentale Methode bei Maréchal ist — so Coreths Hinweis — wie ein «Umsturz des Denkens, der zugleich einen Zugang zur neueren Philosophie eröffnet, eine neue Ebene des Dialogs metaphysischen Denkens mit neuerem transzendentalphilosophischem Denken seit Kant und dem Idealismus erreicht»[328]. Wir können die Frucht schon in Heideggers — nicht von Maréchal berührtem — Denken, und erst recht bei Lotz, Rahner und Coreth sehen.

Lotz versteht das Wesentliche der transzendentalen Methode in weiterem Sinne. Sie besagt bei ihm den Rückgang überhaupt auf die apriorischen Möglichkeitsbedingungen der Erkenntnis, einerlei ob dieser schon bei den apriorischen Formen oder erst bei der darüber hinaus liegenden absoluten Realität haltmacht. Die transzendentale Frage nach der Möglichkeitsbedingung der Erkenntnis verlangt bei ihm als ihren letzten Grund über die bloß apriorische Formen des Subjekts hinaus die absolute Realität des Subjekts und des Objekts. Um dies auszulegen, geht er direkt auf die *Urteilsanalyse*, in der sich das Sein selbst zeigt. Es geht bei ihm von vornherein

---

[328] Vgl. E. CORETH, «Philosophische Grundlagen» (1994) 527.

um die Vertiefung der Ontologie. Die transzendentale Methode dient gerade der Seinsfrage und ihrer Auslegung. Die Seinsfrage bei Lotz nimmt ihren Impuls vor allem von Heideggers fundamentalontologischem Denken her auf. Aber er geht auch grundsätzlich über Heidegger hinaus, insofern er seine Seinsfrage bis zu dem absoluten Sein selbst, dem *subsistierenden Sein* erweitert. Damit verbindet er Heideggers Fundamentalontologie, die den Sinn von Sein von der Untersuchung des menschlichen Daseins her zu erhellen unternahm, mit der thomistischen Metaphysik.

Rahners Denkform wird als *transzendental-anthropologisch* bezeichnet. Auch bei ihm wird die transzendentale Frage nach der apriorischen Möglichkeitsbedingung des Erkennens auf die Seinsfrage ausgeweitet, in der die metaphysische Transzendenz auf das absolute Sein als die transzendentale Grundbedingung des geistigen Selbstvollzugs des menschlichen Daseins aufgezeigt wird. Dadurch wird auch die Metaphysik wiederhergestellt. Als Ausgangspunkt tritt bei ihm die «Frage» *als solche* in den Vordergrund. Jede Frage aus dem Wesen des fragenden Menschen gründet nach ihm notwendig in der metaphysischen Frage, die auf das Sein im Ganzen geht: der Mensch existiert als die Seinsfrage. Der Möglichkeit der Seinsfrage liegt aber das Seinsverständnis zugrunde, das in der wesenhaften Offenheit, dem Vorgriff auf das Sein im Ganzen gründet. Der Mensch als Geist, der als in Welt verwiesener über diese hinausgreift, also der Mensch als «Geist in Welt», ist aus seinem Wesen schon *metaphysisch-transzendent* ausgerichtet. In diesem Denken Rahners finden wir eine weitere Integration von metaphysischem und anthropologischem Denken, das durch den transzendentalen Ansatz geprägt ist.

KAPITEL III

Die ontologische Grundlegung von E. Coreths Philosophie

Auf Grund der bisherigen Untersuchung von Coreths transzendental-anthropologischer Philosophie und ihren Quellen kommen wir zum Schluß, daß seiner Anthropologie das transzendental-metaphysische Denken zugrunde liegt. Nun stehen wir noch vor einer Aufgabe der konkreten Auslegung der ontologischen Grundlegung der transzendental-anthropologischen Philosophie Coreths. Um dies aufzuzeigen, müssen wir zunächst auf Coreths transzendental-metaphysische Ontologie eingehen, die er in der «Metaphysik» (1961) und im neustens erschienenen Werk «Grundriß der Metaphysik» (1994) systematisch entfaltet. Dabei scheint uns der Rückgriff auf die methodische Grundlegung der Metaphysik vor allem wichtig. In diesem Kapitel werden wir die Eigenart von Coreths transzendentalem Denken der Neubegründung der Metaphysik betrachten. Daß wir uns dafür die allgemeine Frage nach der Bedeutung der Metaphysik und ihre Methodenfrage stellen und danach konkret mit der Betrachtung der transzendentalen Reflexion bei Coreth und seiner transzendentalen Frage der «Frage nach der Frage» als Ansatz der Metaphysik in unsere zentrale Debatte eintreten, legt sich nahe.

1. Metaphysik als Seinsphilosophie (Ontologie)

Wie ist Metaphysik als Wissenschaft möglich, und wie kann sie methodisch begründet und vollzogen werden? Die Antwort auf diese Frage zu suchen, das ist vor allem ein zentrales Anliegen und eine Hauptaufgabe der Metaphysik Coreths. Die Metaphysik als «Königin aller Wissenschaften»[1] wurde früher gar nicht in Frage gestellt und galt als Grundwissenschaft aller Wissenschaften. Die Frage nach der Möglichkeit und Begründung der Metaphysik wurde erst in der Neuzeit durch eine große Denkbewegung gestellt. Diese Denkbewegung können wir als Wende zum Subjekt bezeichnen. «Sie hebt an mit der Methodenreflexion Descartes' und formuliert sich bei Kant als tranzendentale Reflexion, die in mannigfachen Fortbildungen und Abwandlungen das Philosophieren der Folgezeit bestimmt.»[2] Seit dieser Wende zum Subjekt im Raum der Seinsvergessenheit mußte sich Metaphysik immer wieder die Frage gefallen lassen, ob sie möglich ist und ob sie Wissenschaft genannt werden kann[3]. In diesem Kapitel wird die Antwort darauf, die Coreths Metaphysik gibt, aufgewiesen. Wer in diese Untersuchung eintritt, kann jedoch vor allem die grundlegende Frage, was Metaphysik ist, nicht vermeiden.

1.1 *Was ist Metaphysik?*

Was ist Metaphysik? Diese Frage ist erst recht wichtig, insofern jede Wissenschaft ihren eigenen methodischen Weg zu suchen und auf ihm sich zu vollziehen hat. Diese Frage ist auch wie ein Programm, nämlich eine wissenschaftliche Intention, nach der sie sich entwickeln wird. Deshalb steht diese Frage notwendig am Anfang. Sie ist nach Coreth eine «Vorkenntnis» für jede weitere Frage, wie Metaphysik möglich sei, wie sie methodisch begründet und vollzogen werden könne[4]. Aber wenn wir danach fragen, was Metaphysik sei, so stellt uns dieses Thema von Anfang an vor ein

---

[1] *KrV* A VIII. Kant benutzt dieses Wort in der kritischen Bedeutung. Das heißt, daß die Metaphysik von altersher als eine Wissenschaft aufgefaßt wurde, ohne über ihre Möglichkeit als Wissenschaft zu reflektieren.

[2] E. CORETH, «Die Gestalt einer Metaphysik heute» (1963) 242.

[3] Die Frage nach der Möglichkeit der Metaphysik als Wissenschaft ist nach Coreth schon eine alte Frage, welche jederzeit an die Metaphysik gestellt ist, obgleich sie in der Geschichte der Philosophie nie so grundsätzlich in Frage gestellt wurde wie in der neuzeitlichen Denkbewegung, die durch die transzendentale Reflexion entscheidend bestimmt ist. Denn die Geschichte der Metaphysik ist «zugleich eine Geschichte der Frage nach der Möglichkeit der Metaphysik, eine Geschichte fortschreitender Selbstreflexion der Metaphysik, die sich immer tiefer in ihrem eigenen Wesen versteht und immer voller die kritische Selbstgewißheit ihres Vollzugs erreicht». In dieser Sicht liegt schon eine Bestimmung der Metaphysik als Grundwissenschaft, daß sie nämlich «jene Wissenschaft, die nichts voraussetzen darf, sondern sich durch sich selbst begründen und aus sich selbst vermitteln muß», ist. Vgl. E. CORETH, «Ansatz und Vermittlung der Metaphysik» (1960) 440.

[4] Vgl. *MP* 15.

Problem: Gibt es schon *die* Metaphysik, welche genau als die Metaphysik überhaupt aufgefaßt und damit allgemein so vertreten wird? Diese Frage ist schwer zu beantworten, auch wenn etwa eine solche Bestimmung der Metaphysik in der Geschichte der Philosophie versucht wurde. B. Weissmahr weist in seinem Buch «Ontologie» dieses Problem auf. Nach ihm gibt es nicht *die* Metaphysik, nur «verschiedene, voneinander oft erheblich abweichende philosophische Systeme oder Entwürfe, die sich selbst als Metaphysik bezeichnen oder sich zumindest zur metaphysischen Tradition des Abendlandes bekennen»[5]. Er vermeidet einen solchen voreiligen Versuch, weil er notwendigerweise vom eigenen Vorverständnis der Metaphysik geprägt wäre. Trotzdem muß eine bestimmte Aussage darüber, wie die Metaphysik aufgefaßt wird, vorsichtig und behutsam versucht werden, um in der Auseinandersetzung mit der Problematik der Metaphysik positiv fortzuschreiten. Die Frage nach der Möglichkeit oder Begründung der Metaphysik setzt eine Vorkenntnis, genauer gesagt, ein Vorwissen um die Metaphysik voraus, weil eine Frage nur möglich ist durch ein Vorwissen um das Gefragte[6]: Dieses Wissen als ein Vorwissen ist jedoch nicht thematisch, sondern unthematisch, weil der Fragende das Gefragte nicht genau oder nur teilweise weiß und er es daher genau(er) oder ganz wissen will. Wir können das Problem der Metaphysik nicht in die Diskussion werfen, ohne zuerst zu wissen, was Metaphysik ist. Es ist deshalb nötig, dieses unthematische Vorwissen zu thematischem Wissen auszubauen.

1.2 Der Ursprung des Begriffs «Metaphysik»

Um das zu wissen, was Metaphysik ist, ist eine vorläufige geschichtliche Orientierung darüber nötig, was der Begriff «Metaphysik» meint. Dazu muß man auf Aristoteles zurückgehen. Denn dieser Name stammt bekanntlich von seinem Werk, das uns unter diesem Namen überliefert ist. Aber in seinen uns enthaltenen Werken selbst wird dieser Name gar nicht erwähnt, sondern nur die Bezeichnung «erste Philosophie» (oder erste Wissenschaft, πρώτη φιλοσοφία) findet sich. Die Bücher, die Aristoteles selbst «erste Philosophie» genannt hat, wurden später in der Neuausgabe durch Andro-

---

[5] B. WEISSMAHR, *Ontologie*, 13.

[6] Jede Frage setzt notwendig ein Vorwissen um das Gefragte voraus. Dieser Gedanke ist ein wichtiges Prinzip von Coreths Denken. Das wird später in Bezug auf seine Ontologie diskutiert werden. Bezüglich der Frage der Möglichkeit der Metaphysik, hinsichtlich des Vorwissens, stellt sich Coreth eine Frage: «Könnten wir auch nur fragen nach der Möglichkeit der Metaphysik, wenn uns ihr "Gegenstand" nicht schon anfänglich bekannt wäre?» Vgl. *GM* 30f.

nikos von Rhodos unter dem Namen τὰ μετὰ τὰ φυσικά zusammengefaßt. Man versteht oft unter diesem Namen nur eine bibliothekarische Bezeichnung, d.h. jene Bücher, die bei Andronikos von Rhodos nur nach den Büchern über die φυσικά eingeordnet wurden. Hans Reiner kritisiert aber diese Ansicht, er nimmt für den Namen «Metaphysik» eine sachlich-inhaltliche Bedeutung an[7]. Coreth teilt diese Auffassung:

> Der Begriff «Metaphysik» geht nicht wörtlich, aber der Sache nach auf Aristoteles [...] zurück. [...] Lange Zeit hielt man den Titel für eine nur praktisch bibliothekarische Bezeichnung der Schriften, die nach der Physik eingeordnet wurden. Heute kann als erwiesen gelten, daß dieser Name immer schon eine sachliche Bedeutung hatte.[8]

Dieses Verständnis des Ursprungs des Namens «Metaphysik» hilft, das Wesen der Metaphysik besser zu verstehen. Denn es deutet an, daß Metaphysik schon am Anfang in einer eigenen Bestimmung in die Geschichte der Philosophie einging.

1.3 *Die zwei Bestimmungen der Metaphysik*

Was versteht Aristoteles selbst unter Metaphysik? Die Metaphysik, die Aristoteles selbst erste Philosophie (πρώτη φιλοσοφία) oder einfach Weisheit (σοφία), auch Gotteslehre (θεολογική) genannt hat und die auch in sachlich-inhaltlichem Sinne τὰ μετὰ τὰ φυσικά heißt[9], ist bei ihm nach

---

[7] Vgl. H. REINER, «Die Entstehung und ursprüngliche Bedeutung», 210-237; ID., «Die Entstehung der Lehre», 77-99. Kant hat schon in einer Vorlesung auf diesen Irrtum hingewiesen: «Was den Namen der Metaphysik anbetrifft, so ist nicht zu glauben, daß derselbe von ohngefahr entstanden, weil er so genau mit der Wissenschaft selbst paßt; denn da φύσις die Natur heißt, wir aber zu den Begriffen der Natur nicht anders als durch die Erfahrung gelangen können, so heißt diejenige Wissenschaft, so auf sie folgt, Metaphysik (von μετά, trans, und physica). Es ist eine Wissenschaft, die gleichsam außer dem Gebiete der Physik, jenseits derselben liegt. Und weil auf diese vermischte Erscheinung der Physik reine Vernunftbegriffe folgen, die über die Erfahrung gehen, so heißt auch diese Wissenschaft mit Recht Metaphysik; würde sie etwa den Namen einer super-Physik führen, so würde unter ihr die theologische Naturlehre verstanden werden können.» M. HEINZE, *Vorlesungen Kants*, 186.

[8] *GM* 17; Dazu vgl. *MP* 17.

[9] H. Reiner erörtert die enge Beziehung zwischen den Namen πρώτη φιλοσοφία und τὰ μετὰ τὰ φυσικά: «Die Metaphysik-Kommentare des Alexander von Aphrodisias [um 200 n. Chr.] und des Asklepios [6. Jahrh. n. Chr.] sprechen aus, der letztere mit größter Deutlichkeit, daß der Gegenstand der Metaphysik zwar seiner Natur nach, τῇ φύσει, der erste sei, in der Ordnung unseres Erkennens aber, πρὸς ἡμᾶς, der letzte d.h. der nach den physischen Dingen kommende; und deshalb heiße die πρώτη φιλοσοφία auch τὰ μετὰ

drei Aspekten unterschieden. In einem ersten Aspekt ist die Metaphysik vor allem eine Wissenschaft, die das Sein als solches (τὸ ὄν ᾗ ὄν)[10], nämlich das Seiende als das Seiende betrachtet. In diesem Sinne ist die Metaphysik identisch mit Seinsphilosophie, Ontologie. Diese Wissenschaft als Seinsphilosophie behandelt wegen des eigenen Charakters ihres Vollzugs schon Übersinnliches. Aber die Erkenntnis des Übersinnlichen muß für Aristoteles vom sinnenhaft Gegebenen ausgehen und aufsteigen. Das heißt, daß sie erfahrbare Dinge notwendig auf Übersinnliches bezieht und daß damit die Metaphysik als Wissenschaft von den Gründen aller Dinge verstanden wird. Daraus ergibt sich der zweite Aspekt der Metaphysik. Aristoteles selbst nennt diese die Wissenschaft vom Ersten und Ursächlichen (τὰ πρῶτα καὶ αἴτια)[11]. Er behandelt in diesem Sinne vier Ursachen der Dinge: die Material- und die Formalursache, die Wirk- und die Zielursache. In einem dritten Aspekt äußert Aristoteles, daß die erste Philosophie die Wissenschaft vom für sich Seienden und Unbewegten (περὶ χωριστὰ καὶ ἀκίνητα)[12] ist. In diesem Sinne meint die Metaphysik die Wissenschaft vom unbewegten Beweger, von der ersten Ursache für alles, was überhaupt ist, also vom göttlichen Urgrund. Sie heißt daher Theologik (θεολογική)[13].

Aus diesen Begriffsbestimmungen der aristotelischen Metaphysik ergibt sich eine Spannung[14]: Die aristotelische Metaphysik ist einerseits «Wissenschaft vom Seienden als Seienden, d.h. allgemeine Seinslehre als Gesamtwissenschaft, andererseits Wissenschaft vom göttlichen Ur-Grund alles Seienden, also philosophische Gotteslehre»[15]. Sind diese zwei Begriffsbestimmungen der Metaphysik denn einander entgegengesetzt wie zwei Pole? Aus dieser Spannung, welche die Einheit der Metaphysik entscheidend zu verhindern scheint, ergibt sich bei Christian Wolff eine Systematik der

---

τὰ φυσικά. Beide Namen haben sonach eine Ordnung im Auge, die zwar im Verhältnis zu uns beiderseits entgegengesetzt verläuft, die aber an sich genommen identisch ist.» H. REINER, «Die Entstehung der Lehre», 77. Dazu: ID., «Die Entstehung und ursprüngliche Bedeutung», 215ff.

[10] Vgl. ARISTOTELES, *Metafisica*, Γ 1, 1003a 20.
[11] Vgl. ARISTOTELES, *Metafisica*, A 2, 982b 2.
[12] Vgl. ARISTOTELES, *Metafisica*, E 1, 1026a 16.
[13] Vgl. ARISTOTELES, *Metafisica*, E 1, 1026a 19.
[14] Vgl. *MP* 19f.; *GM* 18. M. Heidegger spricht darüber im Text der Antrittsvorlesung, die er im Jahr 1929 an der Universität Freiburg unter dem Titel «Was ist Metaphysik?» gehalten hat. Vgl. *WMp* 19ff. Zur Forschung der Begriffsbestimmung der aristotelischen Metaphysik vgl. G. REALE, *Il concetto di «filosofia prima»*; J.B. LOTZ, «Ontologie und Metaphysik», 1-30.
[15] *GM* 18.

Einteilung der Philosophie, die seither in die Schulphilosophie einging: die endgültige Trennung zwischen Seinslehre und philosophischer Gotteslehre. Wolff unterscheidet die Metaphysik, die er mit der gesamten theoretischen Philosophie gleichsetzt, scharf von der Ethik als praktischer Philosophie. Er unterscheidet weiter zwischen «*metaphysica generalis*», welche die Ontologie als Wissenschaft vom Seienden als solchem meint, und «*metaphysica specialis*», die in drei Sachbereiche aufgeteilt wird, nämlich Kosmologie als Lehre von der Welt, Psychologie als Lehre von der Seele und natürliche Theologie als Lehre von Gott. Diese Dreiheit der speziellen Metaphysik (*metaphysica specialis*) wird später bei Kant in den drei Ideen der reinen Vernunft (Welt, Seele, Gott) ausgelegt.

Ist diese Aufteilung der Metaphysik richtig und nötig? Bei Coreth tritt immer schon sehr stark die Einheit der Metaphysik als Grundwissenschaft hervor[16]. Diese Tendenz entspricht der Auffassung von der aristotelischen Metaphysik. Sie faßt als Wissenschaft vom $ὂν ᾗ ὄν$ alles Seiende zu einer großen Einheit, dem Sein als solchem, zusammen. Im Sein als solchem löst sich die Spannung zwischen Wissenschaft vom Seienden als Seienden, d.h. allgemeiner Seinslehre als Gesamtwissenschaft, und Wissenschaft vom göttlichen Ur-Grund alles Seienden, also philosophischer Gotteslehre. Wenn das Sein als solches untersucht wird, so führt diese Untersuchung auf dem Hintergrund der aristotelischen Metaphysik von selbst zu dem göttlichen Ur-Grund als dem letzten Grund des Seienden. Denn diese Frage nach dem Grund ist einer der Hauptgesichtspunkte, die Aristoteles in seiner Seinslehre anwendet. «Die Wissenschaft vom Seienden als solchen und die Wissenschaft vom göttlichen Sein» werden, wie Coreth sagt, bei Aristoteles «durch die Wissenschaft von den letzten Gründen des Seienden verklammert»[17]. Die eine steht keineswegs mit der anderen im Widerspruch. Also sind bei Aristoteles Theologik als philosophische Gotteslehre und Ontologie als Seinslehre nicht zwei getrennte Wissenschaften[18]. Diese Auffassung, die sogenannte «Onto-theologie», ging seit Aristoteles entscheidend ein in die Tradition der Metaphysik und besonders durch Thomas von Aquin in die

---

[16] Die Äußerung Coreths über die Einheit der Metaphysik lautet so: «Weil aber die Gesamtheit dessen, was ist, im letzten nur aus dem gemeinsamen Ur-Grund erklärt werden kann, das Sein Gottes aber nur aus dem erfahrbaren Seienden und seinen Seinsgesetzen erreicht werden kann, ist die Einheit der Metaphysik als Wissenschaft gewahrt.» Vgl. *GM* 18.

[17] Vgl. *MP* 21.

[18] Vgl. J. HIRSCHBERGER, *Geschichte der Philosophie*, I, 184.

scholastische Philosophie[19]. Die Metaphysik Coreths ist sehr deutlich von dieser Auffassung geprägt. Das zeigt seine Kritik der Metaphysik von Christian Wolff:

> Sie hat [...] den Mangel, daß sie Seinslehre und Gotteslehre so sehr trennt, daß die allgemeine Ontologie abzusehen hat vom letzten Seinsgrund, daher zu einer formalen Lehre von ersten Begriffen und Prinzipien wird. Dies ist dadurch zu überwinden, daß schon die Ontologie reale Seinsauslegung zu leisten hat, die im absoluten Sein ihren letzten Grund erreicht, die philosophische Gotteslehre aber unter Voraussetzung der allgemeinen Seinslehre erst ausdrücklich die Erkenntnis Gottes zu entfalten hat.[20]

Coreth bringt hier Seinsphilosophie mit philosophischer Gotteslehre in Verbindung. Diese Verbindung vor allem liegt dem Wesen der Metaphysik zugrunde. Metaphysik ist, wie schon gesagt, nach der aristotelischen Tradition grundsätzlich die Wissenschaft vom Sein überhaupt, das allem, was überhaupt ist, notwendig zugrunde liegt; sonst ist es ganz und gar nichts. Wenn Seinsphilosophie das Ganze des Seienden als solchen im Sinne seiner allgemeinsten Züge wissenschaftlich untersucht, so kommt das Sein selbst in Frage. Diese Frage nach dem Sein selbst rührt weiter — nach den eignen Seinsgesetzen — an das höchste und grundlegendste Seiende. Das zeigt, daß Metaphysik in Bezug auf ihren wissenschaftlichen Gegenstand wesentlich zweifach ausgerichtet ist: einmal auf das Ganze des Seienden als solchen im Sinne seiner allgemeinsten Züge und zum anderen auf das Sein selbst im Sinne des höchsten und darum göttlichen Seienden. Das eine ist der Gegenstand der Ontologie und das andere der Gegenstand der philosophischen Gotteslehre. Daraus ergibt sich die Einheit der zwei Bestimmungen der Metaphysik im Sein. In diesem Sinne kann man Metaphysik als Seinsphilosophie, nämlich Ontotheologie, verstehen. Diese Metaphysik kann wegen ihres ureigensten Wesens nicht von der Frage nach Gott als dem Sein selbst absehen.

Es muß jedoch weiter ausgelegt werden, warum die Untersuchung der Metaphysik vom Seienden als solchen zu dem Sein selbst vordringen muß und wie das Sein selbst in Gott sich als den letzten Grund alles Seienden erweist. Es gilt, die Antwort darauf zu suchen, weil die Kritik gegen die onto-theo-logische Verfassung, die seit Wolff weithin bis in die Gegenwart nachwirkt, immer noch dazu herausfordert. Dieser Versuch ist besonders in der christlich-philosophischen Tradition sehr bedeutsam und wertvoll,

---

[19] Vgl. *MP* 21-23.
[20] *GM* 20.

um Metaphysik zur Seinsphilosophie der Tradition und sogar zur Untersuchung von Gott als dem Sein selbst zu führen. Das wird sich natürlich bei der Grundlegung der Metaphysik zeigen. Vor dieser Auslegung ist es aber bedeutsam, den Sinn und die Bedeutung der Metaphysik als Wisssenschaft zu erhellen. Denn die Frage nach der Bedeutung derselben ist für jeden wissenschaftlichen Vollzug des Menschen sehr wichtig. Coreth weist deshalb vor der systematischen Auslegung der Möglichkeit der Metaphysik die Bedeutung der Metaphysik auf. Dieser Aufweis ist ein anfänglicher Schritt zur Grundlegung der Metaphysik gegen den Trend der Zeit, die vom «Untergang der Metaphysik» spricht. Angesichts der verkündeten «Überwindung der Metaphysik»[21] haben wir uns wieder neu die Frage nach der Bedeutung der Metaphysik zu stellen.

1.4 *Die Bedeutung der Metaphysik als Selbstauslegung des Menschen*

Das Verstehen des ursprünglichen Begriffs der Metaphysik bei Aristoteles liegt der Metaphysik Coreths zugrunde. Metaphysik bestimmt sich bei Coreth in ihrer klassischen Tradition, die zumeist von Aristoteles geprägt wurde, als «die Wissenschaft vom Seienden als Seienden»[22], als Ontologie. Das bedeutet, daß sie «Seiendes nicht unter der Rücksicht seines regional oder kategorial bestimmten und beschränkten Soseins» befragt, sondern «allein unter der Rücksicht, daß es einfachhin "ist", daß es eben Seiendes ist»[23]. Der Gegenstand der Metaphysik betrifft deshalb das Sein als solches, das Seiendes zu Seiendem bestimmt und wodurch Seiendes ein Seiendes ist. Die Metaphysik heißt, insofern sie das Sein als solches und seine Eigenschaften grundsätzlich untersucht und damit aller Einzelwissenschaft als Bedingung vorausliegt, im aristotelischen Sinne «die erste Philosophie» und für Coreth die «Grundwissenschaft» schlechthin[24]. Jede Wissenschaft setzt zwar schon in ihrem wissenschaftlichen Vollzug unmittelbar me-

---

[21] Vgl. *GM* 11. Nach Coreth ist in unserer Zeit «nicht nur das Interesse an Metaphysik weithin geschwunden», sondern wird «die "Überwindung der Metaphysik" verkündet und die Ankunft eines "nach-metaphysischen" Zeitalters gepriesen». Dazu vgl. E. CORETH, ed., «Zur Einführung: Wahrheit in Einheit und Vielheit» (1987) 7-27.

[22] *MP* 45. Coreth betont besonders in *GM*, daß sich seine Metaphysik auf Ontologie ausrichtet: «Metaphysik, wie sie hier in Grundzügen dargelegt werden soll, ist "allgemeine Metaphysik" oder Ontologie, d.h. derjenige Teil oder Aspekt der Metaphysik, der die allgemein und notwendig gültigen Seinsbestimmungen und Seinsgesetze aufzuweisen hat, zu deren letzter Begründung man aber auf das absolute Sein ausgreifen muß.» *GM* 20.

[23] *MP* 45.

[24] *GM* 20.29; *MA* 13, 40; *MP* 16.49.

taphysische Begriffe und Prinzipien, die das Sein betreffen, voraus; z.B. Gattung, Art, Wirklichkeit, Möglichkeit, Einheit, Verschiedenheit, Notwendigkeit, Vollkommenheit, Identitätsgesetz, Kausalitätsgesetz usw. Metaphysik ist nach Coreth zugleich «Gesamtwissenschaft, insofern sie alles, was überhaupt "ist", umgreift und aus dem Sein zu verstehen und zu begründen, im letzten aus dem absoluten Seinsgrund zu erklären hat»[25]. Die Metaphysik als Grundwissenschaft und Gesamtwissenschaft ist als solche bedeutsam, weil sie diesen eigenen wissenschaftlichen Bereich hat. Keine von den Einzelwissenschaften stellt sich die Frage nach dem Sein als solchem, von dem her alles, was überhaupt ist, grundsätzlich ausgelegt werden muß. Sie fragt noch nicht einmal nach den Seinsgesetzen, die ihr selbst zugrunde liegen. Das Sein überhaupt und seine Gesetze stehen in der Einzelwissenschaft gar nicht in Frage. Diese Frage ist nur der Metaphysik eigen. Metaphysik hat insofern im Wissenschaftskosmos durch ihren wissenschaftlichen Gegenstand einen eigenen Bereich, als sie den Urgrund alles Seienden im allgemeinsten Sinn befragt und durch diese Frage schon transzendent und somit metaphysisch wird.

Die beachtenswerte Bedeutung der Metaphysik besteht darin, daß die umfassende und ganze Selbstauslegung des Menschen nur auf dem Grund der Metaphysik möglich ist. Der Mensch steht im Horizont des Seins, insofern er ein Seiendes ist, darum ist ohne Auslegung des Seins die grundsätzliche Selbstauslegung des Menschen nicht möglich. Coreth zielt vor allem von der Eigenart des fragenden Menschen her auf die Sinngebung der Metaphysik:

> Wird Metaphysik nicht nur als begrifflich-abstraktes Konstrukt verstanden, sondern im Rückgang auf die Möglichkeit des Aktvollzugs menschlichen Fragens und Wissens begründet, so gewinnt sie lebendige Bedeutung für das Selbstverständnis des *Menschen* in einem existentiell-anthropologischen Sinn. Sie erweist das geistige Wesen des Menschen in seiner transzendenten Eigenart, die das Unmittelbare übersteigend sich im offenen Horizont des Seins vollzieht, darum wesenhaft auf das absolute Sein hingeordnet ist.[26]

Coreth gründet Metaphysik auf das Wesen des Menschen als des Fragenden. Der Mensch ist nicht nur ein körperliches Wesen, sondern auch ein geistiges. Er ist in der Eigenart des geistigen Selbstvollzugs für das Sein immer schon offen. Metaphysik beantwortet grundsätzlich die menschliche

---

[25] *GM* 20. Dazu vgl. *ibid.* 29; *MA* 40; *MP* 49.
[26] *GM* 26. Diese Aussage deutet das Wesen der Philosophie Coreths, ihren transzendental-anthropologischen Charakter an. Darin bezieht sich seine philosophische Anthropologie sehr eng auf Metaphysik als Ontologie.

Frage nach dem Sein überhaupt oder dem Sein selbst. Die Metaphysik als Wissenschaft vom Sein als solchen dient deshalb auch der Selbstauslegung des Menschen. Sie ist nicht nur eine begriffliche, abstrakte Wissenschaft, die von unserer menschlichen Wirklichkeit absieht. Sie antwortet nicht nur auf eine Frage, die der Mensch hat — neben vielen anderen — und die er stellt, wenn er z.B. Philosophie treibt. Sie antwortet vielmehr auf die Frage, die der Mensch *ist* und die er als mündiger, verantwortungsbewußter Mensch *lebt*. So zeigt sich uns diese wissenschaftlich betriebene Frage nach dem Sein und dem Seienden als der geistige Grundvollzug des Menschen oder besser: von uns konkreten Menschen. Der Mensch erlangt im Vollzug der Metaphysik das Selbstverständnis, das schon unthematisch im Vollzug der Frage enthalten ist. Demnach ist der Mensch schon durch die Eigenart seines Geist-Seins auf Sein und auf absolutes Sein hingeordnet. Der Mensch ist schon «Transzendenz». «Erst darin erreicht Metaphysik ihren Sinn und ihr Ziel.»[27]

Die Fragen nach der Möglichkeit der Metaphysik, im weiteren die Frage nach dem Urgrund des Seienden sind als solche das zentrale Anliegen der Philosophie; sie ist immer noch das wichtigste philosophische Anliegen des Menschen, der die Welt, den großen oder Makrokosmos, und vor allem den kleinen oder Mikrokosmos seines allereigensten Lebens von dessen Grund her auslegen will[28]. Ein Zeugnis dafür ist die ganze Geschichte der Philosophie. Nach Coreth ergibt sich daraus die Bedeutung der Metaphysik: «Metaphysik hat also [...] grundlegende und richtungweisende Bedeutung, vor allem für die Philosophie selbst, die aus ihrem zentralen Anliegen immer schon Metaphysik war und sein sollte.»[29] Sie ist im weiteren besonders in der christlich-philosophischen Tradition bedeutsam für die Theologie:

> Un-metaphysische Theologie führt ins Leere, anti-metaphysische Theologie in die Irre. Nur in der Einheit von Glauben und Denken kann Theologie sinnvoll, überzeugend und fruchtbar werden; sie setzt metaphysisches Denken voraus.[30]

---

[27] Vgl. ebd. 12.

[28] Metaphysik gilt besonders für die philosophische Weltanschauung als «die Gesamtauffassung von Wesen und Ursprung, Wert, Sinn und Ziel der Welt und des Menschenlebens». Vgl. J. DE VRIES, «Weltanschauung», 455.

[29] *GM* 27.

[30] *GM* 27. Theologie stimmt insofern mit Metaphysik überein, als die beiden den letzten Grund alles Seienden untersuchen. Aber sie unterscheidet sich insofern von Metaphysik, als sie «mit dem Licht des Glaubens» vollzogen wird und Metaphysik dagegen «mit dem Licht der natürlichen Vernunft». Dazu vgl. O. MUCK, *Philosophische Gotteslehre*, 60ff.

Diese Verbindung der Theologie und Philosophie ist im christlichen Denken natürlich und unerläßlich.

2. Der transzendentale Ansatz zur Begründung der Metaphysik bei Coreth

2.1 *Die Methodenfrage*

Coreth stellt am Anfang der Metaphysik vor allem ihre Methodenfrage, weil die Frage nach der Möglichkeit der Metaphysik schon selbst eine Methodenfrage enthält. Wir müssen hier die Methodenfrage der Metaphysik stellen, um dadurch ihre wissenschaftliche Gewißheit und ihren wissenschaftlichen Zweck *richtig* und *genau* zu erreichen. Im Vollzug der Wissenschaft ihren richtigen, sachgemäßen Weg zu finden und nachzugehen, ist wichtig, um nicht in die Irre zu führen. Die Methodenfrage wird in jedem wissenschaftlichen Vollzug immer der prinzipielle Wegweiser. Sie gilt nicht nur für die wissenschaftliche Gewißheit, sondern auch für den richtigen Vollzug. Die Methodenfrage bezieht sich schon sehr eng auf die damit vollzogene Wissenschaft selbst. Jede Wissenschaft hat den eigenen Gegenstand, der in ihrem Vollzug gewußt und ausgelegt werden muß. Jede wissenschaftliche Methode hat sich nach dem Charakter ihres wissenschaftlichen Gegenstandes zu richten, weil der Gegenstand selbst schon seine eigene Methode verlangt. Der Gegenstand jeder Wissenschaft weist zwar die eigene wissenschaftliche Methode auf. Deshalb ist die Frage nach dem Gegenstand der Metaphysik ein methodischer Ansatz, ihre Methodenfrage richtig zu stellen.

Coreth betont, daß der Gegenstand der Metaphysik, anders als in empirischen Wissenschaften, in besonderer Weise thematisch wird: «Ihr "Gegenstand" kommt erst durch Vermittlung metaphysischen Denkens zu thematischer, aber nie empirisch-gegenständlicher Gegebenheit.»[31] Der Name Metaphysik, der im sachlich-inhaltlichen Sinne genannt wird, bestimmt als solcher schon ihren eigenen wissenschaftlichen Weg und unser Mit-Gehen, nämlich ihre Met-hode. Metaphysik ist durch den Namen «Metaphysik» «als jene Wissenschaft gekennzeichnet, die es nicht mit einem begrenzten, der Erfahrung vorgegebenen Gegenstandsbereich zu tun hat, sondern über die empirisch-physische Gegebenheit zu deren letzten Gründen und Hintergründen vorzudringen hat»[32]. Das Verstehen dieses metaphysischen Gegenstandes über die empirisch-physische Gegebenheit ist nur durch

---

[31] *GM* 28.
[32] *GM* 28.

die metaphysische Reflexion möglich. Wenn Metaphysik nur durch Vermittlung metaphysischen Denkens ihren Gegenstand thematisch machen kann, hat sie von Anfang an in sich eine auszulegende metaphysische Aufgabe. Denn die Frage nach dem Gegenstand der Metaphysik ist als solche immer schon metaphysisch. Also enthält Metaphysik, insofern sie nur durch metaphysisches Denken ihren Gegenstand recht aufgreift, selbst schon eine eigene Methode, die auch ein metaphysisches Problem ist. Metaphysik muß für Coreth hinsichtlich der Methodenfrage eigentlich von Anfang an schon metaphysisch sein[33]. Daraus ergibt sich ein grundsätzliches Problem: Für die Methodenbestimmung der Metaphysik muß ihr Gegenstand erst vorgefunden werden. Aber wenn der Gegenstand der Metaphysik nur durch «metaphysisches Denken» aufgewiesen werden soll, stellt sich wieder die Frage nach der Gegenstandserkenntnis der Metaphysik, die durch ihren Vollzug ausgelegt wird, damit ihre Methodenfrage nicht in einen Zirkel gerät. Die Frage nach der Möglichkeit der Gegenstandserkenntnis der Metaphysik ist daher immer schon, weil sie selbst metaphysisch ist, ein Ansatz der Metaphysik. Coreth sucht durch die Analyse des *Vollzugs des Fragens* des Menschen diese Möglichkeit.

2.2 *Die transzendentale Reflexion*

Die methodologische Problemstellung der Metaphysik bei Coreth zielt auf die *transzendentale Reflexion*, die vor allem seit Maréchal durch Lotz und Rahner usw. als eine wichtige Methode der Metaphysik aufgenommen wurde. Der Grund beruht nach Coreth im Gegenstand der Metaphysik. Wenn und insofern die Metaphysik zuerst nach der Möglichkeit einer Wissenschaft, die alles umgreift, was *ist*, fragt und sogar diese Frage als solche ein Vorwissen um das Gefragte, das sie ursprünglich ermöglicht, voraussetzt, so bestimmt der Gegenstand der Metaphysik schon die Grundmethode. D.h. die Metaphysik beginnt mit der Reflexion auf die apriorische Möglichkeitsbedingung des metaphysischen Fragens. Der Gegenstand der Meta-

---

[33] Coreth äußert sich dazu folgenderweise: «Metaphysik ist [...] *Gesamtwissenschaft*, die sich auf alles, was überhaupt ist, erstreckt, also auch sich selbst in ihrem Wesen begreifen, in ihrer Möglichkeit begründen muß. Sie ist *Grundwissenschaft*, da sie den letzten Grund alles Seienden und unseres Wissens um Seiendes zu ergründen hat. Sie kann daher nicht Voraussetzungen machen, die ihr selbst nicht zugänglich sind. Die Frage nach der Möglichkeit der Metaphysik ist also selbst ein metaphysisches Problem. Weil sich aber ihre Möglichkeit konkret in der Möglichkeit der sachgemäßen Methode konstituiert, ist auch die Frage nach der Methode der Metaphysik selbst schon ein metaphysisches Problem.» *GM* 29. Dazu vgl. *MP* 49.

physik ist weder empirisch-gegenständlich noch unmittelbar faßbar. Er ist uns aber als ein unthematisches Wissen, das nur durch eine «Reflexion» zu thematischem Wissen gebracht werden kann, gegeben[34]. Coreth selbst bezeichnet diese Eigenart des metaphysischen Gegenstands als «Vermittlung der Unmittelbarkeit: Sie hat das unmittelbare, jedoch unthematische Wissen zu thematischem Wissen zu vermitteln.»[35] Darin besteht die transzendentale Reflexion als Methode der Metaphysik.

Wie wir schon erwähnt haben, stammt der Name wie der methodische Einsatz der transzendentalen Reflexion von Kant. Er nennt den Rückgang des Denkens auf die vorgängigen Bedingungen der Möglichkeit des Erkennens «transzendental». In der transzendentalen Reflexion wird nun die Aufmerksamkeit nicht in erster Linie den Gegenständen oder ihrer Erkenntnis geschenkt, sondern den gegenstandsgerichteten Vollzügen oder den apriorischen Möglichkeitsbedingungen der Erkenntnis. Wenn aber diese Methode zur Begründung der Metaphysik angewendet werden soll, muß sie freilich über den Sinn Kants hinausgehen[36]. Denn sie muß über den Bereich möglicher Erfahrung und bloßer Erscheinung hinaus ein metaphysisches Grundwissen um das Sein als letzte Bedingung des gesamten menschlichen Geistvollzugs (Fragens und Wissens) aufweisen. Coreth selbst betont daher den ontologischen Zug des transzendentalen Denkens:

> Es geht hier nicht um Subjektivierung oder Relativierung der Erkenntnis, nicht um subjektive Konstruktion einer Erkenntniswelt «für mich», sondern um das Seiende, wie es «an sich» ist, aber um die Frage, wie und unter welchen Bedingungen das, was «selbst ist», erkannt, in dem, was es «als Seiendes» ist,

---

[34] Vgl. *GM* 30-31.
[35] *MP* 78.
[36] In dem kantischen transzendentalen Ansatz steckt von Beginn an schon der methodische Irrtum der Metaphysik. Kant kritisiert in der «Kritik der reinen Vernunft» durch die Frage nach der Möglichkeit der Metaphysik als Wissenschaft, daß die «falsche» Metaphysik die reinen Ideen — Gott, Welt und Seele — und die Begriffe des Verstandes (Kategorien) fälscht, wie «an sich subsistierende Dinge, und daher bloße Vorstellungen zu Sachen an sich selbst» (*KrV* B 519) macht. Diese Metaphysik ist nach ihm am Anfang schon «dogmatisch» (*ibid.* 7), weil deren Möglichkeit nicht geprüft wird. Bei Kant meint Metaphysik nur «*logica intellectus puri*» (vgl. I. KANT, *Akademie-Ausgabe*, XVII, 519). Danach soll die Hauptfrage der Metaphysik sein, was und wie viel Verstand und Vernunft, frei von aller Erfahrung, erkennen kann (vgl. *KrV* A XVIII). Die Metaphysik sei eine ganz isolierte spekulative Vernunfterkenntnis, «die sich gänzlich über Erfahrungsbelehrung erhebt, und zwar durch bloße Begriffe (nicht wie Mathematik durch Anwendung derselben auf Anschauung), wo also Vernunft selbst ihr eigener Schüler sein soll» (*KrV* B XIV).

verstanden und aus dem «Sein alles Seienden» begründet und erklärt werden kann.[37]

Hier wird deutlicher, daß in der transzendendentalen Reflexion wieder unter Berufung auf die Tradition der aristotelischen Metaphysik das Sein als umfassend und absolut angezielt wird. Aber darin wird der Sinn des Seins vor allem *operativ*, also aufgrund einer Besinnung auf menschliche Tätigkeit herausgearbeitet. Das umfassende und absolute Sein wird wie bei Rahner auch bei Coreth als die Bedingung der Möglichkeit des Fragens aufgewiesen. Darum ist für Coreth die Aufgabe des transzendental-metaphysischen Denkens, die absolut gültige Objektivität der Seinserkenntnis unter dem menschlichen Geistvollzug des Fragens und Wissens methodisch-systematisch aufzuweisen[38].

In der transzendentalen Reflexion wird das transzendentale Apriori in der ursprünglich unmittelbaren Erfahrung des geistigen Selbstvollzugs betont; d.i. «transzendentale Erfahrung». Sie geht also von der inneren Selbsterfahrung des eigenen Aktvollzugs (des Fragens und Wissens, des Wollens und Strebens) aus. Die Möglichkeitsbedingungen des Vollzugs werden, wenn auch nicht unmittelbar als Gegenstand der Erfahrung, schon im Aktvollzug unthematisch «mit-erfahren»; sie sind in der Erfahrung «mit-gegeben», «mit-gewußt» und «mit-bejaht»[39]. Sie können daher durch die Vermittlung der Reflexion auf diese aktuelle Erfahrung thematisch gemacht, begrifflich ausgelegt und erkannt werden.

3. Der Ansatz in der Frage als metaphysische Methode

3.1 *Die Frage als Anfang*

Coreth richtet seine Aufmerksamkeit in erster Linie auf den methodischen Ausgangspunkt für eine Grundlegung der Metaphysik. Wie in der neuzeitlichen Philosophie die Frage nach *dem* richtigen Anfang für methodische Grundlegung des philosophischen Denkens, von dem her alles begründet und entfaltet werden kann, immer schon gestellt wurde, so geht es auch ihm um einen radikaleren Ansatzpunkt. Er stellt sich am Anfang seiner «Metaphysik» die Frage nach dem *Anfang*: «Am Anfang steht die Frage nach dem *Anfang*: Was ist der richtige Anfang? Er muß ein Erstes sein, das nichts voraussetzt und keine Vorentscheidung trifft, doch über sich hinausweist

---

[37] *GM* 33.
[38] Vgl. *GM* 34.
[39] Vgl. *GM* 34f.

auf das, was aus dem Anfang hervorgehen soll.»[40] Um nicht in die Irre zu führen und sogar um die Möglichkeit eines richtigen Fortgangs zu vermitteln, muß nach ihm also am Anfang der Metaphysik nach ihrem Anfang gefragt werden. Dieser Frage ist nicht zu entgehen. Die Frage nach dem rechten Anfang gibt sich aber nach Coreth von vornherein selbst die Antwort: «Der *Anfang* ist die Frage, die jeden anderen Anfang überholt, selbst aber nicht überholbar ist.»[41] Denn wenn er in Frage gestellt wird, so ist das wieder eine Frage, die von neuem die Möglichkeit und Berechtigung des Fragens erweist. Das Fragen wendet sich auf sich selbst zurück; es selbst wird also zum Inhalt der Frage. In diesem Sinn ist der Anfang in der Frage fraglos und voraussetzungslos. So gibt es bei Coreth am Anfang der Metaphysik als Ansatzpunkt die «Frage» als solche, nämlich die «Frage nach der Frage»[42]. Sie allein setzt für ihn den radikalsten und richtigen Ansatzpunkt, insofern jede beliebige Ausgangsposition — z.B. Urteil, Zweifel, Sprache, Gespräch, Geschichte, privilegiertes Phänomen oder Grenzsituation des menschlichen Daseins — die Frage nach dem Ausgangspunkt notwendigerweise impliziert.

3.2 *Die Analyse der Frage als Frage*

Schon früher hat Heidegger im Vortrag «Die Frage nach der Technik», den er im Herbst 1953 in München hielt, gesagt: «Das Fragen ist die Frömmigkeit des Denkens.»[43] Die Geschichte der Philosophie ist im strengen Sinne die Geschichte der Frage, worin wir die Welt und den Sinn unseres Lebens und Handelns, die Sinn-Ganzheit und Sinn-Einheit des menschlichen Daseins auslegen wollen. Das Fragen ist ein wesentliches Element des Philosophierens. Das beruht auf dem Wesen des Menschen als Fragenden. Von unserer anthropologischen Einsicht her kann nur der Mensch fragen. Trotz der anthropologisch-philosophischen Wichtigkeit des Fragens als

---

[40] *GM* 43; *MP* 82.

[41] *GM* 36.43. Dazu vgl. *MP* 82: «Die Frage nach dem Anfang wird also — oder ist implizit immer schon — die Frage nach der Frage. Die Reflexion der Frage auf sich selbst liegt schon in der Frage des Anfangs und ist schon der Anfang metaphysischen Fragens. So ist die Frage der einzig mögliche Anfang, der sich selbst in seiner Möglichkeit und Notwendigkeit begründet und aus sich selbst die Möglichkeit und Notwendigkeit metaphysischen Fragens — als eines Fragens nach dem Anfang und über den Anfang hinaus — vermittelt.»

[42] *GM* 43; *MP* 86.

[43] *VA* 44. Dazu: G. HAEFFNER, «Heidegger als fragender Denker», 157-171. Haeffner legt hier den Sinn der Frage als solcher bei Heidegger aus.

Grundvollzug des Menschen ist es als solches kaum interpretiert worden. Welchen Sinn hat nun das Fragen des Menschen philosophisch? Wir wollen bei Coreth die Antwort finden. Im Vollzug des Fragens des Menschen sieht Coreth selbst nicht nur den Anfang und Ansatzpunkt seines philosophischen Denkens, sondern auch den methodischen Ausgangspunkt für eine Grundlegung der Metaphysik. In seiner Analyse der Frage als Frage drängt sich — vor allem von Heidegger und Rahner angeregt — die Seinsfrage auf. Wir wollen hier die Bedeutung und den Sinn der Frage als Anfang auf verschiedenen Ebenen betrachten.

3.2.1 Auf der erkenntnistheoretischen Ebene

Nachdem Kant in der «Kritik der reinen Vernunft» die Frage nach der Möglichkeit jeder Wissenschaft auf die Frage nach der Möglichkeit von synthetischen Urteilen a priori zurückführte, wird vor allem in der neuscholastischen Metaphysik eine Analyse des Urteils an den Anfang gesetzt. Dieser Ansatz gründet nach Coreth in der richtigen Einsicht, «daß sich aus der Absolutsetzung, die jedes Urteil vollzieht, die vorgängige Absolutheit des Seinshorizonts als Bedingung der Möglichkeit des Urteils aufweisen läßt»[44]. Jedoch ist nach ihm das Urteil kein fragloser Anfang der Metaphysik. Als kritisch-methodischer Ansatz ist es nicht so voraussetzungslos wie die Frage als Anfang. Denn der Ansatz im Urteil verlangt selbst wieder die Frage, ob und mit welchem Recht das Urteil als Anfang gesetzt werden kann. So geht ihm schon die Frage nach dem Anfang voraus.

Hiermit stellt sich aber eine Frage, ob sich die Frage selbst wesentlich von der Aussage im Urteil unterscheiden kann. Wenn es als Ansatzpunkt der Analyse der menschlichen Erkenntnis um die Frage selbst geht, meint sie keine Einzelfrage als eine Aussage oder einen Frageansatz. Sie hat den Charakter einer «Meta-Frage». Die Frage als Anfang ist also die Frage nach der Frage: «Wenn der Anfang die Frage ist, so wird die Frage nach dem Anfang zur Frage nach der Frage.»[45] Wenn daher bei Coreth die Frage selbst als der radikalste Anfang, vom dem her alles begründet wird, aufgenommen wird, muß gegen Einwände und Mißverständnisse, die sich oft melden, deutlich gemacht werden: Die Frage als Anfang ist weder ein bloßer Begriff noch eine urteilende Aussage. Sie ist vielmehr ein ihnen vorausgehender *Grundvollzug*, der die Frage nach dem Anfang auf sich selbst, aber vor allem im Ausgriff auf das absolute Sein, zurückführt. Während in jedem Urteil

---
[44] *MP* 83.
[45] *GM* 43

schon ein Wissen vorausgesetzt wird, das in ihm behauptet wird, ist in der Frage als Anfang dagegen nur ein *unthematisches Vorwissen* als ihre Möglichkeitsbedingung mitgesetzt. Diese Frage kann gar nicht ein Urteil sein, das eine Behauptung von Bejahung oder Verneinung enthält. Sie geht schon dem Wissen und dem Urteilen voraus. Coreth sagt so: «Der Mensch ist der Fragende, bevor er Wissender und Urteilender ist. Die Frage ist darum ursprünglicher als das Wissen und das Urteil.»[46] Das Fragen selbst ist für Coreth daher der radikalste Ansatzpunkt, von dem her allein und mit dessen Analyse nicht nur seine Anthropologie, sondern auch seine Metaphysik beginnen soll.

3.2.2 Auf der sprachphilosophischen Ebene

Trotz dieses Charakters der Frage als des jedem Urteil vorausgehenden menschlichen Grundvollzugs können wir dabei nicht davon absehen, daß die Frage durch die Sprache vermittelt werden muß, damit sie in einem konkreten menschlichen Aktvollzug gesetzt wird. Coreth sagt so: «Fragen geschieht in der Sprache.»[47] Es kommt nach ihm in Worten der Sprache ausdrücklich zu sich selbst. Denn ohne sie ist im strengen Sinne die Vermittlung des Fragens zu sich selbst nicht möglich. Durch sie werden uns sogar Sinngehalte vermittelt und erschlossen, nur dadurch wird die menschliche Verständniswelt, nämlich der Erkenntnis- und Verständniszugang, eröffnet[48]. Darin wird vor allem der positive Sinn der Sprachphilosophie gefunden. Die Sprachphilosophie behandelt die Sprache nicht nur als Sprache, sondern als Sprachverhalten. Man benützt die Sprache für Kommunikation bzw. Mitteilung von Gedanken, Wissen, Information usw. Daran kann man die Fragen knüpfen, was die Bedeutung der von Sprechern verwendeten sprachlichen Ausdrücke ist und welche Beziehungen es zwischen der Welt und der Sprache oder zwischen Gegenständen und sprachlichen Ausdrücken gibt. Die Antwort auf diese Fragen kann vor allem dann wichtig sein, wenn ausgedrückte Theorien eines bestimmten Philosophen richtiger aufgefaßt werden sollen. Deshalb wird die Sprachphilosophie heutzutage in vielen Bereichen der Philosophie — z.B. nicht nur in der Logik, sondern auch in der Ontologie — behandelt. In der sprachphilosophischen Analyse der Sprachphänomene ergibt sich dennoch die schwierige Aufgabe, wie der Bereich der Frage philosophisch auf die

---

[46] *MA* 51; *MP* 83.
[47] *GM* 36.
[48] Vgl. *WM* 50. Dazu: in dieser Arbeit Kap. I, § 6.2.4.

Metaphysik, konkreter auf die Seinsfrage erweitert werden kann.

Im allgemeinen kann man das Anliegen der Sprachanalytischen Philosophie mit folgender Bemerkung Russells umschreiben: «Daß alle vernünftige Philosophie mit einer Analyse von Aussagen beginnen soll, das ist eine eindeutige Wahrheit.»[49] Dazu schrieb der frühe Wittgenstein, der von Russell und Moore beeinflußt wurde, im «Tractatus logico-philosophicus»: «Alle Philosophie ist "Sprachkritik".»[50] Weiters ist ihr Zweck nach ihm die «logische Klärung der Gedanken. [...] Das Resultat der Philosophie sind nicht philosophische Sätze, sondern das Klarwerden von Sätzen.»[51] Diese Bemerkungen besagen, daß die Sprachanalytische Philosophie in erster Linie eine sprachlogische Präzisierung anzielt. Man leitet oft die anti-metaphysische Neigung der Sprachanalytischen Philosophie von der bekannten Aussage Wittgensteins ab: «Wovon man nicht sprechen kann, darüber muß man schweigen.»[52] Bei Wittgenstein ist die Sprache die Reflexion der Welt; d.h. die Welt ist durch die Sprache aussagbar. Aber diese Welt ist durch das Unsagbare begrenzt, wie die Sprache selbst eigentlich begrenzt ist. Es gibt also nach Wittgenstein «Unaussprechliches», welches nicht gesagt wird, sondern nur sich zeigen kann. Er bezeichnet dies als das «Mystische»[53], wozu Metaphysik, Ethik, Religion und Kunst gehören. Es ist gerade die Grenze der Sprache und weiters die Grenze der Welt. Damit unterscheidet er erkenntnistheoretisch das «Unsagbare» vom «Sagbaren», das «Undenkbare» vom «Denkbaren»[54]. Wenn bei ihm eine Frage nur, wo eine Antwort besteht, bestehen kann und ebenso die Antwort nur, wo etwas gesagt werden kann[55], so ist der Bereich der Frage nur in dem begrenzten Bereich der Sprache eingeschlossen. Darin ist die Seinsfrage nicht möglich und nur «unsinnig»[56].

---

[49] B. RUSSELL, *A Critical Exposition*, 8: «*That all sound philosophy should begin with an analysis of propositions, is a truth too evident, perhaps, to demand a proof.*»

[50] L. WITTGENSTEIN, *Tractatus logico-philosophicus*, 4.0031.

[51] L. WITTGENSTEIN, *Tractatus logico-philosophicus*, 4.112.

[52] L. WITTGENSTEIN, *Tractatus logico-philosophicus*, 7.

[53] Vgl. L. WITTGENSTEIN, *Tractatus logico-philosophicus*, 6.522. Dazu vgl. *ibid.* 4.1212: «Was gezeigt werden *kann, kann* nicht gesagt werden.»

[54] Vgl. L. WITTGENSTEIN, *Tractatus logico-philosophicus*, 4.114, 4.115.

[55] Vgl. L. WITTGENSTEIN, *Tractatus logico-philosophicus*, 6.51. Dazu vgl. *ibid.* 6.5: «Zu einer Antwort, die man nicht aussprechen kann, kann man auch die Frage nicht aussprechen.»

[56] L. WITTGENSTEIN, *Tractatus logico-philosophicus*, 4.003, 6.54 u.a. Bei Wittgenstein müssen wir «sinnlos» von «unsinnig» unterscheiden. Nach ihm sind diejenigen Aussagen, die nichts sagen — z.B. eine Tautologie oder eine Kontradiktion — «sinnlos» (*ibid.* 4.461f.),

Das Sein geht der Sprache als solcher voraus. Es ist nicht so ein «unsinniger» philosophischer Satz wie eine «Leiter», die wir — so Wittgensteins Bemerkung[57] — wegwerfen müssen oder können, nachdem wir auf ihr hinaufgestiegen sind. Denn diejenigen, die sich ernsthaft die Frage nach dem Sinn des menschlichen Daseins in der Welt und weiter nach der Sinn-Ganzheit und der Sinn-Einheit stellen, können nicht die Frage nach dem Sinn des Seins des Seienden im letzten Sinngrund umgehen[58]. Sogar diese Frage ist dem Menschen eigen.

3.2.3 Auf der hermeneutisch-ontologischen Ebene

Ein hermeneutisch-ontologisches Denken liegt bei Coreth der Analyse der Frage als Frage zugrunde. Es geht um «Verstehen» und «Auslegung» der Frage selbst, was seinem Wesen nach auf vorgängige «Voraussetzungen» zurückgeht. Diese einzuholen und aufzuhellen ist die Aufgabe der Analyse der Frage als Frage. Nach Coreth ist die Frage nach der Frage «nicht mehr derselbe Akt des Fragens, sondern ein *reflexiver* Akt, der das Fragen überhaupt, seine Eigenart und Möglichkeit befragt»[59]. Sie wird nach ihm folgerichtig zur Frage nach Bedingungen der Möglichkeit des Fragens, die sich darauf richtet, wie wir fragen können, wie das Fragen überhaupt möglich ist. Coreth weist vor allem auf, daß jede Frage schon in ihrem Vollzug ihre Möglichkeitsbedingungen voraussetzt. Seine transzendentale Analyse der Frage zeigt zunächst «Vorwissen» als Bedingung des Fragens auf.

Coreth zeigt durch zwei Elemente der Möglichkeit der Frage, nämlich «Fragbarkeit» und «Fraglichkeit», die doppelte Verhältnisstruktur von «Wissen» und «Nichtwissen» als Bedingungen der Frage auf: «Fragen kann ich nur, wenn ich das, wonach ich frage, noch nicht weiß; sonst ist die Frage durch das Wissen überholt, das Gefragte ist nicht mehr fraglich, die Frage

---

die «meisten Sätze und Fragen, welche über philosophische Dinge geschrieben worden sind» (*Tractatus logico-philosophicus*, 4.003), nämlich «Unaussprechliches» oder «Mystisches» (*ibid.* 6.522), «unsinnig».

[57] Vgl. L. WITTGENSTEIN, *Tractatus logico-philosophicus*, 6.54: «Meine Sätze erläutern dadurch, daß sie der, welcher mich versteht, am Ende als unsinnig erkennt, wenn er durch sie — auf ihnen — über sie hinausgestiegen ist. (Er muß sozusagen die Leiter wegwerfen, nachdem er auf ihr hinaufgestiegen ist.) Er muß diese Sätze überwinden, dann sieht er die Welt richtig.» Der Grund, daß die Sprachphilosophie in ihrem Vollzug nicht *synthetisch*, sondern *analytisch* ist, scheint darin zu liegen.

[58] Vgl. in dieser Arbeit Kap. I, § 7.4.

[59] *GM* 44.

nicht mehr möglich. Aber fragen kann ich doch nur, wenn ich das, wonach ich frage, schon weiß; sonst hat die Frage noch keine Richtung, die Frage ist noch nicht fragbar, also noch nicht möglich.»[60] Die Frage ist *fraglich* nur im Nichtwissen um das Gefragte, wie der Ausgangspunkt unserer Erkenntnis — nach dem herkömmlichen Ausdruck — eine *tabula rasa* ist; aber ebenso ist sie *fragbar* nur im Wissen um das Gefragte, wodurch sie sinnvoll ist, wodurch sie eine Richtung hat. Um fragen zu können, ist das eine von beiden allein nicht genügend. Die Frage ist immer schon innerlich von einem wissenden Nichtwissen bedingt, «das um das eigene Nichtwissen wissend die Grenze des Wissens übersteigt, über das Gewußte hinaus vorgreift auf das Nichtgewußte und dieses schon vorwissend umgreift»[61]. So gründet die Frage im «Wissen um das Nichtwissen», wie es schon eine Grunderfahrung des Menschen ist. Coreth nennt es ein «Vorwissen» als Bedingung der Möglichkeit des Fragens[62]. Das «Vorwissen» oder der «Vorgriff» ist bei ihm ein wichtiger Begriff für den weiteren Fortgang der Analyse des Fragens, insofern dadurch das Fragen selbst ermöglicht wird. Es ist wie ein «Horizont», in dem die Frage nur befragbar ist. Aber die vorgängige, apriorische Bedingung des Fragens wird bei Coreth im letzten auf metaphysische Bedingungen zurückverwiesen. In der Analyse der Frage als Frage geht es um den Nachweis, wie die Bewegung des Fragens also im Horizont des Seins ausgelegt wird.

4. Das Vorwissen als Bedingung der Frage

Das Vorwissen in der Metaphysik, insofern es die Bedingung der Frage ist, meint dasjenige Wissen, das im Vollzug des Fragens nicht thematisch, sondern nur *unthematisch* mitgesetzt ist; d.i. ein unthematisches Wissen. Sonst wäre die Frage durch das thematische Wissen überholt und die Frage nicht möglich. Die Begriffe «thematisch» und «unthematisch» entsprechen hier den Begriffen «explizit» und «implizit». Coreth selbst verwendet aber bewußt die Bezeichnungen «thematisch» und «unthematisch», weil sich nach

---

[60] *MP* 96. Dazu: *GM* 45. Wie wir schon gesehen haben, legt Rahner auch in seinem Werk «Geist in Welt» die Grundstruktur der metaphysischen Frage durch diese zwei Elemente der Frage «Fragwürdigkeit» und «Fragbarkeit» aus. Vgl. *GW* 71f.

[61] *MP* 97.

[62] Vgl. *GM* 45. Dabei betont Coreth, daß es sich vor allem um transzendentale Bedingungen handelt, die im real gesetzten Aktvollzug des Fragens als erfüllt erwiesen sind. Sie sind nach ihm «nicht eigentlich "voraus"-gesetzt, sondern, als a priori bedingend, im Akt "mit"-gesetzt, "mit"-behauptet» (*ibid.* 47). Sie sind «solche, die a priori konstitutiv in den Akt eingehen, daher reflexiv aus diesem aufweisbar sind» (*ibid.*).

ihm darunter das Wesentliche des Vorwissens besser zeigt. In der Frage kann etwas *explizit* gesagt sein, was aber nicht *thematisch* gefragt ist. Z.B., in der Frage, was für ein Buch das ist, wird explizit gesagt, daß es ein Buch ist; aber das ist nicht Thema des Fragens. Die thematische Intention richtet sich darauf, *was für ein* bestimmtes Buch es ist. In gleicher Weise ist das Sein einerseits schon explizit, insofern alles *ist*. Aber das Wissen um das Sein ist anderseits noch unthematisch, insofern es als das Sein dieses Seienden nicht gewußt ist. Das Vorwissen, das nur unthematisch ist, ist immer schon im Vollzug mitgesetzt und mitbejaht, aber es bleibt nur unthematisch, wenn es nicht durch ausdrückliche Reflexion thematisch gemacht wird[63]. Darin liegt der Grund, daß die Metaphysik bei Coreth grundsätzlich in der transzendentalen Reflexion gründet. Die Metaphysik ist eine Thematisierung des Unthematischen durch Reflexion.

Coreth versteht das Vorwissen unter zwei Aspekten; d.h. das Vorwissen als Bedingung der Einzelfrage und der Frage überhaupt[64]. Er bezeichnet das Vorwissen der Einzelfrage als «empirisches Vorwissen». Jede Einzelfrage ist in unserer Erfahrung durch geschichtliche, sprachliche u.a., also vorgängige, relevante Bedingungen bedingt. Diese Bedingungen bilden den Hintergrund unserer Frage nach dem rechten Anfang. Insofern sie jede Frage ermöglichen, sind sie ein *konstitutives* Mitwissen (oder Vorwissen), das in der Frage selbst als ihre Bedingung mitvollzogen wird[65]. Coreth nimmt vor allem den empirisch-phänomenologischen Aspekt in sein philosophisch-anthropologisches Denken auf. Empirisches Vorwissen ist nach ihm der «Ort der Geschichtlichkeit unseres Daseins, auch des Erkennens und Verstehens, des Wertens und Handelns»[66], zugleich der Ort, von dem her daher die Selbstauslegung des Menschen vollzogen werden muß. Es ist im philosophischen Denken geprägt und «vor-bedingt»[67]. Dennoch vermag es nach Coreth die Frage als Frage noch nicht zu begründen, insofern es noch eine andere Bedingung voraussetzt. Das Wesen der Geschichte des Menschen als Geist im Leib (oder als Geist in Welt) liegt in der Spannung

---

[63] Vgl. *GM* 48f.

[64] Vgl. *MP* 101-110; *GM* 49-51.

[65] Vgl. *MP* 102f.; *GM* 49. Coreth unterscheidet zwischen modifikativem und konstitutivem Mitwissen. Modifikatives Mitwissen ist in der Frage nur als eine jeweils abgewandelte Sinnschattierung mitgegeben. Es ist nicht eigentlich Bedingung der Möglichkeit der Frage. Denn eine konkrete Einzelfrage kann verstanden, auch beantwortet werden, ohne daß alle modifikativen Elemente miterfaßt sind.

[66] *GM* 50.

[67] *GM* 50.

zwischen dem Gebundensein an die Bedingtheit und zugleich ihrem beständigen Übersteigen im Ausgriff auf das Unbedingte[68].

Coreth unterscheidet dabei ein «reines Vorwissen» von einem «empirischen Vorwissen». Das Vorwissen im metaphysischen Sinne meint für ihn ein reines Vorwissen. Empirisches Vorwissen kann nach ihm darum im strengen Sinn nicht Bedingung der Frage überhaupt sein, weil es noch nicht die Bewegung der Frage über das Gewußte hinaus auf das Nichtgewußte hin konstituiert. In allem Fragen geschieht eigentlich ein «reiner (apriorischer) Vorgriff» über das bisher schon Gewußte hinaus auf das Nichtgewußte. Dieser Vorgriff auf das Nichtgewußte ist dasjenige, was die Frage als Frage ermöglicht. Es ist nach Coreth im strengsten Sinn konstitutives Vorwissen als Möglichkeitsbedingung der Frage überhaupt[69]. Dieses Vorwissen, sowohl insofern darin die Frage im allgemeinen gründet als auch insofern es nicht nur «zuvor» gegeben ist, sondern «voraus» entworfen wird[70], ist ein *reines* Vorwissen, das keine objektiven, also empirischen Inhaltsmomente enthält. Das reine Vorwissen als die Bewegung des «reinen Überstiegs» und «reinen Vorgriffs»[71] ist aber «eine nicht nur *statische* Größe, sondern ein *dynamisches* Geschehen des strebenden, voraus-entwerfenden Ausgriffs auf das, was ich im Fragen erreichen, im Wissen erfassen will»[72]. Die Frage entspringt aus dem Wissen-wollen, das aus dem wissenden Nichtwissen entspringt[73]. Nach dem Ausdruck von Aristoteles können wir sagen: «Alle Menschen streben von Natur aus nach Wissen.»[74]

Hier stellt sich die Frage nach dem «Woraufhin» der Bewegung der Frage als Frage. Coreth selbst fragt danach: «Woraufhin geht dieser Vorgriff? Wie weit reicht er? Was ist der Bereich oder Horizont möglichen Fragens?»[75] Dies ist wiederum die Frage nach dem Bereich möglicher Erkenntnis, die seit der Neuzeit immer schon gestellt wurde. Coreth erweitert den Bereich

---

[68] Vgl. *GM* 50; in dieser Arbeit Kap. I, § 7.3.

[69] Vgl. *MP* 103f.; *GM* 51.

[70] Vgl. *GM* 48.51.

[71] Vgl. *MP* 110ff. Coreth betont, daß das reine Vorwissen weder das Bestimmte im besonderen noch das Unbestimmte schlechthin als absolutes, völlig leeres Nichts ist. «Das reine Vorwissen erweist sich [...] als reiner Überstieg, insofern er über jede besondere Bestimmung und Beschränkung von Fragbarem hinausgeht, und als reiner Vorgriff, insofern er nach der Ganzheit von Fragbarem überhaupt ausgreift: nach dem Horizont der Fragbarkeit überhaupt.» (*Ibid.* 112)

[72] *GM* 51.

[73] Vgl. *MP* 97.

[74] ARISTOTELES, *Metafisica*, A, 980b 21.

[75] *GM* 51. Dazu: *MP* 110.

möglichen Fragens und Erkennens über die Beschränktheit auf alle menschlichen gesamten Erfahrungen — z.B. auf bloß sinnenhaft feststellbare Daten bei Hume oder auf Gegenstände sinnlicher Anschauung bei Kant oder auf den Horizont zeitlich-geschichtlicher Erfahrung bei Heidegger — hinaus auf einen unbegrenzten Bereich (des Seins).

Die Unbedingtheit und Unbeschränktheit des Horizonts des Fragbaren überhaupt wird bei Coreth durch eine «Retorsion»[76] nachgewiesen: «Die Setzung einer Grenze widerspricht sich selbst, weil darin die Grenze schon überschritten wird. Allein die Frage nach einer Grenze möglichen Fragens geht schon über die Grenze hinaus und fragt nach dem, was jenseits der Grenze ist, ob es erfragbar oder erkennbar ist.»[77] Das Fragen hat also nach Coreth grundsätzlich keine Grenze seiner Möglichkeit. Daraus leitet Coreth die weitere Folgerung ab, daß das reine Vorwissen als Bedingung der Möglichkeit des Fragens unbegrenzt ist, daß der reine Vorgriff als dieses Vorwissen für alles offen ist und nach allem ausgreift, wonach immer ich fragen kann. Schließlich erweist sich der Horizont möglichen Fragens über jede mögliche Grenze hinaus als schlechthin allumfassend und als unbegrenzt offen[78]. Aber damit ist nach Coreth nur eine erste Bestimmung des Horizonts der Frage als Frage gewonnen. Denn stellen muß sich die weitere Frage, ob der Horizont des Fragbaren überhaupt noch *voller, inhaltlich erfüllter* begriffen werden kann[79]: Worauf greift das Vorwissen der Frage aus? Was ist mit dem Begriff des Horizonts gemeint, und welcher Horizont ist uns grundsätzlich und ursprünglich eröffnet? Diese Fragen stoßen bei Coreth auf das Problem des Seinshorizontes, worin das Vorwissen inhaltlich tiefer ausgelegt wird. Wenden wir uns nun dem Horizont zu, der der Frage als solcher, dem reinen Vorwissen entspricht.

---

[76] «Retorsion» besteht eigentlich darin, daß man in der Beweisführung das Argument des Gegners gegen ihn wendet. In der klassischen Logik spricht man dann davon, wenn ein Dilemma umgedreht werden kann. Vgl. B. WEISSMAHR, *Ontologie*, 32ff.

[77] *GM* 52. Vgl. *MP* 113: «Ist das Fragen grundsätzlich auf einen begrenzten Bereich seiner Möglichkeit eingeschränkt? Diese Frage gibt sich wieder — im Vollzug des Fragens selbst — die Antwort: Wenn ich frage, ob die Möglichkeit meines Fragens Grenzen hat, so frage ich schon, ob ich über mögliche Grenzen des Fragenkönnen noch hinausfragen kann. In dieser Frage werden aber schon alle möglichen Grenzen des Fragenkönnen überschritten. Es wird über alle möglichen Grenzen hinausgefragt. Das Fragenkönnen hat keine Grenzen; sonst könnte ich gar nicht fragen nach seinen möglichen Grenzen.»

[78] *GM* 52f.

[79] Vgl. *MP* 112.

5. Das Sein als Horizont der Frage

5.1 *Der Horizont als metaphysischer Begriff*

Der Begriff des «Horizonts», der aus der Phänomenologie E. Husserls stammt und von M. Heidegger weiter entfaltet wurde, wird durch J.B. Lotz und K. Rahner in einer bemerkenswerten Weise in Coreths metaphysischen Denken aufgenommen. Für Coreth wird nicht nur die Bedingung der Möglichkeit der Frage überhaupt, sondern auch seine Metaphysik selbst als «Horizont» bezeichnet[80]. Die Metaphysik, insofern sie besonders bei ihm eine Grund- und Gesamtwissenschaft meint, wird ihrem Wesen nach als solche schon zu einem Horizont, auf dessen Grund sich alle Einzelwissenschaft vollzieht. Denn der Metaphysik geht es immer schon um den schlechthin letzten, daher in seiner unbedingten Geltung unaufhebbaren und unübersteigbaren Seinshorizont. Coreth unternimmt es vor allem in seiner Metaphysik, diese Unbedingtheit und Unbeschränktheit des Seinshorizonts als Bedingung alles menschlichen Vollzugs (Wissens, Wollens und Handelns) aufzuzeigen.

«Horizont» meint zunächst seinem wörtlichen Sinne nach, wie es vom griechischen Wort «horizein», nämlich «begrenzen» oder «festlegen», stammt, «einen bestimmten Gegenstandsbereich als Blickfeld einer Erkenntnis oder allgemeiner als Wirkfeld eines Aktvollzugs»[81]; es meint also ein bestimmt begrenztes Blickfeld als Wirkungsbereich von Wissen und Streben, Wollen und Handeln. Nach Coreth wird dieser Begriff des Horizonts durch die Einheit von Material- und Formalobjekt bestimmt: «"Horizont" [...] bedeutet die Gesamtheit möglicher Materialobjekte, insofern diese durch das Formalobjekt vorausbestimmt und -umgriffen sind, oder umgekehrt: das Formalobjekt, insofern es den Bereich möglicher Materialobjekte vorausbestimmt und -umgreift.»[82] Danach ist der Horizont der Inbegriff aller möglichen Einzelobjekte des Erkennens und das apriorische Formalobjekt des Erkenntnisvermögens des Subjekts zugleich. Hiermit zeigt sich vor allem vom menschlichen geistigen Vollzug her der transzendentale Charakter des Horizonts. Der menschliche Geist weist seiner Natur nach über den begrenzten Bereich des Erfahrung hinaus einen rein apriorischen Horizont auf. Wenn bei Coreth der Horizont als der apriorische Bereich der Möglichkeitsbedingung des Fragens überhaupt bezeichnet wird, so meint

---

[80] Vgl. B. LONERGAN, «Metaphysics as Horizon» 307-318.
[81] *GM* 54.
[82] *MA* 50. Dazu: *GM* 54.

er einen grundsätzlich unbegrenzten Horizont. Insofern wird dieser Bereich schon in einem «analog übersteigenden Sinn»[83] eingeführt.

Wie wir vorher gesehen haben, hat sich in der Rückführung der Frage auf die Bedingungen ihrer Möglichkeit vom empirischen Vorwissen (als konstitutivem und modifikativem Mitwissen) das reine Vorwissen abgehoben. Dementsprechend unterscheidet Coreth ebenso einen empirischen und einen apriorischen Horizont. Nach ihm bildet «nicht nur die Gesamtheit persönlicher Erfahrungen und Einsichten, persönlicher Wertsetzung und Entscheidungen usw., sondern auch die Gesamtheit geschichtlicher Größen und Mächte, die den Daseinsraum des Einzelnen, seine "Welt", vorbestimmen»[84], schon als empirisch-historisches Apriori einen Horizont, der als Bedingung der Möglichkeit der bestimmten empirischen Einzelfrage vorausliegt. Dieser Horizont ist aber nur ein aus vorhergehender Erfahrung gebildeter Teilhorizont, der entsprechend konstitutivem und modifikativem Vorwissen als konstitutiver und modifikativer Teilhorizont bezeichnet wird[85]. Coreth führt diesen empirischen, daher bedingten Teilhorizont auf den vorgängig umgreifenden, d.h. rein apriorischen Gesamthorizont zurück. Der reine Gesamthorizont ist also der a priori bestimmte, vorausentworfene und vorauseröffnete Bereich[86] möglichen Fragens und Wissens als intellektuellen Vollzugs des menschlichen Geistes, insofern er der menschlichen Gesamterfahrung vorausgeht. Er ist ein reiner Vorgriff des intellektuellen Erkennens des Menschen. In diesem Sinne bezeichnet ihn Coreth als «Horizont des Denkens» schlechthin[87]. Dieser Horizont ist der schlechthin allumfassende und unbegrenzte Horizont als Gesamtheit alles Fragbaren überhaupt.

5.2 Der unbedingte und unbegrenzte Seinshorizont als Bedingung des Fragens

Bei Coreth ist der Horizont des Fragens wie bei M. Heidegger und K. Rahner auf das Sein hin offen. D.h. der reine Horizont erweist sich bei ihm als der Seinshorizont als reiner Vorgriff auf Seiendes überhaupt. In der Frage ist das Fragbare als das Wißbare vorausgesetzt, insofern die Frage überhaupt als Bedingung seiner Möglichkeit ein Vorwissen, genauer ein rein apriori-

---

[83] *GM* 54.
[84] *MP* 106f.
[85] Vgl. *MP* 106.
[86] Vgl. *GM* 56.
[87] Vgl. *GM* 56.

sches Vorwissen als Vorgriff auf alles, wonach ich fragen kann, hat. Aus dieser zweifachen Struktur des «Fragbaren» und «Wißbaren» der Frage folgt, daß der Horizont des Fragbaren schon der Horizont des Wißbaren ist. Das zeigt, daß der apriorische Horizont nicht bloß leer und völlig unbestimmt ist, sondern schon irgendwie inhaltlich bestimmt ist. Coreth weist solchen Horizont, der allumfassend und unbegrenzt, aber zugleich inhaltlich erfüllt ist, als den reinen Vorgriff auf Seiendes überhaupt, nämlich als Seinshorizont, auf. Das wird nach ihm vor allem *operativ*, d.h. in Reflexion auf den Vollzug des Fragens und Wissens, nachgewiesen:

> Wenn immer ich nach etwas frage, so frage ich, ob und was es «*ist*». Nichts, was überhaupt etwas ist, kann sich der Frage entziehen; nichts, was fragbar und (wie auch immer) wißbar ist, steht außerhalb des Horizonts der Frage, ob und wie es «ist». Das erweist, daß etwas nicht deshalb fragbar und wißbar ist, weil es so oder anders beschaffen ist, sondern allein dadurch, daß es «ist», daß es *Seiendes* ist: etwas, dem Sein zukommt. [...] Ich kann nur nach etwas fragen, inwiefern es «ist»; ich kann nur um etwas wissen, insofern es «ist».[88]

Hieraus ergibt sich der Begriff des Seienden schon als Grundbegriff der Metaphysik. Die Frage als Frage führt also bei Coreth zur metaphysischen Seinsfrage[89]. Diese metaphysische Frage entfaltet sich bei ihm in drei Schritten. Wie oben schon erwähnt, zeigt sich erstens, daß die Möglichkeit der Einzelfrage in der Möglichkeit der Frage überhaupt gründet. Die Frage nach allem über alle möglichen Grenzen ist nach Coreth, insofern sie alle Sonderbereiche übersteigt und fragend alles umgreift, schon eine metaphysische Frage, aber noch in einem ersten und vorläufigen, weiter zu bestimmenden Sinne. Die Frage nach allem schlechthin muß nach ihm vor allem als die Frage nach allem Seienden überhaupt weiter ausgelegt werden, insofern es Seiendes ist. Dadurch wird diese Frage endlich zur Frage nach dem Sein alles Seienden vertieft[90].

Das Sein ist der Gesamthorizont möglichen Fragens und Wissens. Denn die Allheit des Fragbaren ist etwas, das «ist», das also im Sein als Seiendes gesetzt ist. Nur im Sein können die Allheit des Fragbaren und ihre Einheit[91]

---

[88] *GM* 57. Dazu: *MP* 114.

[89] Hiermit unterscheidet sich die Seinsfrage zwischen Coreth einerseits und Heidegger und Rahner anderseits. Während bei Heidegger und Rahner die Seinsfrage schon an den Anfang gesetzt ist, wird sie bei Coreth hingegen aus der Frage des Anfangs vermittelt.

[90] Vgl. *MP* 118.

[91] Coreth behauptet, daß die Allheit des Fragbaren nur eingeholt werden kann, wenn alles schlechthin eine Einheit bildet. Die Einheit alles Fragbaren ist die Bedingung der Möglichkeit jeder Frage. Vgl. *MP* 114.

KAP. III: DIE ONTOLOGISCHE GRUNDLEGUNG

gefunden werden. Dabei meint das Sein als Inhalt des unthematischen Vorwissens der Frage als Frage aber nicht eine «nachträgliche Summe von einzelnen und bestimmten Seienden»[92], sondern vielmehr die «vorgängig entworfene und umgriffene Ganzheit alles Seienden»[93]. Daraus ergibt sich die ursprüngliche Differenz zwischen Seiendem und Sein, die seit Heidegger die «ontologische Differenz» genannt wird. Das Sein ist das, was Seiendes zu Seiendem macht, nämlich das Sein des Seienden, in diesem Sinne der Grund alles Seienden, auf den allein hin wir nach Seiendem fragen und um Seiendes wissen können. Das Sein ist das Sein als Horizont alles Seienden, sein Vorwissen ist die transzendentale Bedingung der Möglichkeit alles Fragens[94].

Das Sein als Gesamthorizont alles möglichen Fragens und Wissens bildet einen unbedingten und daher unbegrenzten Geltungshorizont. Der Anspruch der unbedingten Geltung des Seins wird bei Coreth schon aus der Frage als Ansatzpunkt aufgewiesen, während sie bei J. Maréchal und J.B. Lotz durch die Analyse des Urteils nachgewiesen wird:

> Solange ich nicht weiß oder nicht sicher weiß, daß es wirklich so ist, wie es mir scheint, und daß mein Wissen wirklich trifft, was «ist» und wie es «ist», kommt das Fragen nicht zur Ruhe. [...] Wenn ich so frage, will ich nicht nur wissen, wie es sich mir in einer relativ gültigen, nur vorläufigen, noch überholbaren Erscheinung darstellt, sondern wie es in absoluter und endgültiger, nicht mehr überholbarer Geltung selbst «ist».[95]

Die Frage geht über alle Grenzen hinaus und will fragend wissen, wie das Gefragte (oder das bisherige Wissen) wirklich ist, d.h. «nicht nur in *bedingter Geltung* "für mich" oder für andere ähnlich erkennende Wesen, sondern wie es "an sich" selbst ist»[96]. Diese Unbedingtheit des Horizonts des Fragens ist nach Coreth gemeint und angezielt in dem «Ist» der Frage: Was «ist» das und wie «ist» es?[97] Wenn immer ich frage, frage ich nach dem,

---

[92] *MP* 115.
[93] *MP* 119.
[94] Vgl. *MP* 118f.
[95] *MP* 123. Dazu vgl. *ibid.*: «Solange die Frage nur eine derart vorläufige, nicht endgültige, bedingt, nicht unbedingt gültige Antwort erhält, kommt das Fragen nicht ans Ziel.»
[96] *GM* 58.
[97] Vgl. *MP* 125. In dieser Hinsicht nimmt Coreth die Grundeinsicht auf, die bei J. Maréchal und J.B. Lotz vom Urteil her aufgewiesen wird. Demnach wird in jedem Urteil «die Setzung eines Inhalts mit dem Anspruch unbedingter Gültigkeit vollzogen. [...] Die unbedingter Geltung des Urteils setzt somit einen vorgängigen Horizont unbedingter

was «ist» und in seinem «Ist» unbedingt gültig ist. Daraus ergibt sich die Unbedingtheit des Seins im Ganzen als Horizont alles Fragens: «Über das Sein hinaus kann aber nicht mehr gefragt werden.»[98] Das Sein ist die Bedingung des Fragens, die als unbedingtes, allem Fragen vorgegebenes An-sich-Sein vorausgesetzt und im Vollzug des Fragens, wenn auch unthematisch gewußt, mitgesetzt ist.

Aus dieser unbedingten Geltung des Seins ergibt sich sein unbegrenzter Horizont. Wenn das Sein das schlechthin Unbedingte ist, dann ist es unübersteigbar, unüberholbar und in seiner Geltung unaufhebbar; sonst wäre es nicht unbedingt gültig. Dies aber setzt schon den schlechthin unbegrenzten Horizont des Seins voraus:

> Das intensiv Letzte eines Seienden, die unbedingte Geltung seines Seins, kann ich fragend und wissend nur vollziehen, wenn das extensiv Letzte, die unübersteigbare Weite des Seins überhaupt, meinem Fragen und Wissen vorgängig offensteht. Unübersteigbar ist das Sein jedoch nur, wenn es schlechthin unbegrenzt ist, d.h., wenn über das Sein hinaus nichts anderes mehr möglich ist.[99]

Das Sein als Horizont des Fragens ist das intensiv und extensiv Letzte, d.h. das Unbedingte und Unbeschränkte (oder Unbegrenzte), das grundsätzlich nicht mehr überholt oder überboten werden kann. Coreth weist damit eigentlich eine Einsicht auf, die sich bei Kant indirekt bestätigt: Eine Erkenntnis, die extensiv auf einen begrenzten Geltungsbereich möglicher Erfahrung beschränkt ist, kann auch innerhalb dieses Bereichs den Gegenstand nur in intensiv bedingter Weise der bloßen Erscheinung — niemals in unbedingt gültiger Weise des letzten, absoluten gültigen An-sich-Seins — erreichen[100].

So wird bei Coreth von der Frage nach der Frage überhaupt her das Sein zunächst als ihre tranzendentale Bedingung, genauer als der Gesamthorizont der unbedingten und unbegrenzten Geltung aufgewiesen. Dieser Aufweis ist nach Coreth ein Zugang für die weitere Auslegung des Seins, durch die es sich noch als ein schlechthin absolutes und aktuelles, unendliches Sein selbst erweisen muß[101]. Die vertiefte Auslegung des Seins gründet nach ihm

---

Geltung voraus und setzt ihn als Bedingung jedes Einzelurteils im Vollzug des Urteils mit.» (*MP* 126)

[98] *MP* 126.
[99] *MP* 127f.
[100] Vgl. *GM* 62; *MP* 129.
[101] Coreth unterscheidet die Auslegung des Seins als Gesamthorizont des Fragens überhaupt von der inhaltlich erfüllteren, weiteren Bestimmung des Seins selbst. In diesem Sinne bezeichnet er bewußt das Sein im Ganzen als Horizont des Fragens als «unbegrenzt»,

in der Abhebung des endlichen Seienden vom Sein selbst, nämlich vom subsistierenden Sein Gottes. Daraus zeigt sich, daß ein bedingt Unbedingtes — vor allem der Mensch selbst — als letzte Bedingung seiner Unbedingtheit das schlechthin Unbedingte als absolutes Sein voraussetzt. Der Mensch als Fragender selbst versteht sich also selbst immer schon als ein endliches Seiendes im Umkreis von endlichen Seienden, weil er das Sein im Ganzen niemals im Wissen einholen und aufheben kann. Er hebt sich selbst vom unbedingten Sein im Ganzen ab und setzt sich diesem entgegen. Der Mensch als endliches Seiendes ist wirklich vielfach bedingt, daher kontingent. Insofern ihm aber Sein zukommt und er in die unbedingte Geltung des Seins versetzt ist, ist auch das endliche Seiende als ein «bedingt Unbedingtes»[102], das somit im schlechthin absoluten und unendlichen Sein selbst als letzter Bedingung seiner Unbedingtheit ausgelegt werden muß. Darin besteht eigentlich der Grund der Selbstauslegung des Menschen im Sein selbst.

5.3 *Die Analogie des Seins*

Die Frage setzt als ihre Möglichkeitsbedingung ein Vorwissen um das Sein, also einen Vorgriff auf des Sein überhaupt voraus. Das Sein, insofern es als der Gesamthorizont des Fragens verstanden wird, ist aber im strengen Sinn niemals überholbar. Wenn das Sein als ein allumfassendes einen unüberholbaren und unbeschränkten Bereich bildet und damit gar nicht im Ganzen eingeholt werden kann, so stellt sich die Frage, wie es als solches in unserem menschlichen Wissen vermittelt werden kann, was damit eigentlich gemeint ist. In welchem Sinn sagen wir dann das Sein aus, wenn wir alles, was überhaupt ist, als Seiendes ansprechen und von daher das Sein erfassen? Hiervon geht Coreth auf den Begriff der Analogie des Seins im traditionellen Sinne der scholastischen Philosophie ein, die bei ihm aber neu in der dynamisch-dialektischen Bewegung zwischen Begriff und Vollzug als eine beständige Dynamik und Dialektik unseres Wissens um Sein erfaßt wird.

Das Wissen um das Sein gründet bei Coreth in der «Dialektik zwischen Begriff und Vollzug, genauer: zwischen dem jeweils thematisch begrifflichen Wissen und dem unthematischen, vorbegrifflichen Wissen, das im

---

um den Begriff der Unendlichkeit dem absoluten Sein vorzubehalten. Vgl. *GM* 60f.63; *MP* 126f.131.

[102] *GM* 60. Mit «bedingt Unbedingtem» ist bei Coreth gemeint, «daß es zwar bedingt ist, aber nicht nur durch Bedingungen, die selbst wieder bedingt, daher wandelhaft sind, sondern insofern es "ist", über alle bedingten Bedingungen hinaus in einen letzten und unbedingten Geltungshorizont gesetzt ist» (*ibid.* 60f.).

Vollzug selbst gesetzt ist und über das jeweils begrifflich fixierte Wissen hinausgeht»¹⁰³. Danach läßt sich das Sein «nicht endgültig, begrifflich eindeutig festlegen, sondern bestimmt sich im Vollzug seiner selbst weiter fort, ohne jedoch den absoluten Endpunkt dieser Bewegung einholen und damit die Bewegung selbst aufheben zu können»¹⁰⁴. Dabei ist der absolute Endpunkt das absolute Sein selbst als das absolute «Woraufhin» der Bewegung des Fragens nach dem Sein. Es ist nach Coreth der unbedingte Endpunkt der dialektischen Bewegung des Fragens und Wissens, aber ein «Endpunkt, der immer nur im Vollzug des Fragens und Wissens angezielt, nie eingeholt werden kann und darum die Bewegung selbst nie in die Ruhe besitzend begreifenden Wissens aufhebt»¹⁰⁵. Diese dialektische Fortbestimmung, daß der Begriff (oder das begriffliche Wissen) durch den Vollzug nicht aufgehoben, sondern überstiegen und durch eine neue begriffliche faßbare Bestimmung ergänzt und bereichert wird, begründet nach Coreth die «Analogie»¹⁰⁶.

Wenn wir vor allem in der aristotelisch-thomistischen Tradition das Sein als einen transzendenten Begriff verstehen, der grundsätzlich alle Grenzen übersteigt, so ist es als solcher schon ein analoger Begriff. Danach wird alles, was «ist», nämlich Seiendes, weder in ganz gleichem, *univokem* Sinn noch in völlig verschiedenem, *äquivokem* Sinn ausgesagt, sondern nur in einem ähnlichen, aber übertragenen und abgewandelten, also *analogen* Sinn. Alles schlechthin, was im Vollzug des Fragens und Wissens als etwas, das «ist», erfaßt wird, kommt im Sein überein, insofern es nur im Sein und durch das Sein gesetzt ist; aber es unterscheidet sich auch zugleich durch nichts anderes als das Sein, das in je verschiedenem Seinsgehalt gesetzt ist. Es ist also als endliches Seiendes durch sein Wesen im Sein begrenzt. Jede Bestimmung oder Inhaltlichkeit, wodurch sich Seiende als dieses oder jenes Seiendes unterscheiden, ist aber schon eine Seinsbestimmung und ein Seinsgehalt, die auch durch das Sein gesetzt sind. So kann nach Coreth der Begriff der Analogie — einerseits — mehr «statisch»¹⁰⁷ vom Verhältnis zwischen der letzten Gemeinsamkeit und der Verschiedenheit des Seienden her betrachtet werden, so wie wir im Allgemeinbegriff des «Seienden» die

---

¹⁰³ *MP* 291.
¹⁰⁴ *MP* 289.
¹⁰⁵ *MP* 291.
¹⁰⁶ *MP* 292.
¹⁰⁷ Coreth betont durch den Unterschied zwischen dem «statischen» und dem «dynamischen» Aspekt der Analogie die dynamisch-dialektische Fortbestimmung des Wissens um das Sein in der Analogie des Seins. Vgl. *MP* 293ff.

KAP. III: DIE ONTOLOGISCHE GRUNDLEGUNG 191

letzte Gemeinsamkeit alles Seienden erfassen, ohne sie jedoch von der Verschiedenheit der Seienden rein abheben zu können. Das Sein des Seienden unterscheidet sich grundsätzlich vom Sein überhaupt. Das Sein ist mehr als das Sein dieses oder jenes Seienden; es geht also darüber hinaus:

> So sehr er [= der Begriff des Seienden] auch von Seiendem gilt und gültig ausgesagt werden kann, kann er doch nicht endgültig und eindeutig festgelegt werden, sondern erfährt von einem Seienden zum anderen einen steten und wesentlichen Bedeutungswandel, weil in den Seienden das Sein in je verschiedener Seinsmächtigkeit gesetzt ist und einer Steigerung ins Unendliche fähig ist.[108]

Darin zeigt sich nach Coreth schon — anderseits — der «dynamische» Aspekt des analogen Wissens um das Sein. Da das Seiende im Horizont des Seins überhaupt gesetzt, somit vom wissenden Vorgriff auf das Sein überhaupt geleitet wird, dieses thematische Wissen um das endliche Seiende das unthematische Vorwissen um das Sein überhaupt jedoch nicht einholt und ausschöpft, geht das Fragen nach dem Sein über das Seiende hinaus zu Anderem fort. Das Andere ist nach Coreth selbst auch Seiendes, aber in einem höheren und volleren Sinn, wie es dem Wissen um das Sein eine neue, die erste überbietende Bestimmung bietet, ohne sie jedoch aufzuheben. Damit wird das Wissen um das Sein wiederum und stets im Ausgriff auf Weiteres und Höheres überstiegen[109]. Daraus zeigt sich die dynamische Bewegung unseres Wissens um das Sein:

> Weil das Sein das Prinzip allen Seinsgehalts ist, sich aber im Seienden auf wesentlich verschiedene — also analoge — Weise auslegt, muß unser Wissen um das Sein sich vollziehen im Ergreifen von Seiendem, zugleich aber im Hinausgehen über das Seiende im Ausgriff auf Anderes und schließlich im Vorgriff auf das Sein selbst als den letzten, aber stets uneinholbaren Zielpunkt der Bewegung des Fragens und Wissens.[110]

So erweist sich bei Coreth die Analogie des Seins als der Grund der dynamisch-dialektischen Fortbestimmung des Wissens um das Sein. Coreth betont sogar, daß nur aufgrund dieser Analogie Metaphysik möglich ist[111].

---

[108] *MP* 294.

[109] Vgl. *MP* 294f.: «Das Wissen um das Sein bestimmt sich so fort, im Erfassen von Seienden in ihrem je verschiedenen Seinsgehalt sich bereichernd und vertiefend, ohne aber jemals das Sein selbst und im ganzen — das von Anfang an dieser Bewegung den Horizont ihres Vorgriffs gab — in adäquat begreifendes Wissen einholen zu können.»

[110] *MP* 295.

[111] Vgl. *GM* 70.

Jede Bestimmung, jede Inhaltlichkeit von Seienden, wodurch Seiende sich unterscheiden, erweist sich bei Coreth als eine Seinsbestimmung und ein Seinsgehalt des Seins selbst, das sich in den Seienden verschieden ausprägt, sich selbst differenziert und modifiziert[112]. Hier stellt sich noch die Frage, «ob und wie alle nur möglichen Bestimmungen von Seienden, in denen das Sein sich selbst auslegt, im Begriff des Seienden schon ursprünglich enthalten sind»[113]. Nach Coreth sind die Bestimmungen von Seienden im Begriff des Seienden nicht «formell» oder «aktuell» enthalten, sondern «virtuell»[114]. Was heißt das? Die Ganzheit aller möglichen Bestimmungen von Seienden kann nur aktuell gewußt sein von einem aktuell unendlichen Geist. Daher ist sie insofern nicht im aktuellen Wissen, wohl aber im virtuellen Wissen des endlichen Geistes gesetzt, als unser menschlicher Geist zwar aktuell endlich, aber als Geist virtuell unendlich ist. Damit ist vor allem gemeint, daß die virtuelle Unendlichkeit des endlichen Geistes die Unendlichkeit des Horizonts ist, innerhalb dessen sich die Bewegung unseres Fragens und Wissens vollzieht und innerhalb dessen wir Seiendes als Seiendes erfassen. Das meint, daß der Horizont des Seins als solcher kein ausdrückliches Wissen ist, daß er sich vielmehr nur als Bedingung der Möglichkeit der Bewegung des Fragens und Wissens in ihrem Vollzug stets aktualisieren und konkretisieren muß[115]. Davon wird wieder die dynamische Bewegung unseres Wissens um das Sein aufgewiesen, der die Dynamik des endlichen Geistes, welche der Spannung zwischen aktueller Endlichkeit seines Vollzugs und virtueller Unendlichkeit seines Horizonts entspringt, zugrunde liegt. Das ist ein «Prozeß, der an kein Ende kommen kann, weil die Unendlichkeit des Seins durch das Wissen des endlichen Geistes nicht erschöpft werden kann»[116].

6. Das Fragen als Vollzug des Seins

Nach dem Denkweg Coreths haben wir im vorherigen Abschnitt die Frage nach den transzendentalen Bedingungen der Möglichkeit des Fragens überhaupt durch den Horizont des Seins aufgeklärt. Danach ist die Frage als Frage durch den reinen Vorgriff auf das Sein überhaupt ermöglicht, somit wird das Sein als ihre Möglichkeitsbedingung aufgewiesen. Da aber das

---

[112] Vgl. *MP* 293.
[113] *MP* 301.
[114] Vgl. *MP* 304.
[115] Vgl. *MP* 302.
[116] *MP* 305.

KAP. III: DIE ONTOLOGISCHE GRUNDLEGUNG

Sein dennoch hier nur im formalen Sinn des unbedingten und unbeschränkten Horizonts ausgelegt wird, innerhalb dessen sich unser Fragen ereignet, muß es noch in einem inhaltlich erfüllteren und bestimmteren Sinn befragt werden. Dafür geht Coreth nun über die Frage als Frage als eine Reflexion auf die Frage überhaupt hinaus auf den «Vollzug» des Fragens schlechthin ein. Denn das Fragen ist mehr als bloßer «Begriff», also als solches ein «Aktvollzug», wie wir in unserem Leben einfach erfahren. Der Vollzug des Fragens ist, wie sich schon erwiesen hat, durch ein Vorwissen um das Sein ermöglicht; sonst könnte ich noch nicht fragen. Er ist aber zugleich durch ein Nichtwissen um das Sein ermöglicht; sonst könnte ich nicht mehr danach fragen. Damit zeigt sich aber, daß im Vollzug des Fragens unser Wissen um das Sein schon in eine Differenz gesetzt ist. Hier stellt sich die Frage, woher der Seinshorizont, der als die Möglichkeitsbedingung des Fragens das unbegrenzte Wissen und zugleich das Nichtwissen um das Sein ist, seinen Ursprung nimmt. Diese Frage führt bei Coreth zur weiteren thematischen Seinserschließung, das «Vollzugswissen»[117] als Ursprung des Vorwissens um das Sein auszulegen.

Im Vollzug des Fragens offenbart sich nicht nur das «Sein als Horizont», sondern auch das «Sein als Vollzug»[118]. Zwischen dem Sein und dem Vollzug besteht aber grundsätzlich «Identität und Differenz»[119]. Coreth weist nun auf, daß die Bedingung der Möglichkeit des Fragens überhaupt im Verhältnis von Identität und Differenz, genauer in einer «Differenz in der Identität»[120] des Vollzugs selbst liegt. Das führt bei ihm im weiteren zu einer ontologischen Einsicht, daß die Differenz von Subjekt und Objekt an sich als Möglichkeitsbedingung für die Differenz in der Identität des Vollzugs vorgängig und vorausgesetzt ist. In diesem Abschnitt wollen wir zunächst das Verhältnis von Identität und Differenz zwischen dem Vollzug und dem Sein und dann von daher wieder das Problem von Subjekt und Objekt betrachten.

---

[117] *GM* 72; *MP* 135.

[118] Vgl. *MP* 133.

[119] Vgl. *MP* 133. Da der Vollzug des Fragens, insofern er auch «ist», im Sein und als Sein gesetzt ist, so besteht zwischen dem Vollzug und dem Sein «Identität». Dennoch hebt sich der Vollzug des Fragens vom Sein ab, insofern er nicht das Sein selbst und im Ganzen ist. Deshalb besteht ebenso zwischen dem Vollzug und dem Sein «Differenz. Genauer gesagt: "Der Vollzug des Fragens setzt schon eine Differenz in der Identität." *GM* 71.

[120] *GM* 71.74f. u.a.; *MP* 144-145 u.a.

6.1 *Die Identität und Differenz von Sein und Wissen im Vollzug des Fragens*

Alles Fragen und Wissen stehen im umfassenden Horizont des Seins. D.h. im Sein kommt alles überein. Darin liegt nach Coreth vor allem eine Grundeinsicht metaphysischen Denkens: «Vielheit setzt Einheit voraus»[121]. Das Sein ist «die Einheit vor der Vielheit, die Identität vor jeder Differenz»[122]. Aber der Vollzug des Fragens setzt schon eine «Differenz in der Identität»[123]. Was ist damit eigentlich gemeint? Die Differenz ist durch den Gegensatz von Fragendem und Erfragtem, von Wissendem und Gewußtem, von Subjekt und Objekt gegeben. Der Mensch als Fragender setzt sich im Vollzug seines Fragens wissend dem Sein im Ganzen als dem Fragbaren gegenüber, setzt somit den Gegensatz zwischen dem Vollzug des Fragens und dem Sein als dem Fragbaren[124]: «Im Akt des Fragens setze ich die Differenz und setze mich selbst dem Sein als Inbegriff fragbarer Gegenständlichkeit gegenüber.»[125] Dennoch ist nach Coreth dieser Gegensatz nicht ein reiner, durch nichts vermittelter Gegensatz. Denn das Sein geht, insofern es fragbar ist, selbst als Gewußtes in den Vollzug des Fragens ein; ebenso geht der Vollzug, insofern er ein unmittelbar sich selbst wissender Vollzug ist, selbst als Gewußtes in den Vollzug des Wissens ein[126]. Daraus ergibt sich eine vermittelnde Einheit von dem fragbaren Sein und dem fragenden Vollzug. Coreth bezeichnet sie als «Vollzugswissen», in dem Sein und Wissen unmittelbar zusammenfallen[127]:

> Indem ich den Vollzug meines Fragens setze, weiß ich unmittelbar um ihn als einen wirklich gesetzten Vollzug. Ich weiß, daß ich frage; ich weiß, daß ich der Fragende bin und im Vollzug des Fragens bin; ich weiß, daß ich den Vollzug des Fragens setze. Ich weiß, daß der Vollzug meines Fragens «ist", daß er an sich selbst als seiend gesetzt ist. Im Vollzug des Fragens und Wissens ist ein Sein gegeben, das mit dem Wissen unmittelbar zusammenfällt: im Vollzugswissen. Der Vollzug weiß sich als Sein. Das Sein weiß sich als Vollzug. Das Wissen setzt sich als Sein, und das Sein vollzieht sich als Wissen — in der unmittelbaren Einheit von Sein und Wissen im Vollzug.[128]

---

[121] *GM* 199; *MP* 494; E. CORETH, «Identität und Differenz», 176.
[122] *GM* 71.
[123] *GM* 71.
[124] Vgl. *MP* 134.
[125] *GM* 71.
[126] Vgl. *MP* 134f.
[127] *GM* 72; *MP* 135.
[128] *MP* 136.

KAP. III: DIE ONTOLOGISCHE GRUNDLEGUNG

Daraus erweist sich der Ursprung des Horizonts des Seins nicht nur als ein rein vorgreifendes Vorwissen im «Entwurf des Wißbaren», sondern schon als ein Wissen im «Besitz des Gewußten»[129], d.h. als Vollzugwissen, in dem Sein und Wissen zusammenfallen. Vor allem aufgrund dieser ursprünglichen Einheit von Sein und Wissen im Vollzug des Fragens selbst spricht Coreth von einer unmittelbaren Seinserfahrung des eigenen Selbstvollzugs des Seins, in der ein Vorwissen um Sein gründet und sich der eigentliche und ursprüngliche Sinn von Sein und Wissen zeigt[130]: D.h. hier offenbart sich nach ihm der Sinn von Sein als «An-sich-Sein, schlechthin Gesetzt-Sein, aber nicht im Sinne von Gegenständlichkeit, sondern als das Sein des eigenen, sich-wissenden Vollzugs»[131]; ebenso offenbart sich der Sinn von Wissen als das «ursprüngliche Bei-sich-Sein, der sich-wissende Selbstbesitz, die gelichtete Selbstdurchdringung des Seins in unmittelbarer Identität von Sein und Wissen im bewußten Aktvollzug»[132].

So liegt in der Identität von Sein und Wissen im Vollzug das unmittelbare Wissen um Sein, das allem Fragen und Wissen um Seiendes vorausliegt und als Vorwissen dieses bedingt. Coreth aber betont, daß dieses Wissen doch ein unthematisches Vollzugswissen ist, das vor allem in der Erfahrung, im Wissen um Anderes und im Umgang mit Anderem vermittelt werden und sich damit thematisch auslegen muß[133]. Ich als Fragender bin nur endliches Seiendes, nicht das Sein selbst und im Ganzen. Das Sein übersteigt immer schon mich und den Vollzug meines Wissens. Das zeigt sich auch im Vollzug des Fragens. Wenn im Vollzug des Fragens die Identität von Sein und Wissen gesetzt ist, so ist sie nicht eine reine Identität. Sonst wäre es nicht mehr ein Vollzug des Fragens, sondern vielmehr ein Vollzug reinen Wissens. Wäre das Vollzugswissen nur ein reines, besitzend begreifendes Wissen, so wäre es nicht mehr im Vollzug des Fragens gesetzt. In diesem Sinne spricht Coreth von der Differenz von Sein und Wissen im Vollzug des Fragens: «So ist in der Frage die Differenz gesetzt zwischen dem Sein,

---

[129] *MP* 136.

[130] Vgl. *GM* 73; *MP* 137: «Wenn alles Fragen ermöglicht und geleitet ist durch ein Vorwissen um Sein überhaupt, so ist dies nur möglich auf Grund der ursprünglichen Einheit von Sein und Wissen im Vollzug des Fragens selbst. Aus der unmittelbaren Seinserfahrung und Seinsgewißheit des Vollzugs weiß ich um das Sein des Vollzugs, und ich weiß daraus um Sein oder den Sinn von Sein überhaupt. Es ist der Ursprung des Entwurfes eines Horizonts des Seins überhaupt, innerhalb dessen ein Fragen nach Anderem als Seiendem oder ein Wissen um Anderes als Seiendes allererst möglich ist.»

[131] *GM* 73; *MP* 136.

[132] *GM* 73; *MP* 136f.

[133] Vgl. *GM* 73.

das in meinem Wissen gesetzt ist, und dem Sein, das mein Wissen übersteigt; dem Sein, das meinem Wissen identisch ist, und dem Sein, das meinem Wissen nicht identisch ist: die Differenz zwischen der Identität von Sein und Wissen und der Nichtidentität von Sein und Wissen.»[134] Daraus ergibt sich für Coreth die Bedeutung der Transzendenz des Seins selbst, das über das in meinem Vollzug gesetzte Sein und über alle endlichen Seienden hinausgeht[135].

6.2 *Subjekt und Objekt*

Die Einsicht der «Differenz in der Identität» knüpft sich an das Problem von Subjekt und Objekt, das im Denken der Neuzeit — besonders im Deutschen Idealismus — zum Zentralproblem wurde. Das Verhältnis von Subjekt und Objekt wird bei Coreth in der Auseinandersetzung mit dem Deutschen Idealismus durch den Vollzug des Fragens und Wissens wieder und neu aufgeklärt. Im Vollzug steht der Fragende dem Gefragten, der Wissende dem Gewußten gegenüber. Coreth erfaßt die Zweiheit von Fragendem und Gefragtem oder von Wissendem und Gewußtem als Subjekt und Objekt[136]. Was ist nun damit gemeint? Ein Gefragtes gibt es nur für den Fragenden; ebenso gibt es ein Gewußtes nur für den Wissenden. Umgekehrt: Ich bin ein Fragender nur, wenn ich mir fragend ein Gefragtes entgegensetze; ebenso bin ich ein Wissender nur, wenn ich mir wissend ein Gewußtes entgegensetze. So setze ich fragend und wissend den Gegensatz von Subjekt und Objekt. Es ist aber nach Coreth ein relativer Gegensatz, weil im Vollzug das Subjekt immer das Subjekt eines Objekts und das Objekt immer das Objekt eines Subjekts ist: «Ich setze fragend und wissend das Subjekt bezogen auf ein Objekt und das Objekt bezogen auf das Subjekt.»[137] Daraus erweist sich die Differenz von Subjekt und Objekt nur als den «Gegensatz von "Subjekt im Vollzug" und "Objekt im Vollzug"»[138], der in der Identität des Aktvollzugs meines Fragens und meines Wissens gesetzt ist.

Jedoch weisen Subjekt und Objekt, insofern sie nicht wie im Idealismus ein Geschehen im bloßen Bewußtsein sein können, über sich selbst hinaus auf das «Subjekt an sich» und das «Objekt an sich». Also setzt die Differenz

---

[134] *MP* 141.
[135] Vgl. *MP* 141.
[136] Vgl. *MP* 143.
[137] *MP* 143.
[138] *MP* 145.

von Subjekt und Objekt im Vollzug als ihre Möglichkeitsbedingung schon die Differenz von Subjekt und Objekt an sich voraus[139]. Coreth weist dies wieder durch die Zurückweisung an das Fragen selbst nach: «Das Fragen zeigt [...], daß Subjekt und Objekt nicht allein im Vollzug aufgehen, sondern als Bedingung des Vollzugs vorausgesetzt sind.»[140] Im Vollzug des Fragens ist schon der Gegensatz von Subjekt und Objekt gegeben. Dabei aber geht es nach dem Wesen des Fragens nicht um das Objekt im Vollzug, das im Wissen gesetzt ist, sondern um das Objekt an sich, das ich noch nicht weiß, aber im Ausgriff darauf voraussetze. «Dieses wird notwendig vorausgesetzt als etwas, das vor meinem Fragen und vor meinem Wissen an sich selbst "ist". [...] Nur unter der Bedingung, daß ein Objekt an sich vorausgesetzt ist, kann ich überhaupt fragen.»[141]

Wie das Objekt über das «Objekt im Vollzug» hinaus das «An-sich» erreichen muß, so spricht Coreth auch gegenüber dem «Subjekt im Vollzug» vom «Subjekt an sich». Ich als Subjekt weiß mich selbst «nicht nur als denjenigen, der im Vollzug des Fragens und Wissens sich selbst wissend setzt, sondern auch und vor allem als denjenigen, der in jedem Vollzug sich selbst je schon voraussetzt»[142]. Dieses Subjekt als das im Vollzug sich selbst immer schon Voraussetzende ist in jedem Vollzug nur unreflex und unthematisch mitgesetzt und mitvollzogen. Wenn es ausdrücklich gemacht werden soll, so ist es nur durch eine Reflexion darauf möglich; es ist dabei aber nicht mehr «Subjekt als Subjekt», sondern «Subjekt als Objekt». Insofern ist es ein Subjekt, das dem Subjekt im Vollzug vorausliegt und sich niemals im Vollzug des Wissens restlos einholen kann. Coreth nennt dieses «Subjekt an sich»[143].

---

[139] *MP* 153f. Coreth betont hier, daß die «sich selbst differenzierende Identität des Vollzugs nach den Bedingungen ihrer Möglichkeit befragt werden» (*ibid.* 146) muß. Die Differenz in der Identität des Vollzugs ist nach ihm derart, daß «sie weder durch die Identität als solche noch durch die Identität des Wissensaktes als solchen bedingt ist. Also muß über die Identität des Vollzugs noch hinausgefragt werden nach den Bedingungen der Möglichkeit jener Differenz.» (*Ibid.* 147)

[140] *GM* 75.

[141] *MP* 148.

[142] *GM* 151.

[143] *GM* 151. Unter «Subjekt an sich» versteht Coreth selbst nicht einen Gegenstand, ein dinghaftes Objekt, sondern eine rein transzendentale Subjektivität, die «in jedem Vollzug des Fragens und Wissens immer und notwendig vorausgesetzt bleibt und sich selbst in der Reflexion nie einzuholen vermag, die aber selbst "ist", als an sich Seiendes gesetzt ist und als an sich Seiendes in jedem Vollzug vorausgesetzt, aber nie eingeholt wird» (*GM* 152). Aber nach ihm ist nicht diese Einsicht primär entscheidend, sondern vielmehr die

So setzt sich nicht nur das Subjekt im Vollzug dem Objekt im Vollzug gegenüber, sondern auch das Subjekt an sich dem Objekt an sich. Die Zweiheit im Vollzug gründet in der vorausliegenden Zweiheit an sich. Coreth bezeichnet die erste als «Differenz in der Identität meines Aktvollzugs» und die zweite als «Differenz in der Identität des Seins»[144]. Daraus ergibt sich nach ihm ein Gegensatz zwischen dem «Vollzug» und dem «An-sich-Sein», aber nur in dem Sinn, daß das An-sich-Sein mit dem aktuellen Vollzug meines Fragens und Wissens nicht zusammenfällt. Denn Wissen um Sein ist einerseits in der «reinen Identität des Vollzugs» gesetzt, insofern ich im Vollzug des Fragens und Wissens ursprünglich und unmittelbar um die Identität von Sein und Wissen im Vollzug weiß, aber es ist anderseits als ein Wissen um Sein in der «Differenz zum Vollzug» gesetzt, insofern ich nur fragen kann, wenn ich um die Differenz und Transzendenz des Seins gegenüber der Identität von Sein und Wissen in meinem Vollzug weiß[145]. Tatsächlich ist das alles Endliches übersteigende Sein selbst mehr als das Sein meines Vollzugs; dies weiß ich schon im Vollzug des Fragens, und nur insofern kann ich danach fragen. Diese im Wissen um Sein immer schon mitgesetzte Differenz nennt Coreth die «ontologische Differenz» als Differenz zwischen dem Seienden, das ich selbst bin, und dem Sein alles Seienden, das mich selbst übersteigt:

> Diese im Wissen um Sein immer schon mitgesetzte Differenz ist die Bedingung der Möglichkeit dafür, daß ich nach Anderem fragen kann, was es «ist», und um Anderes wissen kann, was es «ist»; sie ist die Bedingung der Möglichkeit dafür, daß ich das Sein als die formale Identität alles Seienden in seiner realen Differenz setzen kann, wie sie in allem Fragen nach Seiendem und allem Wissen um Seiendes gesetzt wird.[146]

«Einsicht, daß unser Fragen und Wissen überhaupt An-sich-Sein voraussetzt, daß es sich überhaupt im Horizont des An-sich-Seins vollzieht und deshalb überhaupt unter "Sein" immer und notwendig An-sich-Sein versteht» (*GM* 152). Damit sagt Coreth eigentlich, daß das Objekt selbst nicht wie im Idealismus eine Setzung im Selbstvollzug des absoluten Subjekts ist. Dazu vgl. *GM* 75: «Der Idealismus kann nur (im Bewußtsein) "setzen", er kann nicht fragen.»

[144] Vgl. *GM* 75. Dazu: *MP* 151.

[145] Vgl. *MP* 156f.

[146] *MP* 163. Coreth versteht unter «formal» eine Bestimmung des Seienden in der aristotelisch-thomistischen Tradition, «welche mit dem Seienden im Ganzen nicht zusammenfällt und in welcher das Seiende mit anderen übereinkommen kann» (*MP* 162). Demnach meint die formale Identität als Identität in der Differenz die «Identität einer Formbestimmung, im Gegensatz zu jener realen Identität, welche die Identität des Seienden selbst und im ganzen meint» (*MP* 163). Diese Identität setzt nach Coreth aber grundsätzlich

7. Das Sein im endlichen Vollzug des Fragens

Nachdem sich der Vollzug des Fragens als endlich und bedingt erwiesen hat, unternimmt Coreth die ontologische Auslegung, wie der endliche Vollzug vom endlichem Subjekt her ermöglicht ist. Anders gefragt: Wie entspringt die Differenz der Seienden der Identität des Seins, wenn die Einheit in der Vielheit das Sein alles Seienden ist?[147] Das führt zur Entfaltung von Sein und Wesen, von Sein und Wirken im klassischen Sinn. Coreth sagt: «Er [= Der Fragende] weiß sich [...] fragend in einem endlichen Seinsvollzug. Dieser muß als Sein und aus dem Sein begriffen werden: als Vollzug des Seins. Aber er kann nicht allein aus dem Sein verstanden werden, sondern nur aus dem Sein eines endlichen Wesens.»[148] Es geht nun um die metaphysisch-ontologische Analyse des endlichen Seienden. Dabei weist Coreth zunächst als Bedingung des Fragens die Endlichkeit des Seienden auf und ergründet dies wieder ontologisch. Somit offenbaren sich — als Bedingungen des Fragens — «Sein und Wesen» als metaphysische, innere Konstitutionsprinzipien alles endlichen Seienden. Aber damit ist nach Coreth die Wirklichkeit des endlichen Seienden noch nicht erschöpft[149]. Er erklärt es weiter im Vollzug von «Sein und Wirken». Somit offenbart sich — wieder als Bedingung des Fragens — «Wirken» als Selbstvollzug des Seienden. Betrachten wir nun konkret Coreths Auslegung von Sein, Wesen und Wirken und von der Bezogenheit zwischen ihnen.

---

die «absolute Identität als Identität absoluten Seins und absoluten Wissens in einem absoluten Vollzug» (*MP* 173) voraus: «Vielheit setzt [...] Einheit voraus. Differenz setzt Identität voraus. Identität in der Differenz setzt Identität vor der Differenz voraus. Sein als Identität in der Differenz von Seienden setzt darum Sein als Identität vor der Differenz von Seienden voraus: absolutes Sein als absolute Identität.» (*MP* 551). Aber hier stellt sich doch die Frage, wie der Identität des Seins die Differenz der Seienden entspringt, wenn die Einheit in der Vielheit das Sein alles Seienden ist. Dies legt Coreth durch das Verhältnis von Sein und Wesen als Prinzipien des Seienden aus, das im folgenden Abschnitt betrachtet wird. Doch hier stellt sich eine andere Frage, wie der Identität des absoluten Seins die Differenz der endlichen Seienden entspringt, wenn die Einheit vor der Vielheit die Identität des unendlichen und absoluten Seins ist. Das führt bei Coreth zum Thema der «Gottesfrage». Zur Sprache kommt darin der «ideale Entwurf göttlichen Wissens, das die allgemeine, dem Sein entspringende Möglichkeit des Endlichen differenziert und konkretisiert in der Setzung bestimmter Wesen», wobei aber vorausgesetzt ist, daß «die Möglichkeit des Endlichen notwendig in Gott gründet und notwendig, der göttlichen Erkenntnis noch vorgängig, dem absoluten und unendlichen Sein als solchem entspringt». Vgl. CORETH, «Identität und Differenz» (1964) 186.

[147] Vgl. CORETH, «Identität und Differenz» (1964) 178.
[148] Vgl. *MP* 177.
[149] Vgl. *GM* 100.

7.1 *Sein und Wesen*

7.1.1 Der Vollzug des Fragens und die Endlichkeit

Im Vollzug des Fragens sind Subjekt und Objekt schon als seine Möglichkeitsbedingung vorausgesetzt. Das gründet in der ontologischen Differenz zwischen dem Seienden und dem Sein, die sich auch im Vollzug des Fragens offenbart. In der Frage setzt sich — einerseits — der Fragende vom Sein selbst ab und setzt es sich selbst gegenüber. Er weiß sich als etwas, das *ist*, aber nicht das Sein selbst ist, sondern nur im Sein begrenzt ist; er weiß sich als *endliches Seiendes* (*ens finitum*). Die Endlichkeit des Fragenden und das Wissen darum erweisen sich als Bedingung der Möglichkeit des Fragens. In der Frage geht — anderseits — die thematische Intention der Frage des Fragenden, der in der Endlichkeit gesetzt ist, zunächst und zumeist auf Einzelnes, nicht auf das Sein selbst. Der Fragende setzt also in der Frage das Gefragte als ein in seiner Bestimmtheit und Besonderheit begrenztes Seiendes, nämlich als endliches Seiendes, voraus. So erweist sich in der Frage die Endlichkeit sowohl des einzelnen Fragenden als auch des einzelnen Gefragten als die Bedingung ihrer Möglichkeit[150].

Die Endlichkeit jedes endlichen Seienden ist nach Coreth nicht nur in einem raum-zeitlich quantitativen Sinn, sondern darüber hinaus in einem ontologischen Sinn zu verstehen. Er unternimmt es dabei vor allem, den endlichen Vollzug von dem endlichen Subjekt her ontologisch zu ergründen: «Das endliche Seiende ist nicht das Sein selbst, nicht alles, was im Sein und durch das Sein überhaupt möglich ist, sondern in seiner Wirklichkeit und seinem Seinsgehalt (Seinsvollkommenheit oder Seinsmächtigkeit) wesentlich begrenzt, so daß andere Möglichkeiten des Seins durch sein endliches Wesen ausgeschlossen sind.»[151] Hier wird das endliche Seiende in seinem metaphysischen inneren Prinzip aufgeklärt. Jedes endliche Seiende besteht also in der metaphysischen Konstitution von Sein als Prinzip des Gesetztseins und Wesens als Prinzip des Begrenztseins. Wir können jedes Seiende danach befragen, ob es *ist* und *was* es ist. Die erste Frage wird durch das Dasein (das Sein als Prinzip) und die zweite durch das Sosein (das Wesen) beantwortet. Coreth betont, daß beide im konkreten Seienden verwirklicht sind und somit Seinsgeltung haben. Denn «sonst wäre das Seiende nicht selbst ein So-Seiendes und ein Da-Seiendes»[152].

---

[150] Vgl. *GM* 178-180.
[151] *GM* 76.
[152] *MP* 181.

7.1.2 Das Sein als Prinzip

Jedes Seiende ist immer schon Seiendes durch das Sein. Das Sein, wodurch Seiendes als wirklich seiend gesetzt ist, nennt man «Dasein». Es ist als ein innerer Grund des Seienden ein Aspekt, der im wirklichen Seienden selbst verwirklicht ist, und unterscheidet sich somit durch die reale Bestimmung des Seienden selbst — wenigstens begrifflich — vom bloß möglichen Sosein. Aber jedes Seiende hat, insofern es nicht nur nach seiner Existenz (*existentia*), sondern nach seiner Washeit (*quidditas*) befragt werden kann, schon eine «washeitliche oder soseinshafte Bestimmtheit, eine jeweils bestimmte Fülle an Inhaltlichkeit, in der es gesetzt ist»[153]. Dies nennt Coreth «Seinsgehalt», unter dem «*perfectio essendi*» im Sinne der scholastischen Philosophie verstanden wird[154]. Demnach erweist sich «Dasein» als das Prinzip, wodurch jedes Seiende in seinem ganzen Seinsgehalt als aktuell seiend gesetzt ist, d.h. als das «Prinzip des aktuell verwirklichten Seinsgehalts des Seienden»[155]. Hiermit ist der Begriff des Daseins über den bloß faktischen Zustand der Existenz hinaus auf den volleren, erfüllteren Begriff des Seins als des Seinsaktes überstiegen. Ein in seinem (möglichen) Sosein voll konstituiertes Etwas ist in der ganzen und konkreten Fülle seines Seinsgehalts durch das Sein als Prinzip im Sein gesetzt und verwirklicht[156].

Wenn sich das Mögliche vom Wirklichen unterscheidet, so meint es etwas, dem das Sein als Prinzip nicht oder noch nicht zukommt. Es ist in

---

[153] *MP* 181.

[154] Vgl. *GM* 81f.; *MP* 181f. Um unter dem Begriff «Seinsvollkommenheit» Mißverständnisse zu vermeiden, will Coreth bewußt den Begriff «Seinsgehalt» verwenden. Darunter ist nach ihm jede positive und aktuelle Inhaltsbestimmung gemeint, während der Begriff «Vollkommenheit» hingegen eher endgültige, nicht mehr überbietbare Verwirklichung nahelegt. Coreth unterscheidet zwischen einem «reinen Seinsgehalt» (*perfectio pura*) und einem «begrenzten Seinsgehalt» (*perfectio mixta*). Unter dem reinen Seinsgehalt werden verstanden «solche [Begriffe], die keine Grenze einschließen oder voraussetzen, sondern einen positiven Sinngehalt meinen, der, ohne sich aufzuheben, unbegrenzte Steigerung zuläßt» (*GM* 82), wie z.B. Sein, Leben, Wissen, Güte, Liebe usw. Unter dem begrenzten Seingehalt hingegen werden verstanden «andere Seinsgehalte, auch positive Bestimmungen, deren Begriff aber schon eine Grenze enthält oder voraussetzt» (*ibid.*), also eine «wesenhaft begrenzte Bestimmung, die darum keine unbegrenzte Steigerung zuläßt» (*ibid.*), wie z.B. alle Begriffe von Erfahrungsinhalten materieller Dinge und ihrer Eigenschaften. Schließlich bedeutet der erste «Positivität ohne Negativität, Seinsgehalt ohne Wesensbegrenzung» (*ibid.*), der letzte hingegen bedeutet «Positivität in Negativität, einen Seinsgehalt in einer bestimmten Begrenzung» (*ibid.*).

[155] *GM* 81.

[156] Vgl. *GM* 81f.

seinem Wesen etwas, das verwirklichbar, also im Sein und durch das Sein setzbar ist. Darum kann man denken, daß im kontingenten, endlichen Seienden die Möglichkeit (Potenz) der Wirklichkeit (Akt) vorausgeht. Möglichkeit setzt aber nach Coreth im strengen Sinne immer schon Wirklichkeit voraus. Denn nicht die Wirklichkeit setzt Möglichkeit voraus: «Als die Norm für Möglichkeit oder Unmöglichkeit erweist sich das Sein. Gäbe es überhaupt kein wirkliches Sein, so wäre auch nichts möglich.»[157] Nur insofern ist das Sein der Grund alles möglichen Seienden, das Prinzip aller nur möglichen Seinsgehalte, die in allen nur möglichen Seienden verwirklicht werden können. Damit führt Coreth endlich — in der thomistischen Tradition — das Sein des Seienden als Seinsakt (*actus essendi*) weiter zum Prinzip «von sich aus unbegrenzter Seinswirklichkeit»[158]. Dieses Sein als Prinzip liegt nach ihm dem unbegrenzten Seinshorizont zugrunde, in dem Seiende als seiend gesetzt oder setzbar sind.

Das Sein des Seienden als Prinzip ist von seinem allumfassenden Bereich aus unbegrenzt. Die Begrenztheit bedeutet nach Coreth wesentlich Grenze gegen Anderes. Aber im Sein kommt alles überein. In diesem Sinn gibt es kein Jenseits des Seins, sondern nur das Nichts. Wenn das Andere, das die Grenze bildet, etwas Wirkliches oder Mögliches wäre, dann wäre es nichts anderes als etwas, das wieder als Seiendes mit dem ihm eigenen Seinsgehalt durch das Sein gesetzt oder setzbar ist. Daraus ergibt sich das Sein als Prinzip von sich aus unbegrenzt möglicher Seinswirklichkeit von Seienden, die im unbegrenzten Seinshorizont als seiend gesetzt oder setzbar sind. Dieses Sein bedeutet von sich aus «reinen Seinsgehalt» (*perfectio pura*) gegenüber «begrenztem Seinsgehalt» (*perfectio mixta*); d.h. «das Sein ist die Wirklichkeit reinen Seinsgehalts.»[159] Jedoch ist das Sein im endlichen

---

[157] *GM* 83. Hier wird nicht vom bloß Möglichen gesprochen. Die Möglichkeit, die durchaus das Sein ausschließt, ist als solche leer und nichts. Wir verstehen hier unter dem Möglichen etwas, das verwirklicht wird oder werden kann. In diesem Sinne setzt die Verwirklichung — bei Coreth wie bei Aristoteles — eine Wirklichkeit voraus: «Eine Sphäre idealer Wesenheiten (Möglichkeiten) ist ohne Begründung in realem Sein nicht denkbar.» (*Ibid.* 84) Damit ist Coreth eigentlich gegenüber reiner Wesensphilosophie kritisch. Bei ihm weist der Vollzug des Fragens grundsätzlich das Sein selbst als reinen Akt nach, innerhalb dessen Horizonts alles Seiende als seiend (wirklich) oder setzbar (möglich) ist.

[158] *GM* 85; *MP* 185f.

[159] *GM* 85. Unter dem Sein als der Wirklichkeit reinen Seinsgehalts verstehen wir das Sein selbst, nämlich nach Thomas das «*esse ipsum*», das die ursprüngliche Einheit und unendliche Fülle aller Seinswirklichkeit und Seinsvollkommenheit ist. Coreth führt aufgrund dessen wie bei Thomas von Aquin zum Gottesbegriff. Dazu vgl *GM* 85.207-217; *MP* 511-527.

Seienden faktisch begrenzt; es ist nicht die Urwirklichkeit als das Sein selbst, sondern eine begrenzte Teilverwirklichung des Seins. Daraus ergibt sich die Frage, wie die bestimmte Begrenztheit des Seienden zustandekommt, wenn das Sein das Prinzip aller positiven Realität und Aktualität ist. Das führt zu einem anderen Prinzip, das sich vom Sein als dem Prinzip der Setzung von Seinsgehalt unterscheidet. Wir nennen dies das Wesen als Prinzip der Begrenzung.

7.1.3 Das Wesen als Prinzip

Coreths Auffassung vom Wesen als Prinzip des Seienden gründet in der thomistischen Seinslehre[160]. Aber bei ihm wird die Frage nach dem «Wesen des Wesens» vor allem thematisch weitergeführt. Das Wesen ist in der thomistischen Tradition das Prinzip der Begrenzung des Seinsaktes, wodurch sich das Seiende von allem anderen, nicht nur dem Wirklichen, auch dem Möglichen, in seiner Eigenart abhebt und sich in den bestimmt begrenzten Seinsgehalt, nämlich die eigene Bestimmtheit endlichen Seins, setzt. Es ist, insofern dadurch eine Negation des Seins gesetzt ist, — einerseits — ein Prinzip der Negativität gegenüber dem Prinzip der Positivität des Seins, aber — anderseits — kein Prinzip der reinen Negativität, insofern solche Negation das Sein des Seienden aufhebt oder vernichtet, sondern es begrenzt nur das Sein. In diesem Sinn bezeichnet Coreth das Prinzip des Wesens als eine «relative Negation» oder eine «negative Relation». Dies erklärt Coreth selbst so: «Durch sein Wesen auf anderes sich beziehend und von anderem sich abhebend versetzt sich das Seiende in die eigene Bestimmtheit. [...] Alles ist auf alles andere bezogen und angewiesen, jedes hebt sich von allem anderen ab und setzt sich damit in die bestimmte, ihm eigene *Sinngestalt* im Ganzen des Seins.»[161]

Was ist nun mit der Wesensbestimmung des Wesens als relativer Negation oder negativer Relation gemeint? Das Wesen ist weder reine Negativität noch eine Positivität, weil bloßes Nichts nicht begrenzen und bestimmen kann; ebenso ist Positivität nur Sein und Sein als Sein setzt erst recht nicht Begrenzung und Bestimmung. Wird dementsprechend das Wesen nur als die Potentialität vor der Aktualität des Seins oder die Seinsmöglichkeit vor der Seinswirklichkeit verstanden, so ist es nach Coreth nicht

---

[160] Coreth nimmt gegenüber der suarezianischen die thomistische Seinslehre auf. Er sagt, daß thomistisches Denken «Metaphysik des Seins» ist, suarezianisches Denken dagegen «Philosophie des Wesens». Vgl. *MP* 201ff.

[161] *GM* 88.

genügend. Denn dabei kann sich die Frage nach ihrem Grund doch stellen: Worin besteht also die Potentialität oder Seinsmöglichkeit? Nach ihm kann das endliche Wesen nur durch relativ-negative Abhebung von Anderem erklärt werden. Es konstituiert sich «primär durch die negative Relation auf das unendliche Sein und setzt sich damit als ein endliches, im Sein begrenztes Wesen. Und es konstituiert sich sekundär durch die negative Relation auf alle anderen (wenigstens möglichen) endlichen Seienden und setzt sich dadurch als ein in seiner Begrenztheit bestimmtes Wesen.»[162] Daher sagt Coreth im weiteren aus, daß das Wesen nicht unmittelbar in sich selbst, sondern nur in seiner vermittelnden Funktion als begrenzend bestimmendes Prinzip erkennbar und begrifflich faßbar ist. Davon leitet sich Coreths thomistische Auffassung von Wesen ab: «Das Wesen ist nicht Seiendes, das in sich besteht: "ens quod (ipsum est)", sondern innerlich konstitutives Prinzip, wodurch Seiendes ist, "was" es ist: "ens quo (aliquid est)".»[163] Es ist also nichts anderes als *inneres Prinzip* des Seienden, dessen Wesen es ist. Daraus folgt endlich, daß das Wesen nicht etwas sein kann, was als «ontisches Prius» der Wirklichkeit dieses Seienden vorausliegt, sondern nur in der Einheit des Seienden als «ontologisches Prius» der Wirklichkeit des Seienden vorausgeht, insofern im Sein als Seinsakt schon die Möglichkeit der Selbstbegrenzung vorgegeben sein muß[164].

7.1.4 Die Differenz von Sein und Wesen

Wenn sich im endlichen Seienden das Sein und das Wesen unterscheiden, so stellt sich noch die Frage, welche Differenz darin besteht? Das führt zum Problem der Realdistinktion in der scholastischen Philosophie. In der Mitte der jahrhundertelangen Diskussion stehen sich die thomistische Auffassung «*distinctio realis*» und die suarezianische Auffassung «*distinctio rationis cum fundamento in re*», bzw. von skotistischer Seite «*distinctio formalis ex natura rei*», gegenüber. Nach der thomistischen Auffassung müssen Sein und Wesen selbst real sein und sogar real verschieden sein, wenn sie als konstitutive Prinzipien des real Seienden verschieden und entgegengesetzt sind. Die suarezianische Auffassung hingegen behauptet nur eine begriffliche Unterscheidung zwischen ihnen, die aber in der Sache, nämlich in der Endlichkeit und Kontingenz des Seienden, begründet ist. Sie befragt nach Coreth nur das voll konstituierte Seiende unter zwei begrifflich

---

[162] *MP* 203.
[163] *GM* 89. Dazu vgl. *ibid.* 91.
[164] Vgl. *MP* 201. Dazu: *GM* 89.

unterscheidbaren Aspekten nach dem Dasein und dem Sosein. Insofern aber damit eine metaphysische Struktur des Seienden selbst nicht weiter in Frage kommt, bleibt sie nach ihm in einem «ontischen Denken»[165] befangen, das sich allein auf das konkret Seiende bezieht. Dabei ist es nach ihm sinnlos, von einer Realdistinktion zu reden. Die thomistische Seinsauffassung hingegen fragt nach der inneren Konstitution des Seienden, um es aus seinen inneren Prinzipien zu ergründen. Dies nennt Coreth insofern ein «ontologisches Denken»[166], als es dabei um die Frage nach der ontologischen Begründung geht. Die ontische Sichtweise muß nach ihm zur ontologischen Sichtweise vertieft werden. Von daher spricht Coreth von der «metaphysischen» oder «ontologischen» Differenz zwischen Sein und Wesen als «Differenz konstitutiver Gründe des Seienden»[167]: D.h. es ist «nicht eine Differenz zwischen Seienden, sondern zwischen Prinzipien des Seienden, die keinen selbständigen Bestand als Seiende haben»[168]. Dabei betont Coreth, daß jedoch diese Differenz in der realen Identität des Seienden aufgehoben wird. Das heißt: «Man könnte sagen, daß die *reale Differenz* (distinctio realis) der beiden Prinzipien "aufgehoben" (überwunden) ist in die reale Identität des konkret Seienden, daß aber in der *logischen Differenz* (distinctio rationis) die Verschiedenheit der Prinzipien "aufgehoben" (bewahrt) bleibt.»[169] Somit wird bei Coreth vor allem von Hegelschem Denken her

---

[165] *GM* 91; *MP* 202.

[166] *GM* 91.

[167] *GM* 91.

[168] *MP* 206. Dazu vgl. *GM* 91: «Wird dies nicht beachtet, so wird die "reale" Differenz absurd.»

[169] *GM* 92. Bei Coreth wird der Begriff «Aufhebung», der eigentlich aus dem Hegelschen Denken stammt, in einer fruchtbaren Bedeutung verwendet. Coreth selber sagt, Aufheben heiße bewahren, überwinden und somit zu höherer Einheit zu bringen. Dazu vgl. *GM* 91. Er erklärt in *MP* die «Aufhebung» der Differenz von Sein und Wesen konkreter in drei Sichten des «negativen» (*tollere*), «positiven» (*conservare*) und «eminenten» (*elevare*) Sinnes: «Die Zweiheit ist aufgehoben im negativen Sinn (tollere), insofern Sein und Wesen nicht getrennt bestehen [...], sondern eingegangen sind in das eine und identische Seiende, das sie innerlich begründen. Darin aber ist ihre Zweiheit aufgehoben im positiven Sinn (conservare), insofern Sein Sein bleibt und Wesen Wesen bleibt, das Sein als Sein dieses Seienden und das Wesen als Wesen dieses Seienden sich durchhalten und gerade dadurch das Seiende in seiner Einheit bestimmen. Aufgehoben im eminenten Sinn (elevare) ist die Zweiheit von Sein und Wesen aber, insofern beide erst im realen und konkreten Seienden das vollziehen, was sie von sich aus eigentlich sind: innere Gründe des Seienden, die dieses in seiner Einheit, aber unter jeweils verschiedener und gegensätzlicher Rücksicht bestimmen.» (*MP* 211) Von dieser Einsicht her ist das Sein als das Prinzip aller Seinswirklichkeit und Seinsmöglichkeit unbegrenzten Seinsgehalts nichts anderes als dasjenige, dem

eine Integration der thomistischen und der suarezianischen Lehre über die Differenz von Sein und Wesen versucht[170]. Auf Grund dieser Einsicht kommt Coreth zum Schluß, daß das Sein sich selbst durch das endliche Wesen zum konkret Seienden vermittelt. Dies bezeichnet er — unter dem Hegelschen Ausdruck, aber ohne seinem Gesamtsystem zu folgen — als «Identität der Identität und der Differenz» in dem Sinn, daß sich das Sein als dynamische Einheit seiner selbst und seines Anderen, nämlich als Wirkungseinheit von Sein und Wesen als Prinzipien, erweist: «Die konkrete Wirklichkeit des Seienden ist die Aufhebung des Gegensatzes von Sein und Wesen in die vermittelte Unmittelbarkeit dessen, was ist.»[171] Diese Einsicht wird bei Coreth im letzten zur Entfaltung des absoluten Seins als Ursprungseinheit von Sein und Wesen weitergeführt.

7.2 *Sein und Wirken*

Nachdem Coreth das Seiende von der entsprechend der aristotelischen Akt-Potenz-Lehre bei Thomas weitergeführten Lehre von Sein und Wesen aus dargelegt hat, versucht er weiter das Wirken als den Selbstvollzug des Seienden zu erklären. Denn das in seinem Sein und Wesen als inneren Prinzipien begriffene Seiende ist noch nicht vollständig erfaßt. Im endlichen Seienden ist das Sein nicht durch das Wesen endgültig auf bestimmte Weise begrenzt, und ebenso ist das Wesen nicht durch das Sein endgültig verwirklicht. Das Seiende ist also in eine anfängliche, nicht die endgültige Wirklichkeit seiner selbst versetzt, hat somit sich selbst weiter zu verwirklichen. Darin liegt der Grund der Veränderung oder Bewegung oder Wirkung der Sache. Nun handelt es sich bei Coreth um das Wirken des Seienden und seinen Grund. Die Notwendigkeit dieses weiteren Elements, von dem her das Seiende begriffen werden muß, weist Coreth wieder durch den Vollzug des Fragens selbst auf:

---

die Möglichkeit endlicher Wesenheiten als Prinzipien bestimmter Begrenzung entspringt. Das Sein aber als die aktuelle Seinswirklichkeit des Seienden ist auch dasjenige, in welchem es selbst und sein Anderes, also das Prinzip positiver Setzung und das Wesen als Prinzip negativer Begrenzung, aufgehoben sind in das konkrete Dasein des bestimmten Seienden. Vgl. *GM* 92.

[170] Coreth weist hier nachdrücklich auf das Problem beider Lehren hin: «Die Lehre von der *realen* Differenz hat recht, doch sieht sie die Prinzipien zu isoliert (Hegel würde sagen "abstrakt"), nicht als "Vermittlungen" der Einheit des Ganzen. Dagegen hat eine bloß *rationale* Differenz darin recht, daß sie das real eine und ganze Seiende betont, jedoch nicht auf seine metaphysische Konstitution hinterfragt.» (*GM* 92)

[171] *GM* 92f.

Wenn ich nach etwas frage (oder auch etwas weiß oder will), so weiß ich, einen Aktvollzug zu setzen, d.h. eine Wirklichkeit, in die ich fragend mich selbst versetzte, mich selbst verwirkliche oder mich weiter verwirklichen will. Aber es ist weder mein Sein noch mein Wesen, denn ich «bin» und bin «dieser», auch wenn ich diesen Akt nicht setze. Es ist etwas anderes; was ist es? Und ich frage nach Anderem; Antwort darauf geben nicht nur dessen Sein und Wesen, sondern auch, wie etwas wirkt, auf mich einwirkt und darin offenbart, was es ist. Was ist diese Wirklichkeit, die darin gesetzt wird?[172]

Im Vollzug des Fragens ist der Fragende, wie sich schon gezeigt hat, nicht nur ein dem Vollzug vorausliegendes «Subjekt an sich», sondern ein «Subjekt im Vollzug», welches das, was es an sich ist, selbst aktuell vollzieht und sich darin offenbart[173]. Das heißt, daß der Vollzug über die «Erstsetzung» (*actus primus*) des Seienden hinausgeht und dem Seienden durch eine «Zweitsetzung» (*actus secundus*) eine, der Erstsetzung entsprechende, sie aber übersteigende und erfüllende Seinswirklichkeit, verleiht[174]. Besonders diese Wirklichkeit, die der Vollzug als Zweitsetzung selbst ist, nennt Coreth «Wirken»[175]. Demnach erweist sich das Wirken als den dynamischen «Selbstvollzug» zur vollen Wirklichkeit des Wesens des Seienden. Dies deutet darauf hin, daß der Mensch sowohl anthropologisch als auch metaphysisch auf ein Ziel des Selbstvollzugs ausgerichtet ist. Dies führt bei Coreth zur Entfaltung des Seinsgesetzes der Finalität[176] und vor allem zum Thema der Gottesfrage, in der Gott, das Sein selbst, als das letzte und absolute Ziel zum zentralen Problem wird.

Welche Verhältnisbestimmung besteht nun zwischen Sein, Wesen und Wirken? Dabei handelt es sich vor allem um die Frage nach der Bedingung der Möglichkeit der im Wirkvollzug gesetzten Wirklichkeit. Der Wirkvollzug ist nach Coreth eine Seinswirklichkeit des Seienden, die das Seiende über seine Erstverwirklichung (*actus primus*) hinaus in eine neue und höhere

---

[172] *GM* 100. Dazu: *MP* 216.

[173] Siehe in dieser Arbeit Kap. III, § 6.2.

[174] *GM* 100f.; *MP* 216f.

[175] *MP* 217: «Es [= Das Wirken] ist dasjenige, worin das Seiende aus sich selbst heraus, jedoch sein eigenes und ursprüngliches Sein und Wesen übersteigend, sich selbst vollzieht und sich in eine neue und höhere Wirklichkeit setzt. Wirken ist Selbstvollzug, Selbstverwirklichung des Wirkenden. [...] Es ist die Verwirklichung von Möglichkeiten, die im Wesen des Seienden begründet sind. Daher ist Wirken im ersten und eigentlichen Sinne nicht die Verwirklichung gegenständlicher Möglichkeiten, die wir als Ziele des Handelns wählen, sondern Verwirklichung des Wirkenden selbst, der die Möglichkeiten seines Wesens zur vollen Wirklichkeit bringt.»

[176] Vgl. *GM* 126-133; *MP* 250-258.

Zweitverwirklichung (*actus secundus*) setzt. Der Ursprungsgrund der Wirklichkeit des Wirkvollzugs liegt daher nicht im Wesen des Seienden, das nur das Prinzip der bestimmten, aber gerade im Wirken überschrittenen Begrenztheit ist, sondern nur im Sein des Seienden, welches das Prinzip des wirklich, von sich aus unbegrenzten Seinsgehalts ist. Dies zeigt, daß das Sein des Seienden durch das endliche Wesen nicht voll und endgültig begrenzt ist, daß es somit, auch in der Begrenztheit durch das Wesen, eine Seinsmächtigkeit behält, welche die bestimmte Begrenztheit übersteigt. Das meint, daß das Sein grundsätzlich eine «Dynamik» behält, die das Seiende über seine wesenhafte Verwirklichung hinaus in eine neue Seinswirklichkeit zu versetzen vermag[177].

Aber damit ist der metaphysische Grund der Dynamik des Seins noch nicht ausgelegt. Worin gründet nun diese Dynamik, also das Wirken des Seins, eigentlich? Dabei spricht Coreth von dem «Unbedingten im Bedingten», dem «Unbegrenzten im Begrenzten» des Seienden. Darin liegt metaphysisch eine Spannung zwischen dem Sein als dem Prinzip aktueller, von sich aus unbegrenzter Positivität und dem Wesen als dem Prinzip relativer Negation der Begrenzung. Daraus entspringt eigentlich das Wirken als Streben nach voller Wirklichkeit des Seins:

> Zwar ist das Sein durch das Wesen in die Grenze gesetzt; diese ist vom Sein her möglich. Weil jedoch das Sein — aus seinem eigentlichen und ursprünglichen Wesen — das Unbegrenzte ist, widerstreitet ihm die Begrenzung; sie ist eine Selbstentfremdung, eine Selbstentäußerung des Seins, durch welche es nicht mehr ganz das ist, was es aus sich heraus eigentlich ist. Darum strebt das Sein über die Grenze hinaus, es durchbricht die Schranke des Wesens und strebt nach der Unbegrenztheit seines reinen Selbstvollzugs.[178]

Dies ist bei Coreth genau das Wesen des Wirkens im endlichen Sein. Das Wirken gründet darin, daß Sein «dynamische Identität»[179] oder «dynamische Positivität»[180] ist, daß es also, auch in aktuelle Begrenztheit gesetzt, virtuelle Unbegrenztheit beibehält. Insofern der Wirkvollzug des Seienden nicht nur der Selbstvollzug desselben, sondern darin zugleich der Vollzug des Seins ist, strebt er notwendig danach, über die Grenzen des Wesens hinaus auf die Fülle des Seins überhaupt auszugreifen. Nur darin ist das metaphysische

---

[177] *GM* 101; *MP* 219.
[178] *MP* 219.
[179] *GM* 102; *MP* 221. Zur dynamischen Identität vgl. J.B. LOTZ, *Ontologia*, 93.144f.
[180] *GM* 102.

Begreifen des Wirkens möglich[181]. So ergibt sich schließlich das dialektische Verhältnis zwischen Sein, Wesen und Wirken:

> Das Sein ist die «Unmittelbarkeit» reiner Positivität und Identität. Das Wesen ist die «Vermittlung» der endlichen Sinngestalt durch relative Negativität oder Nicht-Identität. Der Gegensatz ist aufgehoben in der «vermittelten Unmittelbarkeit» des Daseins des Seienden. Doch ist es noch nicht ganz das, was es sein kann und sein soll; das Sein strebt über die Grenzen des Wesens hinaus. Im Wirken versetzt sich das Seiende in eine vollere Identität und Aktualität seiner selbst, es «vermittelt» sich zu höherer Seinswirklichkeit.[182]

8. Das Sein im Geistvollzug

8.1 *Geistvollzug und endlicher Geist*

Der Mensch als «Geist im Leib» und «Geist in der Welt»[183] setzt im geistigen Vollzug des Fragens, worin sich der Seinshorizont als seine apriorische Bedingung zeigt, sich selbst vor allem als Subjekt desselben. Ihm ist ein bewußter, geistiger Wirkvollzug wesentlich eigen. Coreth kennzeichnet das Wesen des Geistes als «Bei-sich-Sein», daß im Aktvollzug der Geist bei sich selbst sich seiner bewußt ist, insofern er um sich selbst weiß. Das bewußte Wirken des Geistes ist ein sich wissender, wissend sich selbst besitzender, bei sich selbst seiender Vollzug. Bewußtsein ist aber nach ihm wesentlich ein «Seinsvollzug», und die aktuelle Identität von Sein und Wissen, die sich darin vollzieht, ist das Grundwissen um Sein als die Urbedingung der Möglichkeit alles Fragens und Wissens: «[D]er bewußte Akt ist selbst eine im Wirken gesetzte Seinswirklichkeit, die dadurch ausgezeichnet ist, daß sie wissend bei sich selbst ist, also im Akt eine Identität von Sein und Wissen setzt. [...] Im geistig-bewußten Akt kommt

---

[181] Coreth spricht dabei auch vom metaphysisch letzten und tiefsten Wesen des Wirkens. Das wird nach ihm als Vollzug des Seins selbst, Vollzug des Seins in seiner reinen und vollen Identität definiert. Dazu vgl. *MP* 221f.234-237. Wir wollen bezüglich der Auslegung des Wesens des Wirkens, wie es sich bisher gezeigt hat, vom Unterschied wesensverschiedener Wirkweisen absehen. Jedoch werden wir im folgenden Abschnitt [«inneres Wirken» (*actio immanens*)] darüber handeln, wie es seine reinste Form im geistigen Wirkvollzug erreicht, im Bezug auf das geistige Wirken des menschlichen Bewußtseins. Darin wird sich die Wechselwirkung von Wissen und Wollen vor allem im metaphysisch-anthropologischen Hinblick auslegen. Wir haben davon schon im ersten Kapitel in anthropologischer Hinsicht als Selbstvollzug des Menschen gesprochen. Vgl. in dieser Arbeit Kap. I, § 5.3, § 5.5.
[182] *GM* 102f.
[183] Vgl. *GM* 191.

das Sein zu sich, es wird sich seiner selbst bewußt, das Sein weiß um sich selbst.»[184] Insofern ist das geistige Bewußtsein die transzendentale Bedingung, in der das unthematische, apriorische und vorgreifende Wissen als Seinshorizont gründet. Darin liegt also der Ursprung des Seinshorizonts als der Möglichkeitsbedingung alles Fragens und Wissens. In diesem Sinn fällt bei Coreth der Seinshorizont eigentlich mit geistigem Bewußtsein selbst zusammen[185].

Das Fragen ist ein Aktvollzug, in dem der Fragende sich selbst als Subjekt des Fragens und zugleich anderes als Objekt des Fragens setzt, beides aber als etwas erfaßt, das «ist»: «Wissen um *mich* vollzieht sich nur im Wissen um Anderes. Aber Wissen um *Anderes* enthält als seine Bedingung das Wissen um mich selbst. Gegenstandsbewußtsein setzt Selbstbewußtsein voraus, aber Selbstbewußtsein vollzieht sich nur im Gegenstandsbewußtsein. [...] Beides aber, Wissen um mich im Wissen um Anderes, ist Wissen um *Sein*.»[186] Ich frage nach etwas unter der Rücksicht des Seins, daher im Horizont des Seins und weiß zugleich um mich selbst. Dieses Geschehen im Horizont des Seins, der sich als Horizont unbedingter, daher unbegrenzter Geltung erwiesen hat, nennt Coreth eigentlich einen «geistigen Vollzug»[187]. Daraus erweist sich das Wesen bewußten, geistigen Wirkens, daß es der Selbstvollzug eines Seienden unter der Form und im Horizont des Seins, darum immer schon über sich selbst ausgreifend auf die unbegrenzte Ganzheit des Seins überhaupt ist. Dies ist das Wesen des Geistes[188].

Der geistige Vollzug des Menschen ist aber bei Coreth eigentlich insofern ein *Fragen*, nicht ein einfach besitzendes Wissen, als er ein endlicher Akt ist, dem Endlichkeit und Unendlichkeit zugleich zukommen. Wir können die Möglichkeit und Notwendigkeit unseres Fragens, also den unbegrenzten Horizont unseres geistigen Selbstvollzugs niemals in reinem, begreifendem Wissen einholen. Den Geist, der das Sein nicht in seiner unbegrenzten Einheit und Ganzheit, sondern immer nur als das Sein von endlichem Seienden vollzieht, nennt Coreth einen in seinem Vollzug wesenhaft *endlichen* Geist[189]. Der Geist vollzieht sich als solcher aus seinem Wesen im unendlichen Horizont, aber kann als endlicher Geist niemals diesen

---

[184] *GM* 112.
[185] Vgl. G.B. SALA, «Seinserfahrung und Seinshorizont», 305.
[186] *GM* 109f.
[187] *MP* 267.
[188] *MP* 269.
[189] Vgl. *MP* 269.

Horizont adäquat einholen: «Er ist ein zwar wesenhaft voraus-entworfener, jedoch nicht adäquat erfüllter oder erfüllbarer Horizont wissend-nichtwissenden Ausgriffs auf die Unendlichkeit des Seins.»[190] Der Mensch ist endlich und bleibt in seinem wissenden Selbstvollzug jederzeit endlich. Insofern er aber Geist ist, vollzieht er sich immer und notwendig im offenen Horizont des Seins überhaupt, darum im steten Ausgriff auf die Unendlichkeit des Seins. Aus dieser inneren Spannung von Endlichkeit und Unendlichkeit wird nach Coreth das innerste Wesen des endlichen Geistes begriffen. Das heißt das «*Unbedingte im Bedingten*, das sich jetzt als *Unendliches im Endlichen* erweist»[191]. Demnach ist die Unendlichkeit des endlichen Geistes nicht die «Unendlichkeit aktuellen Besitzes», sondern die «Unendlichkeit virtuellen Ausgriffes», also eine «virtuelle Unendlichkeit», wie sie im Vollzug des endlichen Geistes an aktuelle Endlichkeit zurückgebunden bleibt[192].

Daraus gewinnt Coreth eine Synthese zwischen der Endlichkeit und der Unendlichkeit des Geistes, ohne daß die eine in die andere aufgehoben wird. Darin liegt der Grund, daß das endliche Subjekt über die Selbstbeschränkung des Denkens hinaus das Erkennen des Unendlichen erreichen kann. Aber durch diese Spannungseinheit zwischen aktueller Endlichkeit und virtueller Unendlichkeit, die im Wesen des endlichen Geistes gesetzt ist, überwindet Coreth nicht nur — besonders bei Kant — die Selbstbeschränkung des Denkens auf den Bereich des bloßen «Für-mich» der Erscheinung, sondern auch — im Deutschen Idealismus, besonders bei Hegel — die Aufhebung des endlichen Subjekts in die Unendlichkeit des Geistes. Der endliche Geist dringt also in seinem Vollzug des Wissens zum «An-sich» des Seienden vor, ohne daß er im Unendlichen aufgehoben wird. Dies prägt bei Coreth den Grundzug der Metaphysik, die Grundstrukturen des menschlichen Seins in der Welt, der zwischenmenschlichen Beziehungen und seiner sittlichen Aufgabe zu entfalten und im weiteren von daher die wesentliche Beziehung des Menschen zum Absoluten selbst, nämlich Gott, zu bestimmen.

8.2 *Der endliche Geist und sein Anderes*

Der bewußte Selbstvollzug ist für Coreth immer und notwendig auf *Anderes* angewiesen: «Der Selbstvollzug des endlichen Geistes ist Selbstvermittlung des Geistes in seinem Anderen. Der endliche Geist erfordert

---

[190] *GM* 113.
[191] *GM* 113.
[192] *MP* 270; *GM* 113.

für den bewußten Vollzug seiner selbst den bewußten Bezug auf sein Anderes. Von Seiendem, das er selbst nicht ist, sich abhebend, weiß er sich als das, was er selbst ist.»[193] Der endliche Geist ist, insofern er als endlich niemals aktuell unendlicher Geist, d.h. das Sein in seiner ursprünglich unbegrenzten Fülle von Seinsgehalt sein kann, nicht fähig zu reinem Wissen um Sein, sondern nur zum Wissen um Sein im Wissen um endliches Seiendes. Endliches Seiendes ist aber als ein so und so Seiendes, nämlich als seinsmäßig begrenztes wesentlich *soseinshaft*, bestimmt. So erreicht der endliche Geist das Sein nur im Wissen um das, «was» ein endliches Seiendes ist[194]. Das gilt nach Coreth vom Sich-Wissen des Geistes. Also ist das Sich-Wissen des Geistes nur möglich im Wissen um das Wesen in seiner eigenen Soseinsbestimmtheit: «Ich kann nur wissen, "daß" ich bin, wenn ich irgendwie weiß, "was" ich bin.»[195] Insofern der Geist um sich selbst so nur irgendwie wissen soll, so kann er sich nicht als das Sein selbst wissen, sondern nur als endliches Seiendes. Dies aber ist nur möglich, wenn die Differenz und Transzendenz des Seins überhaupt gegenüber meinem Sein zum Bewußtsein kommt. Daraus erweist sich das Wissen um die Differenz und Transzendenz, daß das Sein grundsätzlich mich selbst übersteigt, als die Möglichkeitsbedingung des Wissens um meine Endlichkeit.

> Diese im Wissen um Sein geschehende Abhebung des Seins überhaupt von meinem Sein ist jedoch nur möglich, wenn ich weiß um Sein außer meinem Sein. Ich muß mich als endliches Seiendes, als im Sein begrenzt erfahren. Dies ist nur möglich, wenn mir die Grenze als Grenze zum Bewußtsein kommt. Um eine Grenze als Grenze wissen kann ich aber nur, wenn ich um Anderes jenseits der Grenze weiß, das begrenzend mir gegenübersteht. Dieses Andere kann nicht das mich übersteigende Sein im ganzen — das Sein als unendlicher Horizont — sein. [...] Das mich übersteigende Sein außer meinem Sein kann ich also nur wissen an endlichem Seienden, das ich selbst nicht bin, sondern das mir als Anderes gegenübersteht. Nur im Wissen um Anderes als Anderes kann die Differenz und Transzendenz des Seins gegenüber meinem Sein in meinem Wissen aufleuchten.[196]

---

[193] *MP* 278.
[194] Vgl. *MP* 273. Das Wissen um das eigene Sosein aber bedeutet nach Coreth hier noch nicht eine klare und erschöpfende Erkenntnis des eigenen Wesens, sondern nur ein erstes, noch so unklares und unausdrückliches Erfassen des eigenen Soseins. Es ist ein unthematisches Wissen um das eigene «Was», das schon verlangt ist, insofern der Geist ein endliches Seiendes ist. Dazu vgl. *ibid.* 274.
[195] *MP* 274.
[196] *MP* 274f.

KAP. III: DIE ONTOLOGISCHE GRUNDLEGUNG

Also leitet Coreth zunächst vom ersten Akt bewußten Selbstvollzugs als Möglichkeitsbedingung des Wissens um meine Endlichkeit her eine Abhebung des Seins überhaupt von meinem Sein, nämlich die Differenz und Transzendenz des Seins gegenüber meinem Sein, ab und weist im weiteren als Möglichkeitsbedingung meines bewußten Selbstvollzugs das Wissen um Anderes als Anderes auf. «Gegenstandsbewußtsein setzt Selbstbewußtsein voraus, aber Selbstbewußtsein vollzieht sich nur im Gegenstandsbewußtsein.»[197] Der geistige Vollzug des Anderen (Gegenstandsbewußtsein) ist also die Bedingung der Möglichkeit des geistigen Selbstvollzugs (Selbstbewußtseins). Dies ist die wesentliche Bedingung des endlichen Menschen, der sich als «Geist in Materialität» erweist[198]. Darin besteht es eigentlich, daß der endlicher Geist notwendig seinen besonderen «Welthorizont» als den unmittelbaren Gegenstandsbereich der eigenen Selbstvermittlung hat[199]. Er vollzieht sich selbst schon im Horizont des Seins überhaupt, aber kann diese unendliche Ganzheit des Seins niemals in der Identität des wissenden Vollzugs einholen.

Bloß materielles Seiendes aber kann gar nicht in sich und für sich wirken, sondern nur in Anderem und für Anderes. Daran geschieht nur ein «äußeres Wirken» (*actio transiens*), das sich auf das Andere hin vollzieht und sich im Anderen verliert. Dem Vollzug des Lebens dagegen ist ein «inneres Wirken» (*actio immanens*) eigen, das nicht im Anderem, sondern im Wirkenden selbst eine Wirkung setzt. Es ist im geistigen Wirkvollzug «bei sich», erreicht darin seine reinste Form[200]. Coreth nennt den Ursprung dieses Wirkens, dem das Wirkvermögen geistigen Selbstvollzugs eigen ist, eine geistige «Substanz», nämlich geistige «Seele», welche sich von der materiellen Wirklichkeit als wesentlich anderes abhebt und daher durch die virtuelle Unendlichkeit geistigen Seins und Wirkens ausgezeichnet ist[201].

---

[197] *GM* 110.

[198] Vgl. *MP* 275.

[199] Vgl. *MP* 279. «Welt» bedeutet aber nach Coreth hier «nicht eine faktische Summe von Seienden, erst recht nicht die faktische Summe von aktuell erkannten Seienden», sondern «die mit dem Wesen des endlichen Geistes voraus entworfene Ganzheit eines Bereichs von Seienden, die unmittelbar in sich selbst zu möglichen Gegenständen der Selbstvermittlung des Geistes in seinem Anderen werden können» (*ibid.*). Dazu vgl. in dieser Arbeit Kap. I, § 4.2, § 4.3.

[200] *MP* 227. Eine vollkommene Rückkehr zu sich selbst (*reditio completa in seipsum*) vollzieht sich im Geist. In anderen Lebewesen geschieht ein gewisser, aber unvollendeter Rückbezug auf sich selbst, der erst im menschlichen Bewußtsein ganz zu sich selbst kommt. Dazu vgl. *GM* 184.

[201] Vgl. *GM* 114f.

8.3 *Die Zweiheit des Geistvollzugs als Wissen und Wollen in der metaphysischen Grundstruktur*

Das innere Wirken des endlichen Geistes wird bei Coreth wesentlich durch eine Wechselwirkung der Zweiheit von Wissen und Wollen ausgelegt, die sich auch als Grundweisen des Selbstvollzugs des Menschen als endlichen Geistwesens erweisen[202]. Die Zweiheit des Geistvollzugs als Wissen und Wollen können wir zunächst reduktiv aus dem Vollzug des Fragens gewinnen. Wie wir schon dargelegt haben, geht das Fragen eigentlich auf Wißbares, das ich anfänglich schon weiß, aber noch nicht voll und erschöpfend weiß, sondern wissen will und deshalb fragen muß. Das meint, daß das Fragen schon als seine Möglichkeitsbedingung Wissen voraussetzt, einschließt und anstrebt. So wird Wissen schon im Vollzug des Fragens vorausgesetzt und mitgesetzt. Daraus ergibt sich als erste Weise des geistigen Selbstvollzugs das «Wissen»[203].

Aber im Vollzug des Fragens begreifen wir, daß es auch die Bewegung eines Strebens ist, das über das bisher Gewußte auf Weiteres, noch nicht Gewußtes, aber Wißbares geht. Sonst wäre das Fragen durch das Wissen überholt und nicht möglich. Fragen kann ich nur, wenn ich noch nicht weiß, wonach ich frage. Also kann ich nur fragen, wenn ich um das eigene Nichtwissen weiß und nach weiterem Wissen strebe. Ich *will* wissen, darum frage ich. Dieses geistige Streben nach Wissen, das sich im Fragen selbst als dessen Möglichkeitsbedingung zeigt, nennen wir Wollen. Daraus ergibt sich als zweite Weise geistigen Selbstvollzugs das «Wollen»[204]. Insofern ich den Vollzug des Fragens setze, so setze ich schon darin den Vollzug von Wissen und Wollen.

Nachdem die Zweiheit von Wissen und Wollen reduktiv aus dem Vollzug des Fragens gewonnen wurde, leitet Coreth im weiteren deduktiv aus dem Wesen des endlichen Geistes und seines Vollzugs die beiden Grundweisen dieses Vollzugs her: «Der Geistvollzug ist wesenhaft Seinsvollzug, aber der endliche Geist kann nie unmittelbar das Sein selbst und im Ganzen einholen, sondern ist auf anderes Seiendes angewiesen. Geistiges Wirken steht daher in der Spannung von Subjekt und Objekt. Nur von daher kann

---

[202] Wir haben schon im ersten Kapitel (§ 5.5) den Bezug zwischen Wissen und Wollen als Grundselbstvollzug des Menschen betrachtet. Hier wollen wir seinen metaphysischen Grund weiter aufklären.
[203] Vgl. *GM* 116; *MP* 342f.
[204] Vgl. *GM* 116; *MP* 343.

das Verhältnis von Erkennen und Streben, auf geistiger Ebene von Wissen und Wollen aufgehellt werden.»[205]

Der endliche Geist weiß um das ihn selbst übersteigende Sein, und dies ist nur möglich, wenn er um Anderes weiß, das ihm im Sein gegenübersteht, nämlich um endliches Seiendes, das *ist*, aber nicht er selbst ist. Er kann sich nicht allein in sich selbst vollziehen, sondern nur in *seinem Anderen*, also in der Zweiheit von Subjekt und Objekt. Wenn aber der endliche Geist im bewußten Aktvollzug seiner selbst in seinem Anderen eine aktuelle Identität von Subjekt und Objekt setzt, so ist sie nicht die Identität von Subjekt und Objekt *an sich*, sondern von Subjekt und Objekt *im Vollzug*. Im endlichen Geist setzt die Identität von Subjekt und Objekt im Vollzug ihre Differenz voraus. Sonst wäre das Andere aufgehoben, es wäre nicht mehr mein Vollzug in meinem Anderen. Insofern aber im Aktvollzug des endlichen Geistes die Identität von Subjekt und Objekt immer schon ihre Differenz an sich voraussetzt, geht es nun darin um die Setzungsweise des Vollzugs der Identität. Darauf richtet Coreth besonders seine Aufmerksamkeit: «Wenn aber die Differenz von Subjekt und Objekt an sich nicht aufgehoben wird, sondern vorausgesetzt bleibt, kann der Vollzug der Identität entweder im Subjekt oder im Objekt gesetzt sein.»[206] Von diesen verschiedenen Setzungsweisen des Vollzugs der Identität her weist er weiters die metaphysisch notwendige Grundstruktur des Geistvollzugs als Wissen und Wollen a priori auf.

«Wissen» besteht darin, daß der aktuelle Vollzug der Identität von Subjekt und Objekt im *Subjekt* gesetzt wird. Es ist ein Selbstvollzug des endlichen Geistes (oder Subjekts) in seinem Anderen (oder Objekt), insofern dieses «im Subjekt präsent wird, d.h. nicht als Objekt an sich, sondern als Objekt im Selbstvollzug des Subjekts»[207], d.h. für mich. Dieser Vollzug ist nach Coreth ein «sich wissender, sich selbst gelichteter, seiner selbst bewußter Aktvollzug»[208] des Subjekts, in dem die Identität von Sein und Wissen gesetzt wird. Wenn das Objekt in den geistigen Selbstvollzug des Subjekts eingeht, so wird es als ein dem Subjekt bewußtes, vom Subjekt gewußtes Objekt im «Lichte des Bewußtseins»[209] oder im «Wissen»[210] gesetzt. Diesen Aktvollzug, in dem «das Subjekt im eigenen Akt sein Anderes als gewußten

---

[205] *GM* 116.
[206] *GM* 117; *MP* 345.
[207] *GM* 117.
[208] *GM* 117.
[209] *MP* 345.
[210] *GM* 117; *MP* 345.

Gegenstand setzt, damit aber die Andersheit des Anderen nicht aufhebt, sondern voraussetzt, also um Anderes als Anderes weiß»[211], nennt Coreth das Wissen.

«Wollen» hingegen besteht darin, daß der aktuelle Vollzug der Identität von Subjekt und Objekt im *Objekt* gesetzt wird. Es ist ein Selbstvollzug des Subjekts in seinem Anderen, insofern dieses — nicht nur als Objekt im Vollzug, sondern als Objekt an sich — «an sich selbst»[212], also «in seinem Sein und Seinsgehalt selbst»[213] ist. Dieser Vollzug ist nach Coreth ein Aktvollzug, in dem das Subjekt «sich selbst im Sein und Seinsgehalt des Anderen als dem eigenen Sein und Seinsgehalt» aktuiert[214]. Er bleibt, insofern diese Differenz zum Anderen an sich nicht aufgehoben wird, eine «Bewegung des Subjekts auf das Objekt hin», d.h. eine «Bejahung des Anderen um seiner selbst willen» und «Streben nach dem Anderen in dem, was es selbst ist»[215]. Diesen Aktvollzug, in dem «das Subjekt sich selbst auf sein Anderes [als Gewolltes] hin vollzieht, sich insofern in seinem Anderen verwirklicht»[216], nennt Coreth das Wollen.

So zeigt sich in der Art und Weise meines Vollzugs von Anderem ein anthropologisch-metaphysisch bedeutsamer, wesentlicher Unterschied von Wissen und Wollen oder Erkennen und Streben oder Theorie und Praxis; diese Einsicht verbindet eng Coreths Metaphysik und Anthropologie[217]. Darüber werden wir im vierten Kapitel weiter sprechen.

---

[211] *GM* 117; *MP* 345.

[212] *GM* 117.

[213] *GM* 118.

[214] *GM* 117; *MP* 346.

[215] *GM* 117f.; *MP* 346.

[216] *GM* 118. Dazu vgl. *MP* 346: «Es ist ein Vollzug, in dem das Subjekt sich selbst auf sein Anderes als sein Gewolltes hin vollzieht, die Differenz von Subjekt und Objekt in Identität aufzuheben strebt und im Anderen sich selbst setzt.»

[217] Diese Grundstruktur des Geistvollzugs als Wissen und Wollen ist vor allem für den Aufweis der transzendentalen Seinsbestimmungen Einheit, Wahrheit und Gutheit in der scholastischen Tradition von grundlegender Bedeutung. Aber wir wollen hier von der ausführlichen Untersuchung derselben absehen. Wir können trotzdem hier kurz sagen: «Wahrheit» besteht darin, daß das Sein dem Vollzug des Wissens zugeordnet ist (vgl. *GM* 114-155; *MP* 342-362), «Gutheit» hingegen besteht darin, daß es dem Vollzug des Wollens zugeordnet ist (vgl. *GM* 156-167; *MP* 363-393). Sie erweisen sich in der *dynamischen* Identität des Seins, die in der *aktuellen* Identität des absoluten Seins gründet, als «Einheit» (vgl. *GM* 137-143.172-173; *MP* 325-342.393-399).

9. Das Sein im Urvollzug

Im Fortgang der Metaphysik Coreths finden wir immer wieder einen Ausblick auf das absolute Sein. Wir müssen jetzt auf das Sein selbst als Urvollzug eingehen, worin aller endliche Vollzug eigentlich gründet. Denn die metaphysische Seinserschließung, die das Seiende aus dem Sein verstehen und ergründen will, kann — so Coreths Hinweis — ihr Ziel nur erreichen, wenn sie zum absoluten Sein selbst vordringt[218]. Dies führt vor allem zur Seinsfrage als Gottesfrage. Der Ausgriff auf das absolute Sein in der Gottesfrage ist für ihn die mögliche und notwendige Konsequenz der Seinslehre: «Die Seinslehre gipfelt in der Gotteslehre, wie diese in der Seinslehre gründet. Metaphysik als Wissenschaft vom Seienden als Seienden kann sich nur vollenden, wenn sie sich übersteigt zur Wissenschaft vom göttlichen Sein.»[219] Wir haben schon vorher von der Einheit der Seinslehre und der Gotteslehre in der Metaphysik gesprochen[220]. Nun müssen wir konkreter zeigen, wie sich bei Coreth seine Ontologie (Seinslehre) im Thema der Gottesfrage (Gotteslehre) vollendet.

9.1 *Gottes Dasein*

Wir leben in der breiten Stimmung «nach-metaphysischer Zeit», worin man an Gott oder an Religion achtlos vorbeigeht und sich einfach nicht darum kümmert. Aber gerade daher ist eine philosophische Begründung des Glaubens an Gott umso bedeutsamer. Denn der Mensch sucht einen letzten, endgültigen, unbedingten Sinn des Lebens und kann sogar wesentlich und grundsätzlich ohne Sinn seines Lebens nicht leben[221]. Coreth sagt in seinem Vortrag, den er an der Jesuiten-Universität Sogang in Seoul im Nov. 1996 gehalten hat: «Umso wichtiger scheint mir, auch in der Philosophie [...] von Gott zu reden und die Gottesfrage wieder aufzunehmen, den Gottesglauben zu begründen und in richtiger Weise zu entfalten.»[222] Aber wovon können wir einen Zugang des Denkens zu Gott suchen? Dabei kann man daran denken, was in der Tradition «Gottesbeweis» heißt. Aber für Coreth besteht ein Gottesbeweis eigentlich nicht mehr in einem «Aufstieg» des Denkens von der endlichen Welt zu Gott, sondern vielmehr

---

[218] Vgl. *MP* 491.
[219] *MP* 491.
[220] Siehe in dieser Arbeit Kap. III, § 1.3.
[221] Zur Sinnfrage des Menschen vgl. in dieser Arbeit Kap. I, § 7.4.
[222] *LD* 220-222. Dieser Text geht auf Vorträge zurück, die Coreth in Vorlesungen an der Päpstlichen Universität in Mexico City, 5.-16. Feb. 1996 gehalten hat.

in einer «Abhebung vom Endlichen», also — nach dem Ausdruck des späten Schelling — in einem «Ausschluß des Endlichen» aus der immer schon gewußten und vorausgesetzten Notwendigkeit des Seins selbst[223]. Darum geht Coreth in seiner Metaphysik nicht gerade auf die Frage nach dem Gottesbeweis in der Tradition ein, sondern hebt Gedanken hervor, die sich aus dem Fortgang seiner Metaphysik ergeben. Dadurch erweist sich das absolute Sein Gottes vor allem aus der Notwendigkeit des Seins, aus der Ursache der Wirklichkeit (Welt) und aus dem Endziel des Geistes.

9.1.1 Die Notwendigkeit des Seins

Um das absolute Sein Gottes zu erweisen, geht Coreth zunächst auf den Nachweis der Notwendigkeit des Seins überhaupt ein. Dies aber gründet im allgemeinen Seinsgesetz: «Sein ist notwendig Sein; Sein kann nicht nicht sein, es schließt notwendig Nichtsein aus. Dies ist das ontologische (das Sein betreffende) Identitätsgesetz oder, wieder in negativer Formulierung, das ontologische Widerspruchsgesetz.»[224] Diese Einsicht in die Notwendigkeit des Seins, die Urbejahung des Seins ist nach Coreth eine «Grundeinsicht»[225] oder eine «Ureinsicht»[226], die immer schon in allem Fragen und Wissen, in jedem sinnvollen Akt des Denkens mitgesetzt und vorausgesetzt ist. Sein als Sein ist unbedingt notwendig und somit absolut. Damit ist aber

---

[223] *GM* 198f.; *MP* 559; *LD* 228. Um bezüglich der Gottesbeweise Einwände und Mißverständnisse abzuwehren, betont Coreth vor allem, daß sie etwas ganz anderes sind als exakt naturwissenschaftliche Beweisverfahren, «weil sie a) in ihrem Ergebnis niemals direkt verifizierbar oder falsifizierbar, d.h. an der Erfahrung überprüfbar sind, weil sie b) ihrem Wesen nach mit analogen Begriffen arbeiten, die unsere Erfahrungswelt grundsätzlich übersteigen, das Geheimnis Gottes aber nicht einholen können, und weil sie c) nicht nur Sache theoretischer Einsicht sind, sondern eine gesamtpersonale Entscheidung erfordern.» Vgl. *LD* 222.

[224] *MP* 492. Das Identitätsgesetz ist bei Coreth das grundlegende Denkgesetz, das die Bedingung der Möglichkeit alles Fragens und Wissens bildet und im Vollzug alles Fragens und Wissens mitgesetzt wird. Es ist nach ihm weder eine bloße Tautologie noch ein rein analytischer Satz, sondern ein «synthetisches Urteil», dessen Prädikat eine neue, im Subjekt des Satzes nicht enthaltene Aussage macht. Darin wird die Notwendigkeit des Selbstseins, die Unmöglichkeit des Nichtseins oder Andersseins ausgesagt. Weil und insofern es aber apriorische Geltung hat, bezeichnet Coreth es im Sinne Kants als «synthetisches Urteil a priori». Nach ihm sind alle ersten Seins- und Denkgesetze, die als das Identitätsgesetz, das Kausalitätgesetz und das Finalitätsgesetz benannt werden, wenn sie etwas aussagen sollen, synthetische Sätze und, da sie apriorische Geltung haben, apriorisch-synthetische Urteile. Dazu vgl. *GM* 119f.; *MP* 237ff.

[225] *GM* 198.

[226] *MP* 492.

KAP. III: DIE ONTOLOGISCHE GRUNDLEGUNG

nach Coreth noch nicht ausdrücklich das absolute Sein selbst erwiesen. Denn das Wissen um das absolute Sein selbst, das in jedem Vollzug des Denkens unthematisch (implizit) mitgesetzt und vorausgesetzt ist, kann erst thematisch (explizit) werden, wenn es vom endlichen Seienden abgehoben wird[227]. Es geht nun bei ihm vor allem um die «Abhebung» des Seins selbst vom endlichen Seienden, durch die Gottes Dasein grundsätzlich aufgewiesen wird. Dafür geht Coreth auf die Einsichten zurück, die uns bisher von der Vielheit auf die Einheit, vom Bedingten auf das Unbedingte, vom endlichen Seienden auf das unendliche Sein verwiesen haben. Von daher weist er auf, daß das endliche Seiende nicht das notwendige und notwendig bejahte Sein selbst ist, sondern sich von diesem abhebt und somit die Einheit, Unbedingtheit und Unendlichkeit des Seins selbst voraussetzt.

Für die Abhebung des Seins selbst vom Endlichen geht Coreth entscheidend auf unsere Erfahrung ein, in der wir viele bedingten und endlichen Dinge vorfinden. Unserer Erfahrung bietet sich vielerlei Seiendes dar. Es geht nun um die metaphysische Frage nach dem Grund dieser Vielheit und Verschiedenheit des Seienden. Coreth geht dafür von der einfachen Grundeinsicht aus: «Vielheit setzt Einheit voraus; Verschiedenheit setzt Gemeinsamkeit voraus.»[228] Aufgrund vorgängiger Einheit kann sich Vielheit als solche konstituieren und differenzieren. Denn sonst fiele die Vielheit in eine absolute Verschiedenheit, eine durch nichts verbundene, völlig beziehungslose Pluralität auseinander, deren Glieder radikal Einzelne, voneinander absolut isolierte Einzelne wären, die gar nicht mehr unter einer gemeinsamen Rücksicht erfaßt und gezählt, als Vielheit begriffen werden könnten. Insofern alles, was ist, seine Einheit im Sein hat, ist es eine «Einheit in der Vielheit», eine «Gemeinsamkeit in der Verschiedenheit», d.i. eine «formale Identität in der realen Differenz»[229]. Die Identität in der Differenz setzt aber eine Identität vor der Differenz, eine Einheit vor der Vielheit voraus. Denn die Differenz, in der eine Identität gesetzt ist, kann als Differenz die in ihr gesetzte Identität nicht begründen. Die Differenz (Vielheit) ist nicht der Grund der Identität (Einheit), die Identität ist vielmehr

---

[227] Vgl. *GM* 198. Dazu vgl. *MP* 498f.: «Die Notwendigkeit oder Absolutheit des Seins ist aber implizit schon die Notwendigkeit des absoluten Seins selbst. Doch wird dieses erst explizit erkannt, wenn es abgehoben wird vom endlichen Seienden, d.h., wenn erkannt wird, daß das Seiende — in seiner Vielheit, Bedingtheit und Endlichkeit — nicht selbst das notwendige und notwendig immer schon bejahte Sein ist, sondern es jenseits seiner selbst voraussetzt.»

[228] *GM* 199; *MP* 494; E. CORETH, «Identität und Differenz» (1964) 176.

[229] *GM* 200.

der Grund der Differenz. Das Ursprünglich-Erste ist eine «absolute Identität», d.h. die «Identität des absoluten Seins vor der Differenz des endlichen, darum relativen Seienden»[230]. So enthält unser Fragen und Wissen um Seiendes als Bedingung seiner Möglichkeit das vorgängige, wenn auch unthematische Wissen, daß das endliche Seiende das «Sein selbst» als Einheit des Seins vor der Vielheit der Seienden voraussetzt.

Diese Einsicht gilt auch, wenn sich Seiendes als Bedingtes unter Vielen erweist. Endliches Seiendes, insofern es als Seiendes gesetzt ist, ist an sich selbst und unbedingt gültig gesetzt. Denn alles, was *ist*, ist als solches unbedingt gültig, in einem Horizont unbedingter Seinsgeltung gesetzt. Es ist jedoch unter bestimmten Bedingungen, also bedingt gesetzt, insofern es endlich, also nicht das Sein selbst ist. Es is ein «bedingt Unbedingtes»[231]. Bedingt Unbedingtes setzt aber schlechthin Unbedingtes voraus[232]: «Sofern Seiendes "ist", übersteigt seine Geltung den Bezug auf bedingte Bedingungen. Sofern es aber — in seiner unbedingten Geltung — bedingt ist, fordert es den Bezug auf eine unbedingte Bedingung, die schlechthin unbedingt gesetzt und notwendig erfüllt ist.»[233] Diese unbedingte Bedingung alles Bedingten heißt das «Sein selbst» als das schlechthin Unbedingte, das absolute Notwendige. Die Bewegung unseres Geistes, in der wir Seiendes in seiner unbedingten Geltung ergreifen, ist nur möglich im Vorgriff auf das Sein selbst als das schlechthin Unbedingte, in dessen Horizont wir Seiendes als bedingt Unbedingtes erfassen[234].

Schließlich folgt nun, daß der Horizont unbedingter Geltung notwendig der unbegrenzte, unendliche Horizont des Seins selbst ist. Denn nur die Unbegrenztheit des Horizonts kann unbedingte, darum unaufhebbare und unüberholbare Geltung begründen[235]. So erweist sich das Sein selbst als das absolute Unbedingte, Unbegrenzte und Unendliche. Die aktuale Bewegung unseres Geistes geht notwendig, weil er durch virtuelle Unendlichkeit ausgezeichnet ist, über alles Endliche hinaus auf das absolute und unendliche Sein selbst und kann nur darin seine Erfüllung finden.

---

[230] E. CORETH, «Identität und Differenz» (1964) 178. Dazu: *MP* 170f.

[231] Siehe in dieser Arbeit Kap. III, § 5.2. Dazu vgl. *GM* 60.200f.; *MP* 286.496.

[232] *GM* 200. Dazu vgl. *MP* 496: «Die bedingte Unbedingtheit ist widerspruchslos nur möglich unter einer unbedingten Bedingung. Die unbedingte Setzung eines Bedingten ist nur möglich unter der Bedingung einer schlechthin unbedingten Voraussetzung. Das bedingt Unbedingte setzt also ein [...] unbedingt Unbedingtes voraus; das relativ Notwendige setzt ein absolut Notwendiges voraus.»

[233] *MP* 287.

[234] Vgl. *GM* 201; *MP* 496.

[235] Siehe in dieser Arbeit Kap. III, § 5.2.

9.1.2 Die Ursache der Welt

Coreth geht weiter auf die Eigenschaften des endlichen Seienden ein, das sich in der Welt unserer Erfahrung als «kontingent» erweist und somit eine Ursache der Welt erfordert. Damit wird der vorausgehende Aufweis der Abhebung des Seins selbst vom endlichen Seienden fortgeführt und konkreter ergänzt. Wenn alles Seiende im Fluß des Werdens steht, also dem Entstehen und Vergehen unterliegt, so ist es kontingent, d.h. nicht notwendig seiend, sondern von sich aus zum Sein und zum Nichtsein fähig. Wir finden zumeist im begrenzten Bereich Dinge vor, die durch das Kriterium der «Zeitlichkeit» und «Endlichkeit» sich als kontigent erweisen, d.h. sich verändern[236]. Was ist nun damit eigentlich gemeint? Wenn sich die ganze, uns erfahrbare Welt als wesenhaft kontingent erweist, verlangt sie nach Coreth eine «Ursache». Wenn kontingent Seiendes wirklich existiert, so ist es notwendig durch eine Ursache bewirkt. Das leitet sich eigentlich aus dem «Kausalitätsgesetz»[237] ab. Kontingentes Seiendes ist, wenn es wirklich ist, durch ein positives Element zum Sein bestimmt. Es kann aber, insofern es aus seinem Wesen entweder sein oder auch nicht sein kann, nicht durch sich selbst ins Dasein gesetzt sein, sondern nur durch ein Anderes. Denn Sein ist Positivität und Aktualität, Nichtsein hingegen deren Negation. Das Andere, das — wirkend — Seiendes zum Sein bestimmt, nennt man eine «Wirkursache» (*causa efficiens*). Wenn aber dabei von der Ursache als Grund des kontingenten Seienden gesprochen wird, so muß sie eine «Erste Ursache» (*causa prima*) sein, die nicht mehr verursacht ist, damit sie nicht

---

[236] Vgl. *GM* 202f.; *MP* 500ff. Coreth weist vor allem die «beständige raum-zeitliche Bewegung» (Zeitlichkeit) und die «Konstitution des Seienden aus Sein und Wesen» (Endlichkeit) als die «Kriterien der Kontingenz» auf. Eine räumliche Bewegung ist nach ihm eigentlich nur möglich, wenn das, was sich bewegt oder verändert, im Nacheinander der Zeit (Zeitlichkeit) existiert.

[237] Wir können das Kausalitätsgesetz des Seins einfach so formulieren: «Kontingentes Seiendes, das ist, ist durch eine Ursache bewirkt.» Dieses Gesetz weist Coreth vor allem «synthetisch-reduktiv» auf, nicht «analytisch-deduktiv». Denn es kann nicht analytisch aus dem Begriff des Seienden oder aus dem Identitätsgesetz des Seins abgeleitet werden, insofern es eine synthetische Aussage macht, die über das Subjekt des Satzes (kontingent Seiendes) durch eine weitere Bestimmung (eine Urache als Anderes) hinausgeht. Aber er zeigt weiter, daß durch den Aufweis, daß die Negation des Kausalitätsgesetzes einen Widerspruch in sich schließt, die Einsicht in die Notwendigkeit der Synthesis auf das Identitätsgesetz zurückgeführt wird. Kontingentes Seiendes erfordert ein positives Element, durch das es, von sich aus bedingt, zur Unbedingtheit und Notwendigkeit des Seins bestimmt ist, also einen Grund seines Seins. Es findet aber diesen Grund immer schon im Sein. Vgl. *GM* 120-126; *MP* 240-250.

in eine endlose Reihe oder einen Kreislauf fällt, dessen Ende zum Anfang zurückkehrt. Diese Erste Ursache ist auch eine «unendliche Ursache», von der aus sich «allmächtig schöpferisches Wirken»[238] vollzieht, die also allein «Macht über das Sein hat und Sein als Sein hervorbringen kann»[239]. Diese Ursache ist weder kontigent noch endlich, sondern kann nur das absolute und unendliche «Sein selbst» (*ipsum esse*) sein, das sein Wesen ist[240].

9.1.3 Das Endziel des Geistes

Coreth findet die Möglichkeitsbedingung des Erkennens Gottes oder des Fragens nach Gott im letzten in der apriorischen «Transzendenz des Geistes»[241]. Wenn wir Seiendes in seinem Sein wissend und bejahend erreichen, so ist das, wie sich schon erwiesen hat, nur im unbegrenzten Horizont des Seins möglich. In allem Fragen und Wissen ist, wenn auch unthematisch, immer und notwendig ein Grundwissen um das Sein, eine absolute Bejahung des Seins vorausgesetzt und mitvollzogen. Das zeigt, daß unser endlicher Geist, obwohl unmittelbar an die Erfahrungswelt gebunden, diese doch wesenhaft im Ausgriff nach dem absoluten und unendlichen Sein übersteigt. Das heißt die «virtuelle Unendlichkeit des Geistes»[242], die über alles endliche Seiende hinaus auf das Sein selbst hingeordnet ist und nur in der aktuellen Unendlichkeit des absoluten Seins ihre Erfüllung finden kann. Darin zeigt sich eine Bewegung des endlichen Geistes zu seinem «letzten Ziel»: d.h. die «Finalität der geistigen Dynamik»[243].

Es geht dabei darum, wie diese finale Bewegung des Geistes das Ziel erreichen oder verwirklichen kann, so daß sie nicht ins Leere der Unmöglichkeit geht. Coreth weist dafür auf, daß aufgrund des Finalitätsgesetzes das Ziel mindestens möglich sein muß[244]. Alles Wirken ist nach ihm nicht nur auf ein Ziel hingeordnet (Zielstrebigkeit), sondern kann auch wenigstens

---

[238] *GM* 205.

[239] *GM* 205. Dazu: *MP* 505.

[240] *GM* 126.205; *MP* 246.506.

[241] *GM* 207; *MP* 510.

[242] Vgl. *GM* 205, *MP* 507.

[243] *GM* 206; *MP* 508f.

[244] Der transzendentale Gottesbeweis aus der Finalität der geistigen Dynamik ist bei Coreth vor allem durch die vorausgehende Wesensbestimmung des endlichen Geistes im gesamten Zusammenhang seiner Metaphysik fundiert. Wir werden im nächsten Kapitel konkret die metaphysische Selbstauslegung des Menschen als Geistvollzug, der als die dynamisch-finale Bewegung auf Gott hin geprägt wird, und ihren metaphysisch-anthropologischen Sinn betrachten.

grundsätzlich das Ziel erreichen oder verwirklichen (Zielsicherheit)[245]. Mit dem geistigen Erkenntnisvermögen ist die Möglichkeit des geistigen Erkenntnisvollzugs gegeben. Denn ein «Vermögen ist nichts anderes als die Ermöglichung des wirklichen Aktvollzugs; eine Potenz nichts anderes als die Möglichkeit des Aktes. Wäre der Vollzug nicht möglich, so gäbe es auch kein Vermögen dazu; wäre der Akt nicht möglich, so bestünde keine Potenz.»[246] Weil und insofern die Potenz nur aus dem Akt erkennbar ist, muß das absolute Sein als letztes und unbedingtes Ziel der geistigen Bewegung an sich selbst möglich und sogar notwendig wirklich sein. Damit schließt Coreth nicht von einem widerspruchslos denkbaren Gottesbegriff auf sein wirkliches Dasein, sondern vielmehr aus dem realen geistigen Vollzug, der aus seinem Wesen auf das absolute Sein Gottes als letztes und unbedingtes Woraufhin (Ziel) seiner geistigen finalen Bewegung hingeordnet ist[247].

So zeigt sich der Selbstvollzug des endlichen Geistes aus seinem Wesen als die dynamisch-finale Bewegung auf das eine, absolute und unendliche Sein. Diese Transzendenz des Geistes liegt nach Coreth allen Gottesbeweisen als Bedingung ihrer Möglichkeit zugrunde. Diese Bewegung des Geistes ist nach ihm genau die Bedingung der Möglichkeit, Seiendes in seinem Bezug zum Absoluten zu verstehen und daraus einen Gottesbeweis zu gewinnen: «Wird das transzendente Wesen des menschlichen Geistes durch transzendentale Reflexion thematisch aufgezeigt und ausdrücklich entfaltet, so ist das schon ein Gottesbeweis, im Grund sogar *der* Gottesbeweis, der allen anderen als Bedingung zugrundeliegt.»[248]

9.2 *Gottes Wesen*

Die Frage nach Gottesbeweisen wird für möglich und wichtig gehalten, ist aber für Coreth nicht primär. Vielmehr ist für ihn wichtiger die Frage nach dem Wesen Gottes. Er betont: «Noch wichtiger als die Stringenz der Gottesbeweise ist es, wie oder als was Gott gedacht (oder vorgestellt) wird, also die Frage nach dem *Wesen Gottes*. Das schwerste Hindernis der Gotteserkenntnis und des Gottesglaubens sind Verfälschungen und Verzerrungen des Gottesbildes, wie sie uns freilich als belastendes Erbe der

---

[245] Coreth untersucht das Finalitätsgesetz des Seins unter dem zweifachen Aspekt «Zielstrebigkeit» und «Zielsicherheit». Vgl. *GM* 129ff.; *MP* 252ff.
[246] *GM* 206.
[247] Vgl. *GM* 206.
[248] *GM* 207. Dazu: *MP* 510.

Geschichte mitgegeben sind.»²⁴⁹ In diesem Sinne richtet sich Coreths Frage nach dem Dasein Gottes eigentlich auf die Frage nach dem Wesen Gottes. Denn der vor allem von der Frage nach dem Dasein Gottes her gewonnene Gottesbegriff «das absolute Sein selbst» wird nun durch die Auslegung des Wesens Gottes weitergeführt und vertieft.

9.2.1 Das Sein selbst

Der Gottesbegriff bei Coreth wird, wie er sich selber klar ausgedrückt hat, vor allem als das «Sein selbst» (*esse ipsum*) im thomistischen Sinn erfaßt²⁵⁰. Demnach ist Gott «"actus essendi in se subsistens", die reine, in sich bestehende Aktualität des Seins, also notwendige und unendliche Fülle aller Seinswirklichkeit und Seinsvollkommenheit»²⁵¹. Gott, insofern er das Sein selbst ist, erweist sich als absolut *notwendig*. Denn das absolute Sein kann als Identität des Seins mit sich selbst nicht nicht sein. Insofern ist er auch schlechthin *unendlich* in dem Sinne, daß er von sich aus unbegrenzte Möglichkeiten an Seingehalt und Seinsvollkommenheit setzt. Deshalb ist er nicht mehr als der Vollzug eines endlichen Wesens gesetzt, sondern als reiner Vollzug seiner selbst. Das heißt: er ist die «Urwirklichkeit aller unendlichen Möglichkeiten des Seins; der schlechthin unendliche Urvollzug des Seins, in dem alle reinen Möglichkeiten des Seins in unendlicher Wirklichkeit immer schon vollzogen und erschöpft sind»²⁵². Daraus werden die Einheit, Einfachheit, Unveränderlichkeit, Überzeitlichkeit und Überräumlichkeit des Wesens Gottes weiter abgeleitet²⁵³. Aber von daher erweist sich das Wesen Gottes vor allem als «absolut transzendent»; d.h. «aktuelle Transzendenz», die in der seinsmäßigen (ontologischen) Verschiedenheit der absoluten Urwirklichkeit Gottes von allem kontingenten und endlichen Seienden besteht²⁵⁴: «Das Sein Gottes kann nur als absolut transzendent

---

[249] Vgl. *LD* 222.

[250] *LD* 228: «Von daher ist mir der höchste und vollste Gottesbegriff das Sein selbst (ipsum esse) des großen Thomas von Aquin.»

[251] *LD* 228.230.

[252] *MP* 515f.

[253] Vgl. *GM* 210f.; *MP* 516f.

[254] *GM* 211. Coreth unterscheidet die «aktuelle» Transzendenz von der «logischen» Transzendenz des Seinsbegriffs und der «virtuellen» Transzendenz des Geistes. Dazu vgl. *MP* 518: «Schlechthin transzendent im logischen Sinn sind die Begriffe des Seins und seiner transzendentalen Bestimmungen, da sie alle begrenzten, in univoken oder kategorialen Begriffen faßbaren Gehalte übersteigen und von schlechthin unbegrenztem Geltungsbereich sind. Davon unterscheidet sich jedoch die Transzendenz im realen Sinn; sie kommt einem

gedacht werden: als das unendlich Andere, alles Endliche unendlich Übersteigende — aber so, daß die Transzendenz gerade zur Bedingung seiner Immanenz wird, d.h. seines immer und überall gegenwärtigen Wirkens in der Welt seiner Geschöpfe.»[255]

9.2.2 Der unendliche Geist

Vollzug ist aber Wirken. Wenn im absoluten Sein die unendliche Identität seiner selbst vollzogen wird, so ist dies ein Wirken, das aber nicht endlich, sondern unendlich im reinen Urvollzug ist; d.h. ein «Wirken, das nicht jeweils neue Selbstverwirklichung bedeutet, sondern die Fülle des Seins (esse subsistens) in identischem Wirken vollzieht (operatio subsistens)»[256]. Es ist nach Coreth «unendliches Leben: reiner Urvollzug unendlicher, in sich stehender und sich selbst vollziehender Lebendigkeit (vita subsistens)»[257]. Solches Wirken, das nicht Verwirklichung von Möglichem, sondern reiner Vollzug der Wirklichkeit ist, geschieht nach Coreth im «unendlichen Geistvollzug»; es ist also «geistiges Wirken», das sich in Wissen und Wollen entfaltet[258]. Daraus ergibt sich das Wesen Gottes als der unendliche Geist in unendlichem Wissen und Wollen. Das unendliche Wissen ist das «erschöpfend begreifende Sich-Wissen des absoluten Geistes»[259]. Es ist also ein Wissen, «das nicht in Differenz zum Sein steht, sondern in Identität absoluten Bei-sich-Seins, der Selbstgelichtetheit des Seins, das unendliche Sein in unendlichem Wissen besitzt und begreift (intellectio subsistens), darin aber auch alles andere, was nur immer erkennbar oder wißbar ist (intelligibile), in aktuellem Wissen entwirft und durchschaut»[260]. Dieses absolute Wissen Gottes, von dem alles Seiende vorauserkannt, erschöpfend begriffen ist, wird der Grund der ontischen Wahrheit alles Seienden. Das unendliche Wollen ist das «sich selbst

---

wirklichen Sein und Geschehen zu, das eine bestimmte Grenze übersteigt. Bedeutet sie, daß eine Wirklichkeit jenseits dieser Grenze "ist", so ist es aktuelle (oder statische) Transzendenz, also nicht eigentlich das Geschehen des Übersteigens, sondern das Sein jenseits oder außerhalb der Grenze. Bedeutet Transzendenz jedoch, daß ein reales Geschehen eine Bewegung vollzieht, die über die Grenze hinausgeht, so ist sie virtuelle (oder dynamische) Transzendenz: das Übersteigen der Grenze.»

[255] *GM* 211f.
[256] *GM* 212. Dazu: *MP* 521.
[257] *MP* 522. Dazu: *GM* 212.
[258] *GM* 212; *MP* 522.
[259] *MP* 522.
[260] *GM* 213.

umfangende und durchdringende Sich-Wollen und Sich-Lieben Gottes»[261]. Es ist also ein Wollen, das nicht in Differenz zum Sein steht, sondern «in Identität absoluten Für-sich-Seins, das die unendliche Gutheit oder Werthaftigkeit des absoluten Seins umgreift und liebend bejaht (volitio vel amor subsistens), darin aber auch alles endliche Seiende, das von ihm ausgeht, in wohlwollend wirkender Liebe umfaßt»[262]. Dieses Wollen Gottes, von dem alles Seiende vorausbejaht und gewollt, geliebt und erschaffen ist, ist der Grund der ontischen Gutheit und Erstrebbarkeit alles Seienden.

Alles endliche Seiende ist kontingent, nicht notwendig. Wie kann nun dieses endliche, kontingente Seiende Gott als der absoluten Identität der unendlichen Seinsfülle entspringen, in der alle Möglichkeiten des Seins ursprüngliche und unendliche Wirklichkeit sind? Coreth spricht dabei von «Gottes freier Schöpfungstat»[263]. Alles endliche Seiende wird durch Gottes unendlichen Willen nicht notwendig gesetzt (oder verwirklicht). Es wird vielmehr aus freier Entscheidung Gottes bejaht und erschaffen: «Er [= Gott] bestimmt sich selbst zum Ja oder zum Nein, zur schöpferischen Setzung oder Nicht-Setzung: Es werde! oder: Es werde nicht!»[264]

9.2.3 Personaler Gott

Coreth erfaßt philosophisch Gott als absolutes Personsein. Aber im Hintergrund dieser Einsicht steht eigentlich ein theologischer Grund. Allein im personalen Sein Gottes kann ein religiöses Verhältnis des Menschen zu Gott Bedeutung haben. Nur darin ist das Glauben an Gott, Liebe, Gebet usw. als bedeutsam möglich. Coreth führt gemäß der christlichen Tradition diesen persönlichen Begriff Gottes zur Dreipersönlichkeit Gottes weiter: «In ihm sind nicht nur Sein, Wirken und Leben, sondern auch alle *personalen* Seinsgehalte geistigen Wissens und Wollens, der Freiheit und Liebe, daher ebenso die *interpersonalen* Werte der Liebe zum anderen, der Mitteilung und der Gemeinschaft des Schenkens und Empfangens in reiner Fülle

---

[261] *MP* 523.
[262] *GM* 213.
[263] Vgl. *GM* 214; *MP* 525.
[264] *GM* 213; *MP* 524. Die Setzung des endlichen, daher kontingenten Seienden vom Nichtsein ins Dasein heißt Gottes schöpferisches Wirken (*creatio*). Alles, das durch Gottes freie Schöpfungstat ins Dasein gesetzt ist, erfordert in jedem Augenblick seines Daseins die Einwirkung Gottes, durch die es beständig im Sein erhalten wird (*conservatio*). In diesem Sinn nennt Coreth Gott «allmächtiges Wirken», «Macht über das Sein» und «Herrn des Seins» Vgl. *GM* 214.

verwirklicht.»²⁶⁵ Daraus ergibt sich, daß Gott nicht ein starres *Unum* im neuplatonischen Sinn, sondern der wirkende, geistig-personal lebende und liebende, also in sich dreipersönliche Gott ist. Nach Coreth kann zwar die Dreipersönlichkeit Gottes philosophisch nicht bewiesen, wohl aber deren sinnvolle Entsprechung zu metaphysisch einsichtigen Strukturen erkannt werden. Der einzige Ansatz, der philosophisch aufzunehmen ist, liegt nach ihm in der Struktur des Geistvollzugs seiner selbst (des Subjekts) in seinem Anderen (dem Objekt): «Der Aktvollzug der Einheit meiner selbst mit dem Anderen wird entweder in mir selbst gesetzt, dann ist es Erkennen, Wissen; oder er wird im Anderen oder auf das Andere hin gesetzt, dann ist es Streben, Wollen, Lieben.»²⁶⁶ In diesen beiden Grundvollzügen geistig-personalen Seins versteht Coreth das ewig innergöttliche Geschehen, worin Gott «aus begreifendem Wissen die Setzung seines Wortes und Abbildes, des "Verbum divinum", und aus dem Wollen, der Liebe zwischen Vater und Sohn, die Setzung der Gabe des Hl. Geistes, des "Donum divinum", des "Flatus Spiritus Sancti" entspringen läßt»²⁶⁷.

10. Zusammenfassung

1) Die «Frage» ist der Ansatzpunkt und die Methode von Coreths Metaphysik zugleich. Sie allein ist der fraglose und voraussetzungslose, also radikalste Anfang, weil sie jeden anderen Anfang überholt, selbst aber nicht überholt wird. Wenn Coreth als methodischer Ansatzpunkt die «Frage als Frage» nimmt, so ist sie ausdrücklich keine Einzelfrage als eine Aussage oder ein Fragesatz. Sie hat insofern den Charakter einer «Meta-Frage», als sie die Frage nach dem Anfang zur Frage nach der Frage macht. Sie ist nicht Fragesatz; weder ein bloßer Begriff noch eine urteilende Aussage. Sie meint vielmehr einen ihnen vorausgehenden *Grundvollzug*, der immer schon im Leben jedes einzelnen Menschen als Tatsache vorgegeben ist, insofern der Mensch aus seinem Wesen der Fragende ist. In diesem Sinne ist das Fragen selbst ein Zentralpunkt von Coreths *metaphysisch-anthropologischem* Denken, in dem die anthropologische Einsicht zum radikalsten Ansatzpunkt seiner Metaphysik wird.

---

²⁶⁵ *GM* 215.
²⁶⁶ *GM* 216.
²⁶⁷ *GM* 216. Wir können nur aus dem triadisch heilsgeschichtlichen Wirken Gottes in der Welt und in der Zeit, also aus seiner Offenbarung, die Dreifaltigkeit Gottes erkennen. Aber es setzt nach Coreth die ewig innergöttliche Dreiheit vor aller Welt und vor aller Zeit, nämlich dreipersönliches Leben in Gott selbst, als Bedingung voraus. Dazu vgl. *ibid.* 217.

2) Die Aufgabe der methodisch-systematischen Grundlegung der Metaphysik durch die transzendentale Analyse der Frage zielt bei Coreth auf den Aufweis des *unbedingten* und *unbegrenzten* Seinshorizonts, in dem sich unser Denken — Fragen und Wissen — bewegt. Der transzendentalen Analyse der Frage als Frage liegt ein hermeneutisch-ontologisches Denken entscheidend zugrunde. Jede Frage setzt schon in ihrem Vollzug als ihre Möglichkeitsbedingung «Vorwissen» oder «Vorgriff» voraus. Das zeigt sich an den zwei Elementen der Möglichkeit des Fragens «Fragbarkeit» und «Fraglichkeit» und an der doppelten Verhältnisstruktur von «Wissen» und «Nichtwissen». Die Frage ist *fraglich* nur im Nichtwissen um das Gefragte; aber ebenso ist sie *fragbar* nur im Wissen um das Gefragte. Darin erweist sich das Vorwissen als eine reine Bewegung, die das bisher schon Gewußte auf das Nichtgewußte hinaus übersteigt und auf es vorgreift, und zugleich als ein Horizont, in dem allein die Frage befragbar ist. Diese vorgängige, apriorische Bedingung des Fragens wird aber bei Coreth im letzten auf die metaphysische Bedingung zurückverwiesen, so daß die Bewegung des Fragens grundsätzlich als Vorgriff auf den Seinshorizont der unbedingten und unbegrenzten Geltung ausgelegt wird. Der Horizont unseres Denkens ist also das Sein im Ganzen. Dieser Aufweis ist für Coreth vor allem ein Zugang für die weitere Auslegung des Seins, durch die es sich noch als das aktuelle und unendliche, also schlechthin absolute Sein selbst erweisen muß. Die vertiefte Auslegung des Seins gründet in der «Abhebung» des endlichen Seienden vom Sein selbst, von der her Gottes Dasein aufgewiesen wird.

3) Der transzendentale Ansatz in der Frage bei Coreth hat den Charakter einer «Dialektik von Begriff und Vollzug». Der Ursprung des Seinshorizonts ist ein «Vollzugswissen», in dem Sein und Wissen unmittelbar zusammenfallen. Dieses Vollzugswissen ist, wenn auch unmittelbar und unwiderlegbar, ein vorbegrifflich unausdrückliches, im Vollzug unthematisch mitgesetztes Wissen. Es wird nur ausdrücklich erfaßt, wenn es durch «Reflexion» auf den Begriff gebracht, d.h. zu thematischem Wissen vermittelt wird. Gerade dadurch, daß das jeweils thematisch gesetzte und begrifflich fixierte Wissen durch das im Vollzug selbst unthematisch mitgesetzte Wissen, nämlich durch das unthematische Vollzugswissen, überboten wird, wird der Fortgang und die Fortbestimmung des Wissens um Sein methodisch vermittelt. Das heißt die «Vermittlung der Unmittelbarkeit». Darin besteht die «transzendentale Reflexion» als Methode der Metaphysik.

4) Der Vollzug der Frage setzt eine «Differenz in der Identität». Ich weiß, daß der Vollzug als Sein gesetzt ist, d.h. als Identität von Sein und Wissen im Vollzug. Diese Identität, in der das Sein sich selbst wissend vollzieht, ist das Urwissen, in dem alles Wissen begründet ist. Aber wenn ich frage,

so weiß ich zugleich die Differenz (Transzendenz) des Seins, das gegenüber dem Vollzug meines Wissens mich und mein Wissen übersteigt. Sonst könnte ich nicht mehr danach fragen. Diese Einsicht wird grundsätzlich auf die im Vollzug gesetzte Zweiheit von Fragendem und Gefragtem als Gegensatz von einander begrenzendem Subjekt und Objekt zurückverwiesen. Bei Coreth erweist sich die Differenz von Subjekt und Objekt *an sich* als Möglichkeitsbedingung für die Differenz in der Identität des Vollzugs. Diese Differenz weist weiter zurück auf die «Identität vor der Differenz», nämlich das absolute Sein als absolute Identität, in dem Subjekt und Objekt ursprünglich geeint sind in einem Wesen, welches das An-sich restlos im Vollzug eingeholt hat und daher nicht fragend ist, sondern die Identität absoluten Seins und Wissens.

5) Nachdem von der Frage nach dem Vollzug der Frage als Frage her der Seinshorizont gewonnen wurde, geht Coreth sofort auf die klassischen Themen der Metaphysik in der aristotelisch-thomistischen Tradition ein. Das führt zur Entfaltung von «Sein und Wesen», «Sein und Wirken», zu den «Seinsgesetzen» (Denkgesetzen), zu der «Analogie» des Seins und den «Transzendentalien» des Seins «Einheit», «Wahrheit», «Gutheit». Aber dabei wird die Methode, wonach Coreth konsequent seine ganze Metaphysik entwickelt, immer schon die Frage nach dem Vollzug der Frage selbst. In diesem Fortgang der Metaphysik zeigt sich auch folgerichtig ein Ausblick auf das absolute Sein. Die Seinserschließung, die das Seiende aus dem Sein verstehen und ergründen will, kann ihr Ziel nur erreichen, wenn sie zum absoluten Sein selbst vordringt. Das führt bei Coreth zur Seinsfrage als Gottesfrage. Der Ausgriff auf das absolute Sein in der Gottesfrage ist für ihn die mögliche und notwendige Konsequenz der Seinslehre, gemäß seinem Hinweis: «Die Seinslehre gipfelt in der Gotteslehre.»[268] In diesem Sinn sind in Coreths Metaphysik Seinslehre und Gotteslehre geeint.

6) Der Beweis des Daseins Gottes besteht bei Coreth wesentlich in einer «Abhebung von Endlichem» gemäß der immer schon gewußten und vorausgesetzten Notwendigkeit des Seins selbst. Demnach erweist sich Gott im Rückblick der Gedanken, die sich aus dem Fortgang der Metaphysik ergeben, vor allem aus der Notwendigkeit des Seins, aus der Ursache der Wirklichkeit (Welt) und aus dem Endziel des Geistes. Diesem Gottesbeweis liegt aber als seine Möglichkeitsbedingung die wesenhaft transzendente Bewegung des endlichen Geistes auf Gott hin zugrunde. Der Mensch ist wesentlich die Transzendenz auf Gott hin.

---

[268] *MP* 491.

7) Die Frage nach dem Dasein Gottes richtet sich bei Coreth eigentlich auf die Frage nach dem Wesen Gottes. Denn die Auslegung des Wesens Gottes ist für ihn das Wichtigste. Der Gottesbegriff bei Coreth gründet im thomistischen Seinsbegriff «Sein selbst» (*esse ipsum*). Demnach ist Gott vor allem *actus essendi in se subsistens*, die reine, in sich bestehende Aktualität des Seins, also notwendige und unendliche Fülle aller Seinswirklichkeit und Seinsvollkommenheit. Aufgrund dieser Grundeinsicht wird Gott als der absolute und unendliche Geist in unendlichem Wissen und Wollen, aber zugleich — vor allem im christlichen Denken — als das wirkende, geistig-personal lebende und liebende, in sich dreipersönliche Sein (Trinität) weiter ausgelegt. Alles endliche Seiende wird nur aus freier Entscheidung Gottes bejaht und erschaffen, weiter nur durch seine Einwirkung beständig im Sein erhalten.

KAPITEL IV

Die Ontologie in ihrer Bedeutung für E. Coreths Anthropologie

Wir haben bisher Coreths transzendental-anthropologische Philosophie auf ihre ontologische Grundlegung hin untersucht, die vor allem in seinen Hauptwerken «Was ist der Mensch?», «Metaphysik» und im neustens erschienenen Werk «Grundriß der Metaphysik» systematisch entfaltet ist. Sie erstellt basierend auf einer metaphysischen und ontologischen Grundlegung ein Gesamtbild des Menschen. Dabei geht es um die Frage nach der Möglichkeit der Metaphysik, durch transzendentale Reflexion auf den wesenhaft menschlichen Selbstvollzug Metaphysik als Grundwissenschaft zu begründen. Diese Frage ist bei Coreth als solche ein metaphysisches Problem und zugleich der Ansatz der Metaphysik.

Die Metaphysik hat für Coreth vor allem in ihrer Einheit eine notwendige Vielfalt von anthropologischen, ontologischen und theologischen Aspekten[1]. Daher kann sie nicht ein bloß abstraktes Begriffssystem sein, das nur theoretisch bleibt, sondern hat vielmehr eine existentielle Bedeutung als thematische Auslegung des im geistigen Vollzug des Menschen mitgesetzten Grundwissens um das Sein, die damit zugleich zur Selbstauslegung des Menschen wird. Sie ist relevant nicht nur objektiv für das ontologische Seinsverständnis (transzendental-metaphysische Ontologie), sondern auch subjektiv für das anthropologische Selbstverständnis (transzendental-metaphysische Anthropologie). Zugleich ist sie von theologischer Bedeutung für die transzendente Dimension, d.h. daß der Mensch aus seinem Wesen transzendent auf das absolute Sein Gottes hingeordnet ist (transzendental-metaphysische Theologie). In diesem Sinn können wir sagen, daß für Coreth Metaphysik selbst schon in einem Aspekt Anthropologie ist. Darin liegt

---

[1] Vgl. *MP* 78.

der Grund dafür, daß bei ihm die philosophische Anthropologie, die den Menschen *als Seienden* untersucht, notwendig zum Bereich der Ontologie, die das Sein als Sein untersucht, vordringen muß. Wenn der menschliche Selbstvollzug in seiner apriorischen Struktur und Gesetzlichkeit einsichtig gemacht wird, so erschließt sich darin auch das Sein alles Seienden. Coreth betont, daß diese dreifaltigen Aspekte in seiner transzendental-metaphysischen Philosophie eine untrennbare Einheit bilden und keiner von ihnen ohne die anderen entfaltet werden kann[2]. Nun bleibt uns die Aufgabe, diese ausdrücklicher aufzuklären. Sie weist uns auf die Frage nach der anthropologischen Bedeutung von Coreths ontologischem Denken zurück. Wir wollen in diesem Kapitel auf Grund der Grundeinsichten, die aus Coreths «Metaphysik» und weiteren Schriften als anthropologisch besonders relevant herausgegriffen werden, die Ontologie in ihrer Bedeutung für seine Anthropologie thematischer und konkreter untersuchen. Daraus werden wir auch den wesentlich engen Bezug von Ontologie und Anthropologie aufeinander und die *theoretisch-praktischen* Grundzüge der transzendental-anthropologischen Philosophie bei Coreth aufweisen.

1. Der Frage-Ansatz in der Ontologie und der Anthropologie

Am Anfang von Coreths Philosophie steht als Ansatzpunkt die «Frage», durch deren transzendentale Analyse er seine ganze Metaphysik erstellt. Sie meint nicht eine Einzelfrage, sondern die Frage als methodischen Grund, worauf wir notwendig zurückgehen, wenn wir in der Philosophie ihren methodisch-systematischen Ansatz und Aufbau erörtern wollen. Sie ist der richtige Anfang, von dem her alles begründet und entfaltet werden kann, insofern die Frage nach dem Anfang zur Frage nach der Frage wird. Coreths Metaphysik macht in erster Linie auf diese Frage selbst als Frage und ihre transzendental-ontologischen Möglichkeitsbedingungen aufmerksam. Was ist nun die anthropologisch-metaphysische Bedeutung des Frage-Ansatzes in seiner Philosophie?

Im Hintergrund von Coreths Denken liegt die anthropologisch grundlegende Einsicht, daß der Mensch wesentlich und grundsätzlich der Fragende ist, insofern nur er fragen kann und fragen muß. Das Fragen ist ein konkret menschliches Phänomen, da sich der Mensch in seinem Leben unzählige Fragen stellt. Wenn Coreth als den Ansatzpunkt der Metaphysik die Frage nicht als bloß abstrakten Begriff, sondern als aktuellen Vollzug des Menschen nimmt, so vollzieht sich seine Metaphysik von Anfang an

---

[2] Vgl. *MP* 79.

auf anthropologischen Grund. Sie setzt schon eine anthropologische Einsicht voraus: Das Fragen ist nichts anderes als der Grundvollzug des Menschen, in dessen Möglichkeit und Notwendigkeit er und nur er gestellt ist. Coreth selber sagt: «Das Fragen versteht sich selbst als einen Vollzug des Seins, aber nicht als einen Vollzug des Seins selbst und im ganzen.»[3] Insofern Coreths Metaphysik das Fragen als Vollzug des endlichen Seienden, konkreter des Menschen, thematisch behandelt, ist der Mensch nicht nur das Subjekt der Metaphysik, sondern auch als solches der Inhalt (Gegenstand) derselben. Sie enthält schon in sich die Selbstauslegung des Menschen in dem Sinne, daß mit der Auslegung der Frage nicht nur das Sein selbst, sondern auch der wesentliche Grundvollzug des Menschen erhellt wird.

Das Grundproblem der Metaphysik ist bei Coreth die Frage nach ihrer Möglichkeit[4]. Dabei geht es darum, ob und wie die metaphysische Erkenntnis kritisch-methodisch begründet werden kann. So stellt sich zu Beginn der Metaphysik die Methodenfrage ihrer Begründung; sie verlangt, besonders auf die Frage selbst als fraglosen (weil sich in sich selbst aufhebenden) und voraussetzungslosen Anfang einzugehen. Die Analyse der Frage als absoluten Anfangs führt aber gerade zur Frage nach den transzendentalen Bedingungen ihrer Möglichkeit weiter. Denn jede Frage ist, insofern sie der Vollzug des endlichen Seienden ist, notwendig durch anderes bedingt. Genauer: sie ist vermittelt durch die Sprache, ohne die wir nie reden und denken können, die Geschichte, aus der wir kommen, durch Erziehung und Erfahrung in eigener Kultur und Gemeinschaft usw. Die transzendentale Auslegung der Frage als menschlichem Selbstvollzug ist also bei Coreth nur im Raum und unter der Bedingung der gesamten Erfahrungswelt und Verständniswelt möglich. Der Frage-Ansatz in der Metaphysik deutet daher an, daß sie in unserer geschichtlichen Welt gründet, deren Ganzes den Horizont des Verstehens bildet, welchem das Vorverständnis allen metaphysischen Fragens und Erkennens entspringt. Dies gilt von Coreths Anthropologie ebenso. Daran zeigt sich die anthropologische Bedeutung seiner Metaphysik. Coreth versteht unter Metaphysik die Wissenschaft des Seins überhaupt. Aber das meint für ihn nicht — wie viele heutige Philosophen behaupten — eine bloß «illegitime Reduktion der Metaphysik auf Ontologie»[5], die der heutigen Problemlage wenig angemessen ist. Denn insofern die Auslegung des Seins als Metaphysik — so

---

[3] *MP* 177.

[4] Vgl. E. CORETH, «Zum Begründungsproblem der Metaphysik» (1969) 596-602.

[5] Vgl. V. WARNACH, «Zu Methode und Aufbau der Metaphysik», 603.

ein Hinweis Coreths selbst — nur «in der konkreten geschichtlichen Welt»⁶ des Menschen möglich ist, können mit der Auslegung des Seins selbst auch die wesentlichen Grundstrukturen des Weltbezugs des Menschen metaphysisch-ontologisch aufgeklärt werden. Hier bezieht sich die Sache der Metaphysik auf die ganze Wirklichkeit des Menschen.

Für den Frage-Ansatz in der Metaphysik ist vor allem von Bedeutung, daß im Aktvollzug des Fragens die unmittelbar-unthematischen Inhalte als Bedingungen seiner Möglichkeit mitbejaht und mitbehauptet sind. Die Metaphysik zielt auf ihre thematisch-begriffliche Auslegung durch Vermittlung rationaler Reflexion. Von der Analyse der Frage in ihrem doppelten Charakter Fraglichkeit und Fragbarkeit her wird in hermeneutischer Hinsicht das Vorwissen als Bedingung ihrer Möglichkeit erwiesen. Was ist nun das Vorwissen eigentlich? Es ist bei Coreth immer schon ein Vorgriff auf das Sein. Die erste wichtige Aufgabe der Metaphysik ist die thematische Auslegung dieses Seins, das im Vollzug des Fragens als dessen letzte Bedingung unthematisch mitgesetzt ist. Das ist der Grund, daß Coreth seine Metaphysik mit der Methodologie, von dem Frage-Ansatz als dem radikalsten Anfang her ihre Möglichkeit zu finden, beginnt, aber sofort darüber hinaus auf ihre Sache, nämlich die Frage nach dem Sein überhaupt als Grund aller Wirklichkeit, eingeht. Also ist für Coreth das zentrale Anliegen der Metaphysik nicht die Frage schlechthin, sondern der Vollzug derselben, in dem das Sein mitgesetzt und mitbejaht ist, daher erleuchtet werden kann. Im Aktvollzug des Fragens erweist sich das Fragen als Vollzug des Seins. So wird das Sein überhaupt zum zentralen Thema der Metaphysik Coreths.

Welche Bedeutung hat nun der Frage-Ansatz in der Ontologie in Bezug auf die Anthropologie? Coreth selbst entfaltet in seinem anthropologischen Werk «Was ist der Mensch?» nicht ausführlich die metaphysische Einsicht in den Frage-Ansatz. Aber sie prägt deutlich sein anthropologisches Denken. Die philosophische Anthropologie zielt auf die Selbstauslegung des Menschen selbst; diese beruht eigentlich auf der Grundfrage des Menschen, der sich selbst verstehen will. Darin liegt die anthropologische Ureinsicht, daß nur der Mensch in die Möglichkeit und Notwendigkeit des Fragens gestellt ist. Er wird durch diese seltsame Auszeichnung seines Wesens zum Fragenden, «der alles, sogar sich selbst, nach seinem Wesen befragt und damit die Unmittelbarkeit des Gegebenen auf seinen Grund hin übersteigt»⁷. So steht bei Coreth am Anfang der Anthropologie der nach sich selbst

---

⁶ Vgl. E. CORETH, «Zum Begründungsproblem der Metaphysik» (1969) 602.
⁷ *WM* 11.

fragende Mensch als ihr Gegenstand[8]. Was ist nun damit eigentlich gemeint? Der Mensch liegt notwendig, also ontologisch, im Vollzug des Fragens. Wenn er ontologisch das Fragen vollziehen muß, so soll die philosophische Anthropologie, die den Menschen als Fragenden in Frage stellt, als ihre Aufgabe nicht nur auf die metaphysische Auslegung des Vollzugs des Fragens selbst eingehen, sondern darin gründen. Tatsächlich bestimmt bei Coreth die metaphysisch vorgehende Einsicht des Fragens selbst nicht nur die Methode seiner Anthropologie, sondern die Grundzüge derselben. Seine anthropologische Untersuchung, die in «Was ist der Mensch?» entfaltet wird, verläuft in der Parallele zu seiner metaphysischen Untersuchung, die in «Metaphysik» entfaltet wird. Wir werden dieses in den folgenden Abschnitten sehen.

Wie schon erwähnt, setzt die Frage selbst ein Vorwissen um das Erfragte als Bedingung ihrer Möglichkeit voraus. Denn fragen können wir nur, wenn wir das, wonach wir fragen, schon — nicht thematisch, aber unthematisch — wissen. Insofern hat jede Frage als solche immer schon eine bestimmte Richtung und ein bestimmtes Ziel. Das Wesen von Coreths Philosophie liegt, insofern sie im Frage-Ansatz ihren radikalsten Anfang findet, in dieser Spannung zwischen dem immer schon unthematisch Bekannten und dem thematisch Erkannten, das aber noch nicht in ausdrückliches Wissen eingeholt ist, also zwischen *Vollzug* und *Begriff*. Daraus ergibt sich die Hauptaufgabe von Coreths Philosophie, das unmittelbare, jedoch unthematische Wissen zu thematischem Wissen zu vermitteln. Das heißt bei Coreth die «Vermittlung der Unmittelbarkeit», worin die transzendentale Methode der Metaphysik besteht.

> Es geht also [...] niemals darum, eigentlich Neues, schlechthin Unbekanntes aufzuweisen oder gar zu beweisen. Es geht vielmehr darum, das immer schon unthematisch Bekannte, aber noch nicht thematisch Erkannte in ausdrücklichem Wissen einzuholen. Es geht um das Selbst-verständliche, das in sich selbst und aus sich selbst verständlich ist, das in allem übrigen Wissen als das Grundwissen anwest. Es erweist den Menschen als ein metaphysisches Wesen und das Wissen des Menschen als ein metaphysisches Wissen, bietet somit die Möglichkeit, durch transzendentale Reflexion auf den wesenhaft menschlichen Selbstvollzug Metaphysik als Wissenschaft zu begründen.[9]

---

[8] Der Mensch als Fragender stellt sich selbst in Frage: «Was ist der Mensch?» Coreth kennzeichnet diese Frage als das Wesen philosophischer Anthropologie Vgl. *WM* 42: «Wir fragen: *Was ist der Mensch?* Diese Frage kennzeichnet einfach und treffend das Wesen philosophischer Anthropologie.»

[9] *MP* 78.

Das erste Interesse Coreths transzendentaler Philosophie ist eine Thematisierung des metaphysischen Wissens um Sein, das schon, aber unthematisch, im wesentlichen Vollzug des Menschen gesetzt ist. Das gründet gerade in der metaphysisch vorgehenden Einsicht des Fragens selbst. Insofern die transzendentale Philosophie Coreths vor allem auf die apriorische und metaphysische Struktur des Fragens als Grundvollzug des Menschen, der nur ihm wesentlich eigen ist, eingeht, insofern von daher die Selbstauslegung des Menschen grundsätzlich und wesentlich versucht wird, vollzieht sich darin schon eine Anthropologie. Wenn sich jedoch darin eine ontologische Fortbestimmung des Seins allen Seienden, weiter des Sein selbst als des Absoluten vollzieht, so führt dies auch zu einer Ontologie und zugleich einer Frage nach Gott, bzw. zu einer Theologie. Diese verschiedenen Aspekte bilden in Coreths transzendentaler Philosophie, durch transzendentale Reflexion auf den wesenhaft menschlichen Selbstvollzug, Metaphysik als Wissenschaft zu begründen, wesentlich eine Einheit. Coreths Äußerung dazu lautet so:

> Diese [transzendentale Philosophie oder Metaphysik[10]] hat somit — in ihrer Einheit — eine notwendige Mehrheit von Aspekten. Insofern sie den menschlichen Selbstvollzug in seiner apriorischen Struktur und Gesetzlichkeit einsichtig macht, hat sie einen anthropologischen Aspekt; sie ist transzendentalmetaphysische Anthropologie. Insofern sich jedoch darin das Sein alles Seienden erschließt, in der Fortbestimmung unseres Selbstvollzugs also eine Fortbestimmung unseres Wissens um das Sein alles Seienden geschieht, hat sie einen ontologischen Aspekt; sie ist transzendental-metaphysische Ontologie. Insofern sich schließlich der geistige Selbstvollzug und das in ihm gesetzte Wissen um das Sein nur auf dem Grunde des Absoluten — vom Absoluten her und auf das Absolute hin — verstehen läßt, insofern sich darum in der Fortbestimmung des geistigen Vollzugs und der darin mitgesetzten Gehalte des Wissens um das Sein auch Schritt für Schritt eine Fortbestimmung des Wissens um das absolute Sein ereignet, hat die Metaphysik schließlich auch — und ebenso notwendig — einen theologischen Aspekt; sie ist transzendental-metaphysische Theologie. Doch bilden diese Aspekte eine untrennbare Einheit, keiner von ihnen kann ohne die anderen entfaltet werden.[11]

---

[10] Bei Coreth meint die transzendentale Philosophie, insofern sie durch transzendentale Reflexion auf den wesenhaft menschlichen Selbstvollzug die Begründung von Metaphysik als Wissenschaft sucht, als solche schon Metaphysik. In diesem Sinn können wir diese — so ein Hinweis Coreths selbst — als «transzendental-metaphysische Philosophie» bezeichnen.

[11] *MP* 78f.

Hier können wir — so der Hinweis von Coreth selbst — unter seiner transzendental-metaphysischen Philosophie, die bei ihm auch die Metaphysik schlechthin im weiteren Sinn bedeutet, die dreifaltigen Aspekte Anthropologie, Ontologie und Theologie verstehen. Darin finden wir nicht nur eine Anthropologie, welche die Selbstauslegung des Menschen auf dem Grund der Ontologie sucht, sondern auch eine Ontologie, die im menschlichen Grundvollzug gründet. Dabei wird die Ontologie, insofern sie das Sein alles Seienden als das allumfassende behandelt, also auf der inhaltlichen Ebene der transzendental-metaphysischen Philosophie liegt, schon zum Grund der Anthropologie, in dem der Mensch als Seiender im Horizont des Seins ausgelegt wird. Aber umgekehrt: die Anthropologie geht, insofern die Ontologie als Bedingung ihrer Auslegung die transzendentale Analyse des menschlichen Selbstvollzugs verlangt, also auf der methodischen Ebene der transzendental-metaphysischen Philosophie, der Ontologie voraus. Das ontologische Geschehen ist immer schon im Aktvollzug gesetzt. Aber ohne die Reflexion auf ihn kann uns das Sein überhaupt nie thematisch werden. In diesem Sinn ist nur der Mensch der Ort, in dem das Sein erhellt wird. Und von daher ist die ontologische Grundlegung der transzendental-anthropologischen Philosophie möglich.

2. Der Weltbezug des Menschen und die Universalität des Seins

Wie wir schon gesehen haben, liegt in der Mitte von Coreths transzendental-metaphysischer Philosophie das Thema «Unmittelbarkeit und Vermittlung», bzw. «Unbedingtheit und Bedingtheit» und «Vollzug und Begriff». Dieser Gedanke ist für Coreth — wie er selbst ausdrücklich geäußert hat — grundlegend und richtungweisend geworden und durchzieht daher wie ein Leitmotiv seine ganzen Schriften[12]. Darin liegt eine Einsicht, die aus Hegels Denken stammt: Alles ist ebenso unmittelbar wie vermittelt. D.h. es gibt keine Unmittelbarkeit ohne Vermittlung, aber auch keine Vermittlung ohne Unmittelbarkeit. Diese Einsicht wird aber bei Coreth in der Auseinandersetzung mit dem Problem «Hermeneutik und Metaphysik» zu anthropologisch-ontologischen Grundeinsichten vertiefend weitergeführt. Von daher kann die Antwort auf unsere Frage gesucht werden, was der Grund dafür ist, daß Coreths Anthropologie formal und inhaltlich parallel zu seiner Metaphysik (Ontologie) verläuft, daß sie somit grundsätzlich zum Bereich der Ontologie vordringen muß.

---

[12] Vgl. *HM* 74.

Was meint in Coreths Denken «Vermittlung»? Sie bezieht sich zuerst auf die hermeneutische Struktur des Verstehens des Menschen. Unsere Erkenntnis ist immer schon das Verstehen von etwas, das durch Reflexion des Bewußtseins a priori thematisch werden muß. In diesem Sinne ist alle Erkenntnis durch den reflexiven Akt des Menschen ursprünglich vermittelt; sie ist eine vermittelte Erkenntnis. Sie vollzieht sich aber in den vorgängigen Bedingungen, die sich als Horizont des Verstehens erweisen. Dieses alles bildet unsere Erfahrungswelt, die aber vielfach vermittelt ist: «Alle Dinge und Erscheinungen (unserer endlichen Erfahrungswelt), die unmittelbar gegeben scheinen, sind vielfach vermittelt, durch anderes bedingt; sie stehen unter vielen, auch wechselseitigen Bedingungen, Wirkungen, Einflüssen usw. [...] Ebenso unsere Erkenntnis, die a priori, aber auch geschichtlich und sprachlich, sozial und kulturell bedingt ist.»[13] Insofern ist unter «Vermittlung» das vielfältige Beziehungsgefüge im Kontext des Lebens verstanden. Das führt zur Hermeneutik. Weil und insofern der Mensch durch diese hermeneutische Verständniswelt zu sich vermittelt ist, ist die Hermeneutik bei Coreth der Ausgangspunkt der anthropologischen Untersuchung. Unsere ganze Erfahrungswelt erweist sich als der Horizont des Verständnisses, in dem der Mensch sich seiner selbst bewußt wird und zugleich sich selbst auslegt, insofern er dadurch in die Unmittelbarkeit seiner *selbst* hinein vermittelt ist. Die entsprechende Bemerkung Coreths dazu lautet: «Nur im Ganzen einer gemeinsam menschlichen Welt kommt der einzelne zu sich selbst. Nur in menschlicher Erfahrungsgemeinschaft bildet und entfaltet sich sein eigenes Selbstverständnis.»[14] Auf Grund dieser Einsicht sucht Coreth die wichtigen formalen Grundstrukturen der Welt des Menschen herauszuheben, von denen her wir anthropologisch grundlegende Gesamtphänomene richtig in den Blick nehmen können. Dabei wird betont, daß der Mensch vor allem in seiner Erfahrungswelt, der Geschichtlichkeit und der Weltanschauung, die in der raum-zeitlichen Wirklichkeit gründen, aber nur sprachlich vermittelt und ausgelegt werden können, vermittelt und geformt ist, daß aber die Welt des Menschen als Horizont des hermeneutischen Verständnisses, in dem wir uns selbst vorfinden und auslegen, dynamisch in steter Bewegung und Fortbildung ist, insofern sie sich durch neue menschliche Erfahrungen beständig erweitert und bereichert, und daß darin ein — hermeneutisch — dialektisches Beziehungsgefüge von Menschen und Welt besteht.

---

[13] *HM* 74.
[14] *WM* 43.

Daß sich der Mensch notwendig auf die Welt bezieht, bedeutet aber bei Coreth nicht, daß er in einer bestimmten umgrenzten Umwelt eingeschlossen und auf ein bestimmtes Weltverständnis festgelegt ist. Der Mensch hat eher eine offene Welt, die sich selbst ständig übersteigt und wesentlich über sich auf die umgreifende Ganzheit der Seinswirklichkeit und ihren Sinn überhaupt hinausweist. Woher kommt eigentlich diese Offenheit des Menschen? Sie beruht auf dem geistigen Wesen des Menschen, von dem her er sich in dem «Unbedingten im Bedingten» oder der «Vermittlung der Unmittelbarkeit» vollzieht. In diesem geistigen Vollzug des Menschen zeigt sich eine dynamische Bewegung, die beständig über sich selbst hinaus auf das Unbedingte, also das absolute Sein selbst, hingeordnet ist. Im Geist des Menschen weist der Horizont der hermeneutischen Verständniswelt schon über sich auf den Seinshorizont hinaus. Insofern verlangt die Selbstauslegung des Menschen notwendig über eine hermeneutisch-phänomenologische Untersuchung hinaus eine metaphysische (ontologische) Untersuchung, in der die Gesamtselbstauslegung des Menschen und seiner Welt grundsätzlich möglich wird.

Der Mensch ist in seinem geistigen Aktvollzug als dessen Subjekt in die Unmittelbarkeit des Seins gesetzt. Diese Unmittelbarkeit geht ontologisch jeder Vermittlung voraus: «Daß es im Ganzen eine Welt von Dingen außer mir und um mich gibt, ist keine Frage; es ist, obwohl durch Erfahrung vermittelt, unmittelbar evident. Wie ich "bin", so "ist" auch Anderes; nur so kann ich nach dem Sein von Anderem fragen.»[15] In diesem Sinne gibt es keine Vermittlung ohne Unmittelbarkeit: «Bei aller bedingenden Vermittlung gibt es die Unmittelbarkeit eigener Einsicht, daß es so "ist" und den unbedingten Anspruch der Wahrheit erhebt.»[16] Hermeneutisch bildet die vermittelte, also konkrete und sprachlich-geschichtliche Lebenswelt die Unmittelbarkeit als Möglichkeitsbedingung unseres Verständnisses. Aber diese Unmittelbarkeit hermeneutischen Verstehens ist nach Coreth wieder bedingt «durch Vermittlung metaphysischer Einsicht, deren Auslegung zur vermittelten Unmittelbarkeit geklärten, vertieften, bereicherten Seins- und Sinnverständnisses zu führen hat»[17]. Also werden bei ihm alle empirischen Voraussetzungen oder Bedingungen auf andere, noch vorgängige, im letzten *metaphysische* Bedingungen zurückverwiesen. Durch die methodische Untersuchung des Fragens selbst als geistigen Vollzugs des Menschen erweist sich diese letzte, metaphysische Bedingung als der

---

[15] *GM* 178.
[16] *HM* 74.
[17] *HM* 76.

Horizont des Seins, das im Vollzug, wenn auch unthematisch, immer schon mitgesetzt und mitbejaht ist. Jede Frage vollzieht sich im Horizont der Seinswahrheit, dem wir nicht entgehen können. Das gilt auch für unsere anthropologische Frage, wenn sie sich auch notwendig im Horizont des hermeneutischen Verständnisses vollzieht. Denn ohne die Voraussetzung der Seinsgeltung und Grundgesetze der Seinswirklichkeit können wir nicht sinnvoll nach dem fragen, was in Frage gestellt wird.

Hier stellt sich noch die Frage, welches Verhältnis in Coreths Denken zwischen Metaphysik und Hermeneutik besteht, wenn alles durch Vermittlung verstanden werden muß. Befinden sie sich methodisch und sachlich in einem gegenseitigen Verhältnis? In welchem Sinn ist dabei die Universalität des Seins zu verstehen? Der Begriff der Welt meint eine «Gesamtheit der uns vorgegebenen Wirklichkeit»[18]. Daß es diese Wirklichkeit außer mir und um mich gibt, ist für Coreth keine Frage. Darin liegt die metaphysische Einsicht, daß alles, was «ist», sich im Sein vollzieht. Alles menschliche Fragen und Erkennen ist nur durch den Seinshorizont möglich, insofern es als solches der Vollzug des Seins ist. Daraus ergibt sich, daß das Sein schlechthin Unmittelbares ist. Für Coreth ist jedoch das Seinsverständnis des Menschen nicht unmittelbar, sondern vermittelt, indem das Sein selbst in unserem geistigen Vollzug *unthematisch* gegeben ist; also muß es «durch die Welt und Geschichte hindurch vermittelt, thematisch gemacht werden»[19]. Dadurch erweist sich Hermeneutik nicht nur als Bedingung der Selbstauslegung des Menschen, sondern auch des Seinsverständnisses. Ist es Aufgabe der Metaphysik, das Sein zur Sprache zu bringen, so muß sie durch unsere Erfahrungswelt des hermeneutischen Verstehens vermittelt werden. Es scheint daher, daß zwischen Metaphysik und Hermeneutik selbst wieder ein gegenseitiges Verhältnis von Unmittelbarkeit und Vermittlung besteht. Bezüglich dieser Frage hebt Coreth selbst besonders hervor, daß beide nicht in einem Verhältnis logisch-methodischer Voraussetzung stehen. Er äußert sich dazu folgendermaßen: «Metaphysik braucht, um sie selbst zu sein, hermeneutische, sprach- und geschichtsphilosophische Inhalte oder Klärungen. Und Hermeneutik enthält, wieder: um sie selbst zu sein, metaphysische Einsichten in Seinswahrheit und Seinsgeltung.»[20]

Metaphysik und Hermeneutik sind für Coreth unmittelbar und vermittelt zugleich. Die Unmittelbarkeit des Seinsverständnisses ist zur thematischen

---

[18] *GM* 178.
[19] E. CORETH, «Hermeneutik und Metaphysik» (1968) 450.
[20] *HM* 76.

Auslegung auf hermeneutische Vermittlung angewiesen. Aber auch umgekehrt: die Unmittelbarkeit hermeneutischen Verstehens ist wieder bedingt durch Vermittlung metaphysischer Einsicht. Zwischen ihnen findet sich ein wechselseitiges Verhältnis. Wenn Hermeneutik auf einen Text, der auf ein umfassendes Sinnganzes zurückverwiesen werden muß, eingeht und nach dem «Sinn unseres Lebens und Handelns, der Sinn-Ganzheit und Sinn-Einheit des Daseins»[21] fragt, so enthält sie als solche schon eine metaphysische Frage. D.h., insofern sie sich der Sinnfrage der Wahrheit des Seins öffnet, wird sie selbst — nach Coreth — zur Metaphysik, die «als solche nichts anderes ist als Hermeneutik im letzten, all-umfassenden Sinnhorizont des Seins»[22]. So wird in der Hermeneutik als Metaphysik nun die Universalität des Seins *begriffen*, das aber im Aktvollzug des Seienden als Unmittelbarkeit vorgegeben ist. Das ist der Grund, weshalb der Mensch wesentlich zum metaphysischen Wesen wird, obwohl er, sich im Welthorizont vollziehend, auf die hermeneutische Verständniswelt angewiesen ist. Der Mensch kann daher in seinem endlichen Denken nie eine solche Vermittlung einholen, wohl aber Bedingungen aufzeigen, die das endliche Seiende auf den unbedingten und unendlichen Seinsgrund, auf Gott, verweisen. Unsere philosophische Frage muß jedoch zum erfüllten und vertieften Inhalt des Seinshorizonts als Sinngrunds, also im letzen zu Gott, der allein die letzte Antwort auf die Sinnfrage des Menschen ist, weitergeführt werden. Denn unser Geist bedarf von seiner dynamischen Bewegung her diese Auslegung.

3. Selbstvollzug des Menschen und Grundmomente des Seins: Wissen und Wollen

3.1 *Theorie und Praxis in E. Coreths Philosophie*

«Religion ist nach Coreth mehr als Philosophie. Leben ist mehr als Denken und Erkennen.»[23] Die Einsicht, daß Religion «ganzheitlicher» und «ursprünglicher» ist als Philosophie[24], durchzieht wie ein Leitmotiv Coreths Denken, das er besonders als «Christliche Philosophie»[25] bezeichnet. Coreth

---

[21] *HM* 76.
[22] *HM* 76.
[23] F. RICKEN, «Hermeneutik und Metaphysik», 70.
[24] Vgl. *MP* 537; *GM* 220.
[25] *HM* 74. Das Wort «Christliche Philosophie» geht bei Coreth ursprünglich auf Schelling zurück. Darunter versteht Coreth «eine solche, die wesentlich im Horizont der christlichen Offenbarung steht, sich dazu bekennt und daraus lebt». Vgl. E. CORETH,

selbst sagt: «Die "Unmittelbarkeit" religiösen Glaubens und Lebens hat durch "Vermittlung" philosophischen (und theologischen) Denkens zur "vermittelten Unmittelbarkeit" geklärten, vertieften, bereicherten Glaubens und Glaubenslebens zu führen.»[26] Diese Philosophie denkt notwendig über den Lebensvollzug des Menschen im Ganzen nach, der nicht auf den Bereich intellektueller Erkenntnis (Theorie) beschränkt bleibt, vielmehr auf den Bereich menschlichen Wollens und Handelns (Praxis) eingeht. Daraus ergeben sich zwei verschiedene Dimensionen — Theorie und Praxis —, die auf dem wesenhaft menschlichen Selbstvollzug beruhen, welcher Erkennen (Wissen), Wollen und Handeln umgreift. Coreth begründet diese beiden Dimensionen im metaphysischen Wesen des geistigen Vollzugs des Menschen: im wechselseitigen Verhältnis zwischen Wissen und Wollen. Von daher legt er den Menschen als erkennendes, frei wollendes und handelndes, sittliches und personales, und vor allem transzendent-religiöses Wesen auf Gott aus. Damit wird bei ihm die philosophisch-metaphysische Integration von Theorie und Praxis gesucht.

Worin besteht nun konkreter bei Coreth die Vermittlung von Theorie und Praxis, Wissen und Wollen? Er kritisiert dabei vor allem das kantische Denken, durch die Grenze des theoretischen Wissens die Vermittlung zum praktischen Wollen zu suchen. Denn darin stehen die beiden Bereiche unvermittelt einander gegenüber: «Das Theoretische wird nicht praktisch und das Praktische nicht theoretisch, d.h. das theoretische Wissen kann das praktisch-sittliche Handeln nicht bestimmen, und das praktisch-sittliche Wollen kann nichts beitragen zu theoretischer Erkenntnis.»[27] Coreth hingegen sucht eine ursprüngliche Einheit zwischen ihnen, die einfach auf dem Wesen des endlichen Geistes beruht. Dafür weist er zuerst auf, daß endliches Seiendes von seiner metaphysischen Konstitution her nicht immer schon in seine volle und endgültige Wirklichkeit gesetzt ist, daß es daher wirkend sich selbst verwirklichen muß. Also hebt es sich vom Sein selbst ab, insofern es in eine jeweils bestimmte Begrenzung seines Seins gesetzt ist. Es hat jedoch das Bestreben, die Begrenzung aus seinem endlichen Wesen zu durchbrechen und zu übersteigen, also sich selbst voller zu verwirklichen. Gerade dies ist das Wesen des Seins im endlichen Seienden.

«Einleitung in das Gesamtwerk» (1987) 25. Dazu: ID., «Sinn und Struktur» (1960) 180; in dieser Arbeit Kap. III, § 2. Zum Begriff «Christliche Philosophie» vgl. H.M. SCHMIDINGER, «Zur Geschichte» (1987) 29-45; O. MUCK, *Christliche Philosophie*, 14-15.

[26] *HM* 74.
[27] *WM* 101.

Alles endliche Seiende, insofern es «ist», *will* stets im Seinshorizont sein Sein verwirklichen.

Coreth zeigt weiter, daß dies alles im eigenen Wirken des endlichen Geistes des Menschen, dessen Wesen durch die Spannung zwischen aktueller Endlichkeit und virtueller Unendlichkeit bestimmt ist, geschieht: im Grundvollzug des Wissens und Wollens. Im endlichen Geist vollzieht sich in einer Einheit eine dynamisch-dialektische Bewegung zwischen sich selbst und seinem Anderen, also Subjekt und Objekt oder Fragendem und Gefragtem. Darin geschieht wesentlich eine Wechselwirkung zwischen ihnen in dem Sinn, daß das Eine im eigenen Wirkvollzug die Bestimmung des Anderen in sich selbst setzt (im Wissen) und sich selbst auf das Andere hin vollzieht (im Wollen), sich aber so, selbst wirkend, durch das Andere fortbestimmt. Der geistige Vollzug des Menschen ist ein «aktuelles Geschehen, das entweder im Subjekt selbst oder in seinem Objekt sein Ziel, seine Vollendung erreicht»[28]. Also vollzieht der endliche Geist immer schon sich selbst in seinem Anderen. Darin gründen auf der geistigen Ebene die zwei metaphysischen Grundvollzugsweisen: Wissen als Setzung der aktuellen Einheit des Subjekts mit seinem Objekt «in sich» und Wollen als Setzung der Einheit «im Anderen» oder «auf das Andere hin». Was ist damit anthropologisch eigentlich gemeint? Der Geistvollzug ist, wie sich vom Vollzug des Fragens aus erwiesen hat, ursprünglich der Seinsvollzug. Weil und insofern er aber als Vollzug des endlichen Geistes nie unmittelbar das Sein selbst einholen kann und daher notwendig auf anderes Seiendes angewiesen ist, hat er beständig ein Streben auf das Andere hin, um mit ihm eins zu werden. In diesem Sinne ist der Mensch schon metaphysisch und ontologisch ein Wesen, das sich selbst wirkend die Transzendenz auf das Objekt (an sich) intendiert. In Coreths Denken folgt daraus, daß jedes theoretische Wissen wesentlich über sich hinaus auf das sittlich-praktische Element des Wollens und Handelns vermittelt werden muß[29].

Wenn das Wollen als der Vollzug des Geistes in seinem Anderen «an sich selbst» gesetzt ist, so bedeutet es schon eine praktische Bewegung auf den mir vorgegebenen Wert hin, der nicht «um meinetwillen, sondern seinetwillen» bejaht und angestrebt wird[30]. Diese metaphysische Struktur des Wollens kann daher am reinsten in der Antwort personaler Liebe verwirklicht werden, die nicht sich selbst sucht, sondern allein den Anderen um dessen selbst willen bejaht und selbstvergessend sich dem Anderen

---

[28] *HM* 104.
[29] Vgl. *HM* 106.
[30] *HM* 107.

schenkt[31]. Die Liebe kann nicht in Erkennen und Denken ihre Vollendung erreichen, sondern vielmehr in Handeln aus Verantwortung und Hingabe, aber vor allem aus freiem Willen. Wenn diese Liebe sogar auf Religion zurückverwiesen werden muß, so daß ihr ursprünglich und wesentlich das absolute Sein selbst, Gott, zugrunde liegen muß, dann kann dies nicht mehr auf den bloß theoretischen Bereich beschränkt bleiben, sondern geht darüber hinaus auf den praktischen Bereich. Der Mensch vollzieht von der dynamischen Bewegung des Grundvollzugs des Wissens und Wollens her bewußt und frei die Transzendenz als Hingabe seiner selbst an das Andere, im letzten auf das geistig-personale Sein selbst, Gott. Dieser Gedanke prägt Coreths transzendental-metaphysische Philosophie und zeichnet sie aus. Also sieht seine Philosophie als metaphysisches Nachdenken über den Lebensvollzug des Menschen im Ganzen nicht vom sittlich-religiös-praktischen Zweck ab.

3.2 *Die metaphysische Grundfreiheit und Sittlichkeit*

Wenn bei Coreth der Geistvollzug im Wissen zu sich kommt, sich aber erst im Wollen vollendet[32], dann kann gerade von daher durch die Vermittlung des Wissens zum Wollen der metaphysische Grund der Rechtfertigung des sittlichen Sollens des Menschen gesucht werden. Die metaphysisch-ontologische Einsicht, daß Wissen und Wollen gleich wesentlich und ursprünglich zum geistig-personalen Dasein des Menschen gehören, ist vor allem von Bedeutung für die Selbstauslegung des Menschen als sittliches Wesen. Die notwendige Bedingung des sittlichen Sollens des Menschen liegt zunächst metaphysisch im geistigen Grundvollzug, von dem her sich der Mensch nicht nur als erkennendes und denkendes, sondern auch wollendes, strebendes und handelndes Wesen erweist. Aber sie gründet wesentlich in den Transzendentalien des Seins. Wie sich gezeigt hat, setzt Erkennen und Wissen «Erkennbares», «Wißbares» (*intelligibile*) voraus; ebenso setzt Streben und Wollen «Erstrebbares», «Wollbares» (*appetibile*) voraus. Insofern ihr Ursprung und Grund auf das Sein, konkreter die ontologische Wahrheit und Gutheit im absoluten Sein zurückzuführen ist, besteht und gründet darin die Sittlichkeit und ihr unbedingter Wert[33]. So

---

[31] Vgl. *HM* 107.
[32] Vgl. *GM* 187.
[33] Vgl. *GM* 144. Vgl. *ibid.* 164: «Das Sein (in seinem Seinsgehalt) wird vom Seienden erstrebt, als "bonum sibi" ergriffen und vollzogen, im Streben nach weiterer Verwirklichung des eigenen Wesens im Anderen als "bonum alteri" angestrebt. Schon hierin besteht eine Ursprungseinheit von Sein und Streben. Diese erschließt sich im geistigen Selbstvollzug

liegt bei Coreth Ethik die Ontologie zugrunde. In diesem Sinne können wir sie eine metaphysisch-ontologische Ethik nennen.

Wie ist aber der Übergang vom Sein zum sittlichen Sollen vermittelt, vom inneren geistigen Grundvollzug im Wissen und Wollen zum äußeren praktisch-sittlichen Handeln? Der Mensch steht wesentlich in der Frage nach dem Sein. Im Akt des Fragens und Wissens zeigt sich das Sein als Wahrheit, aber seine Verwirklichung wird nur durch die Setzung des Geistvollzugs auf das Sein als Gutheit hin, nämlich das Wollen, vollendet. Das gilt für menschlich-sittliche Wertverwirklichung. Erkennen als solches verwirklicht überhaupt noch keinen eigentlich sittlichen Wert. Dieser kann und muß darum nur durch das Wollen verwirklicht werden, weil es die positive, unbedingte Bejahung des Anderen (oder Seins als Gutheit) um seiner selbst willen — was Coreth selbst einfach «Liebe» nennt — bedeutet. Wenn jedoch der Mensch als *werdendes* Wesen aus seinem Wesen sich selbst zu verwirklichen[34], dabei selbst zu wählen und zu entscheiden hat, so bedarf es zur Orientierung der geistigen, intellektuellen Erkenntnis, die im unbedingten Seinshorizont die Wahrheit zu erreichen, Wahr und Falsch, Gut und Böse zu unterscheiden vermag. Der Mensch kann daher zunächst nur durch die gegenseitige Vermittlung des Erkennens und des Strebens, bzw. des Wissens und des Wollens im aktuellen Akt des endlichen Geistes, zum sittlichen Wesen werden[35]. Die Vermittlung des menschlichen Geistvollzugs zu Sittlichem besteht aber ursprünglicher darin, daß der Geist frei ist und daher auch sein Vollzug in Freiheit geschieht. Sonst fallen die Selbstverfügung und Selbstbestimmung des Menschen in der Selbstverwirklichung in einen Determinismus, worin eigentlich keine Sittlichkeit bestehen kann.

Das Wesen der Freiheit ist wie bei Hegel bei Coreth das «Sich-auf-sich-Beziehen des Geistes»[36], der bei sich selbst ist. Diese Freiheit aus dem «Bei-sich-Sein» des Geistes heißt metaphysische «Grundfreiheit», die der Willens-

---

nicht nur als Identität von *Sein und Wissen*, sondern ebenso als Identität von *Sein und Wollen*.»

[34] In Bezug auf die Wesensbestimmung des Menschen betont Coreth besonders das *Sich-Werden* des Menschen zum Menschen durch die Selbstverwirklichung im Selbstvollzug und in der Selbstentfaltung. Vgl. in dieser Arbeit Kap. I, § 3, Anm. 36.

[35] Coreth will durch das wesensgemäße Korrelat von Wissen und Wollen, Erkennen und Streben nicht nur den Intellektualismus und Rationalismus, sondern auch den Voluntarismus überwinden. Vgl. *GM* 157f. Dazu *WM* 78f.: «Daher fordert die Freiheit des Wollens als Bedingung ihrer Möglichkeit die Geistigkeit der Erkenntnis, und umgekehrt: geistige Erkenntnis fordert als wesensgemäßes Korrelat die Freiheit des Willens.»

[36] *GM* 184.

freiheit oder Wahlfreiheit zugrunde liegt, also «aller ausdrücklich vollzogenen Freiheit des Wollens und Handelns als Bedingung vorausliegt und das gesamte Wirken und Verhalten des Menschen grundlegend bestimmt»[37]. Coreth leitet sie — unter Einfluß von M. Scheler — vom Grundverhalten des Menschen in der Welt ab: Der Mensch ist nicht «umweltgebunden», sondern «umweltfrei», daher «weltoffen», genauer «seinsoffen»[38]. Der Mensch ist nicht an das Unmittelbare gebunden, sondern kann darüber hinaus — auf das Sein überhaupt — ausgreifen. Er ist vom unmittelbar Gegebenen ursprünglich und eigenartig gelöst und damit in die eigene Freiheit freigegeben. Das heißt bei Coreth die «Vermittlung der Unmittelbarkeit» als Strukturgesetz menschlichen Daseins, in der er sich wesentlich vollzieht. Das ist aber nichts anderes als das Wesen des endlichen Geistes, der sich immer schon selbst in seinem anderen vollzieht. Insofern ist es apriorisch und grundsätzlich im Menschen selbst gegründet. Daraus ergibt sich die Grundfreiheit: «Diese Wesensverfassung des Menschen, durch die er der Unmittelbarkeit enthoben und zur *Vermittlung der Unmittelbarkeit* freigegeben ist, bedeutet Freiheit im Sinne der ursprünglich-wesenhaften Grundfreiheit des Menschen.»[39] Diese Grundfreiheit als ursprüngliche Freigabe zur Vermittlung der Unmittelbarkeit ermöglicht das gesamtmenschliche Verhalten in theoretisch-praktischer Hinsicht[40]. Sie liegt dem gesamten menschlich-geistigen Selbstsein und Selbstwerden zugrunde. Daß der Mensch «Geistsein» ist, dies bedeutet bei Coreth, daß er «Vernunftwesen» und zugleich — zutreffender — «Freiheitswesen» ist[41]. Der Mensch ist von seinem Geist *schlechthin* her ursprünglich freigegeben. Daraus ergibt sich Coreths Geistphilosophie, die aber bei ihm grundsätzlich in der Ontologie gründet.

---

[37] *GM* 186.
[38] *GM* 186f. Siehe in dieser Arbeit Kap. I, § 4.5.
[39] *GM* 187.
[40] Die Grundfreiheit des Geistes liegt als Ursprung und zugleich Bedingung dem Grundvollzug von Fragen, Wissen und Wollen zugrunde. Nur darin können wir uns vom Vorgegebenen lösen und es hinterfragen. Insofern sind nicht nur Wollen und Handeln, sondern auch unser intellektuelles Wissen und Denken als solches schon in der Freiheit möglich. Im Akt von Fragen und Wissen bestimmt sich unser menschliches geistiges Subjekt zum Vollzug dieses und nicht jenes Seienden. Dies geschieht aus Freiheit. Erst recht vollziehen wir im Akt von Wollen und dementsprechendem Handeln die freie Entscheidung zum Vollzug dieses und nicht jenes Wertes. Coreth sieht daher in der Grundfreiheit die Einheit von Wissen und Wollen, Theoretischem und Praktischem. Vgl. *MP* 404; *GM* 189.
[41] Vgl. *GM* 190.

Der endliche Geist muß wirkend sich selbst vollziehen und verwirklichen. Das ist nur aus Freiheit möglich. Der endliche Geist vollzieht aber, wie sich gezeigt hat, von bedingter Unbedingtheit als seiner Wesensstruktur her die *dynamisch-finale* Bewegung, auf das Sein schlechthin als unbedingte Bedingung auszugreifen, insofern er im Sein als Sein sich selbst vollzieht. Durch diese dynamisch-finale Sicht geistigen menschlichen Daseins kann eigentlich für Coreth der Übergang vom Sein zum sittlichen Sollen vermittelt werden[42]. Und diese Bewegung ist bei ihm schon ontologisch begründet, wie sich von der Analyse des menschlichen Geistvollzugs aus die apriorische Offenheit des Geistes für das unendliche und absolute Sein selbst zeigt. In diesem Sinne liegen der Grund und die Norm des Sittlichen in der dynamisch-finalen Natur des freien menschlichen Geistes, nämlich seinem letzten Ziel. D.h. der Mensch soll sich selbst zu dem entfalten, was seiner dynamisch-finalen Natur entspricht. Die Sittlichkeit bedeutet für Coreth gerade eine «mit dem Wesen des Menschen gesetzte Hinordnung auf ein letztes und unbedingtes Ziel: auf Gott»[43]. Weil und insofern allein dem Menschen der metaphysisch-ontologische Bezug eigenen Erkennens und Strebens auf Gott zukommt, ist nur ihm das sittliche Handeln möglich. Sittlichkeit oder Sittliches ist das Wesen des Menschen. In diesem Sinne können wir Coreths Aussage verstehen: «Nur der sittlich handelnde Mensch wird zum vollen Menschen, wie er sein soll.»[44] Die Selbstverwirklichung des Menschen bis zu seiner Vollendung ist für ihn im letzten nichts anderes als der Vollzug des absoluten Höchstwerts, der auf dem Grund der Ontologie wesentlich und notwendig mit der finalen Ordnung des Menschseins mitgegeben und mitgefordert ist[45].

3.3 *Der Geist im Anderen und die personale Welt*

Die Einsicht, daß das Wesen des Menschen nicht *statisch* zu verstehen ist, sondern *dynamisch* verstanden werden muß, durchzieht Coreths anthropologisches Denken. Bei diesem Denken werden die Selbstverwirklichung

---

[42] Vgl. *WM* 97.

[43] *WM* 98. Für Coreths *metaphysisch-ontologische* Ethik, die in der dynamisch-finalen Sicht menschlichen Daseins begründet ist, ist — so ein Hinweis Coreths selbst — die Streitfrage, «ob Grund und Norm des Sittlichen in der Natur des Menschen oder im letzten Ziel liegen, kurz: im Menschen oder in Gott» (*ibid.*), nicht mehr von Bedeutung. Für ihn ist dies ein «Streit um Worte, weil beide Aspekte gleich wesentlich zusammengehören» (*ibid.*).

[44] *WM* 99.

[45] Siehe in dieser Arbeit Kap I, § 5.4.

und Selbstentfaltung des Menschen in seiner eigenen personalen Welt betont. Dies gründet aber in der metaphysischen Selbstauslegung des Geistes im Anderen. Das Fragen, durch dessen Analyse Coreth im letzten den Seinshorizont ableitet, ist der Aktvollzug des endlichen Geistwesens, in dem der Mensch selbst als Fragender sich selbst als Subjekt und Anderes als Objekt des Fragens, beide aber als etwas erfaßt, das «ist». Der endliche Geist vollzieht sich in der Zweiheit des Subjekts und Objekts, des Wissens und Wollens. Der Selbstvollzug des endlichen Geistes ist also der Vollzug seiner selbst in seinem Anderen. In diesem Sinne versteht Coreth den Menschen als «Geist im Leib»[46] und «Geist in Materie» (oder «Geist in Materialität»)[47], bzw. als «Geist in Welt», wie es K. Rahner bezeichnet hat. Das bedeutet, daß der Selbstvollzug und die Selbstentfaltung des Menschen wesentlich auf das Andere angewiesen ist. Daraus ergibt sich die Notwendigkeit des geistig-personalen Bezugs auf den Anderen in der Sozialität (Gemeinschaft) als konstitutiver Grunddimension des menschlichen Daseins. Daß der Mensch «Geist in Materialität» oder «Geist im Anderen» ist, ist für Coreth anthropologisch von größerer Bedeutung als die Tatsache, daß der menschliche Selbstvollzug angewiesen ist auf gegenständlich dinghaft Seiendes, das wir erkennen, gebrauchen und gestalten. Damit ist vielmehr gemeint, daß der Mensch in der personalen Welt, in «Interpersonalität»[48] lebt, darauf angewiesen ist und daher zu seiner vollen Selbstverwirklichung und Selbstentfaltung des personalen Bezugs bedarf. Coreths Ansicht dazu, ursprünglich von Fichte übernommen, lautet: «Der Mensch wird nur unter Menschen ein Mensch.»[49]

Der personale Bezug geht für Coreth notwendig in einen praktischen Bereich ein, insofern er in der Hingabe an das geistig-personale Subjekt aus selbstloser, personaler Liebe besteht[50]. Darin wird der freie Selbstvollzug des menschlichen Daseins zu seiner vollen Aktualität erweckt. In unserem geistigen Vollzug geschieht aber schon wesentlich und metaphysisch eine reine Wertbeantwortung, also nicht die Ergreifung eines Wertes «für mich», sondern die Bejahung eines Wertes «an sich» und um seiner selbst willen. Diese Wertbejahung und Wertbeantwortung des Anderen um seiner selbst willen, nämlich «Liebe», ist das reine und ursprüngliche Wesen des Wollens. Insofern die absolute Werthaftigkeit jedoch, allein durch die Seinsfrage und

---

[46] *GM* 191f.
[47] *GM* 191f.; *MP* 460.
[48] *WM* 137f.
[49] *WM* 138; *GM* 193. Vgl. *FSW*, III, 39.
[50] Vgl. *GM* 193; *MP* 467ff.

darum das Ausgreifen auf das Sein selbst aus dem eigenen Wesen des Menschen als Geistwesens, nur ihm eigen ist, bedeutet diese Liebe als Wertbejahung des Anderen für den Menschen als geistig-personales Subjekt grundsätzlich *personale Liebe*. Denn das menschliche Dasein bezieht sich notwendig in der Interpersonalität, nämlich Sozialität und Gemeinschaft, auf ein anderes geistig-personales Subjekt. Coreth selber sagt: «Für den Menschen ist *das* Andere primär *der* (oder die) Andere, in Gemeinschaft *die* Anderen.»[51] Insofern kann der Selbstvollzug des Menschen nur im personalen Bezug auf anderes Personsein verwirklicht werden. Hierin sehen wir wieder die metaphysische Integration und Einheit von Coreths ontologisch-anthropologischem Denken.

Der letzte Sinn und die Notwendigkeit des personalen Bezugs, in dem der Mensch erst sein eigenes und eigentliches Selbstsein vollzieht, wird bei Coreth grundsätzlich auf das metaphysische Wesen des Menschen zurückgeführt, das ontologisch ausgelegt werden muß, wie es sich im Vollzug des Fragens zeigt. Der Selbstvollzug des Menschen bedeutet für ihn «wesensgemäße Selbstverwirklichung», insofern er darin besteht, daß «er in eigenem freien Wirken zu vollziehen hat, was er seinem Wesen nach immer schon ist»[52]. Dabei geht es darum, daß der Mensch der endliche Geist als *aktuell endliches*, aber *virtuell unendliches* Wesen ist. Die metaphysische Selbstauslegung des Menschen liegt für Coreth vor allem in dieser Grundeinsicht. Daraus erweist sich der Mensch als ein Geistwesen, das sich in der dynamischen Wechselwirkung zwischen Wissen und Wollen auf das unendliche und absolute, aber vor allem personale Sein Gottes zu beziehen hat. Das Wesen des endlichen Geistes ist die transzendente Bewegung auf das absolute Personsein Gottes hin als «personales Geschehen» und «personale Hingabe von Person zu Person»[53]. Gerade darin liegt die wesenhafte Transzendenz des Menschen. Der Selbstvollzug des Geistes im Anderen ist daher für Coreth im letzten das Übersteigen seiner selbst, das Hinausgehen über sich selbst und die Hingabe seiner selbst an Gott als *absolutem personalem Anderen*. Nur darin kann das endliche Geistwesen sich selbst vollenden[54]. So besteht der Sinn und die Notwendigkeit des personalen Bezugs im metaphysischen Wesen des Menschen, der sich nach seinem eigenen Wesen als dem endlichen Geist im letzten auf das absolute

---

[51] *GM* 193.
[52] *WM* 469.
[53] *WM* 470.
[54] Vgl. *WM* 472: «Nur im personalen Bezug auf Gott und in personaler Hingabe an Gott kann das endliche Geistwesen sich selbst vollenden.»

Personsein und den absoluten Personwert Gottes bezieht. Das meint aber nicht, daß für den Menschen als endlichen Geist das absolute Sein Gottes das unmittelbare Beziehungsziel des eigenen Selbstvollzugs und der eigenen Selbstvermittlung ist. Denn der endliche Selbstvollzug des Menschen kann keineswegs das unendliche Sein schlechthin einholen. Das ist der Grund, daß Coreth vom allgemeinen und unendlichen Seinshorizont einen besonderen und begrenzten Welthorizont abhebt[55]. Nur durch den Welthorizont, vor allem die personale Welt, kann der Selbstvollzug des Menschen zum absoluten Seinshorizont vermittelt werden. Daher können wir sagen, daß der Mensch für Coreth immer schon ein Wesen *zwischen* Transzendenz auf das Absolute und Immanenz in der Welt ist, wobei die eine die andere nicht ausschließt[56].

4. Die Transzendenz in Ontologie und Anthropologie

4.1 *Die Transzendenz des Geistes als Konstitutivum des menschlichen Geistwesens*

Der apriorische Begriff der Transzendenz des Geistes bei Coreth ist ein Grundthema und Kernpunkt seiner transzendental-metaphysischen Philosophie. Von da her erschließt sich nicht nur anthropologisch der eigentliche und letzte Sinn des Menschen, sondern auch die Vermittlung der Philosophie zum Phänomen des Religiösen, nämlich der notwendige Bezug zwischen Philosophie und Religion. Die Einsicht, daß der Mensch wesentlich «Transzendenz» ist, steht im Zentrum von Coreths philosophisch-anthropologischem Denken. Was ist damit eigentlich gemeint? Das meint, daß der Mensch immer und in allem unter dem Anspruch des Unbedingten und Absoluten steht. Damit erschließt Coreth die *conditio humana* aus der Wesensverfassung des endlichen Geistes, daß der Mensch als Geistwesen sich selbst in einem Horizont des Unbedingten und Unbegrenzten, im Ausgriff auf das Unendliche vollzieht, insofern der Geist und sein Wirken wesentlich durch eine unbegrenzte Offenheit und einen Wesensbezug auf das Unendliche ausgezeichnet sind, daß er dennoch als Geist im Leib, Geist

---

[55] Vgl. *WM* 470.

[56] Vgl. *GM* 194: «Der Mensch ist aus seinem geistig-personalen Wesen transzendent, aber als Geist im Leib, in der Welt, in der Geschichte zurückgebunden an die Immanenz, diese zugleich überschreitend. Alle Weisen, in denen wir uns selbst erfahren und verstehen, uns selbst zu verwirklichen haben, stehen in gegenseitiger Vermittlung des immanenten und des transzendenten Bezugs. Sie können nur daraus angemessen verstanden und wahrhaft menschlich vollzogen werden.»

in der Welt in der Spannung zwischen Endlichkeit und Unendlichkeit stehen soll. Das ist das Grundphänomen des Menschen als «Unbedingtes im Bedingten». Der Mensch ist keineswegs der absolute, unendliche Geist, dem allein Unendlichkeit eigen ist. Insofern ist er in seinem Sein und Wirken nie aktuell unendlich, sondern bleibt aktuell endlich, aber virtuell unendlich. Also ist ihm eine «virtuelle Unendlichkeit» eigen. Damit liegt er in der wesentlichen Hinordnung auf das Unendliche, die in jedem menschlichen geistigen Akt als Bedingung seiner Möglichkeit unthematisch mitvollzogen wird. Nur in diesem Sinne wird für Coreth die Transzendenz zur grundlegend transzendentalen Bedingung geistig-personalen Lebens[57]. Er drückt sich dies in seinem folgenden Wort deutlicher und klarer aus:

> Daraus folgt weiter, daß Transzendenz, jetzt im Sinne virtueller, aber absoluter Transzendenz, nämlich auf das Absolute selbst, auf Gott hin, nicht etwas ist, das zum ansonsten voll konstituierten Wesen des Menschen nachträglich noch hinzukommt oder hinzukommen kann, vielleicht bei besonders veranlagten, metaphysisch oder religiös begabten Menschen, sondern daß sie dasjenige ist, was das geistige Wesen des Menschen ursprünglich konstituiert. Der Mensch ist nur Mensch als geistig-personales Wesen in der Welt durch diese wesenhafte Hinordnung auf das Absolute, auf Gott; und er wird umso mehr wahrhaft Mensch, je mehr er diese immer schon unthematisch mit-gewußte, mit-bejahte Hinordnung thematisch macht, d.h. die Transzendenz auf Gott ausdrücklich in Bewußtsein und Freiheit vollzieht. Man kann deshalb nicht ernsthaft philosophisch vom Menschen sprechen, ohne von Gott zu sprechen.[58]

Von daher weist Coreth vor allem die Transzendenz auf das Absolute als metaphysisch-apriorisches Konstitutivum des endlichen Geistes des Menschen auf. Mit diesem Begriff von Transzendenz wird für die Selbstauslegung des Menschen eine Grenze zwischen dem ontologischen, anthropologischen und theologischen Bereich aufgehoben. Weil und insofern die Transzendenz die transzendierende Bewegung der sich selbst und die Welt übersteigender Offenheit und Hinordnung auf das Absolute und Unbedingte selbst, also auf Gott, bedeutet, kann sich die philosophisch-anthropologische Frage dem Sinn des allgemeinen religiösen Phänomens, das unser Leben schon enthält, ernsthafter nähern. Coreth begründet durch die transzendentale Analyse des Fragens als geistigen Grundvollzugs des Menschen die Metaphysik, so daß sich vor allem von daher als ihr Grundthema der unbedingte und unbegrenzte Horizont des Seins zeigt, in dem alles, was ist, sich selbst vollzieht. Er verbindet im weiteren auf dem Grund

---

[57] Vgl. *LD* 124.
[58] *LD* 124.

des dynamischen Wesens des endlichen Geistes diesen metaphysischen Grundbegriff des Seins überhaupt mit dem letzten Sinn des Selbstvollzugs, der Selbstverwirklichung und Selbstvollendung des Menschen. Für diese Verbindung ist die Gleichsetzung von dem Sein selbst und Gott als geistig-absolutem Personsein von Bedeutung, insofern für Coreth Religion als ein Grundphänomen menschlichen Lebens ganzheitlicher und ursprünglicher ist als Philosophie. Denn in unserem religiösen Verhalten kann das absolute Sein selbst über ein bloß philosophisch-metaphysisches Wissen der menschlichen Vernunft hinaus die praktische Bedeutung für die konkrete Existenz des Menschen haben, insofern Religion allgemein die Gesamtheit der menschlichen Akte meint, in denen wir uns frei und personal auf das Absolute, auf Gott, beziehen. In diesem Sinn ist die Transzendenz bei Coreth im Sinne der virtuellen Unendlichkeit des endlichen Geistes die transzendentale Bedingung des geistig-personalen Geistwesens, das vor allem in der Religion im Wesensbezug auf Gott liegt.

4.2 *Die Sinnfrage des Menschen und Gott als Sinngrund*

Wir kommen in Coreths metaphysisch-anthropologischem Denken zum Schluß, daß der Mensch in seinem geistig-personalen Leben wesentlich sich selbst und diese Welt übersteigt und transzendent auf Gott bezogen ist, so daß wir nicht philosophisch ernsthaft von ihm sprechen können, ohne von Gott zu sprechen. Welche Bedeutung hat aber diese philosophische Einsicht in unserem heutigen Leben eigentlich? Coreth richtet seine Aufmerksamkeit auch auf die Stimmung der Gegenwart, daß *man* sich im praktischen und fast selbstverständlichen Atheismus eingerichtet hat:

> Es ist das Phänomen, daß «man» im allgemeinen nicht an Gott glaubt, keinen lebendigen Bezug zu ihm hat, daß «man» an Gott, am Glauben, an der Kirche (oder den Kirchen) achtlos vorbeigeht, sich einfach nicht darum kümmert. Religion hat keine Bedeutung im Leben, nämlich für die Vielen, den breiten Durchschnitt der Menschen, und das besonderes in den einst christlichen Ländern der abendländischen Kultur, die heute zu den industrialisiertesten Ländern der Erde gehören. «Man» denkt und lebt ohne Gott, so «als ob» es keinen Gott gäbe, d.h. in einem praktischen, in der Breite üblich und konventionell gewordenen, in der Gesellschaft allgemein, fast selbstverständlichen Atheismus, der sich gar nicht mehr rational ausweisen und rechtfertigen muß, weil er sich kaum in Frage gestellt weiß. «Man» denkt und lebt eben heute so.[59]

---

[59] *LD* 194.

Coreth führt den Ursprung dieser Atmosphäre der Gegenwart auf die drei Grundformen des Atheismus im Namen der «Wissenschaft und ihres Forschritts»[60], des «Menschen und seiner Freiheit»[61] und der «Gesellschaft und sozialer Gerechtigkeit»[62] zurück. Weiters weist er darauf hin, daß vor diesem Hintergrund auch die Philosophie der Gegenwart — abgesehen von ausdrücklich Christlicher Philosophie — kaum von Gott und Transzendenz spricht. Die Transzendenz auf das absolute Sein Gottes ist, wie schon erwähnt, als die transzendentale Bedingung dem Menschen wesentlich und eigen. Worin liegt dann der eigentliche Grund der Atmosphäre der Gegenwart gegen die Rede von Gott und Transzendenz? Der Grund liegt im Verhalten derjenigen, die die unthematische, aber wesenhafte Transzendenz des Menschen aus dem geistig-personalen Wesen noch nicht bewußt thematisieren. Coreth selbst benützt daher bewußt das Wort *man* mit den Anführungszeichen, das uns an den Heideggerischen Ausdruck «das Man»[63] erinnert, um auszudrücken und zu betonen, daß die *anti-metaphysische* und zugleich *anti-religiöse* Tendenz in der allgemeinen Atmosphäre der Gegenwart dem wahren Wesen des Menschen wesentlich widerspricht.

Coreth weist auf, daß die Frage nach «Sinn» ein philosophisch praktisch-theoretischer Gegenvorschlag gegen den praktischen Atheismus und die religiöse Gleichgültigkeit in der Folge des heutigen Agnostizismus, Indifferentismus und Säkularismus werden kann. Die Frage nach «Sinn» steigt aus der existenzialen Grundspannung des menschlichen Daseins zwischen Endlichkeit und Unendlichkeit, Sein und Nichts (oder Tod) auf[64]. Insofern können wir nicht nur die Sinnfrage nach unserem ganzen Leben, sondern auch die weitere Frage nach dem «Sinn überhaupt» umgehen. Eine Handlung hat nach Coreth einen Sinn nur dadurch, daß sie in der «Zielrichtung» oder «Zweckmäßigkeit», also «daraufhin» gerichtet ist[65]. Aber einerseits steht der einzelne Sinngehalt in der hermeneutischen Sicht nie einzelhaft isoliert, sondern in einer «Sinnganzheit» und einem «Sinnzusammenhang», woraus er erst verständlich oder voll verständlich wird[66]. Anderseits meint der Sinn allen Wirkens in ontologischer Sicht die weitere «Selbstverwirklichung» des Wirkenden in einem volleren Seinsgehalt (oder in Seinsvollkommen-

---

[60] Vgl. *LD* 196-203.
[61] Vgl. *LD* 204-212.
[62] Vgl. *LD* 212-217.
[63] Vgl. *SZ* 126ff.
[64] Vgl. G. HAEFFNER, *Philosophische Anthropologie*, 156ff.
[65] Vgl. *LD* 154; *SF* 103f.; *WM* 158. Siehe in dieser Arbeit Kap. I, § 7.4.
[66] Vgl. *LD* 156; *SF* 104f.; *WM* 158f.

heit)⁶⁷. Die Selbstverwirklichung des endlichen Seienden besteht aber, wie sich schon durch die metaphysische Einsicht zeigt, niemals in rein *immanentem* Wirken, sondern vielmehr in *transitivem* (oder *transzendentem*) Wirken auf Anderes. Daraus ergibt sich der Sinn des menschlichen Daseins. Insofern seine wahre Selbstverwirklichung im transitiven Geschehen als Hinausgehen über sich selbst, Offenheit und Einsatz für Anderes und Hingabe an Anderes gründet, wird dabei das Andere, besser: das geistig-personale Andere als solches als «Zweck an sich selbst» als ein «Sinngrund» bejaht. Dennoch ist alles Endliche keineswegs ein *letzter* Sinngrund, weil und insofern es dem ganzen Leben des existenzialen Daseins als «Sein zum Tode» gar keinen Sinn geben kann. Coreth führt hier wieder die Frage nach dem letzten Sinngrund auf die Transzendenz, die dem geistig-personalen Wesen des Menschen ursprünglich und konstitutiv eigen ist, zurück: «Das Eigentliche und Endgültige kommt erst: in transzendenter Sinnerfüllung [im Absoluten Gottes].»⁶⁸ Das menschliche Leben findet seinen eigentlichen und letzten Sinngrund im durch Gott vollendeten Leben. Denn der Mensch ist von seiner geistig-personalen Wesen her metaphysisch und zugleich transzendental-anthropologisch Transzendenz; insofern erfährt er in seinem menschlich-personalen Leben wesentlich einen absoluten Sinnbezug und steht somit vor der unausweichlichen Frage nach Gott als absolutem Sinngrund. Der Mensch ist zuerst metaphysisch und wesentlich die Seinsfrage⁶⁹ und findet daher nur im unbedingten und unendlichen Seinsgrund — also in Gott — die letzte Antwort auf die Sinnfrage, den eigentlichen und endgültigen Sinn seines Daseins. Somit behauptet Coreth, daß die echte und absolute Sinnerfahrung vor allem im religiösen Glauben an Gott möglich ist⁷⁰. Unter dieser Perspektive muß nun unser Anliegen in die Bezugsbestimmung von Philosophie und Religion eingehen.

4.3 *Philosophie und Religion*

Ist Philosophie, wie Coreth selbst in Schellings Sprache ausgedrückt hat, tatsächlich ohne Religion ein Unding? Er betont, daß Religion mehr als

---

⁶⁷ Vgl. *LD* 158.

⁶⁸ *LD* 178.

⁶⁹ Die Seinsfrage ist für Coreth grundlegender als die Sinnfrage. Denn sie ist die erste, grundlegendste und umfassendste Frage, die auch jeder Sinnfrage vorausgeht und sie umgreift, insofern jedes Sinnverständnis, wenn es gültig sein will, Seinsverständnis und Seinswahrheit voraussetzt. Wie sich schon zeigt, ist «Sein» der allumfassende Horizont, der alles erreicht und umgreift, was nicht schlechterdings nichts ist. Vgl. *HM* 77.

⁷⁰ Vgl. *WM* 160.

Philosophie ist. In diesem Sinn setzt Philosophie schon Religion voraus; aber die Unmittelbarkeit von Religion muß durch Vermittlung von Philosophie zur vermittelten Unmittelbarkeit eines geklärten, vertieften und bereicherten gelebten religiösen Glaubens führen. Hier fällt Religion für Coreth sehr klar mit christlichem Glauben zusammen, in diesem Sinne bekennt er sich selbst zu «Christlicher Philosophie»[71]. Worin gründet eigentlich diese Stellungnahme Coreths philosophisch? Dies gründet zunächst in der philosophischen Leistung seines transzendental-metaphysischen Denkens, in dem und aus dem er als dessen Schlußfolgerung den Gottesbegriff in der aristotelisch-thomistischen Tradition ableitet. Er setzt den Seinsbegriff *esse ipsum* als *actus essendi in se subsistens* mit dem dreipersönlichen und schöpferischen Gott der christlichen Offenbarung gleich. Damit wird Gott nicht nur — in der Einsicht des metaphysisch-ontologischen Denkens — als die reine Fülle des Seins als erster Ursprung und letztes Ziel allen Seienden verstanden, sondern auch — in theologischer Einsicht und transzendentaler religiöser Erfahrung — als die reine Fülle geistig-personalen Lebens und Wirkens, schenkender Güte und allmächtiger Liebe, somit besonders als erste Bedingung und letztes Sinnziel des Lebens des menschlichen Daseins. Das ist der eigentliche Grund, weshalb die Sinnfrage und Sinnerfahrung des menschlichen Daseins der eigentliche Ursprung und existenzielle Ort der Gottesfrage und des Gottesglaubens sein kann. Denn wenn Gott für uns nicht mehr nur das Absolute unserer bloß spekulativen Vernunft bleibt, sondern auch als ein in unserem konkreten Leben erfahrbares existenzielles Geschehen nahekommen kann, so kann sich endlich die philosophische Sinnfrage der Frage nach Gott nähern, in dem allein wir den letzten Sinngrund des existenziellen Lebens des menschlichen Daseins erfahren und finden.

Daß die ursprüngliche Transzendenz des Menschen aus der philosophisch transzendental-metaphysischen Einsicht auf das absolute Personsein Gottes gerichtet ist, meint, daß deren Auswirkung, Thematisierung und Konkretisierung grundsätzlich über den Bereich der Philosophie hinaus im Bereich von Religion vollzogen wird. Religion ist ausdrücklicher Vollzug der wesenhaften Transzendenz auf das absolute Sein, auf Gott. Das Wort Coreths dazu lautet: «Religiöses Tun ist selbst ein vorzüglicher Ort solcher Erfahrung, worin wir uns der Angewiesenheit auf das Absolute, auf Gott, ausdrücklich bewußt werden.»[72] Die wesentliche ursprüngliche Bezogenheit des menschlichen Daseins auf Gott wird schon ausgelegt in einem

---

[71] Vgl. *HM* 74.
[72] Vgl. *WM* 164.

bestimmten religiösen Sprechen und Handeln, einem bestimmten Glauben und seinem Verständnishorizont, in dem die transzendente Grunderfahrung verstanden wird. Die konkrete Religion ist also «Medium der Transzendenzerfahrung, die darin sich selbst interpretiert»[73]. Daraus ergibt sich der wesenhafte und notwendige Bezug zwischen Philosophie und Religion. Um den Menschen philosophisch und ursprünglich auszulegen, können wir nicht die Transzendenz umgehen, deren Grunderfahrung — einerseits — in religiösem Verständnishorizont verstanden und ausgelegt und — anderseits — in religiösem Tun thematisch aktuiert wird.

Aber hier stellt sich noch die Frage, ob und inwieweit sich in unserem konkret religiösen Tun die ursprüngliche Transzendenz des Menschen thematisiert und konkretisiert. Coreth sagt: «Sie [= Die Transzendenz] ist zwar angewiesen auf die religiöse Thematisierung, aber sie geht nicht darin auf, sondern weist immer notwendig darüber hinaus, weil Gott alles menschliche Sprechen und Tun, Erfahrung und Verstehen immer noch unendlich übersteigt.»[74] Das deutet auf zwei Bedeutungen hin. Einerseits wird die Transzendenz des Menschen «immer von neuem transzendiert, korrigiert und relativiert und dadurch als analog und symbolhaft ausgewiesen gegenüber dem göttlichen Geheimnis, das sich darin zugleich offenbart und verhüllt»[75]. Dies anzuerkennen und sich vertrauend ihm auszuliefern, gehört aber zum Wesen des religiösen Glaubens, der schon alles philosophische Wissen übersteigt[76]. Glaube ist ebenso mehr als Denken, wie Religion ganzheitlicher als Philosophie ist. Daher kann Philosophie, insofern sie über das Ganze des menschlichen Lebens und seinen Sinn von Grund

---

[73] *WM* 165.

[74] *WM* 165.

[75] *WM* 166.

[76] Vgl. *WM* 166. Das entspricht der Analogie des Seins, die die transzendente Bewegung begründet. Vgl. in dieser Arbeit, Kap. III, § 5.3. Coreth stellt sich die Frage, wie dann das absolute Sein Gottes die endliche Vielheit entwerfen und in ihrer Möglichkeit entspringen lassen kann, wenn es reine und absolute Identität ist. Er betont dabei, daß die Antwort darauf nur *reduktiv* unter der Voraussetzung der Wirklichkeit des endlichen Seienden versucht werden kann, niemals *deduktiv* durch apriorisches Begreifen von Gott her. Was heißt das eigentlich? Insofern wir Gott selbst nur *analog* vom Endlichen her erreichen und daher die Möglichkeit der Schöpfung niemals voll begreifen können, bleibt uns die Möglichkeit des Endlichen von Gott her im letzten ein «Geheimnis», das nichts anderes als das unbegreifbare und unausschöpfbare Geheimnis des unendlichen Gottes selbst ist. Also ist das Sein überhaupt für Coreth im letzten ein Geheimnis, das nichts anderes als das Geheimnis Gottes ist, der selbst das Sein selbst ist. Vgl. E. CORETH, «Identität und Differenz» (1964) 184ff.

aus nachdenken muß, ohne Religion ein «Unding» und sogar in «Gefahr» sein, «das Ganze des menschlichen Lebens aus dem Blick zu verlieren»[77].

Anderseits kann die ursprüngliche Transzendenz des Menschen vielmehr durch religiöses Tun verfälscht und ihrem Wesen entfremdet werden. Denn der endliche Mensch kann gar nicht das unbegreifbare Geheimnis des absoluten und unendlichen Gottes, also die absolute Wahrheit Gottes schlechthin, einholen. Tatsachlich sind wir heutzutage in Gefahr des fast chaotischen Pluralismus religiöser Auffassungen oder des Irrationalismus des Religiösen als Reaktion auf unsere allzu rationalistische wissenschaftlich-technische Welt[78]. Gerade darin liegt die Aufgabe der Philosophie, daß dadurch Religion reflektiert, vermittelt und somit rational geklärt, vertieft und bereichert werden muß. Ohne philosophische Vermittlung oder Reflexion kann Religion einfach in die Falle des irrationalen und dogmatischen Fundamentalismus geraten. Insofern brauchen und ergänzen Religion und Philosophie einander.

5. Zusammenfassung

1) Coreths Anthropologie und Metaphysik, an deren Anfang das Fragen selbst als fragloser und voraussetzungsloser Anfang steht, verlaufen formal und zugleich inhaltlich parallel. Der Frage-Ansatz charakterisiert den Grundzug von Coreths *transzendental-metaphysischer Philosophie*, in der die dreifachen Aspekten von Ontologie, Anthropologie und Theologie in einer *untrennbaren Einheit* entfaltet werden. Insofern Coreths transzendentale Metaphysik das Fragen als Grundvollzug des Menschen thematisch behandelt, ist der Mensch nicht nur ihr Subjekt, sondern auch als solches ihr Inhalt (Gegenstand). Sie enthält in sich die Selbstauslegung des Menschen in dem Sinne, daß mit der Auslegung des Fragens nicht nur das darin schon, aber unthematisch, mitgesetzte und mitbejahte Sein überhaupt, sondern auch der geistig-personale Grundvollzug des Menschen und von daher seine Grundzüge Grundfreiheit, Transzendenz usw. erhellt werden.

2) Coreths transzendental-metaphysische Philosophie besteht in der wechselseitigen Vermittlung zwischen einem *hermeneutisch-phänomenologischen* Ansatz, der basierend auf einer vermittelten Unmittelbarkeit unserer Erfahrungs- und Verständniswelt auf die Frage nach der Sinn-Ganzheit und Sinn-Einheit zurückverwiesen wird, und einem *metaphysischen* Ansatz, der in der Unmittelbarkeit der ontologischen Einsicht, daß alles, was «ist»,

---

[77] F. RICKEN, «Hermeneutik und Metaphysik», 69.
[78] Vgl. *LD* 220.

sich im Seinshorizont vollzieht, gründet. D.h. *Hermeneutik,* insofern sie sich der Sinnfrage der Wahrheit des Seins öffnet, ist für Coreth als solche *Metaphysik,* die nichts anderes als Hermeneutik im letzten und allumfassenden Sinnhorizont des Seins ist. In diesem Sinn weist der hermeneutische Ansatz anthropologischer Untersuchung bei Coreth schon über sich selbst auf eine Ontologie hinaus und muß sogar zu ihr vordringen, um die eigentliche Gesamtselbstauslegung des Menschen zu erreichen. Trotz der universalen Wirklichkeit des Seins, die unmittelbar im Horizont der hermeneutischen Verständniswelt begründet ist, ist aber das Seinsverständnis des Menschen nicht unmittelbar, sondern vielmehr vermittelt. Denn das Sein selbst ist in unserem geistigen Vollzug *unthematisch* gegeben; es kann nur durch Reflexion auf unseren geistigen Vollzug *thematisiert* werden. Das ist gerade die Einsicht, die wie ein Leitmotiv Coreths ganze transzendental-metaphysische Philosophie durchzieht: «Es gibt keine Unmittelbarkeit ohne Vermittlung; aber auch keine Vermittlung ohne Unmittelbarkeit.»

3) Der Geistvollzug des Menschen ist ein aktuelles Geschehen, das entweder im Subjekt selbst oder in seinem Objekt sein Ziel, seine Vollendung erreicht. Das sind die beiden metaphysischen Grundvollzugsweisen des Geistes: «Wissen» als Setzung der aktuellen Einheit des Subjekts mit seinem Objekt *in sich* und «Wollen» als Setzung der Einheit *im Anderen* oder *auf das Andere hin.* Von der metaphysischen Wesensbestimmung des geistigen Vollzugs des Menschen im dynamisch-dialektischen, wechselseitigen Verhältnis zwischen Wissen und Wollen her begründen sich ontologisch die Grundzüge von Coreths Philosophie als *theoretisch-praktischem* Denken, konkreter: 1) die notwendig vermittelte Integration von «Theorie» (Wissen) und «Praxis» (Wollen), 2) die menschliche Sittlichkeit als Praktisches und ihr Sollen und 3) der letzte Sinn und die Notwendigkeit des personalen Bezugs auf das andere Personsein, im letzten auf das absolute Personsein Gottes.

4) Der Mensch ist «Geist in Welt», dessen Wesen aber «Transzendenz» ursprünglich *konstituiert.* Die Transzendenz ist also ein wesentliches *Konstitutivum* des endlichen Geistes, der sich gemäß seinem Wesen von «Bei-sich-Sein» und «Sich-auf-sich-Beziehen» in «Grundfreiheit» vollzieht. In dieser Transzendenz besteht der Grund, weshalb Coreths transzendentale Metaphysik, die vom geistigen Vollzug des Menschen her ihren Ansatzpunkt findet, die undurchdringliche Grenze zwischen ontologischem, anthropologischem und theologischem Bereich aufhebt. Der endliche Geist bewegt sich über sich selbst hinaus auf das Sein selbst hin als den unbedingten und unbegrenzten, absoluten Horizont. Coreth weist einerseits diese Transzen-

denz auf das Absolute als die transzendental-konstitutive Bedingung des endlichen Geistwesens auf, anderseits durch die Frage nach dem letzten endgültigen, unbedingten Sinn des Lebens aus der menschlichen Existenz das Absolute als den letzten Sinngrund.

5) Religion ist mehr als Philosophie; ebenso ist Glaube mehr als Denken. Aufgrund dieser Einsicht muß Philosophie für ihren vollen und richtigen Vollzug schon Religion voraussetzen. Aber die Unmittelbarkeit von Religion muß durch Vermittlung und Reflexion von Philosophie zur vermittelten Unmittelbarkeit rational geklärten, vertieften und bereicherten religiösen Glaubens führen. Im wechselseitig-ergänzenden Bezug zwischen Religion und Philosophie kann endlich das absolute Sein selbst über eine bloß philosophisch-metaphysische und somit begrenzte Auslegung hinaus inhaltlich vertieft und bereichert werden.

SCHLUSSWORT

Zum Abschluß der Untersuchung soll nun noch einmal zusammenfassend dargestellt werden, inwiefern die metaphysisch-ontologische Grundlegung der transzendental-anthropologischen Philosophie hinsichtlich der gesamten Selbstauslegung des Menschen und der Erstellung dessen Gesamtbildes zu Ergebnissen geführt hat.

Der Kernpunkt der anthropologischen Auslegung Coreths ist «Transzendenz» des Menschen. Sie kann in zwei Bedeutungen verstanden werden. Darunter wird zunächst verstanden, daß der Mensch im Selbstvollzug und in der Selbstentfaltung nicht als ein vollkommenes Wesen, sondern als ein *werdendes* Wesen beständig über sich selbst, nämlich die schon vorherige Selbstbestimmung, hinaus auf eine neue Selbstbestimmung zur Selbstverwirklichung und Selbstvollendung überschreitet. Aber im wesentlicheren Sinn wird darunter verstanden, daß der Mensch stets über sich selbst und die Welt als Horizont des Selbstverständnisses und der Selbstauslegung hinausgeht und im letzten auf das absolut Andere, also auf das unbedingte und unbegrenzte Absolute Gottes, ausgerichtet ist. Der Mensch verwirklicht und vollendet sich selbst durch die transzendierende Bewegung der Offenheit und Hinordnung auf Gott.

Diese Einsicht gründet in Coreths ontologischer und zugleich anthropologischer, transzendentaler Metaphysik, die das «Fragen» selbst als deren Ansatzpunkt annimmt. Zum Einstieg in dieses anthropologische Denken Coreths ist es naheliegend, sich zunächst an das Buch «Was ist der Mensch?» zu halten. Coreth versucht hier auf dem Hintergrund neuerer Philosophie die anthropologisch wichtigsten Gehalte der klassischen und scholastischen Tradition zu vermitteln. Auf dem phänomenologischen und hermeneutischen Ansatz werden die menschliche Welt als Horizont, worin der Mensch sich selbst vollzieht und bildet, und deren konstitutive Elemente — raum-zeitliche Wirklichkeit, Sprache, Geschichtlichkeit, personale Gemeinschaft usw. — untersucht. Im Bezug auf diese menschliche Erfahrungswelt zeigt sich das Grundverhalten, wodurch sich der Mensch von der Unmittelbarkeit seiner Umwelt abhebt, nämlich die Weltoffenheit und Fähigkeit zur Distanz. Genau von daher wird die «Grundfreiheit» ergründet, die allem menschlichen, sittlichen Vollzug zugrunde liegt. Sie gründet aber im Geist des Menschen. Auf Grund des Geistes in der Grundfreiheit legt der Mensch sich selbst aus und verwirklicht sich selbst als Eigentliches. Das letzte Ziel der eigentlichen Selbstverwirklichung wird metaphysisch-ontologisch von der transzendierenden Bewegung des menschlichen Geistes her auf das Sein selbst und so auf das absolute Personsein Gottes aufgeklärt.

Die Tatsache, daß der Mensch ein Geistwesen ist, verlangt als solche die ontologische Auslegung der philosophischen Anthropologie. Auf Coreths «Metaphysik», in der wichtige Inhalte einer philosophischen Anthropologie enthalten und ausführlicher begründet sind, einzugehen, ist nicht nur für die Selbstauslegung des Menschen, sondern auch für die Auslegung des Bezugs zwischen Metaphysik und Anthropologie von Bedeutung. Coreths erstes Anliegen in seiner «Metaphysik» ist in der *unmetaphysischen* Zeit der Gegenwart dieser Stimmung gegenüber eine Neubegründung der Metaphysik. Der methodische Ansatz dieser Neubegründung ist das «Fragen» selbst als der wesentliche Grundvollzug des Menschen, der als solcher vor allem anderen fraglos und voraussetzungslos ist. Durch die Reflexion auf das Fragen selbst weist Coreth den unbedingten und unbegrenzten, absoluten «Seinshorizont» und somit die absolute Möglichkeitsbedingung der Metaphysik auf. Das Zurückweisen auf diese apriorisch gegebene Bedingung ist die «transzendentale Methode», die schon durch Maréchal — der Kant durch «Kant» überwunden hat — und durch Lotz, Rahner usw. zur Ontologie vertieft und weitergeführt wurde. Coreth weist auch aufgrund dieser Methode den erkenntnistheoretisch-transzendentalen Horizont der Erkenntnismöglichkeit des Seins selbst auf.

Das Fragen vollzieht sich in der doppelten Verhältnisstruktur von «Fragbarkeit» und «Fraglichkeit», «Wissen» und «Nichtwissen». Daraus erweist sich zunächst als Möglichkeitsbedingung des Fragens überhaupt das Vorwissen um das Sein (oder der Vorgriff auf das Sein). Daraus zeigt sich aber auch, daß sich das unbedingte und unbegrenzte Sein selbst durch die «Identität» von Sein und Wissen im Vollzug und die «Differenz» (oder Transzendenz) des Seins gegenüber dem Vollzug meines Wissens von allem bedingten und begrenzten Seienden abhebt. D.h. ich als Fragender weiß, daß der Vollzug als Sein gesetzt ist, aber auch daß dies gar nicht das Sein im Ganzen sein und es einholen kann; sonst könnte ich nicht mehr danach fragen. Das Fragen ist ein geistiger Vollzug, der nur dem endlichen Menschen wesentlich und eigen ist. Weil und insofern sich daher der endliche

Geist des Menschen seinem endlichen Wesen nach notwendig in der Differenz von Subjekt (Fragendem) und Objekt (Gefragtem) vollzieht, zeigt sich der Vollzug als ein aktuelles Geschehen, das also entweder im Subjekt selbst oder in seinem Objekt sein Ziel und seine Vollendung erreicht. Daraus ergründen sich die beiden metaphysischen Grundvollzugsweisen des endlichen Geistes: «Wissen» als Setzung der aktuellen Einheit des Subjekts mit seinem Anderen (Objekt) *in sich* und «Wollen» als Setzung der aktuellen Einheit des Subjekts mit seinem Anderen (Objekt) *im Anderen* oder *auf das Andere hin*. Indem Coreth diese beiden Weisen als metaphysische Grundvollzugsweisen des endlichen Geistes, die, ohne daß die eine die andere aufhebt, in einem wechselseitig-ergänzenden Bezug miteinander wirken, erklärt, sucht er eine wesentliche Integration des theoretischen Wissens und des praktischen Wollens. Das Seiende vollzieht sich in der dynamisch-dialektischen, wechselseitigen Bewegung des Geistes, sich selbst wissend und bestimmend, aber stets über sich selbst hinaus in die Identität des Seins als sein Anderes. In dieser Bewegung besteht die Transzendenz des Menschen auf das Sein selbst. Die Transzendenz ist daher nicht etwas, das zum ansonsten voll konstituierten Wesen des Menschen nachträglich noch hinzukommt oder hinzukommen kann, sondern dasjenige, was das geistige Wesen des Menschen ursprünglich konstituiert. So wird durch die transzendentale Analyse des Fragens selbst nicht nur der Seinshorizont, sondern auch die «Transzendenz» als das Wesen des Menschen ergründet. D.h. der Mensch als Seinsfrage in dem Sinne, daß er metaphysisch-ontologisch durch seinen Grundvollzug des Fragens die Frage nach dem schon in ihm selbst mitgesetzten und mitbejahten Sein als dessen Möglichkeitsbedingung nicht umgehen kann, ist nichts anderes als die Tatsache, daß er durch seinen Geist und dessen Aktvollzug wesentlich die Transzendenz auf das Sein selbst ist. Insofern prägt der Frage-Ansatz Coreths transzendental-metaphysische Philosophie, die sich als ontologisch und zugleich anthropologisch auszeichnet.

Insofern aber die Seinserschließung, die alles Seiende vom Sein überhaupt her versteht und ergründet, ihr Ziel nur erreichen kann, wenn sie zum absoluten Sein selbst vordringt, insofern sogar das Sein selbst als mit dem Urvollzug des absoluten Seins selbst, dem absoluten Personsein Gottes zusammengefallen verstanden wird, ist das letzte Ziel der eigentlichsten Selbstverwirklichung und Selbstvollendung des Menschen, nämlich das letzte Woraufhin der Transzendenz, nichts anderes als Gott selbst. D.h. der eigentliche und letzte Sinn des geistig-personalen Daseins wird nur in der Transzendenz auf Gott gefunden und verwirklicht. Im absoluten Personsein Gottes wird die Verwirklichung der vollen Hingabe auf das Andere, also der absoluten Liebe, ermöglicht, und von daher wird das Sittliche als absoluter Wert begründet. Genau hiermit begegnet die anthropologisch-ontologische, transzendentale Metaphysik Coreths der Religion.

Religion ist mehr als Philosophie, Glaube mehr als Denken. Unter diesem Motto, das aus Schelling stammt, kennzeichnet sich Coreths Philosophie als «Christliche Philosophie». Wenn Philosophie notwendig über das Ganze des menschlichen Lebens und den Sinn desselben von Grund aus nachdenken will, so kann sie keineswegs vom religiösen Phänomen im wesentlichen Vollzug des Menschen absehen. Die Transzendenz als Konstitutivum des endlichen, menschlichen Geistes führt schon die Philosophie zum Bereich der Religion. Philosophie setzt daher für ihren vollen und richtigen Vollzug Religion voraus. Jedoch muß die Unmittelbarkeit von Religion durch philosophische Vermittlung und Reflexion zur vermittelten Unmittelbarkeit rational geklärten, vertieften und bereicherten religiösen Glaubens führen, soll sie nicht unter der begrenzten Bedingung der Spannung zwischen Transzendenz und Immanenz aus dem endlichen Wesen des Menschen ohne philosophische Reflexion durch ihre Verfälschung und die Entfremdung von ihrem Wesen in die Falle verschiedener Irrtümer geraten. Deshalb bedarf es notwendig eines wechselseitig-ergänzenden Bezugs zwischen ihnen. In diesem Bezug kann sich aber vor allem die Auslegung des absoluten Seins selbst über eine bloß philosophisch-metaphysische und somit begrenzte Auslegung hinaus inhaltlich immer mehr vertiefen. Denn der Ort, worin Gott sich selbst offenbart, ist nicht Philosophie schlechthin, sondern Religion, die im Glauben gründet; genau darin kann die Transzendenz des Menschen recht vollzogen und verwirklicht werden.

Coreths transzendental-metaphysische Philosophie, die Metaphysik und Anthropologie miteinander verknüpft, ist nicht nur für die Selbstauslegung des Menschen, die auf der Neubegründung der Metaphysik basiert, sondern auch für einen Zugang des Dialoges zwischen der sich selbst kritisch reflektierenden Vernunft (Philosophie) und dem sich selbst kritisch reflektierenden Glauben (Theologie) von aufmerksamer Bedeutung. Durch die Begegnung und Vermittlung der aristotelisch-thomistischen Ontologie und der kantischen Transzendentalphilosophie gewinnt vor allem die Theologie die Fähigkeit zum Dialog mit der zeitgenössischen Philosophie wieder, die von der unmetaphysischen Stimmung beherrscht ist. Von daher wird die Frage nach Gott als zentrales Thema der Metaphysik im Bereich der Seinslehre thematisch wieder erörtert. Von daher sehen wir den Möglichkeitsgrund der «Christlichen Philosophie», die den Gott der religiösen Offenbarung aufgrund der Seinslehre vom Begriff des Seins selbst her auszulegen versucht. Damit sehen wir auch bei diesem transzendental-metaphysischen Denken Coreths, das sich methodisch mit der transzendentalen Reflexion auf das Fragen als Aktvollzug als menschlichen, geistigen Grundvollzug vollzieht, die Aufhebung der undurchdringlichen Grenze zwischen ontologischem, anthropologischem und theologischem Bereich. Dadurch weist sich besonders der Grund der Integration von Coreths theoretisch-praktischem Denken auf.

Vor allem gegenüber der Stimmung der Gegenwart, daß der Mensch durch den von ihm selbst entwickelten, wissenschaftlich-technischen Fortschritt seinerseits zunehmend beherrscht wird und sich so das Phänomen der Selbstentfremdung mehr und mehr vertieft und verbreitet wird, wurde die philosophische Anthropologie, in der der Mensch durch die Frage nach sich selbst seine Identität suchen und auslegen will, in der ersten Hälfte des 20. Jahrhunderts zu einem zentralen Anliegen der Philosophie. Aber ironischerweise wurde die Selbstauslegung des Menschen entsprechend der Entwicklung der Naturwissenschaft oft in der nicht synthetischen, sondern eher analytischen Sicht versucht. Darin sieht Coreth die Unklarheit darüber, was philosophische Anthropologie methodisch und thematisch eigentlich ist oder sein soll, und damit der Mangel der Aufgabe derselben, die Ganzheit des Menschen zu erfassen und zu ergründen. Coreth unternimmt es darum, sie in einem allumfassenden und ganzheitlichen Grund zu ergründen. Gerade dies ist seine transzendental-metaphysische Anthropologie, die im Frage-Ansatz den allumfassenden, unbedingten und unbegrenzten Seinshorizont aufweist und dann aufgrund der Ontologie den Menschen selbst auslegt. Daraus erweist sich die metaphysische und anthropologische Einsicht, wonach die Transzendenz auf Gott dem Menschen wesentlich eigen ist. Dieses Denken Coreths ist grundsätzlich geprägt durch das christliche Denken, daß Vernunft und Glaube niemals zu widersprüchlichen Ergebnissen gelangen können[1]. Aber hier stellt sich noch die Frage, wieweit die eigentliche Transzendenz als Möglichkeitswesen des Menschen dann philosophisch ausgelegt und verwirklicht werden kann, wenn sie der Mensch als sein endliches Wesen gar nicht einholen kann. Wie können also die bloß religiösen, transzendenten Inhalte des Glaubens durch philosophische Reflexion vermittelt werden? Bei der Selbstauslegung des

---

[1] Vgl. I. VATIKANISCHES KONZIL, *Dogmatische Konstitution über den katholischen Glauben «Dei Filius»*, IV, in *DS* 3017. Vgl. dazu JOHANNES PAUL II, *Enzyklika «Fides et ratio»*: «Vernunft und Glaube lassen sich [...] nicht voneinander trennen» (*ibid.* 33, Nr. 16), sondern sind «wie die beiden Flügel, mit denen sich der menschliche Geist zur Betrachtung der Wahrheit erhebt» (*ibid.* 3).

Menschen als Transzendenz bleibt immer noch eine Spannung zwischen philosophischer Vernunft und religiösem Glauben.

Wir erleben heutzutage oft die Abwesenheit der absoluten Wahrheit, worin alle religiöse Wahrheit auch relativiert wird. In dieser Stimmung sind der praktische Atheismus und die Gleichgültigkeit von Religion weithin sehr verbreitet. Sogar jeder Konflikt, der im Namen der Religion geschieht, beruht ursprünglicher nicht auf sich selbst, sondern auf anderem, z.B. politischem oder rassistischem Motiv. In unserem Alltag leben und denken wir, als ob Religion nicht mehr das Hauptanliegen unseres Lebens sei, obwohl wir vorher bei Coreth den Kern des Menschen als Transzendenz im philosophischen und zugleich religiösen Sinne aufgeklärt haben. Der Geist unserer Welt und Zeit ist nicht nur in praktischen, sondern auch in theoretischen Bereichen vom Bewußtsein beherrscht, auf einem nicht synthetischen, sondern nur analytischen Denken zu beharren und mein Eigenes und meine Individualität mehr als die gemeinschaftliche Verantwortung und Pflicht im personalen Bezug zu betonen. Können wir dennoch vor diesem Geist des Zeitgenossen — so Coreths Hinweis — tatsächlich gegen die unmetaphysisch-unreligiöse Stimmung nur durch die existentielle Frage nach dem Sinn des menschlichen Daseins und dessen ganzen Lebens auf das absolute Sein Gottes als letzten Sinngrund transzendieren? Die Fragestellung nach dem Ganzen schlechthin scheint nicht einfach zu sein.

Aber dabei stellt sich die philosophisch wesentlichere Frage. Warum und wie kann oder muß dann derjenige Ort, in dem sich die Transzendenz auf Gott ausdrücklich vollzieht, innerhalb einer bestimmten Religion — das gilt auch für das Christentum — bestimmt werden, wenn die Transzendenz auf Gott dasjenige Apriori ist, das das geistige Wesen des Menschen ursprünglich konstituiert? Diese Frage muß besonders bei Coreth mehr philosophisch ergründet werden, insofern er sich selbst bewußt zu «Christlicher Philosophie» bekennt. Das ist aber nicht einfachhin zu beantworten, insofern wir auch ernsthaft unsere existentielle Spannung zwischen Transzendenz und Immanenz, Unendlichkeit und Endlichkeit, und Unbedingtheit und Bedingtheit annehmen. Um diese Spannung zu überwinden und aufzulösen, bedarf es immer schon vorgängig zu Philosophie «Religion»; ebenso vorgängig zu Denken «Glaube», ohne aber den wechselseitig-ergänzenden Bezug zwischen ihnen aufzuheben[2]. Dies

---

[2] Darin besteht die Grenze zwischen Vernunft und Glaube, auch wenn bei ihnen der Raum, in dem sich beide begegnen können, klar erkennbar wird. Vgl. JOHANNES PAUL II, *Enzyklika «Fides et ratio»*, 43, Nr. 23.

anzuerkennen, ist nicht mehr zur Philosophie gehörig, sondern zum Glauben, der — so Coreth — alles philosophische Wissen übersteigt, aber erst den letzten Sinngrund des menschlichen Daseins erreicht. Die Aufgabe der Christlichen Philosophie besteht genau darin, die Unmittelbarkeit der Religion stets durch philosophische Reflexion vermitteln zu müssen.

ABKÜRZUNGEN

Abstr	J. MARÉCHAL, «Au seuil de la métaphysique: Abstraction ou intuition» (1929), in *Mél* 102-180.
a.d.	an der
al.	*alii* (= u.a.: und andere)
AnGr	Analecta Gregoriana
Anm.	Anmerkung
bzw.	beziehungsweise
Bijdr.	*Bijdragen. Tijdschrift voor filosofie en theologie*
CPkD	E. CORETH – W.M. NEIDL – G. PFLIGERSDORFFER, ed., *Christliche Philosophie im katholischen Denken des 19. und 20. Jahrhunderts*, I-III, I. *Neue Ansätze im 19. Jahrhundert*, Graz 1987. II. *Rückgriff auf scholastisches Erbe*, Graz 1988. III. *Moderne Strömungen im 20. Jahrhundert*, Graz 1990.
Diss.	Dissertation
DMS	O. MUCK, «Die deutschsprachige Maréchal-Schule – Transzendentalphilosophie als Metaphysik: J.B. Lotz, K. Rahner, W. Brugger, E. Coreth u.a.», in *CPkD*, II, Graz 1988, 590-622.
Dr. theol.	Doktor der Theologie
DS	H. DENZINGER, *Enchiridion symbolorum definitionum et declarationum de rebus fidei et morum*, lateinisch-deutsch, ed. P. Hünermann, Freiburg 1991^{37}.
Dyn	J. MARÉCHAL, «Le Dynamisme intellectuel dans la connaissance objective» (1927), in *Mél* 75-101.
ed.	*edidit, ediderunt* (= Hg.: Herausgegeben, Herausgeber)
FSW	J.G. FICHTE, SW, I-VIII, ed. I.H. Fichte, Leipzig 1845/46.
f.	folgende [Seite]
ff.	folgende [Seiten]
Fs.	Festschrift
GH	E. Coreth, *Grundfragen der Hermeneutik. Ein philosophischer Beitrag*, Freiburg 1969.
GL	G.W.F. HEGEL, SW, I-XX, ed. H. Glockner, Stuttgart 1941ff^2.
GM	E. CORETH, *Grundriß der Metaphysik*, Innsbruck 1994.

GMS	I. KANT, *Grundlegung zur Metaphysik der Sitten*, in SW, VII, ed. W. Weischedel, Frankfurt 1991[11].
Gr.	*Gregorianum*
GrPh(8)	E. CORETH – H. SCHÖNDORF, *Philosophie des 17 und 18. Jahrhunderts*, Grundkurs Philosophie 8. Urban-Taschenbücher 352, Stuttgart 1989, 1990[2].
GrPh(9)	E. CORETH – P. EHLEN – J. SCHMIDT, *Philosophie des 19. Jahrhunderts*, Grundkurs Philosophie 9. Urban-Taschenbücher 353, Stuttgart 1984, 1989[2].
GrPh(10)	E. CORETH – P. EHLEN – G. HAEFFNER – F. RICKEN, *Philosophie des 20. Jahrhunderts*, Grundkurs Philosophie 10. Urban-Taschenbücher 354, Stuttgart 1986.
GW	K. RAHNER, *Geist in Welt. Zur Metaphysik der endlichen Erkenntnis bei Thomas von Aquinas*, München 1957[2].
GW(1939)	K. RAHNER, *Geist in Welt. Zur Metaphysik der endlichen Erkenntnis bei Thomas von Aquinas*, Innsbruck 1939.
HerKorr	*Herder-Korrespondenz*
HM	E. CORETH, «Zu Hermeneutik und Metaphysik. Eine Antwort an Friedo Ricken», in *ThPh* 65 (1990) 74-78.
HW	K. Rahner, *Hörer des Wortes. Zur Grundlegung einer Religionsphilosophie*, Freiburg 1941
Hwg	M. HEIDEGGER, *Holzwege*, Frankfurt 1952[2].
ibid.	*ibidem* (= ebd: ebenda)
ID.	idem (= ders.: derselbe)
IK	E. CORETH, «Immanuel Kant», in *GrPh(8)*, Stuttgart 1983, 1990[2], 95-146.
IPQ	*International Philosophical Quarterly*
Jug	J. MARÉCHAL, «Jugement "scolastique" concernant la racine de l'agnosticisme kantien» (1911), in *Mél* 273-287.
Kap.	Kapitel
KC	*Korrespondenzblatt Canisianum*
KpV	I. KANT, *Kritik der praktischen Vernunft*, in *Sämtliche Werke*, VII, ed. W. Weischedel, Frankfurt 1991[11].
KrV	I. KANT, *Kritik der reinen Vernunft*, in *Sämtliche Werke*, III, IV, ed. W. Weischedel, Frankfurt 1992[12].
LD	E. CORETH, *Life and Death. Christian Anthropology*, deutsch-koreanisch, Sogang University. Graduate School for Religious. International Conference 2, Seoul 1997.
LG	I. KANT, *Logik*, in SW, I-XII, ed. W. Weischedel, VI, Frankfurt 1991[8].
MA	E. CORETH, «Metaphysik als Aufgabe», in E. CORETH, ed., *Aufgaben der Philosophie*, Innsbruck 1958, 13-95.
Mél	J. MARÉCHAL, *Mélanges Joseph Maréchal*, ML.P 31, I. Œuvres, Paris 1950.

ABKÜRZUNGEN

MittÄrzt	*Mitteilungen der Ärztekammer für Niederösterreich*
ML.P	Museum Lessianum. Section philosophique
MOH	J.B. LOTZ, *Metaphysica Operationis Humanae. Methodo transcendentali explicata*, Roma 1972.
MP	E. CORETH, *Metaphysik. Eine methodisch-systematische Grundlegung*, Innsbruck 1964².
MSW	J. MARÉCHAL, *Le point de départ de la métaphysique. Leçons sur le développement historique et théorique du problème de la connaissance*, I-V, Bruges – Paris 1922/1923/1923/1947/1949².
LThK	*Lexikon für Theologie und Kirche*, I-XIV, ed. J. Höfer – K. Rahner, Freiburg 1957-1968².
Orien.	*Orientierung*
PhG	G.W.F. HEGEL, *Phänomenologie des Geistes*, in SW, III, ed. E. Moldenhauer – K.M. Michel, Frankfurt 1996⁵.
PhJ	*Philosophisches Jahrbuch*
PL	M. HEIDEGGER, *Platons Lehre von der Wahrheit. Mit einem Brief über den «Humanismus»*, Bern 1954².
POG	J.B. LOTZ, «Philosophie als ontologisches Geschehen», in *Gr.* 67 (1954) 59-80.
Prem	J. MARÉCHAL, «Le point de départ de la métaphysique, Première Rédaction» (1917), in *Mél* 288-298.
PW	W. BRUGGER, ed., *Philosophisches Wörterbuch*, Freiburg 1990¹⁸.
QD	Quaestiones disputatae
RdT	*Rassegna di teologia*
Schol.	*Scholastik*
SF	E. CORETH, *Vom Sinn der Freiheit*, Innsbruck 1985.
SG	M. HEIDEGGER, *Der Satz vom Grund*, Pfullingen 1957.
SSW	F.W.J. SCHELLING, SW, I-XIV, ed. K.F.A. Schelling, Stuttgart 1856/62.
STh	THOMAS VON AQUIN, *Summa theologiae*.
StZ	*Stimmen der Zeit*
SW	Sämtliche Werke
SZ	M. HEIDEGGER, *Sein und Zeit*, Tübingen 1986¹⁶.
ThPh	*Theologie und Philosophie*
TM	O. MUCK, *Die transzendentale Methode in der scholastischen Philosophie der Gegenwart*, Innsbruck 1964.
TMKS	J.B. LOTZ, «Die transzendentale Methode in Kants Kritik der reinen Vernunft und in der Scholastik», in J.B. LOTZ, ed., *Kant und die Scholastik heute*, Pullach 1955, 35-108.
u.a.	und andere [Stelle]
übers.	übersetzt, Übersetzer
US	J.B. LOTZ, *Das Urteil und das Sein. Eine Grundlegung der Metaphysik*, Pullach 1957.
usw.	und so weiter

VA	M. HEIDEGGER, *Vorträge und Aufsätze*, Pfullingen 1954.
vgl.	vergleich[e]!
WA	E. CORETH, «Was ist philosophische Anthropologie?», *ZKTh* 91 (1969) 252-273.
WBF	*Wiener Blätter zur Friedensforschung*
WissWeltb	*Wissenschaft und Weltbild*
WL	G.W.F. HEGEL, *Wissenschaft der Logik*, I-II, ed. G. Lasson, Leipzig 1923.
WM	E. CORETH, *Was ist der Mensch? Grundzüge einer philosophischen Anthropologie*, Innsbruck 1986[4].
WM(1983)	E. CORETH, «Was ist der Mensch?», in P. GORDAN, ed., *Menschwerden – Menschsein*, Im Auftrag des Direktoriums der Salzburger Hochschulwochen, Kevelaer 1983, 41-99.
WMp	M. HEIDEGGER, *Was ist Metaphysik?*, Frankfurt 1981[12].
W.S.	Wintersemester
WuW	*Wort und Wahrheit*
z.B.	zum Beispiel
ZD	*Zur Debatte*
ZKTh	*Zeitschrift für Katholische Theologie*
ZPhF	*Zeitschrift für philosophische Forschung*

LITERATURVERZEICHNIS

1. Werke von E. Coreth

«Dialektik und Analogie des Seins. Zum Seinsproblem bei Hegel und in der Scholastik», *Schol.* 26 (1951) 57-86.
Das dialektische Sein in Hegels Logik, Wien 1952.
«Hegel und der dialektische Materialismus», *Schol.* 27 (1952) 55-67.
«Auf der Spur der entflohenen Götter. Martin Heidegger und die Gottesfrage», *WuW* 9 (1954) 107-116.
«Kant – Nach 150 Jahren», *WuW* 9 (1954) 620-625.
«Das fundamentalontologische Problem bei Heidegger und Hegel», *Schol.* 29 (1954) 1-23.
«Zum Verhältnis Heideggers zu Hegel, in *Studi filosofici intorno all' «esistenza», al mondo, al trascendente*», AnGr 67, Roma 1954, 81-90.
«Heidegger in heutiger Sicht. Heideggers jüngste Schriften», *Orien.* 19 (1955) 153-156.
«Heidegger und Kant», in J.B. LOTZ, ed., *Kant und die Scholastik heute*, Pullach 1955, 207-255.
Grundfragen des menschlichen Daseins, Innsbruck 1956.
«Vom Ich zum absoluten Sein. Zur Entwicklung der Gotteslehre Fichtes», *ZKTh* 79 (1957) 257-303.
«Metaphysik als Aufgabe», in E. CORETH ed., *Aufgaben der Philosophie*, Innsbruck 1958, 13-95.
«Die Philosophie an der Theologischen Fakultät Innsbruck (1857-1957)», *ZKTh* 80 (1958) 142-183.
«Zum Problem der Analogie. Eine Erwiderung an Erich Heintel», *ZKTh* 80 (1958) 430-445.
«Art. Ethik. Die Ethik als Philosophie des Sittlichen», in *LThK*, III, Freiburg 1959, 978-986.
«Schellings Weg zu den Weltaltern. Ein problemgeschichtlicher Durchblick», *Bijdr.* 20 (1959) 398-410.
«Zu Fichtes Denkentwicklung. Ein problemgeschichtlicher Durchblick», *Bijdr.* 20 (1959) 229-241.
«Ansatz und Vermittlung der Metaphysik», *ZKTh* 82 (1960) 440-451.

«Sinn und Struktur der Spätphilosophie Schellings», *Bijdr.* 21 (1960) 180-190.
«Metaphysik. Eine methodisch-systematische Grundlegung», Innsbruck 1961, 1964², 1980³.
«Die Gestalt einer Metaphysik heute», *PhJ* 70 (1963) 241-251.
«Metaphysik und Wissenschaft», *StZ* 171 (1963) 357-365.
«The Problem and Method of Metaphysics», *IPQ* 3 (1963) 403-417.
«Identität und Differenz», in J.B. METZ – al., ed., *Gott in Welt*, Fs. K. Rahner, I, Freiburg 1964, 158-187.
«Die Gottesfrage als Sinnfrage», *StZ* 181 (1968) 361-372.
«Die Gottesfrage der Gegenwart», *KC* 102 (1968) Heft 3, 6-17.
«Die Philosophie an der Theologischen Fakultät der Universität Innsbruck», *WissWeltb* 21 (1968) 189-201.
«Die Welt des Menschen als Phänomen und Problem», in J.B. LOTZ, ed., *Neue Erkenntnisprobleme in Philosophie und Theologie*, Fs. J. de Vries, Freiburg 1968, 39-63.
«Hermeneutik und Metaphysik», *ZKTh* 90 (1968) 422-450.
Gottesfrage heute, Entscheidung 63, Kevelaer 1969.
Grundfragen der Hermeneutik. Ein philosophischer Beitrag, Freiburg 1969.
«Was ist philosophische Anthropologie?», *ZKTh* 91 (1969) 252-273.
«Zum Begründungsproblem der Metaphysik», in *Akten des XIV. Internationalen Kongresses für Philosophie*, III. *Logik, Erkenntnis- und Wissenschaftstheorie, Sprachphilosophie, Ontologie und Metaphysik*, Wien 1969, 596-602.
«Unmittelbarkeit und Vermittlung des Seins. Versuch einer Antwort an Bernard J. F. Lonergan SJ», *ZKTh* 92 (1970) 313-327.
«From Hermeneutics to Metaphysics», *IPQ* 11 (1971) 249-259.
«Die Geschichte als Vermittlung bei Hegel», *PhJ* 78 (1971) 98-110.
«Weltverständnis und Gottesfrage», in E. CORETH – J.B. LOTZ, ed., *Atheismus kritisch betrachtet*, München 1971, 244-268.
«Zur Beziehung zwischen Hermeneutik und Metaphysik», in V. WARNACH, ed., *Hermeneutik als Weg heutiger Wissenschaft*, Salzburg 1971, 55-65.
«Freiheit und Bindung der Wissenschaft», *ZKTh* 94 (1972) 129-144.
«Zur Problemgeschichte menschlicher Freiheit», *ZKTh* 94 (1972) 257-289.
Was ist der Mensch? Grundzüge einer philosophischen Anthropologie, Innsbruck 1973, 1986⁴.
«Zu Hegels absolutem Wissen», in A. MOLINARO, ed., *Hegel 1831-1981*, Aquinas 24, Roma 1981, 213-231.
«Der Mensch ist Transzendenz», Aus einer Vorlesungsreihe der Salzburger Hochschulwochen, *HerKorr* 36 (1982) 442-446.
«Menschliche Freiheit im abendländischen Denken», *WBF* (April 1982) 4-13.
«Notwendigkeit gegen Freiheit. Zur Spannung zwischen griechischem und christlichem Denken», in H. NAGL-DOCEKAL, ed., *Überlieferung und Aufgabe*, Fs. E. Heintel, II, Wien 1982, 399-415.
«Aufklärung», in *GrPh(8)*, Stuttgart 1983, 1990², 80-94.

«Das absolute Wissen bei Hegel», *ZKTh* 105 (1983) 389-405.
«Die Sinnfrage als Zugang zu Gott», in *Zur Herausforderung des Glaubens durch den modernen Atheismus*, Nr. 2 der Schriftenreihe des Sekretariats für die Nichtglaubenden, Augsburg 1983, 57-80.
«Empirismus», in *GrPh(8)*, Stuttgart 1983, 1990^2, 53-79.
«Immanuel Kant», in *GrPh(8)*, Stuttgart 1983, 1990^2, 95-146.
«Kants Folgen», in *GrPh(8)*, Stuttgart 1983, 1990^2, 147-156.
«Was ist der Mensch?», in P. GORDAN, ed., *Menschwerden – Menschsein. Im Auftrag des Direktoriums der Salzburger Hochschulwochen*, Kevelaer 1983, 41-99.
«Der Mensch als Leib und Seele», *MittÄrzt* 39 (1984) 8-29.
«Der Wert der menschlichen Person (Auszug)», *ZD* 14 (1984) Nr. 1, 7-8.
«Deutscher Idealismus», in *GrPh(9)*, Stuttgart 1984, 1989^2, 15-50.
«Idealismus und Romantik», in *GrPh(9)*, Stuttgart 1984, 1989^2, 116-121.
«Lebensphilosophie», in *GrPh(9)*, Stuttgart 1984, 1989^2, 132-145.
«Positivismus und Materialismus», in *GrPh(9)*, Stuttgart 1984, 1989^2, 122-131.
«Von Kant zum Deutschen Idealismus», in *GrPh(9)*, Stuttgart 1984, 1989^2, 9-14.
Vom Sinn der Freiheit, Innsbruck 1985.
«Zukunft der Metaphysik? Ein paar Bemerkungen», in M. PETZOLD, ed., *Die Zukunft der Metaphysik*, Paderborn 1985, 9-14.
«Zur Elementarphilosophie Karl Leonhard Reinholds», *ZKTh* 107 (1985) 259-270.
«Zur Philosophie der Trinität im Denken der Neuzeit bis Schelling», in J. MÖLLER, ed., *Der Streit um den Gott der Philosophen*, Düsseldorf 1985, 48-80.
«Christliche Philosophie und Neuscholastik», in *GrPh(10)*, Stuttgart 1986, 82-93.
«Geschichte und Verstehen», in *GrPh(10)*, Stuttgart 1986, 73-81.
«Neue Realphilosophie», in *GrPh(10)*, Stuttgart 1986, 94-98.
Trinitätsdenken in neuzeitlicher Philosophie, Salzburger Universitätsreden 77, Salzburg 1986.
«Der allgemein-philosophische Hintergrund: Der deutschsprachige Raum im 19. Jahrhundert», in *CPkD*, I, Graz 1987, 62-67.
«Einleitung in das Gesamtwerk», in *CPkD*, I, Graz 1987, 23-28.
«Lebensvollzug in Kommunikation und Interaktion», in P. HÜNERMANN – R. SCHAEFFLER, ed., *Theorie der Sprachhandlungen und heutige Ekklesiologie*, QD 109, Freiburg 1987, 11-26.
«Zur Einführung: Wahrheit in Einheit und Vielheit», in E. CORETH, ed., *Wahrheit in Einheit und Vielheit*, Düsseldorf 1987, 11-27.
«Schulrichtungen neuscholastischer Philosophie», in *CPkD*, II, Graz 1988, 397-410.
«Verlust der Transzendenz?», *ThJ* 1988, 432-442.
«Metaphysik am Ende der Neuzeit?», in E. CORETH, ed., *Metaphysik in unmetaphysischer Zeit*, Düsseldorf 1989, 11-26.
«Rückblick und Ausblick», in *CPkD*, III, Graz 1990, 877-893.

«Zu Hermeneutik und Metaphysik. Eine Antwort an Friedo Ricken», *ThPh* 65 (1990) 74-78.

«Das Welt- und Menschenbild der Philosophie im griechischen und im christlichen Denken», in A. RESCH, ed., *Die Welt der Weltbilder*, Innsbruck 1994, 349-364.

«Das Welt- und Menschenbild der Philosophie im Denken der Neuzeit und Gegenwart», in A. RESCH, ed., *Die Welt der Weltbilder*, Innsbruck 1994, 423-439.

Grundriß der Metaphysik, Innsbruck 1994.

«Philosophische Grundlagen der Theologie Karl Rahners», *StZ* 212 (1994) 525-536.

«Seinsfrage und Gottesfrage bei Martin Heidegger», Ungedrucktes Manuskript, Ein Vortrag im Bildungszentrum der Diözese Mainz am 1. Juni 1996; italienisch übers., «Fuga o Avvento degli Dei? Sulla questione di Dio in Martin Heidegger», *RdT* 37 (1996) 581-595.

Life and Death. Christian Anthropology, Sogang University. Graduate School for Religious. International Conference 2, Seoul 1997.

«Geschichte und Transzendenz», in M. LAARMANN – T. TRAPPE, ed., *Erfahrung – Geschichte – Identität. Zum Schnittpunkt von Philosophie und Theologie*, Fs. R. Schaeffler, Freiburg 1998, 185-199.

2. Sekundärliteratur

ARISTOTELES, *Über die Seele*, ed. E. Grassi, Rowohlts Klassiker der Literatur und der Wissenschaft. Griechische Philosophie 12, München 1968.

——, *Metafisica*, griechisch-italienisch, ed., G. Reale, Rusconi libri 7, Milano 1994².

——, *Etica Nicomachea*, griechisch-italienisch, übers. M. Zanatta, Biblioteca Universale Rizzoli, I-II, Milano 1996⁵.

AUGUSTINUS, *La Trinità*, in *Opere di Sant' Agostino*, IV, lateinisch-deutsch, ed. Cattedra Agostiniana, Roma 1987².

BOLK, L., *Das Problem der Menschwerdung*, Jena 1962.

BOLLNOW, O.F., *Philosophie der Erkenntnis. Das Vorverständnis und die Erfahrung des Neuen*, Stuttgart 1970.

——, «Die philosophische Anthropologie und ihre methodischen Prinzipien», in R. ROČEK – O. SCHATZ, ed., *Philosophische Anthropologie heute*, München 1972, 19-36.

BRUGGER, W., «Kant und das Sein», *Schol.* 15 (1940) 363-385.

——, «Das Unbedingte in Kants Kritik der reinen Vernunft», in J.B. LOTZ, ed., *Kant und die Scholastik heute*, Pullach 1955, 109-153.

——, *Der Mensch vor dem Anspruch der Wahrheit und der Freiheit*, Frankfurt 1973.

——, ed., *Philosophisches Wörterbuch*, Freiburg 1976, 1990¹⁸.

——, *Summe einer philosophischen Gotteslehre*, München 1979.

LITERATURVERZEICHNIS

BRUGGER, W., *Grundzüge einer philosophischen Anthropologie*, München 1986.
DEMPF, A., *Theoretische Anthropologie*, Bern 1950.
H. DENZINGER, *Enchiridion symbolorum definitionum et declarationum de rebus fidei et morum*, lateinisch-deutsch, ed. P. Hünermann, Freiburg 1991[37].
DESCARTES, R., *Meditationes de prima philosophia*, lateinisch-deutsch, ed. L. Gäbe – H.G. Zekl, Hamburg 1977[2].
DONCEEL, J., ed., *A Maréchal reader*, New York 1970.
FICHTE, J.G., *Über den Begriff der Wissenschaftslehre*, Weimar 1794.
———, *Grundlage der gesamten Wissenschaftlehre*, Jena 1794/95.
———, *Die Bestimmung des Menschen*, Berlin 1800.
———, *Die Anweisung zum seligen Leben*, Berlin 1806.
———, *SW*, I-VIII, ed. I.H. Fichte, Leipzig 1845/46.
FUHRMANS, H., «Dokumente zur Schellingforschung II. Schellings Vorlesungen vom W.S. 1827/28», *KantSt* 47 (1955/56) 273-87.
GEHLEN, A., *Der Mensch. Seine Natur und seine Stellung in der Welt*, Wiesbaden 1986[13].
GILSON, E., *L'être et l'essence*, Paris 1948.
———, *Being and some philosophers*, Toronto 1949.
HÄBERLIN, P., *Anthropologie und Ontologie*, *ZPhF* 4 (1949) 6-28.
HAEFFNER, G., *Heideggers Begriff der Metaphysik*, München 1981[2].
———, *Philosophische Anthropologie*, Stuttgart 1989[2].
———, «Heidegger als fragender Denker und als Denker der Frage», *Bijdr.* 51 (1990) 157-171.
———, «Die Einheit des Menschen: Person und Natur», in L. HONNEFELDER, ed., *Die Einheit des Menschen. Zur Grundfrage der philosophischen Anthropologie*, München 1994, 25-40.
HARTMANN, N., *Die Philosophie des deutschen Idealismus. I. Fichte, Schelling und die Romantik*, Berlin – Leipzig 1923. II. *Hegel*, Berlin – Leipzig 1929.
HEGEL, G.W.F., *Wissenschaft der Logik*, I-II, ed. G. Lasson, Leipzig 1923.
———, *SW*, I-XX, ed. H. Glockner, Stuttgart 1941ff[2].
———, *Phänomenologie des Geistes*, in *SW*, I-XX (Auf der Grundlage der Werke von 1832-1845 neu editierte Ausgabe), ed. E. Moldenhauer – K.M. Michel, III, Frankfurt 1986, 1996[5].
HEIDEGGER, M., *Sein und Zeit*, Tübingen 1927, 1986[16].
———, *Was ist Metaphysik?*, Frankfurt 1929, 1981[12].
———, *Platons Lehre von der Wahrheit. Mit einem Brief über den «Humanismus»*, Bern 1947, 1954[2].
———, *Holzwege*, Frankfurt 1950, 1952[2].
———, *Vorträge und Aufsätze*, Pfullingen 1954.
———, *Der Satz vom Grund*, Pfullingen 1957.
HEINZE, M., *Vorlesungen Kants über Metaphysik aus drei Semestern*, Leipzig 1894.
HENGSTENBERG, H.E., *Philosophische Anthropologie*, Stuttgart 1966[3].

HIRSCHBERGER, J., *Geschichte der Philosophie*, I-II, Freiburg 1991[13].
JOHANNES PAUL II, *Enzyklika «Fides et ratio». An die Bischöfe der katholischen Kirche über das Verhältnis von Glaube und Vernunft*, Città del Vaticano 1998.
KANT, I., *Reflexion*, in *Akademie-Ausgabe*, XVII, Berlin 1900ff.

———, *Welches sind die wirklichen Fortschritte, die die Metaphysik seit Leibnizens und Wolff's Zeiten in Deutschland gemacht hat?*, ed. F.T. Rink, Königsberg 1804, in *Akademie-Ausgabe*, XX, Berlin 1900ff., 255-311.

———, *Grundlegung zur Metaphysik der Sitten*, in SW, I-XII, ed. W. Weischedel, VII, Frankfurt 1974, 1991[11].

———, *Kritik der praktischen Vernunft*, in SW, I-XII, ed. W. Weischedel, VII, Frankfurt 1974, 1991[11].

———, *Kritik der reinen Vernunft*, in SW, I-XII, ed. W. Weischedel, III, IV, Frankfurt 1974, 1992[12].

———, *Logik*, in SW, I-XII, ed. W. Weischedel, VI, Frankfurt 1977, 1991[8].

KAULBACH, F., *Immanuel Kant*, Berlin 1982[2].
KERN, W., «Einheit–in–Mannigfaltigkeit. Fragmentarische Überlegung zur Metaphysik des Geistes», in J.B. METZ – al., ed., *Gott in Welt*, Fs. K. Rahner, I, Freiburg 1964, 207-239.

———, *Geist und Glaube. Fundamentaltheologische Vermittlungen zwischen Mensch und Offenbarung*, ed. K.H. Neufeld, Innsbruck 1992.

LANDMANN, M., *Philosophische Anthropologie. Menschliche Selbstdeutung in Geschichte und Gegenwart*, Berlin 1969[3].

LONERGAN, B., *Insight. A Study of Human Understanding*, Collected Works of Bernard Lonergan 3, Toronto 1957, 1992[5].

———, «Metaphysics as Horizon», *Gr.* 44 (1963) 307-318.

LOTZ, J.B., «Ontologie und Metaphysik. Ein Beitrag zu ihrer Wesensstruktur», *Schol.* 18 (1943) 1-30.

———, «Zum Problem des Apriori», in *Mélanges Josepf Maréchal*, Bruxelles – Paris 1950, II, 62-75.

———, «Philosophie als ontologisches Geschehen», *Gr.* 67 (1954) 59-80.

———, «Die transzendentale Methode in Kants Kritik der reinen Vernunft und in der Scholastik», in J.B. LOTZ, ed., *Kant und die Scholastik heute*, Pullach 1955, 35-108.

———, *Das Urteil und das Sein. Eine Grundlegung der Metaphysik*, Pullach 1957.

———, *Ontologia*, Barcelona 1962.

———, «Sinn» (1964) in *LThK* 784-786.

———, *Sein und Existenz*, Freiburg 1966.

———, *Der Mensch im Sein*, Freiburg 1967.

———, *Die Identität von Geist und Sein. Eine historisch-systematische Untersuchung*, Roma 1972.

LOTZ, J.B., *Metaphysica Operationis Humanae. Methodo transcendentali explicata*, Roma 1972.
———, «Person» (1976), in *PW* 285-287.
———, «Sinn» (1976), in *PW* 352-354.
———, *Transzendentale Erfahrung*, Freiburg 1976.
———, *Person und Freiheit. Eine philosophische Untersuchung mit theologischen Ausblicken*, Freiburg 1979.
———, *Mensch – Sein – Mensch*, Roma 1982.
———, *Die Grundbestimmungen des Seins*, Innsbruck 1988.
———, «Joseph Maréchal (1878-1944)», in *CPkD*, II, Graz 1988, 453-469.
MARÉCHAL, J., *Le point de départ de la métaphysique. Leçons sur le développement historique et théorique du problème de la connaissance. I. De l'antiquité à la fin du moyen âge: la critique ancienne de la connaissance*, ML.P 3, Bruges – Paris 1922. II. *Le conflit du rationalisme dans la philosophie moderne, avant Kant*, ML.P 4, Bruges – Paris 1923. III. *La critique de Kant*, ML.P 5, Bruges – Paris 1923. IV. *Le système idéaliste chez Kant et les postkantiens*, ML.P 6, Bruges – Paris 1947. V. *Le thomisme devant la philosophie critique*, ML.P 7, Bruges – Paris 1949².
———, *Mélanges Joseph Maréchal*, ML.P 31, I. *Œuvres*, Paris 1950.
———, «Jugement "scolastique" concernant la racine de l'agnosticisme kantien» (1911), in *Mél* 273-287.
———, «Le point de départ de la métaphysique, Première Rédaction» (1917), in *Mél* 288-298.
———, «Le Dynamisme intellectuel dans la connaissance objective» (1927), in *Mél* 75-101.
———, «Au seuil de la métaphysique: Abstraction ou intuition» (1929), in *Mél* 102-180.
MUCK, O., «Methodologie und Metaphysik», in E. CORETH, ed., *Aufgaben der Philosophie*, Innsbruck 1958, 97-157.
———, *Christliche Philosophie*, Kevelaer 1964.
———, *Die transzendentale Methode in der scholastischen Philosophie der Gegenwart*, Innsbruck 1964.
———, «Phänomenologie – Metaphysik – Transzendentale Reflexion», *ZKTh* 96 (1974) 62-75.
———, «Die deutschsprachige Maréchal-Schule – Transzendentalphilosophie als Metaphysik: J.B. Lotz, K. Rahner, W. Brugger, E. Coreth u.a.», in *CPkD*, II, Graz 1988, 590-622.
———, *Philosophische Gotteslehre*, Düsseldorf 1988.
———, «Ein Beitrag transzendentalphilosophischer Reflexion zum Verständnis von Metaphysik», in O. MUCK, ed., *Sinngestalten. Metaphysik in der Vielfalt menschlichen Fragens*, Innsbruck 1989, 53-65.
MÜLLER, M., *Sein und Geist*, Tübingen 1940.

MÜLLER, M., *Existenzphilosophie im geistigen Leben der Gegenwart*, Heidelberg 1964³.

———, *Erfahrung und Geschichte. Grundzüge einer Philosophie der Freiheit als transzendentale Erfahrung*, Freiburg 1971.

———, *Sinn-Deutungen der Geschichte*, Zürich 1976.

———, «Was ist Metaphysik – heute? Drei Betrachtungen zu ihrem Selbstverständnis», *PhJ* 92 (1985) 53-67.

MÜLLER, M. – ROMBACH, H., *Die Frage nach dem Menschen. Aufriß einer philosophischen Anthropologie*, München 1966.

PLESSNER, H., *Lachen und Weinen. Eine Untersuchung nach den Grenzen menschlichen Verhaltens*, Bern 1961³.

———, *Die Stufen des Organischen und der Mensch. Einleitung in die philosophische Anthropologie*, Berlin 1975³.

PORTMANN, A., *Zoologie und das neue Bild des Menschen*, Hamburg 1960⁴.

PRZYWARA, E., *Mensch. Typologische Anthropologie*, Nürnberg 1959.

QUINE, W.V.O., *Methods of Logic*, New York 1964; deutsch übers. *Grundzüge der Logik*, Frankfurt 1988⁶.

RAHNER, K., *Geist in Welt. Zur Metaphysik der endlichen Erkenntnis bei Thomas von Aquinas*, Innsbruck 1939, München 1957².

———, *Hörer des Wortes. Zur Grundlegung einer Religionsphilosophie*, Freiburg 1941, München 1963² (Neu bearbeitet von J.B. Metz), in SW, ed. Karl-Rahner-Stiftung, IV, Freiburg 1997.

———, «Die Hominisation als theologische Frage», in P OVERHAGE, ed., *Das Problem der Hominisation. Über den biologischen Ursprung des Menschen*, QD 12/13, Freiburg 1961, 13-90.

———, *Grundkurs des Glaubens. Einführung in den Begriff des Christentums*, Freiburg 1984⁷.

REALE, G., *Il concetto di «filosofia prima» e l'unità della Metafisica di Aristotele*, Milano 1994⁶.

REINER, H., «Die Entstehung und ursprüngliche Bedeutung des Namens Metaphysik», *ZPhF* 8 (1954) 210-237.

———, «Die Entstehung der Lehre vom bibliothekarischen Ursprung des Namens Metaphysik», *ZPhF* 9 (1955) 77-99.

RICKEN, F., «Hermeneutik und Metaphysik», *ThPh* 65 (1990) 69-73.

RUSSELL, B., *A Critical Exposition of the Philosophy of Leibniz*, London 1975.

SALA, G.B., «Seinserfahrung und Seinshorizont nach E. Coreth und B. Lonergan», *ZKTh* 89 (1967) 294-338.

SCHAEFFLER, R., *Religion und kritisches Bewußtsein*, Feiburg – München 1973.

———, *Die philosophischen Bemühungen des 20. Jahrhunderts. Die Wechselbeziehungen zwischen Philosophie und katholischer Theologie*, Darmstadt 1980.

———, *Religionsphilosophie*, Feiburg – München 1983.

SCHELER, M., *Die Stellung des Menschen im Kosmos*, Bonn 1995¹³.

SCHELLING, F.W.J., *System des transzendentalen Idealismus*, Jena 1800.

SCHELLING, F.W.J., *Philosophie und Religion*, Tübingen 1804
———, *Philosophische Untersuchungen über das Wesen der menschlichen Freiheit und die damit zusammenhängenden Gegenstände*, Landshut 1809.
———, SW, I-XIV, ed. K.F.A. Schelling, Stuttgart 1856/62.
SCHMIDINGER, H.M., «Zur Geschichte des Begriffs "christliche Philosophie"», in *CPkD*, I, Graz 1987, 29-45.
———, *Der Mensch ist Person*, Innsbruck 1994.
SCHMIDT, J., «Georg Wilhelm Friedrich Hegel», in *GrPh(9)* 51-104.
SIEWERTH, G., *Die Apriorität der menschlichen Erkenntnis nach Thomas von Aquin*, Freiburg 1948.
———, *Das Schicksal der Metaphysik von Thomas zu Heidegger*, Einsiedeln 1959.
———, *Die Freiheit und das Gute*, Freiburg 1959.
———, *Der Thomismus als Identitätssystem*, Frankfurt 1961^2.
———, *Der Mensch und sein Leib*, Einsiedeln 1963^2.
———, *Grundfragen der Philosophie im Horizont der Seinsdifferenz. Gesammelte Aufsätze zur Philosophie*, Düsseldorf 1963.
THOMAS VON AQUIN, *La somma teologica*, lateinisch-italienisch, ed. domenicani italiani, V (I, q. 65-83), XIV (II-II, q. 1-22), Bologna 1986.
VON UEXKÜLL, J., *Umwelt und Innenwelt der Tiere*, Berlin 1949.
———, *Streifzüge durch die Umwelten von Tieren und Menschen*, Hamburg 1956.
DE VRIES, J., «Weltanschauung», in *PW* 455-456.
WARNACH, V., «Zu Methode und Aufbau der Metaphysik», in *Akten des XIV. Internationalen Kongresses für Philosophie*, III. *Logik, Erkenntnis- und Wissenschaftstheorie, Sprachphilosophie, Ontologie und Metaphysik*, Wien 1969, 602-610.
WEISCHEDEL, W., *Der Gott der Philosophen. Grundlegung einer philosophischen Theologie im Zeitalter des Nihilismus*, I-II (Zwei Bände in einem Band), Darmstadt 1998.
WEISSMAHR, B., *Gottes Wirken in der Welt. Ein Diskussionsbeitrag zur Frage der Evolution und des Wunders*, Frankfurt 1973.
———, *Philosophische Gotteslehre*, Stuttgart 1983.
———, *Ontologie*, Stuttgart 1985.
WITTGENSTEIN, L., *Tractatus logico-philosophicus*, in SW, I, Frankfurt 1989^6.

NAMENSREGISTER

Aristoteles: 51, 60, 62, 68, 163-166, 168, 182, 202
Augustinus: 21, 38
Boetius: 65
Bolk: 33
Bollnow: 88
Brugger: 131
Descartes: 38, 86
Fichte: 10, 11, 29, 85, 109-115, 117-121, 130, 134, 156, 248
Fuhmans: 115
Gehlen: 14, 32, 33
Gilson: 124
Häberlin: 113, 114
Haeffner: 65, 175, 253
Hegel: 10, 11, 34, 35, 72, 85, 109, 110, 115, 117-123, 130, 157, 206, 211, 245
Heidegger: 10, 11, 25, 32, 40, 72, 123-131, 140, 149, 150, 156, 158, 159, 165, 175, 176, 183-187
Hirschberger: 113, 114, 118, 166
Hume: 87, 183
Johannes Paul II: 265, 266
Kant: 10, 11, 18, 19, 25, 39, 56, 75, 85, 87-110, 119, 122, 124, 126, 130-138, 141, 142, 155, 156, 158, 162, 164, 166, 173, 176, 183, 188, 211, 262
Kaulbach: 91, 95, 101, 104
Landmann: 33
Leibniz: 87
Lonergan: 184
Lotz: 9, 10, 11, 65, 74, 85, 86, 93, 95, 131-134, 139-149, 155, 158, 159, 165, 172, 184, 187, 208, 262
Maréchal: 9, 10, 11, 85, 86, 130-141, 149, 150, 156, 158, 172, 187, 262
Muck: 143, 170, 242
Müller: 128, 131
Plessner: 14, 32, 34, 35
Portmann: 32
Quine: 42
Rahner: 9, 10, 11, 85, 86, 131, 132, 139, 149-155, 158, 172, 174, 176, 180, 184-186, 248, 262
Reale: 165
Reiner: 164, 165
Ricken: 241, 257
Rink: 98
Russell: 178
Sala: 210
Scheler: 14, 32, 33, 246
Schelling: 10, 11, 85, 109, 112-121, 218, 130, 156, 157, 241, 264

Schmidinger: 65, 242
Siewerth: 124
Thomas von Aquin: 40, 110, 124, 166, 202, 224
Uexküll: 33
de Vries: 9, 170

Warnach: 233
Weissmahr: 163, 183
Welte: 131
Wittgenstein: 178, 179
Wolff: 165-167

INHALTSVERZEICHNIS

Vorwort 7

Einleitung 9

Kapitel I: *Die transzendental-philosophische Anthropologie E. Coreths* 13

1. Metaphysische Anthropologie 14
2. Coreths Methode 15
3. Das Fragen als das Wesen des Menschen 20
4. Der Weltbezug des Menschen 22
   - 4.1 Die dialektische Struktur des Selbstverständnisses des Menschen .. 23
   - 4.2 Die Welt des Menschen 25
   - 4.3 Die konstitutiven Elemente der Welt des Menschen 27
     - 4.3.1 Die Welt als Erfahrungswelt 27
     - 4.3.2 Die Welt als raum-zeitliche Wirklichkeit 28
     - 4.3.3 Die Welt als personale Welt der menschlichen Gemeinschaft 28
     - 4.3.4 Die Welt als sprachlich vermittelte und ausgelegte Welt 29
     - 4.3.5 Die Welt als Geschichtlichkeit 30
     - 4.3.6 Die Welt als Weltanschauung 31
   - 4.4 Die Offenheit der Welt zum Sein 31
   - 4.5 Das Verhalten des Menschen in der Welt 32
     - 4.5.1 Die Weltoffenheit und Fähigkeit zur Distanz 33
     - 4.5.2 Die Grundfreiheit 34
5. Der Selbstvollzug des Menschen 36
   - 5.1 Selbstsein 36
   - 5.2 Geistiges Erkennen 40
     - 5.2.1 Begriffliches Denken 40
     - 5.2.2 Urteilendes Denken 42
     - 5.2.3 Schlußfolgerndes Denken 44
   - 5.3 Freies Wollen 45
     - 5.3.1 Freiheitserfahrung 47

	5.3.2 Metaphysisches Wesen der Freiheit	48
5.4	Sittliches Handeln	50
	5.4.1 Das Wesen des Sittlichen	51
	5.4.2 Die Totalität und Finalität des Menschen	52
5.5	Der Bezug zwischen Wissen und Wollen als Grundselbstvollzug des Menschen	54
6. Das Wesen des Menschen		58
6.1	Das Leib-Seele-Problem	59
	6.1.1 Der Geist als Seele des Leibes	60
	6.1.2 Der Leib als Medium des Geistes	62
	6.1.3 Die Seele und das Ich	64
6.2	Die Person als Wesenseinheit von Leib und Geist	65
7. Die Selbstentfaltung des Menschen		67
7.1	Der personale Bezug	67
7.2	Mensch und Gemeinschaft	69
7.3	Mensch und Geschichte	71
7.4	Sinnfrage und Sinngrund	74
7.5	Mensch und Gott	76
	7.5.1 Die Transzendenz des Menschen	77
	7.5.2 Mensch und Religion	79
8. Zusammenfassung der Resultate		81

KAPITEL II: *Zu den Quellen der transzendental-anthropologischen Philosophie E. Coreths* 85

1. Die Wende des neuzeitlichen Denkens zum Subjekt und die anthropologische Bedeutung 86
2. Der transzendentale Ansatz bei I. Kant und die anthropologische Untersuchung 88
   2.1 Die anthropologisch-metaphysische Frage als Grundfrage der Transzendentalphilosophie Kants 88
   2.2 Die transzendentale Methode bei Kant 90
   2.3 Die zwei Faktoren der menschlichen Erkenntnis: die sinnliche Anschauung und der Verstand 92
      2.3.1 Die Sinnlichkeit: Raum und Zeit 93
      2.3.2 Der Verstand: Begriff, Urteil und Erkennen 95
   2.4 Das transzendentale Subjekt 98
   2.5 Die transzendentale Freiheit und der Mensch als sittliches Subjekt 101
   2.6 Die Stellung der Metaphysik in der praktischen Vernunft 103
      2.6.1 Das höchste Gut als Maßstab der Sittlichkeit 104
      2.6.2 Die Postulate als Möglichkeitbedingungen der Verwirklichung des höchsten Gutes: die Unsterblichkeit der Seele und die Existenz Gottes 105

INHALTSVERZEICHNIS

3. Der Deutsche Idealismus als Untersuchung des menschlichen Geistes ... 108
   3.1 J.G. Fichte (1762-1814) 109
   3.2 F.W.J. Schelling (1775-1854) 113
   3.3 G.W.F. Hegel (1770-1831) 117
       3.3.1 Der Begriff der Vermittlung 118
       3.3.2 Das absolute Wissen 120
4. Die Fundamentalontologie als die Analyse des Daseins bei Heidegger .. 123
   4.1 Das Wesen der Fundamentalontologie als Seinsfrage 124
   4.2 Die existenziale Analytik des menschlichen Daseins
       und ihre philosophisch-anthropologische Bedeutung 128
5. Die transzendentale Methode der Maréchal-Schule 130
   5.1 Joseph Maréchal (1878-1944) 132
       5.1.1 Das Anliegen Maréchals
             und der Ansatzpunkt seines Denkens 132
       5.1.2 Die transzendentale Methode
             als Grundlegung der Metaphysik 135
   5.2 Johannes B. Lotz (1903-1992) 139
       5.2.1 Seinsfrage und transzendentale Methode 140
       5.2.2 Die Urteilsanalyse als Ansatzpunkt
             der reflexiven Auslegung des Seins 143
       5.2.3 Sein und Transzendenz 146
   5.3 Karl Rahner (1904-1984) 149
       5.3.1 Der Mensch als Geist in Welt 149
       5.3.2 Die metaphysische Seinsfrage als Ansatz 151
6. Zusammenfassung 155

KAPITEL III: *Die ontologische Grundlegung von E. Coreths Philosophie* 161

1. Metaphysik als Seinsphilosophie (Ontologie) 161
   1.1 Was ist Metaphysik? 162
   1.2 Der Ursprung des Begriffs «Metaphysik» 163
   1.3 Die zwei Bestimmungen der Metaphysik 164
   1.4 Die Bedeutung der Metaphysik
       als Selbstauslegung des Menschen 168
2. Der transzendentale Ansatz zur Begründung
   der Metaphysik bei Coreth 171
   2.1 Die Methodenfrage 171
   2.2 Die transzendentale Reflexion 172
3. Der Ansatz in der Frage als metaphysische Methode 174
   3.1 Die Frage als Anfang 174
   3.2 Die Analyse der Frage als Frage 175
       3.2.1 Auf der erkenntnistheoretischen Ebene 176
       3.2.2 Auf der sprachphilosophischen Ebene 177
       3.2.3 Auf der hermeneutisch-ontologischen Ebene 179

4. Das Vorwissen als Bedingung der Frage 180
5. Das Sein als Horizont der Frage 184
   5.1 Der Horizont als metaphysischer Begriff 184
   5.2 Der unbedingte und unbegrenzte Seinshorizont
        als Bedingung des Fragens 185
   5.3 Die Analogie des Seins 189
6. Das Fragen als Vollzug des Seins 192
   6.1 Die Identität und Differenz von Sein und Wissen
        im Vollzug des Fragens 194
   6.2 Subjekt und Objekt 196
7. Das Sein im endlichen Vollzug des Fragens 199
   7.1 Sein und Wesen 200
        7.1.1 Der Vollzug des Fragens und die Endlichkeit 200
        7.1.2 Das Sein als Prinzip 201
        7.1.3 Das Wesen als Prinzip 203
        7.1.4 Die Differenz von Sein und Wesen 204
   7.2 Sein und Wirken 206
8. Das Sein im Geistvollzug 209
   8.1 Geistvollzug und endlicher Geist 209
   8.2 Der endliche Geist und sein Anderes 211
   8.3 Die Zweiheit des Geistvollzugs als Wissen und Wollen
        in der metaphysischen Grundstruktur 214
9. Das Sein im Urvollzug 217
   9.1 Gottes Dasein 217
        9.1.1 Die Notwendigkeit des Seins 218
        9.1.2 Die Ursache der Welt 221
        9.1.3 Das Endziel des Geistes 222
   9.2 Gottes Wesen 223
        9.2.1 Das Sein selbst 224
        9.2.2 Der unendliche Geist 225
        9.2.3 Personaler Gott 226
10. Zusammenfassung 227

KAPITEL IV: *Die Ontologie in ihrer Bedeutung
             für E. Coreths Anthropologie* 231

1. Der Frage-Ansatz in der Ontologie und der Anthropologie 232
2. Der Weltbezug des Menschen und die Universalität des Seins 237
3. Selbstvollzug des Menschen und Grundmomente des Seins:
   Wissen und Wollen 241
   3.1 Theorie und Praxis in E. Coreths Philosophie 241
   3.2 Die metaphysische Grundfreiheit und Sittlichkeit 244
   3.3 Der Geist im Anderen und die personale Welt 247
4. Die Transzendenz in Ontologie und Anthropologie 250

4.1 Die Transzendenz des Geistes
     als Konstitutivum des menschlichen Geistwesens 250
 4.2 Die Sinnfrage des Menschen und Gott als Sinngrund 252
 4.3 Philosophie und Religion 254
5. Zusammenfassung 257

SCHLUSSWORT 261

ABKÜRZUNGEN 269

LITERATURVERZEICHNIS 273

NAMENSREGISTER 283

INHALTSVERZEICHNIS 285

TESI GREGORIANA

Seit 1995 werden einige der besten Doktorarbeiten, die an der Päpstlichen Universität Gregoriana geschrieben wurden, in der Reihe «Tesi Gregoriana» veröffentlicht. Der Schriftsatz wird von den Autoren selbst hergestellt entsprechend der von der Universität festgelegten und kontrollierten Richtlinien für die Texterfassung.

Veröffentlichte Bände [Serie: Philosophie]

1. HERRERÍAS GUERRA, Lucía, *Espero estar en la verdad. La búsqueda ontológica de Paul Ricoeur*, 1996, pp. 288.

2. CLANCY, Donal, *Valor y Razón. La constitución de la moralidad en Joseph de Finance y Giusppe Abbà*, 1996, pp. 276.

3. SALATIELLO, Giorgia, *L'autocoscienza come riflessione originaria del soggetto su di sé in San Tommaso d'Aquino*, 1996, pp. 152.

4. CASTILLO, Martín Julio, *Realidad y transcendentalidad en el planteamiento del ploblema del mal según Xavier Zubiri*, 1997, pp. 348.

5. NAICKAMPARAMBIL, Thomas, *Through Self-Discovery to Self-Transcendence. A Study of Cognitional Self-Appropriation in B. Lonergan*, 1997, pp. 296.

6. FINAMORE, Rosanna, *B. Lonergan e L'Education: «l'alveo in cui il fiume scorre»*, 1998, pp. 344.

7. ŚLIWIŃSKI, Piotr, *Il ragionamento per analogia nella filosofia analitica polacca*, 1998, pp. 192.

8. KOBYLIŃSKI, Andrzej, *Modernità e postmodernità. L'interpretazione cristiana dell'esistenza al tramonto dei tempi moderni nel pensiero di Romano Guardini*, 1998, pp. 560.

9. MÁRCIO, Antônio de Paiva, *A liberdade como horizonte da verdade segundo M. Heidegger*, 1998, pp. 216.

10. DA SILVA, Márcio Bolda, *A filosofia da litertação a partir do contexto histórico-social da América Latina*, 1998, pp. 336.

11. PARK, Byoung-Jun Luis, *Anthropologie und Ontologie. Ontologische Grundlegung der transzendetal-anthropologischen Philosophie bei Emerich Coreth*, 1999, pp. 292.

Finito di stampare
nel mese di maggio 1999
dalla
Scuola Tipografica S. Pio X
Via degli Etruschi, 7
00185 Roma